Gregor Taxacher

Apokalyptische Vernunft

Gregor Taxacher

Apokalyptische Vernunft

Das biblische Geschichtsdenken und seine Konsequenzen

Die Deutsche Nationalbibliothek verzeichnet diese Publikation
in der Deutschen Nationalbibliografie;
detaillierte bibliografische Daten sind im Internet über
http://dnb.d-nb.de abrufbar.

Die Herausgabe dieses Werkes wurde durch
die Vereinsmitglieder der WBG ermöglicht.
Einbandgestaltung: Finken & Bumiller, Stuttgart
Einbandabbildung: Ausbruch des Vesuv, Gemälde von Michael Wutky (1739–1822), um 1800,
© akg-images/Erich Lessing
Gedruckt auf säurefreiem und alterungsbeständigem Papier
Printed in Germany

Besuchen Sie uns im Internet: www.wbg-wissenverbindet.de

ISBN 978-3-534-23547-6

Inhalt

Kapitel 1: Offenbarung und Ende. Heute die biblische Geschichte deuten

Religiöse und säkulare Apokalyptik

Zwei Erfahrungen haben das Bild der Geschichte in der Moderne geprägt. Zunächst: Wir können Geschichte machen! Dann: Wir können unserer Geschichte selbst ein Ende machen! Die erste Erfahrung prägte das 19. Jahrhundert. Die zweite wurde zur Entdeckung des 20. Jahrhunderts. Beide zusammen sind unser Erbe im 21. Jahrhundert. Durch beide stehen wir in einem eigenartig dialektischen Verhältnis zum Geschichtsbild des biblischen Glaubens. Wir haben dessen apokalyptische „Neigung“ unfreiwillig wiederentdeckt. Aber wir blicken einer säkularen Apokalypse ins Auge, im Vergleich zu der die überlieferte Apokalyptik mythologisch wirken muss.

Das lässt sich im Rückblick auf die Vor-Moderne verdeutlichen: Als das Christentum seine erste Jahrtausendwende erlebte, machten sich in Europa von Weltuntergangsstimmung und apokalyptischer Frömmigkeit geprägte religiöse Bewegungen breit, über deren Ausmaß und Resonanz die Historiker heute streiten. Für die einen ist der „religiöse Vorstellungskomplex, der sich um die Schrecken und Hoffnungen des Jahres eintausend scharte“, ein Auftakt der Krisen und apokalyptischen Wellen, welche „die folgenden fünf Jahrhunderte charakterisierten“ – das europäische Mittelalter also. Für andere spielte dieses Datum bei weitem nicht die herausgehobene Rolle im Haushalt mittelalterlicher Weltuntergangssorgen, die ihr erst im Nachhinein zugeschrieben wurde. „Viele andere nach ihm prophezeiten mit den Weherufen über die Plagen ihrer Zeit das nahe Weltende. Chiliasten und Endzeitpropheten gab es … zu allen Zeiten!“[1]

Wie auch immer die Bedeutung der christlichen Millenniums-Apokalyptik einzuschätzen ist, wie sehr sie durch politische und soziale Verhältnisse mitbedingt war, es handelte sich jedenfalls um ein religiöses Phänomen. Aus heutiger Sicht war diese Religiosität irrational, vergleichbar mit den Endzeitansagen moderner Sekten, für und gegen die sich schlecht argumentieren lässt, die aber regelmäßig dadurch widerlegt werden, dass das gesetzte Datum verstreicht und die Menschheitsgeschichte weiter geht.

Nun hat das Christentum seit einigen Jahren seine zweite Jahrtausendwende überstanden. Auch diesmal machte ihr Näherrücken das Thema Apokalypse kurzzeitig interessant, aber endzeitliche Ängste wurden mehr in den Feuilletons bespro-

[1] P. Riché (1994), Geschichte des Christentums 4, 829. Zu den Schwierigkeiten eines differenzierten Urteils vgl. auch D. Thompson, Das rätselhafte Jahr tausend, in: Concilium 34 (1998/4) 396-405.

chen, als dass sie die Menschen über einige esoterische oder sektiererische Gruppen hinaus wirklich in ihren Bann gezogen hätten. Die Sorge um das Weiterfunktionieren der Computerprogramme war weit realer und massiver verbreitet als die Erwartung eines Endes der Geschichte. Am allerwenigsten war die Apokalyptik, so scheint es im Rückblick, noch ein Thema unter den Christen (jedenfalls denen der „Großkirchen").

Schon einige Jahre vor dem zweiten Millennium führten der italienische Semiologe und Schriftsteller Umberto Eco und der Mailänder Kardinal Carlo Maria Martini einen öffentlichen Briefwechsel, in dem sie sich einig waren in der „Behauptung, dass der Gedanke an das Ende der Zeiten heute typischer für die laizistische Welt als für die christliche ist."[2] Der Kardinal erklärt sich mit dieser Beobachtung durchaus auch innerlich einverstanden, spräche doch die Angstresistenz der Christen für ihr Wissen darum, dass „keine menschliche oder satanische Macht ... sich der gläubigen Hoffnung wird entgegenstellen können."[3] Umberto Eco dagegen sieht den Grund für die Verlagerung der Apokalyptik ins Säkulare eher darin, dass uns heute Ängste bedrängen, die nicht mehr religiösen Themen entspringen. „Thema der modernen Apokalypse sind die Zunahme der unkontrollierbaren Atomlager, der saure Regen, das Verschwinden des tropischen Regenwalds, das Ozonloch, die Migration entrechteter Horden, die sich erheben, um an den Pforten des Wohlstands anzuklopfen. Thema sind der Hunger ganzer Kontinente, neue unheilbare Seuchen, die gewinnsüchtige Zerstörung des Bodens, das sich verändernde Klima, das schmelzende Polareis, die Gentechnologie – und am Ende gehört auch jener Ökologismus hierher, der den unaufhaltsamen Selbstmord der Menschheit vorsieht, die untergehen müsse, auf dass all die fast schon vernichteten Arten sowie die entstellte Mutter Erde gerettet werden können. Wir durchleben unsere Ängste vor dem Ende."[4]

Zu Beginn des dritten „christlichen Jahrtausends" ist die Unheilsprophetie also längst in nicht-religiöse Hände übergegangen. Forscher prognostizieren unsere möglichen Zukünfte, warnen vor den politischen, ökologischen, sozialen Brüchen; die Angstszenarien sind von Statistiken genährt, von den Kurven exponentiellen Bevölkerungswachstums, von den Berechnungen chemischer Einflüsse auf das Weltklima, von den Nachrichten aus den Waffenarsenalen der Staaten. Die erschütterndsten Predigten halten Wissenschaftler, die sich oft – auch unter ihresgleichen – wie Rufer in der Wüste empfinden und uns zu einer rationalen Umkehr aufrufen, bevor die Katastrophen unausweichlich geworden sind. Die Bilder solcher Katastrophen malen uns Literaten und Künstler aus. Einige politische Gruppierungen ziehen radikale Konsequenzen.

Die christlichen Kirchen jedoch halten sich, wenn es um diese moderne Apokalyptik geht, auffallend zurück. Zwar finden sich unter den Warnern manche überzeugte Christen, doch äußern sie sich selten explizit als Kirchenvertreter. Die grei-

[2] Briefwechsel „Apokalypse now?" in: Wochenpost Nr. 23 vom 1. Juni 1995, 49.
[3] Ebd. 50.
[4] Ebd. 48 f.

fen ihre Kritik mitunter gerne auf, beklagen den Werteverfall, die Gewalt, das Elend in der Dritten Welt, mitunter auch die Umweltzerstörung – aber nur, um auf einen Weg zurückzurufen, dessen Tauglichkeit sie schon kennen und der uns das Schlimmste ersparen soll. Und auch die Theologen, so sehr sie mitunter die Zukunft der Menschheit zu ihrem Thema machen, fallen – von einigen Außenseitern abgesehen – im gesellschaftlichen Konzert kaum durch schrille Töne auf. Sache der Christen scheint eher die Besonnenheit zu sein, ein temperierter Realismus, politisch ausgedrückt: die Haltung der Mitte. Die Sache der Christen ist die Zuversicht, die gute Praxis und die Hoffnung. Die vielfältigen Bewegungen zu „Frieden, Gerechtigkeit und Bewahrung der Schöpfung" sind wohl von brennender Sorge geprägt, stellen jedoch ihre Diagnosen niemals so, dass nicht deren Zweck deutlich würde, „Wege aus der Gefahr" zu bahnen. Ein Unheilsszenario wird hier, wenn überhaupt, dann dazu entworfen, uns aufzurütteln, uns zum verändernden Handeln zu bewegen, nicht aber, uns zu entmutigen und zu ängstigen.

Woraus entspringt diese auffällig unauffällige Ruhe der meisten Christen? Ist sie einer Gabe der Unterscheidung der Geister zuzuschreiben, welche übrigens auch schon um das Jahr tausend die offizielle Kirche und orthodoxe Theologie weitgehend davon abhielt, christliche Eschatologie mit aufgeregter Apokalyptik zu verwechseln? Ist die Theologie also durch kritischen Geist vor dem Kurzschluss von biblischen Weissagungen auf unmittelbare Zukunftsprognosen gefeit? Oder kommt heute noch die Erfahrung hinzu, allzu lange der Weltflucht, der Unfähigkeit zu diesseitiger Verantwortung und tätigem Optimismus geziehen worden zu sein, eine Erfahrung, welche gelehrt hat, dass es für den Glauben auf Dauer nicht gut ist, aus den Ängsten der Menschen spirituelles Kapital zu schlagen?

Beides mag zutreffen. Sehe ich aber recht, so steckt in der unapokalyptischen Haltung der Großkirchen und der Theologie noch etwas anderes: eine andere Verwechslung nämlich, ein Kurz-Schluss von christlicher auf weltliche Hoffnung, von geistlicher auf „profane" Zuversicht, von christlicher Besonnenheit auf gesellschaftliche „Gemäßigtheit", von christlicher Verantwortung auf bürgerlichen Optimismus. Demnach darf ein Gläubiger eigentlich kein Pessimist sein. Dieser Kurzschluss dürfte sogar von der genannten Erfahrung mit hervorgebracht worden sein: Die Abgrenzung von sektiererischem Prophetismus und die Hinkehr zum modernen, nach-aufgeklärten Begriff der Diesseits-Verantwortung scheinen es geradezu zu verbieten, denen das Wort zu reden, die notorisch schwarz sehen.

Die Kirchen begegnen damit der eingangs angesprochenen Geschichtserfahrung des 20. Jahrhunderts – „wir können ihr ein Ende machen" – auf dem Boden des 19. Jahrhunderts: „Wir haben es in der Hand." Diese klassische moderne Haltung wird dann in die biblisch-christliche Rede von der Hoffnung eingetragen. Es ist so, als würde der Regenbogen, mit dem Gott dem Noah die Zusage gab, keine zweite Sintflut zu schicken (Gen 9), nun über das moderne, unsere Welt gestaltende Geschichtshandeln gespannt. Inzwischen aber wirkt dies, als sei Hoffnung (in diesem neuen Sinn) ebenso Christenpflicht wie Ruhe bekanntlich erste Bürgerpflicht. Eine Hoffnung aber, welche sich als Pflicht auferlegt, kann nur schal und unglaubwürdig wirken. Man kann niemand einfach „hoffen heißen". Vor allem durch diese Verquickung biblischen und modernen Geschichtsdenkens ist das Objekt dieser Hoffnung nicht mehr klar: Ist es Gottes Erhalten oder ist es die menschliche Zukunftsfähigkeit? Deshalb erscheint die „Mäßigkeit“ der christlichen Zukunftseinstellung doch wieder als eine gewisse Weltferne, entspringend dem Abstand zu den Weltproblemen, der Temperiertheit unmittelbarer, vom „Hoffnungsgebot“ ungefilterter Wahrnehmung. Zukunftseinschätzungen von Christen, die bevorzugt das Etikett „realistisch“ als wertenden Begriff für sich in Anspruch nehmen, verdecken oft eine nicht mehr rationale Tabuisierung des „Pessimismus“, die theologisch aufzuklären dringlich ist.

Denn die unausgesprochene Gleichsetzung von „Pessimismus“ mit Unglauben übersieht einen entscheidenden Unterschied zur Situation vor tausend Jahren: Damals ließ sich der Zusammenhang zwischen Gegenwartsverhältnissen und apokalyptischen Katastrophenerwartungen nur über religiöse Vorstellungen herstellen. Diese wiederum waren schon damals – und sind erst recht heute – exegetisch-theologisch widerlegbar, indem man zeigt, dass sich aus biblischen Texten keine Datierung des Weltuntergangs ausrechnen lässt. Heute jedoch sind die Katastrophen „berechenbar“, sie sind am Ende von Kurven angesetzt, welche in Extrapolation gegenwärtiger Entwicklungen gezeichnet werden, mit der einzigen Hypothese, dass sich an ihnen nichts ändert. Es ist gerade unser „Geschichte machen“ mit seinem unbestreitbaren „Fortschritt“, das uns nun gleichzeitig verhängnisvoll erscheint: „Das Wesen der neuen Apokalyptik … ist die scheinbare Überwindung des Todes, eine Überwindung, die ihrerseits zum tödlichen Sieg wird, zum möglicherweise letzten und endgültigen Sieg über eine von uns bewohnbare Zukunft.“[5] D. h. aber doch: Zumindest die Möglichkeit einer katastrophalen Entwicklung im Sinne des „Unterganges“ wenn nicht der Menschheit insgesamt, so doch unserer Zivilisation und der von uns als menschenwürdig erachteten Rahmenbedingungen, muss gerade von Realisten ins Auge gefasst werden. Solche ausrechenbaren Möglichkeiten sind zwar nicht den kosmischen Visionen von Apokalypsen gleichsetzbar, werden aber doch nicht zufällig als deren neuzeitliches Pendant wahrgenommen. Sie bedeuten nämlich für die Zeitgenossen genau jene Vernagelung der Zukunft, jene Ab-Gründe von Zukunftsangst, welche antike und mittelalterliche Menschen angesichts der religiösen Apokalypsen empfanden.

Auch die psychischen Folgen der uns abverlangten Reaktionen sind – immer den Paradigmenwechsel vom religiösen zum (natur)wissenschaftlichen Kontext der Wirklichkeitsauffassung mitgesehen – durchaus vergleichbar: Es geht auch heute um abwendende Handlungsstrategien, um Hoffnung oder Verzweiflung, Untergangskult oder Verdrängung, Aggression oder Resignation samt diverser Mittellösungen. Weil aber die säkulare Apokalyptik keiner religiösen Mythologie entspringt, kann sie auch nicht inner-theologisch abgewehrt werden. Gegen die futurologisch beweisbare Möglichkeit der Katastrophe hilft keine theologische Abwehr von Angstkult, Unheilsprophetie und „Pessimismus“. Die „Zeugen Jehovas“ sind

[5] So Amery, Botschaft 63.

grundsätzlich exegetisch widerlegbar wie ihre mittelalterlichen „Vorgänger" auch, – die Fortschreibungen von „Global 2000"[6] und die Schlüsse, die etwa H. v. Ditfurth oder G. Fuller populärwissenschaftlich aus ihnen zogen[7], sind es nicht. Die säkulare Apokalyptik der Gegenwart ist gerade deshalb ein Faktor, ein „Zeichen der Zeit", an dem die Theologie nicht vorbeigehen darf, weil sie kein religiöses Phänomen mehr ist (so viel religiöse Phänomene sie auch wiederum bewirken mag)! Die Aufgabe hieße, Theologie bewusst im Angesicht der realistischen Möglichkeit (was nicht heißt: als unabwendbarer Tatsache) einer Menschheitskatastrophe als Ende der bisherigen Geschichte zu treiben, – einer Katastrophe also, die auch dann „Untergang" genannt werden müsste, wenn sie nicht die gesamte Menschheit restlos beträfe, auch dann, wenn dieser Untergang nicht der letzte (der „jüngste Tag") wäre, wenn es also noch irgendein innerweltliches Danach gäbe. Denn auch dann bedeutet eine solche Katastrophe doch für uns das Ende der Geschichte, den Zusammenbruch nämlich eines geschichtlichen „Projekts", das wir zumindest mit der Epoche der Neuzeit, mit dem „Abendland", wahrscheinlich aber mit den Menschen seit den ersten neolithischen Stadtkulturen teilen. Dieses Projekt wäre, was immer noch käme, gescheitert, sollten die rechnenden Unheilspropheten unserer Zeit Recht behalten, – und diese Möglichkeit besteht.

Hinzu kommt: Sollte dieses Projekt der Zivilisation in den berechenbaren möglichen Katastrophen scheitern, dann hauptsächlich an den Folgen seiner selbst. Dies ist genau die Herausforderung säkularer Apokalyptik, welche zu begreifen sich die Theologie des Christentums (das wiederum selbst ein bedeutender Faktor dieses Projekts ist!) noch kaum, jedenfalls noch nicht mit der ihr entsprechenden Grundsätzlichkeit, d. h. Radikalität (im Wortsinn) und Ausdauer gestellt hat. Hier möchte dieses Buch einsetzen.

Seine Leitfrage lautet: Wie verhält sich das biblische Geschichtsdenken zum modernen, sowohl dem vom Geschichte-Machen als auch dem vom Geschichte-Beenden durch den Menschen? Seine Zielfrage heißt: Lässt sich aus dem biblischen Geschichtsdenken für heute eine Geschichtstheologie ableiten, die weder vormodern-mythologisch oder fundamentalistisch ist noch den jüdisch-christlichen und den modernen Geschichtsbegriff oberflächlich miteinander harmonisiert? Die Folge einer solche Harmonisierung ist nämlich stets der Verlust der Geschichte für die Theologie: Die Geschichte „außerhalb" der Heilsgeschichte, die profane Menschheitsgeschichte wird dann gleich-gültig, eine Nacht, in der alle Katzen grau sind. Sie wird zum Feld ethischer Appelle, aber nicht theologischer Erkenntnis.

Meine Analyse anhand der Leitfrage wird ergeben, dass ein solches Sich-Selbst-Überlassen der Geschichte dem biblischen Glauben nicht entspricht. Eine moderne Geschichtstheologie ist also die Ziel-Forderung dieses Buches, ohne dass sie hier

[6] Global 2000. Der Bericht an den Präsidenten. – Deutsche Ausgabe: Verlag Zweitausendeins, Frankfurt 1980.

[7] H. v. Ditfurth, So lasst uns denn ein Apfelbäumchen pflanzen. Es ist so weit. Hamburg 1985. G. Fuller, Das Ende, Leipzig 1993.

schon ausgeführt werden könnte. Das Buch versteht sich als ihre Exposition, als Prolegomena.

Apokalyptisch: Offenbarung und Geschichte

Warum wählt dieses Buch den Begriff des Apokalyptischen zum Leitwort? Ist das nicht eine vorschnelle Identifikation des biblischen Geschichtsdenkens mit der Apokalyptik, die man durchaus auch als ein Randphänomen der biblischen Schriften verstehen könnte?

Die Bezeichnung „apokalyptisch" im Titel meint jedoch nicht dieses vermeintliche Randphänomen. Ich verwende den Begriff weiter und wörtlicher als die Religionsgeschichte, die mit Apokalyptik eine ganz bestimmte Literatur meint. Ich möchte damit bewusst den schillernden Doppelsinn des Wortes einfangen, weil er auf die richtige Spur der Analyse führt, weit über die apokalyptische Literatur im engen Sinn hinaus.

Zunächst heißt das griechische Verb „apokalypsein" einfach „offenbaren". Die entsprechende Literatur („Apokalypsen") wurde ursprünglich so bezeichnet, weil sie Berichte von Offenbarungen an ihre Autoren oder Protagonisten enthält. So wird etwa die neutestamentliche Apokalypse als „Geheime Offenbarung" eingedeutscht. Diesen breiten Wortsinn muss man beim Titel meines Unternehmens mithören und nicht ausschließlich die zweite, gleich zu „unterstellende", mitschwingende Wortbedeutung. „Apokalyptische Vernunft" ist vom Wortsinn zunächst einmal eine von Offenbarung Gottes sich herleitende Vernunft.[8]

Nun hört man beim Begriff „Apokalyptik" jedoch nicht diese Allgemeinheit des Wortsinns, sondern den bestimmten Charakter einer mit Weltuntergang und Endzeitgeschehen befassten Offenbarung mit. So, mit den heute bei diesem Wort anklingenden Assoziationen, habe ich den Begriff hier eingeführt. Sie sollen mit „unterstellt" sein. Sie wurden dies schon lange, weil die als Apokalyptik bezeichnete Literaturgattung sich ja meist mit universal-eschatologischen Szenarien des Untergangs, der Rettung und der Neuschöpfung von Welt und Menschheit und in dieser

[8] Ausgeschlossen ist hier also ein Apokalyptik-Verständnis, dass nur noch das Phänomen der Weltuntergangsprophetie herauslöst, die dann „nicht notwendig religiös" ist, denn für sie „bedarf es nicht prinzipiell einer göttlichen Offenbarung" (so S. Berndt: Apokalyptik – Versuch einer systematischen Definition, in: Theologie der Gegenwart 52, 2009, 231). Diese Definition geht sowohl am Wortsinn als auch am biblischen Phänomen vorbei. Wer Apokalyptik nur noch als ein „soziologisches Phänomen" betrachtet, „das den herrschenden Zeitgeist hinterfragt und radikal in infrage stellt" (ebd. 233), kann so zwar leichter manche moderne säkulare Apokalypse darunter fassen, aber nicht mehr erkennen, was diese eben von dem ursprünglichen Phänomen unterscheidet. Apokalyptik wird dann zu einer „Weltdeutung …, die vor allem aus der Bedrohungserfahrung gespeist ist", sie erscheint „pessimistisch, radikal, sektiererisch und potentiell gefährlich" (ebd. 234). Wenn ein Theologe diese Perspektive wählt, hat man den Eindruck, dass er schnell mit diesem Phänomen fertig werden will, oder wie er dann selber sagt: „Von den Inhalten der Apokalyptik kann also gar nicht die Rede sein." (Ebd.)

steilen Perspektive auch mit der Weltgeschichte ihrer Zeit befasste. Nun befasst sich dieses Buch jedoch nicht speziell mit den Offenbarungen dieser Literatur, der „Apokalyptik“ im Sinn der Philologen, sondern mit dem biblischen Geschichtsdenken insgesamt.[9] Die „Unterstellung“ des Titels bedeutet also eine Charakterisierung dieser Offenbarungsbotschaft insgesamt, welche schon ein Ergebnis ihrer zu leistenden Analyse vorwegnimmt: Dass es sich bei ihr nämlich um eine Offenbarung handelt, die es – auch wo sie nicht im engen historischen Sinn schon „Apokalyptik“ bietet – mit Geschichte, und zwar in der Perspektive ihres Endes und Ziels, zu tun hat. Deren Offenbarungs-Anspruch besteht also darin, von Gott her um Ursprung und Ziel und dem Gefälle der Geschichte dazwischen zu wissen.

Man kann es mit Blick auf die „Vernünftigkeit“, den Wahrheitsanspruch dieses Denkens, auch so formulieren: Das biblische Zeugnis ist keines, dass sich in sich selbst verifizieren lässt. Es verweist für seine Verifikation einerseits stets „zurück“, nämlich auf die göttliche Offenbarung, der es sich verdankt. Es verweist andererseits stets auf eine noch ausstehende Verifikation vor, auf eine Zukunft, eine Erfüllung, eine Ankunft, in der Gott seine Offenbarung erneut oder schließlich endgültig verifizieren wird. Das biblische Denken und Sprechen geschieht „dazwischen“. Und dieses Dazwischen ist die Geschichte bzw. logisch umgekehrt: Weil der biblische Zeuge sich stets nur „dazwischen“ findet, fasst all sein Denken, Reden und Glauben Wahrheit geschichtlich – und nicht magisch oder mystisch oder philosophisch, wie vielleicht in anderen religiösen Denkformen.

Der Titel dieses Unternehmens greift das Schillern des Begriffs „apokalyptisch“ zwischen einfachem Wortsinn und assoziierten Inhalten also bewusst auf, um darin den Formal- und den Materialaspekt des biblischen Glaubens gleichzeitig zu fassen: den Formalaspekt, der im Denken und Sprechen von einer Kundgebung Gottes her besteht, den Materialaspekt, der diese Kundgebung als eine göttliche Offenbarung in Geschichte hinein und auf Geschichte bezogen und ihr Ganzes, nämlich ihr Ende, „vorwegnehmend“ versteht. Dass das Besondere biblischen Glaubens in dieser aus Gottes Selbstmitteilung abgeleiteten theo-eschatologischen Belichtung menschlicher Weltgeschichte besteht, wird die Analyse zu zeigen haben. Aber deren Ergebnis gehört schon in den Titel, weil das Unternehmen nur einen Sinn hat, wenn diese These mitvollzogen wird: Es ist dieser „apokalyptische“ Charakter biblischer Offenbarung, der ihr geschichtliches Schicksal und damit ihre Bedeutung für eine Theologie der Geschichte begründet, die in einer Zeit entworfen wird, in der sich die Menschheit dem möglichen Ende ihrer Geschichte, der säkularen Apokalyptik, zu stellen hat.

[9] Zum Verhältnis von „Apokalypsis“ als Offenbarung und Buch (schließlich: Bibel) vgl. A. Paul in: Geschichte des Christentums 1, 728-731.

Apokalyptische Vernunft denkt Gott eschatologisch

Eine sehr grundsätzliche, geradezu apriorische Bemerkung zu diesem Begriff apokalyptischer Vernunft scheint mir an dieser Stelle vorweg notwendig. Denn es muss zu Beginn meines Analyse-Weges an Texten der Bibel der Eindruck vermieden werden, als sei apokalyptische Vernunft sozusagen ein Text-Phänomen, als sei anhand von Texten erschöpfend zu begreifen, was diese Vernunft ausmacht. Das ist nicht so. Deshalb stelle ich hier vor den hermeneutischen Hinweisen zu meiner biblischen Analytik eine sozusagen vor-hermeneutische Warntafel auf.

Gott als Offenbarer denken heißt schon, ihn voraus-setzen und jede zu bedenkende Wirklichkeit im Licht der Offenbarung Gottes als eine Ganze „zu Ende zu denken“. Gottes Offenbarung „anzunehmen“ schließt schon ein, dass die „Letzten Dinge“, um die es uns in dieser Annahme geht, nicht prinzipiell offen bleiben können, weil sonst Gott nicht Gott wäre oder seine Offenbarung nicht wirklich seine. Sicher gibt es andere Weisen, Gott oder das Göttliche zu denken oder zu glauben, außerhalb apokalyptischer Vernunft. Aber dann offenbart sich Gott nicht in der Welt, wie Ludwig Wittgenstein sagt.[10] Er wird nicht in seinem Handeln in der Geschichte erkannt. Deshalb wird sich ein anderes Denken, das nicht selbst aus apokalyptischer Vernunft heraus denkt, deren „Wissens“-Anspruch gegenüber stets vorkommen wie der Hase gegenüber dem Igel in deren berühmtem Wettlauf: Während es menschlichem Denken „natürlich“ zu sein scheint, von sicheren Grundlagen, Erfahrungen oder Axiomen ausgehend den offenen Weg einer Annäherung an das mögliche ganze Er-Gebnis seiner Wahrheit zurückzulegen, ist ein Denken apokalyptischer Vernunft gleichzeitig mit seinem Anheben in der Offenbarung auch schon am Ziel, mit seinen ersten schon bei seinen letzten Worten, wie viel dazwischen auch noch ungedacht und ungesagt sein mag.[11] Wo Gott gedacht wird als Ausgangspunkt des Denkens, scheint immer schon irgendwie „klar“, worauf das Denken insgesamt hinaus läuft. Es ist in seiner „Welt-Anschauung“ nicht mehr prinzipiell ergebnisoffen. Man kann logisch nicht Gott in seiner Offenbarung bekennen, denkerisch aber prinzipieller Skepsis verfallen.

Das gilt insbesondere für den Bereich, den zu klären sich diese Analyse apokalyptischer Vernunft vorgenommen hat: für das Verhältnis von Offenbarungsglauben

[10] Vgl. Wittgenstein, Tractatus 84 (Satz 6.432). Ich habe die Besonderheit der Weise von Gott als Offenbarer zu sprechen, in zwei Aufsätzen eher philosophisch zu beschreiben versucht: G. Taxacher, Vom Zeigen im Sagen, in: Theologie und Philosophie 71 (1996) 495-531, sowie: ders., Erkenntniskritik und Trinität, in: Theologie und Philosophie 77 (2002) 179-215.

[11] Und da jeder Mensch – auch der Gläubige im Raum apokalyptischer Vernunft – „natürlich“ denkt (apokalyptische Vernunft ein geschichtliches, kein „meta-physisches“ Phänomen ist, kein Auswechsel-Implantat für die menschliche Vernunftausstattung als solche), befremdet auch den Offenbarungsgläubigen immer wieder diese Eigenart der von ihm übernommenen Denkform. Diesen Zwiespalt zwischen „natürlicher“ und Offenbarungsvernunft – der nicht nur individuell, sondern auch geschichtlich-epochal unterschiedlich groß ausgeprägt ist – nennt er dann „Zweifel“.

und Geschichte. Man kann offensichtlich nicht Gott am Anfang oder inmitten der Geschichte wirkend vernehmen, sein zukünftiges Wirken jedoch offen lassen. In diesem logischen Sinn denkt apokalyptische Vernunft von der Geschichte eschatologisch: Indem sie Gott denkt, denkt sie Geschichte nicht ziellos. Dabei bleibt noch offen, wie ausdrücklich sie überhaupt Geschichte denkt, und damit auch, in welchem reflektierten Grad sie Eschatologie, Lehre von der Zukunft und den „Letzten Dingen“ entwickelt. Sie wird aber in dem Maße eschatologisch denken, in dem sie geschichtlich zu denken beginnt. Sie scheint sogar durch ihren gleichzeitigen Zugriff auf die Gegenstände von ihrem Anfang und ihrem Ende her, also dadurch, dass sie alle Dinge „zwischen Gott“ stellt, zur Herausbildung des Totalbegriffs von „der“ Geschichte entscheidend beizutragen: Ist doch eine solche Totale letztlich nur denkbar, indem man Geschichte endlich, ihr Ende antizipierend denkt. Geschichte erscheint dann als „teleologischer Gesamt-Zusammenhang aller Ereignisse, der erst von seinem nahe bevorstehenden Ende her als ganzer verstehbar und erzählbar wird.“[12]

Auch wo Offenbarungsdenken seine Reflexion noch nicht so weit vortreibt, ist ihm die Tendenz zu dieser Totalperspektive durch die Art, wie ihr Gott Anstifter des Denkens geworden ist, schon mitgegeben. Gottes Konkretion im menschlichen Vernehmen die eigene Vernunft fundieren zu lassen, bedeutet schon, „apokalyptisch“ zu denken im Doppelsinn: Im Denken Gott zum Anfang zu haben, bedeutet, ihn für das Bedachte – Dinge, Welt, Mensch, Geschichte – als Ende zu haben. Mit dem Bekenntnis, Gott habe sich geoffenbart, wird mitten in der Gegenwart ein „Letztes“ behauptet, denn Gegenwart Gottes kann qualitativ nichts Vorläufiges sein. Es „eignet dem ‚Kommen‘ Gottes dort, wo es erfahren wird, stets der Charakter des Eschatologischen“[13], der Unterbrechung der Zeit durch etwas Letzt-Gültiges, durch eine „Vorwegnahme und Vorankündigung des Zukünftigen, des Ultimum.“[14] *Der Offenbarungsvernunft wird Gott zur „Apokalypse der Welt“.*

Andererseits gilt aber auch die Umkehrung dieses logischen Zusammenhangs: Man kann den Gott der Offenbarung nur eschatologisch denken, heißt auch, dass streng genommen erst eschatologisch Gott wirklich denkbar wird! So gesehen ist das „natürlicher Denkweise“ so steil anmutende, das Letzte, das Ende schon vorwegnehmende Gott-„Wissen“ apokalyptischer Vernunft gar kein „Wissen“ im üblichen Sinn: Denn gerade, indem es eschato-logisch denkt, kann es sich gegenwärtig nicht verifizieren. Seine scheinbare Igel-Überlegenheit der Hasen-Bewegung sonstigen Denkens gegenüber erweist sich doch als eine recht missliche Situation: Sein Ausgangspunkt in der Offenbarung liegt in seiner Erinnerung und Überlieferung, deren Verifikation liegt in der Zukunft der Verheißung. Auch in diesem Sinn ist

[12] So R. Schaeffler in LThK³ 4 (1995) 554 (Art. Geschichte, Geschichtlichkeit) in Blick auf die modernen Geschichtsphilosophien (Hegel, Marx), die ihre Erkenntnisposition alle in einer „apokalyptischen“ Nah-Stellung zu den letzten Entscheidungen der Menschheit sehen müssen, um beanspruchen zu können, das Ganze der Geschichte zu überschauen.

[13] Kraus, Theologie 137.

[14] Ebd.

Offenbarungsdenken allerdings Denken „zwischen Gott“: zwischen seiner Offenbarung und deren Erfüllung. Über beides verfügt dieses Denken so wenig wie über Gott, – strukturell: so wenig wie die Peripherie über die Mitte, das Haus über das Fundament.

Karl Barth, stets bemüht, das Denken von Offenbarung her so rein wie möglich von anderen Weisen des Denkens zu unterscheiden, hat diese „unmögliche Situation“ festgehalten, in der Offenbarung streng genommen nur erinnert und erwartet werden kann, gegenwärtig aber wie eine Leerstelle, eine leere Mitte des Denkens wirkt, die nicht wir, sondern nur die Offenbarung selbst füllen kann.[15] Dies gilt in der Zeitstruktur dieses Denkens, weil es Gottes Handeln nicht erzwingen, nicht „auf den Plan führen“, nicht herbei demonstrieren, sondern nur auf es verweisen kann. Gottes bezeugtes Kommen bedeutet nicht, „dass Gott schon ‚gekommen‘, ‚angekommen‘ sei“[16]; aus dem Ereignis Offenbarung in seiner ganzen letzt-gültigen Qualität „von innen“ wird keine äußerlich manifeste Vergangenheit: Eschatologische Offenbarung wird nicht historisch, – nur ihr Zeugnis, ihr Niederschlag. Selbst aktuelle Offenbarung ist als solche nicht „fest-stellbar“. „Auch die biblischen ‚Tatsachen‘“ haben „den Charakter der Verheißung“, und die auf ihnen beruhende apokalyptische Vernunft ist ja selbst keine Apokalypse, sondern eben schon ihr Vernommen-Sein, schon Rezeption, Interpretation. Diese Vernunft vollzieht allerdings die sie bewegende Offenbarung nach, indem sie von ihr erzählt, ihre Wirklichkeit und Evidenz aufzeigt, indem sie denkend „von ihr ausgeht“. Aber letztlich kann sie Offenbarung nicht selbst verifizieren. Offenbarung heißt ja, dass Gott Gott ist und doch nicht einfach bleibt, sondern „zur Welt kommt“. Daher rührt der Wille apokalyptischer Vernunft, höchste Abstraktion und Konkretion miteinander zu verbinden: Er beruht letztlich auf dem Verlangen, von Gott und Welt gleichzeitig reden zu können. Das gelänge aber erst wirklich, wenn Offenbarung sich erfüllen würde, wenn sie in den Modus der Offenbarkeit, der Transparenz („Aufgeklärtheit“) der Dinge, der Welt für Gott, der Sichtbarkeit der Mitte in der Peripherie überginge. Solange dies nicht vor unseren Augen geschieht, ist apokalyptisches Denken Denken im Modus des Glaubens und der Hoffnung: Denken von Gott als dem, der dieses Denken von ihm bewahrheiten wird.

Glaube und Hoffnung sind hier ganz eng zusammen gebunden, denn Offenbarungsglaube besteht nicht primär in einer logischen Differenz des nur unsicher Gemeinten zum sicher Beweisbaren, sondern in einer Zeitdifferenz zwischen der durch Offenbarung verheißenen, aber doch gegenwärtig ausstehenden Wirklichkeit.[17] „Letztbegründungen sind, folgt man dem Geist der biblischen Traditionen, immer

[15] Vgl. schon den fundierenden § 14 seiner Offenbarungslehre in: Dogmatik I 2, 50-133 („Die Zeit der Offenbarung“).

[16] Kraus, Theologie 137.

[17] „Nach biblischem Verständnis lebt der Glaube niemals von Faktizitäten, Gegebenheiten und Erfüllungen, sondern allein von der *promissio*; demnach von Etwas, was eben noch nicht erfüllt ist, dessen Eintreten noch aussteht.“ (Kraus, Theologie 332)

Zuletztbegründungen."[18] Und dabei sucht Eschatologie nicht einfach qualitätslos „ein letztmögliches Denken des Letzten", sondern das „des letzten Guten"[19], so wie der sich offenbarende Gott nicht das namenlos Absolute ist, sondern der, dessen Namenseröffnung (etwa in Exodus 3, vor Mose im brennenden Dornbusch) eine Zusage von Zukunft bedeutet: „Ich werde sein, der ich sein werde", d. h. doch: Gott, der sich in Offenbarung zu erkennen gibt, gibt sich in seiner Zuwendung zu erkennen, mit der er denen, denen die Offenbarung gilt, in eine eröffnete Zukunft hin voraus ist.[20] Offenbarung stiftet also gleichzeitig *Glaube als Hoffnung*, sagen wir es ruhig so banal: auf ein „Happy End" mit ihm! Gerade angesichts dessen, was die Hoffnung auf Gottes Bewahrheitung in der Welt von ihm erwartet, erfährt sie den gegenwärtigen Zustand der Welt als gegensätzlich zu dem, was sein sollte, – viel schärfer, als wenn sie diesen Zustand nur aus sich selbst erklären müsste.

Aus diesem Gegensatz von Verifikationserwartung und gegenwärtiger Wahrnehmung bricht der ursprüngliche Doppelsinn des „Apokalyptischen" auf: Wo ein Offenbarungsdenken sich der Geschichte zuwendet, wird es „angesichts der abgründigen Leidens-Geschichte das apokalyptische Erbe"[21] einklagen: Müsste angesichts des Anfangs in Gott diese Geschichte nicht anders verlaufen, als sie es tut? Wo das Glaubensdenken diesen Zwiespalt extrem erfährt, wo es verheißene und erlebte Wirklichkeit absolut nicht mehr überein bekommt, erhält das Denken Gottes zwischen Zweifel und Hoffen einen insgesamt geradezu eschatologisch-konjunktivischen Charakter: *„Es wird sich zeigen, ob Gott will und er lebt"*, es wird das „Hoffen *auf* Gott ... zu einem Hoffen auch *für* ihn."[22] *Der Offenbarungsvernunft wird Gott erst wirklich wahr in der Apokalypse der Welt.*

Meine These lautet also zusammen genommen: In der apokalyptischen Vernunft gibt es Theo-logie eigentlich nur als Eschato-logie. Mag es auch sonst metaphysische, mystische oder andere Theologien, Reden von Gott geben: Diese von einem sich kundgebenden, von einem in Denken und Erfahrung von sich aus konkret werdenden Gott erfüllte Vernunft ist erst „in der Eschatologie ‚bei sich selbst'", weil „hier überhaupt *alles*, was sie als wirklich ausgeben kann, begründet ist."[23] Diese Vernunft ist von Offenbarung als ihrem Anfang und ihrer Unterbrechung abhängig; anders als jede sonstige Vernünftigkeit „bildet sie die Maßstäbe dessen, was sie als ‚wirklich' erkennen kann, dort, wo Gott und alle seine Werke *evident* wirklich werden, wo sie nicht mehr bloß dialektisch mit der üblicherweise so genannten ‚Wirklichkeit' *vermittelt*, sondern unvermittelt in sich selbst und aus sich heraus wirklich sind."[24] Das aber sind sie erst, wenn Wirklichkeit – die übliche, die uns wahrnehm-

[18] Metz, Memoria 53.
[19] Marquardt, Was dürfen wir hoffen 1, 148.
[20] So im Blick auf Ex. 3,14: Kraus, Theologie 145.
[21] So G. Essen in LThK ^{4} (1995) 567 (Art. Geschichtstheologie).
[22] So Marqardt, Was dürfen wir hoffen 2, 18. Marquardt bezieht diese Radikalisierung des nur-eschatologischen Gott-Denkens auf die Moderne nach dem Zivilisationsbruch von Auschwitz, wo alles auf diesen Konjunktiv hin zusammengebrochen sei.
[23] Marquardt, Was dürfen wir hoffen 3, 16.
[24] Ebd.

bare – und die Verheißungen Gottes zusammen fallen. Apokalyptische Vernunft denkt eschatologisch, weil sie gerade nicht fundamentalistisch oder ideologisch den Augenschein überdeckt durch den Schein ihres Glaubens. Sie mag deshalb Gott erst wirklich denken, wenn er wirklich geworden ist, und deshalb setzt sie darauf, dass umgekehrt die Evidenz des Gedankens Gott als dem ersten und letzten Denkbaren stärker ist als die scheinbare Statik der Wirklichkeit. Apokalyptische Vernunft kann – jedenfalls in ihrer ihr inhärenten Tendenz, dort, wo sie reflektiert zu sich selbst kommt – „von einer Wirklichkeit Gottes überhaupt nur unter den Bedingungen eines neuen Seins im ganzen sprechen – selbst auf die Gefahr hin, dadurch als reine Utopie ... abgeschrieben zu werden“[25].

Biblische Vernunft

Wenn der Titel dieses Buches nicht einfach von Apokalyptik, sondern von „apokalyptischer Vernunft“ spricht, dann spricht er von etwas Denkbarem, dass sich herleitet und bezieht auf „etwas“, das mehr und anders ist als Denken. Das Denken aus dieser Herkunft – so ist die These des Buches schon in der Zusammenstellung von Titel und Untertitel gemeint – macht das biblische Geschichtsdenken aus. Damit ist eine doppelte Präzisierung dessen gegeben, was meine Analyse erfassen kann und will:

1. Das biblische Geschichtsdenken beruft sich auf göttliche Offenbarung. Aber diese Offenbarung als solche können wir niemals erfassen, nur ihren Niederschlag, ihr Zeugnis. Apokalyptische Vernunft ist eben das, was wir analytisch erfassen können: nicht der biblische Glaube als solcher, sondern stets schon dessen Abschattung in Glaubens-, Denk- und Handlungsweisen, die geschichtsmächtig werden und ihr geschichtliches Schicksal haben. Streng genommen ist ja auch der biblische Glaube nicht selbst Offenbarung in ihrer theo-logischen Aktualität, sondern deren Bezeugung im Niederschlag des Denkens aus diesem geschichtlich gelebten Glauben heraus. Von diesem Zeugnis nimmt die Analyse ihren Ausgang, befasst sich dann aber mit dem hier auffindbaren „Begriff“ von Offenbarung, der eine eigene Weise menschlicher Vernunft hervortreibt, auch eine spezifische Weise, mit Geschichtlichkeit und Geschichte umzugehen. Diese hermeneutische Zurückhaltung, die beim geschichtlich-strukturell Erfassbaren bleibt, erlaubt es gerade, hinter den biblischen Offenbarungsglauben zurückzufragen nach der Vernunft, die ihn schon fundiert und umgibt bzw. umgekehrt: die er aufnimmt und erfüllt.

So konzentriert sich die Analyse zunächst auf jene Vernunft, die apokalyptisch denkt, deren Rationalität also stets auf das Ganze und das Ende von Geschichte

[25] Ebd. Marquardt sagt dies alles von der Theologie, was meine Analysen phänomenologisch, in ihrem Blick „von außen“ als Charakteristik apokalyptischer Vernunft bestätigt. Anders gesagt: Marquardts Theologieverständnis ist das einer zu sich selbst gekommenen, (modern) reflektierten apokalyptischen Vernunft.

bezogen ist, auf eine Vernunft, die bestimmte Kategorien des Geschichtsdenkens aus sich heraus setzt, eine Vernunft, die sich von anderen, unapokalyptischen, vielleicht gänzlich ungeschichtlichen, wird unterscheiden lassen. Die apokalyptische Vernunft ist zugleich die Vernunft, die „Denkform", welche die biblische Offenbarung in die Welt gebracht hat. Sie ist – schon, weil Offenbarung selbst ja keine Denkform, kein Einheitsband für Begriffe und Kategorien ist – eine wirkungsgeschichtliche Größe. Apokalyptische Vernunft ist also auf der Ebene angesiedelt, auf der biblische Offenbarung Gegenstand einer geschichtsbezogenen Analyse werden kann: auf der Ebene einer „Idee" von Geschichte, die selbst sofort Geschichte wird, ja vom ersten Moment an ist. Das macht die heutige Relevanz dieses Rückgangs zur apokalyptischen Vernunft der Bibel aus: Noch wir Heutigen stehen in der Wirkungsgeschichte dieser Vernunft. Unsere Geschichte, die bis in die Möglichkeit der modernen, säkularen Apokalyptik geführt hat, ist von dieser biblischen Herkunft mitgeprägt.

2. Inhaltlich wird diese Darstellung deshalb nicht – wie etwa eine Theologie des Alten und des Neuen Testaments – alle biblischen Aussagen zur Geschichte sammeln und systematisieren. Dies ist auch nicht das Buch eines Fachmanns biblischer Exegese. Ich will nicht alles erfassen und interpretieren, was die Bibel zur Geschichte sagt, sondern wie sie von Geschichte denkt. In und hinter ihren Einzelaussagen suche ich nach der darin sich ausdrückenden Vernunft, der Denkform, hegelianisch ausgedrückt: dem Begriff von Geschichte in der Bibel.

Mit einer solchen Analyse ist eine bestimmte hermeneutische Haltung verbunden, die ich, wenn auch nicht ausführlich begründen, so doch deutlich offen legen möchte. Die Auslegung biblischen Geschichtsdenkens muss eine Strukturanalyse sein: Sie versucht an die intensivste Mitte dieses Denkens heranzukommen – nicht, indem sie es auf abstrakte Prinzipien reduziert, sondern indem sie das Denken bei seinen stärksten Seiten fasst, die immer nur konkret, in bestimmten Äußerungen angetroffen werden, in denen dieses Denken sich verwirklicht. Die intensivste Mitte ist meist nicht dort gegeben, wo ein Denken seine eigene Erkenntnislehre darzubieten versucht, wo es über sich selbst spricht, sondern wo es seinen „status confessionis" auslegt: das, worum es ihm unbedingt geht. Nicht allgemeine, formale Prinzipien kommen dem Eschaton, den „Letzten Dingen" eines Denkens, am nächsten, sondern gestalthafte, entscheidende Knotenpunkte symbolisieren es. Der „intensivste Punkt" ist genauso wenig mit den Axiomen wie einfach mit den Ergebnissen eines Denkens gleichzusetzen. Wenn Schelling in seiner „Einleitung in die Philosophie der Offenbarung" rät, man müsse einen Philosophen „in seinem Grundgedanken" und nicht in späteren Folgerungen zu verstehen suchen – denn: „Der *wahre* Gedanke eines Philosophen ist eben sein Grundgedanke, der, von dem er ausgeht"[26] –, dann darf dieser Grundgedanke m. E. nicht mit den Grund-Sätzen, den Präambel-Thesen eines Werkes einfach gleichgesetzt werden. Eher geht es um die Gedanken

[26] Zitiert nach: Rombach, Strukturontologie 234 f.

„am Grund“ der Gedanken. Die müssen weder am Anfang noch am Ende stehen, noch die auffällig „tiefsinnigsten“ sein. Das, was ein Denken bewegt, spiegelt sich vor allem in komplexen, manchmal zunächst peripher wirkenden Stellungnahmen, Wendungen, Unverwechselbarkeiten. Darin kann aufgehen, woran es eigentlich hängt, was es wirklich wissen, sehen, erkennen will.

„Ich bin auf dem Boden meiner Überzeugungen angelangt“, heißt es in einer späten Notiz Ludwig Wittgensteins: „Und von dieser Grundmauer könnte man beinahe sagen, sie werde vom ganzen Haus getragen.“[27] Wittgenstein macht hier eine sprach-logische, erkenntnistheoretische Aussage, keine über ein (etwa sein) individuelles Denken. Der Witz dieses Satzes, der das übliche Verhältnis von Grundmauer und Gebäude umkehrt, kehrt auch die gewohnte Abstraktions- und Deduktionslogik um, nach der die jeweils allgemeinsten Grundsätze alle weiteren Folgerungen tragen und so ein System (Haus) ermöglichen. Die Umkehrung ist aber auch keine rein symmetrische: Wittgensteins Satz deckt sich nicht mit einer empiristischen Induktionslogik, nach der die Grundsätze sich einfach aus der Addition von Einzelerkenntnissen ergeben. Solche Summen-Sätze ergeben aus sich niemals einen „Boden meiner Überzeugungen“. Ich möchte die in Wittgensteins Satz ausgedrückte Theorie versuchsweise eine „strukturale Intensitätslogik“ nennen: In dieser stützen sich eigentlich alle Einzelsätze gegenseitig, durch das logische Verhältnis, in dem sie zueinander stehen. Das Ganze ist eher ein Geflecht oder – in Wittgensteins Bild bleibend – ein architektonisches Gefüge, in dem die Elemente miteinander statische Sicherheit erzeugen. Allerdings sind in einem solchen Gefüge nicht alle Elemente gleichgeordnet, denn sie sind für das Ganze von unterschiedlicher Bedeutung, sie sitzen an mehr oder weniger entscheidenden Stellen, sie erzeugen unterschiedliche Gerade von Festigkeit und Form des Ganzen. Sie haben unterschiedliche „Intensität“. Die „Punkte“ höchster Intensität sind jene, in denen sich – obwohl es sich auch hier um einzelne Elemente handelt – der Zusammenhang des Ganzen nochmals konkret abbildet, verfestigt, „symbolisiert“: Diese Elemente sind deshalb wie Grundsteine, sie bilden ein Fundament, einen Boden des Ganzen. Weil man jedoch, um dies in ihnen zu erkennen, das Ganze in seinen Elementen kennen, durchschreiten muss – weil ihre Intensität wiederum in ihrer Korrespondenz zum Ganzen besteht – deshalb werden sie gewissermaßen vom Ganzen getragen und nicht umgekehrt.

Ich meine, dass diese strukturale Auffassung von Denken und Erkenntnis besonders geeignet ist, geschichtlich gewachsene, über-individuelle Denkformen – Ausformungen menschlicher Vernunft – zu erkunden. Denn wirkungsgeschichtliche, kommunikative und traditionale Prozesse im Denken einer Kultur oder Religion – eingeschlossen die kultur- und religionsgeschichtlichen Brüche, Veränderungen und gegenseitigen Beeinflussungen über „Gebäudegrenzen“ hinweg – folgen weder einer Logik deduktiven Folgerns noch der eines induktiven Zusammenrechnens. Erkenntnis-„Fortschritte“ in solchen Zusammenhängen geschehen nicht linear, und

[27] Wittgenstein, Gewißheit, Nr. 248.

dass wir überhaupt einen Zusammenhang erkennen, liegt nicht an Schlussfolgerungsketten, sondern an Strukturanalogien; also daran, dass wir nicht nur einzelne Elemente wiedererkennen, sondern auch deren Zueinander und ihre Funktion für das Ganze (den Grad ihrer Intensität!) in geschichtlichen Momentaufnahmen und dadurch in ihrer Entwicklung verfolgen können.

Schließlich liegt für die Analyse einer geschichtlichen Vernunft ein entscheidender Vorteil dieses strukturalen Bildes von Vernunftzusammenhängen darin, dass es erlaubt, Vernunftphänomene (Erscheinungen des Denkens) nicht von „außervernünftigen" Faktoren ihrer Geschichte zu isolieren. Wenn ich geschichtliche Vernunftzusammenhänge nicht nach einer linearen Logik von Abstraktion und Konkretion auffasse (egal, welcher von beiden Seiten ich den Primat einräume), sondern nach einer strukturalen Logik von Intensitätsgraden im Verhältnis der Peripherie zur Mitte, dann muss ich „Sein" und „Bewusstsein" in der Geschichte einer Vernunft nicht gegeneinander ausspielen. In einer Logik der Abstraktion erreiche ich das „Eigentliche" einer Vernunft erst, wo ökonomische, politische, soziale oder gar natürliche Faktoren, die auf sie einwirken oder auf die sie einwirkt, herausgefiltert sind. In dem dieser Logik bleibend verbundenen Gegenpart einer Konkretionslehre gelten dagegen diese „reinen Vernunftzusammenhänge" als schlechte Abstraktionen, als Destillat, dem nicht mehr anzumerken ist, worum es in dieser Vernunftgeschichte „wirklich" geht: nämlich um die politische, soziale, ökonomische Wirklichkeit, in der sie wirkt.

In einer strukturalen Beschreibung von Vernunftphänomenen ist nicht vorausentschieden, ob die höhere Intensität auf Seiten der „Eigentlichkeit" oder der „Wirklichkeit" der Vernunft liegt. Strukturale Zusammenhänge gehorchen nicht der Hierarchisierung von Basis und Überbau (auch das steckt indirekt im Bild Wittgensteins!). Das, worum es einer Vernunft „eigentlich" geht, kann sehr wohl in politischen und ökonomischen Vorgängen stecken, so dass gerade in ihnen die Intensität dieser Vernunft zu sich selbst kommt. Zugleich kann der „wirkliche" Zusammenhang einer Weise des Denkens und Glaubens zu „seinen" politischen und ökonomischen Verhältnissen gerade in Elementen des Nicht-Zusammenhängens bestehen, darin, wie sie „trotz" ihrer oder „quer zu ihnen" sich so gebärdet und entwickelt, wie sie es tut.

Erst in der Anwendung, in der Analyse der geschichtlich gewachsenen apokalyptischen Vernunft, wird sich bewähren lassen, wovon ich hier vorab einen formalen Begriff zu geben versuche. Dieser Bewährung vorgreifend möchte ich hier aber schon die These wagen, dass die strukturale Sicht von Vernunft-Verhältnissen gerade der Geschichte apokalyptischer Vernunft entspricht, ihr gerecht wird: Zeichnet sich doch die apokalyptische Wirklichkeitsauffassung dadurch aus, dass sie höchste, geradezu materialistische Konkretion ihrer Prinzipien mit entschiedener Überbietung jeder möglichen Konkretion verbindet. In der Apokalyptik als „Offenbarungsvernunft" wird Gott in die Konkretion bestimmter Worte, Handlungen und Inkarnationen gezwungen und zugleich wird durch die Suche nach Offenbarung als „Boden meiner Überzeugungen" allen anderen, „bodenständigeren" Erkenntnisweisen der Boden entzogen. Dies gilt auch für Apokalyptik als der Geschichte von ihrem Ende her auffassenden Vernunft: Hier werden alle übernatürlichen, religiösen Glaubensinhalte radikal konkretisiert auf ihre Verwirklichung in politischer Geschichte hin, und doch wird das „Eigentliche“ dieser Geschichte erst in deren Katastrophe, Abbruch und ihrer Überwindung offenbar. Die intensivste Mitte apokalyptischer Vernunft und damit ihre geschichtlichen Bewegungsgesetze wird also nur eine Analyse aufdecken, die nicht schon durch ihren methodischen Ansatz diese „spannende“ Struktur auf eine ihrer Seiten hin auflöst.

Die Bibel analysieren

Nach der hermeneutischen Perspektive muss die hier geübte Methode der Interpretation des biblischen Textes näher bestimmt werden.[28]

Da es meiner Analyse um die welt-geschichtliche Gestalt apokalyptischer Vernunft und deren welt-geschichtliche Wirkung sowie ihre Bedeutung für die Gegenwart geht, kann es nicht um die Analyse einzelner vielleicht besonders alter Erstzeugnisse gehen, nicht um die Isolierung eines Frühzustandes apokalyptischer Vernunft, der später überdeckt und überschritten und so in seiner Eigengestalt und -wirkung „überholt“ und „aufgehoben“ wurde (im Mehrfachsinn, den diese Worte nicht nur bei Hegel haben). Es muss um die Gestalt des Zeugnisses von Offenbarung gehen, die für die apokalyptische Vernunft maßgeblich wurde, in der sie sich fand und in der sie weiter wirkte. Es geht also um den „kanonischen“ Text des Offenbarungszeugnisses. Konkret: Es geht um die Bibel als Ganze, die wirksames Offenbarungszeugnis eben erst dadurch wurde, dass sie als „das“ Buch, als Kanon, als Norm der Offenbarungsauslegung Geschichte machte. Deshalb hat meine Analyse der Ursprungsstruktur apokalyptischer Vernunft eine starke Affinität zu jener hermeneutischen Richtung der Bibelauslegung, die sich am kanonischen Endtext orientiert und den Sinn des Ganzen aus dessen innerer Struktur, aus den Wechselbeziehungen innerhalb des Textes, zu erheben sucht, in synchroner Exegese des Materials.

Anderseits geht es hier um die Analyse apokalyptischer *Vernunft* und nicht einfach der „biblischen Lehre“. Ich betrachte diese Vernunft als geschichtliches und wirkungsgeschichtliches Phänomen, in ihren Wirkungen und ihrem Geschick. Eine solche Betrachtung darf den Ursprung ihres Gegenstandes selbst nicht unhistorisch, wie einen erratischen, vom Himmel gefallenen Block behandeln. Abgesehen davon, dass ihr dies den Verdacht einbrächte, nun doch die transhistorische Wahrheit der Offenbarung in der Empirie des Zeugnisses festmachen zu wollen – der Irrtum jedes „Fundamentalismus“ –, müsste der Umschlag von unhistorischer Entgegennahme eines Endergebnisses zu dessen weiterer geschichtlicher Analyse willkürlich

[28] Dies ist schon deshalb nötig, um als Nichtfachmann in Sachen Bibelwissenschaft mein Unternehmen doch in den dortigen Diskussionshorizont einzuordnen. Denn auch wenn mein Vorgehen kein fach-wissenschaftliches ist, will es sich doch nicht als unwissenschaftlich abtun lassen. Wen die Darstellung allein, nicht aber ihr Kontext innerhalb der biblischen Forschung interessiert, der mag die folgenden Seiten getrost überschlagen.

erscheinen. Ein Phänomen, dessen Bedeutung für die Geschichte bis heute es zu reflektieren gilt, selbst von historischer Herleitung auszunehmen, hieße eine künstliche Naivität zu pflegen. Deshalb hat die Analyse apokalyptischer Vernunft auch eine „natürliche“ Affinität zur historisch kritischen Methode: Sie will schon den Ursprung des Offenbarungsdenkens in seinem welthistorischen Kontext erfassen, und sie erwartet, dass sich die Struktur apokalyptischer Vernunft auch anhand ihres Werdens erschließt, also in diachronischer Sichtung des Materials.
Diese beiden methodischen Tendenzen meines Unternehmens – sein Ausgang von der kanonischen Wirkgestalt biblischen Offenbarungszeugnisses und sein historisch fragender Umgang mit ihm – steuert es allerdings in eine doppelte Problematik hinein, die derzeit in der biblischen Exegese wissenschaftlich und hermeneutisch nicht gelöst ist: Zum einen fehlt es an einer methodisch sauberen und systematisch stimmigen Verbindung synchroner und diachronischer Exegese, zum anderen an einer ebensolchen Verbindung empirischer Einzelbefunde zu bibel-theologischen systematischen Befunden.

Das erste Problem lautet: Was bedeutet die Kenntnis von Vorstufen des Endtextes, von älteren Fassungen, Quellen und deren Bearbeitung, was bedeutet die Erforschung der Traditions- und Redaktionsgeschichte biblischer Bücher schließlich für die Auslegung des Endtextes? Einerseits kann die Interpretation der kanonischen Endgestalt nicht künstlich ausblenden, was sie über die Geschichte ihres Textes weiß. Sie würde sonst nur wie eine Vermeidungsstrategie wirken, welche die historisch-kritischen Fragen verdrängt, statt sie zu integrieren. Andererseits bleibt bislang unklar, wie solche Integration wirklich mehr sein könnte als ein Nebeneinander-Stellen historischer Rückblicke und anschließender Interpretation mit den Augen des letzten „Redaktors“[29]. Die historische Kritik ist aus der Suche nach den unverfälschten, ursprünglichen, womöglich den berichteten Ereignissen nahen Quellen entwickelt worden. Sie wollte die sich dem Leser heute bietende Textoberfläche durchstoßen. Von da aus war es ein langer Weg bis zu der hermeneutischen Erkenntnis, dass es reine Ur-Texte nicht gibt und eine nach historischen Fakten grabende Textarchäologie dem Willen, der sich im Wachstum der Texte ausspricht, und damit ihrem „Sinn“, nicht gerecht wird. Wenn wir heute den Endtext nicht mehr als Steinbruch unserer Rückfragen übergehen, sondern als solchen und als Ausgangspunkt seiner kanonischen Wirkungsgeschichte verstehen wollen, können wir doch das erworbene historische Wissen nicht einfach wieder „los werden“. Es müsste also darum gehen, die historische Kritik sozusagen „vorwärts“ zu betreiben, den uns zugänglichen Werde-Prozess der Schrift Schritt für Schritt in seinem Aufbau zu verfolgen, um schließlich beim Ganzen anzukommen und es in seiner Vielschichtigkeit besser zu begreifen. Nur beinhaltet diese Vielschichtigkeit eben auch historisch gewordene Brüche und Widersprüche, Vergessen und Retuschen. Deshalb fehlt der derzeitigen Bibel-

[29] Das entspräche dem berühmten Rat Martin Bubers und Franz Rosenzweigs, das Kürzel „R“ – in der historischen Kritik für „Redaktor“, also für sekundäre Ergänzungen des Urtextes gebraucht – als „Rabbi: unser Meister“ zu lesen!

auslegung trotz vieler Ansätze in dieser Richtung ein wirklich schlüssig durchgeführtes Konzept der Integration historischer Kritik in die theologische Auslegung.[30]

Das zweite Problem hängt mit dem Charakter historischer Kritik als einer empirischen Literaturwissenschaft zusammen: Das historische Bewusstsein insgesamt ist zwar heute nicht mehr rückgängig zu machen, seine einzelnen Wissensbestände jedoch bleiben stets revidierbar und im Fluss. Historische Philologie arbeitet mit auf Befunde gestützter Hypothesenbildung sowie deren anschließender Überprüfung. So lange nicht irgendwo im Wüstensand ein Quellentext gefunden wird, bleiben die Rekonstruktionen bestreitbare Modelle, und seit gut zwei Jahrzehnten erlebt die alttestamentliche Exegese, dass auch über Jahrzehnte lieb gewordene Modelle ihre Überzeugungskraft wieder einbüßen können. Diese dauernde Unabgeschlossenheit widerlegt nicht die Notwendigkeit der historischen Fragestellung: Sie entspringt ja keinem willkürlichem Versuch, den man auch wieder lassen könnte, um endlich seine Ruhe zu haben, sondern sie wird unumgänglich, wo der Text schon in sich selbst, erst Recht aber in Konfrontation mit außertextlichem historischem Material die Spuren seines Gewordenseins herzeigt, wo der Text also fraglich erscheint, sobald wir ihn auf der Suche nach seiner eindeutigen Aussageabsicht konsultieren. Für die bibel-theologische Strukturanalyse des Ganzen, für die Frage nach der Botschaft der Schrift insgesamt, bedeutet diese Unabgeschlossenheit und Detailabhängigkeit historischer Kritik jedoch die Schwierigkeit, systematische Aussagen auf unsichere Einzelbefunde aufbauen zu müssen. Und auch hier hat sich noch keine konsensfähige Methode herausgebildet, wie ohne Ignoranz gegenüber der Einzelforschung eine Phänomenologie biblischen Denkens geschrieben werden kann, die mehr ist als vages Verallgemeinern.

Meine Analyse apokalyptischer Vernunft kann selbst keine exegetische Fachwissenschaft treiben. Sie kann die angedeuteten Probleme deshalb auch nicht lösen, sondern muss sich mit ihnen arrangieren, ohne sie einfach zu ignorieren, aber auch ohne sich in ihnen zu verlieren. Deshalb wird sie auf den Diskussionsstand biblischer Forschung hören, ohne sich in Detailkontroversen immer eindeutig entscheiden zu können, aber auch ohne die Möglichkeit, sich stets auf eine gesicherte Mittelposition zurückzuziehen. Ihr „Arrangement" wird darin bestehen, den Forschungsstand entgegenzunehmen, ihm einigermaßen gesicherte Grundpositionen zu entnehmen, diese dann aber eigenständig zu bewerten, indem sie historische Erkenntnisse und synchrone Textzusammenhänge möglichst breit aufeinander bezieht. Denn ihr eigentliches Ziel besteht ja darin, im Zeugnis eine fundamentale Grundstruktur aufzusuchen, die sich sowohl durch die Geschichte der Textwerdung hindurch aufbaut (diachron) als auch sich durch die vielfältigen Textteile hindurchzieht (synchron), die also den Text „zeitlich" wie „räumlich" prägt und bewegt. Die Ana-

[30] Childs anerkennt dieses noch nicht wirklich gelöste Problem der gleichzeitigen Anforderung, „der theologischen Integrität von Israels Glaubenszeugnissen Gerechtigkeit widerfahren zu lassen" und doch „frei die Komplexität alles menschlichen Wissens" „von einer neutralen phänomenologischen Rekonstruktion her" einzubringen. Er sieht „eine subtile Beziehung zwischen diesen beiden Perspektiven". (Childs, Theologie 1, 127)

lyse wird also trotz unübersichtlicher Forschungslage zusammenfassende Durchblicke wagen, sie wird historische und textimmanente Beschreibungen *sachlich* zu interpretieren, d. h. auf die in unterschiedlichen Zeiten und unterschiedlichen Texten jeweils unterschiedlich ausgedrückte gemeinsame *Sache* des Zeugnisses beziehen. Das biblische Material spricht durch seine weit auseinanderliegenden Entstehungsperioden, aber auch durch seine unterschiedlichen Textsorten recht verschiedene Sprachen. Die Konfrontation der Untersuchung mit der historisch kritischen Exegese wird diese Unterschiede nicht nivellieren. Sie wird sie aber auch nicht davon abhalten, in eigenem Nachvollzug der Befunde zu bestimmen, was im Kern auf diesen verschiedenen Seiten des Zeugnisses umkreist und ausgesagt wird.

Gefordert ist also zugleich, „dass die ganze Dimension kritischer Exegese beibehalten wird und dass die exegetische Aufgabe nicht auf bloße Beschreibung beschränkt ist."[31] „Auf der bloß textlichen Ebene zu bleiben heißt, sich den Schlüssel nehmen zu lassen, der gegensätzliche Stimmen in ein sachliches Ganzes vereinigt. Deshalb versucht biblische Theologie, die verschiedenen Stimmen im Verhältnis zur göttlichen Realität zu hören, auf die sie in unterschiedlicher Weise verweisen."[32] Für die Analyse apokalyptischer Vernunft heißt dies: die intensivste Mitte eines

[31] Ebd. 109.

[32] Ebd. 111. Childs „kanonische Auslegung" bietet zahlreiche Beispiele für diese geforderte bibeltheologische „Sachlichkeit" ohne Verlust historisch-kritischer Bewusstheit, obwohl er m.E. die genannten Vermittlungsprobleme zwischen Historie und Systematik, Detailentscheidung und Gesamturteilen auch noch nicht befriedigend zu lösen vermag. Aber die Bespiele sind erhellend und ermutigen zu dem, was ich in meiner Analyse wagen muss. Ein gutes Beispiel für Childs Verfahren ist etwa ebd. 112 die Forderung, „theologisch" zu reflektieren, in welchem Verhältnis die alttestamentliche Weisheit und der johanneische Logos in ihrem vorweltlichen Ausgang bei Gott stehen können. Oder man studiere die größeren Stücke bei Childs, Theologie 2, 172-190 zur „Gerechtigkeit Gottes" vom AT bis zum NT nach Paulus, oder ebd. 209-222 ebenso zur Versöhnungslehre. Die methodische Grundidee möchte ich so umschreiben: Die einzelnen Schichten des biblischen Zeugnisses werden je für sich sauber analysiert, dann aber nach und nach so aufeinandergelegt, dass das Relief sichtbar wird, das sie gemeinsam bilden. Man stelle sich dies bildlich so vor, als würden auf einem Overheadprojektor nach und nach transparente Folien einer Kartographie aufeinander gelegt, die jeweils unterschiedliche Aspekte der Landschaftsbeschreibung zeigen, bis sich am Ende ein komplexes Gesamtbild ergibt. Allerdings kann auch Childs oft mehr nebeneinanderstellen, als dass er wirklich eine gemeinsame Struktur erhebt. (Schon recht gelungen erscheinen mir die Versuche, etwa die matthäische und die paulinische Folie vom Gesetz aufeinanderzulegen – in Bd. 2, 252-256 – und dann das Ergebnis nochmals gesamtbiblisch und systematisch zu überprüfen (ebd. 261-263). Das größte Problem auch bei Childs besteht sozusagen im rechten Abstand vom Einzelbefund: Manchmal steht der Exeget so nah an seinen Beschreibungen, dass er diese von Text zu Text wandernd doch nur aufsammelt und addiert. Dann wieder springt er im Willen, eine systematische Quersumme zu ziehen, zu schnell über die geschichtlichen und theologischen Brüche hinweg. Ich weise auf diese Probleme und die Beispiele bei Childs nur hin, um zu verdeutlichen, dass sich dieses hermeneutische Problem kaum in einer „Trockenübung", sondern nur im konkreten Versuch am Material wird lösen lassen. Ich möchte hier eingangs nur die Anforderung benennen, der sich meine Arbeit bewusst ist, auch wenn sie das in der Darlegung ihrer Thesen nicht immer ausführen kann.

Zeugnisses herauszustellen, auch wenn dieses Zeugnis diese nicht in einer quasidogmatischen Systematik darbietet. Dazu muss gar nicht künstlich harmonisiert werden. Denn die gesuchte intensivste Mitte ist nicht eine lehrhafte Übereinstimmung, eine theologische Grundformel als kleinster gemeinsamer Nenner, sondern ist die Konsequenz der bewegenden Offenbarung, die dem Zeugnis seine „Drift" gerade auch in seinen Brüchen, Veränderungen und Innovationen gibt.

Welche Bibel analysieren?

Die Bibel bietet sich uns heute als ein Buch dar. Und sie ist, trotz ihres Charakters als komplexer Schriftensammlung und trotz der bleibenden Uneinigkeit ihrer Anhänger über ihren genauen Umfang, am Ende ihrer Entstehungsgeschichte auch so gemeint gewesen. Es muss also legitim sein, aus dem Aufbau dieses Buches als Heiliger Schrift insgesamt etwas über die Struktur apokalyptischer Vernunft zu entnehmen. Dabei müssen wir allerdings heute von drei unterschiedlichen Anordnungen des Gesamtmaterials ausgehen: vom jüdischen und vom christlichen Kanon sowie von der Entstehungsabfolge in moderner historischer Perspektive.

Das jüdische Offenbarungszeugnis gliedert sein Material als „Tanach"[33] in drei große Komplexe: die Tora (Weisung oder „Gesetz" der fünf „Bücher Mose"), die Propheten (wozu vor den eigentlichen Prophetenbüchern auch die Geschichtsbücher gehören!) und die „Schriften" (Weisheitsbücher, Dichtung, aber auch späte Prophetie und Geschichtsschreibung). Dieser Aufbau bedeutet eine Gewichtung des Zeugnisses nach seiner Nähe zum Offenbarungsanstoß selbst. Dabei ist Nähe hier hauptsächlich sachlich zu verstehen, hat aber auch eine zeitliche Komponente, insofern Mose als erster, ältester Prophet gilt und manche Schriften (wie Daniel und die Chronik-Bücher) ihrer späten Entstehung wegen nicht mehr zu den älteren Propheten- oder Geschichtsbüchern gestellt wurden.[34] Die Gewichtung wertet die Tora als „Fundament" des Offenbarungszeugnisses, die „Propheten gelten als Kommentare zur Tora", beiden gegenüber spielen die „‚Schriften' keine vergleichbar fundamentale Rolle"[35]. Dieser „wertende" Aufbau der jüdischen Bibel stellt sie als kanonisches Zeugnis sozusagen zwischen die „Ur-Geschichte" der Offenbarung selbst und deren gelebte Rezeption in Gottesdienst und Lebenspraxis der Gemeinde: Für diese Praxis ist die Tora, die Israel geschichtlich konstituierte, ergangen, an ihr findet die Gegenwart ihre Orientierung. Da diese Orientierung in einer dem Willen Gottes nicht entsprechenden, nicht vollendeten Welt jedoch stets problematisch und bedroht ist, geben die Kommentare aus Prophetie und Weisheit hier aktualisierende Hilfe, sie reflektieren, was es heißt, die Tora in unheiler Zeit – nach der Offenbarung, vor einer erhofften Vollendung – zu leben. In solcher „Gegenwart dazwi-

[33] Vgl. dazu Zenger, Testament 162-177, ebenso: ders., Einleitung 22-27.
[34] Hier zeigt sich schon, dass auch in der klassischen Kanontheologie das moderne „historische" Kriterium nicht ganz ausgeblendet war!
[35] Zenger, Einleitung 24.

schen“ durch die Tora in der Welt zu Recht zu kommen (im tiefsten ethischen Sinn dieser Formulierung), macht die apokalyptische Vernünftigkeit nach dem jüdischen Bibelkanon aus.

Die rezeptions- und damit gegenwartszentrierte Hermeneutik, welche der Anlage des „Tanach“ zugrunde liegt, ist jedoch hineingespannt in die Geschichtsorientierung apokalyptischer Vernunft. Diese ist also sicher keine an Israels Bibel nachträglich herangetragene oder dem Judentum eigentlich fremde Interpretation. Dass Geschichtsereignisse das Paradigma dieses Offenbarungsverständnisses bilden, zeigt sich schon in der Einbettung der Tora als Weisung und Gesetz in eine große Geschichtserzählung von den Anfängen (B’reschit, Genesis) der Schöpfung über die Patriarchenerzählungen, den Exodus des Volkes aus Ägypten, die Offenbarung am Sinai bis zum Erreichen des verheißenen Landes. Israels theologische Konstitution durch die Bundesschlüsse und Offenbarungsworte und seine (modern gesprochen) Volkwerdung durch „profanes“ Geschichtshandeln sind völlig miteinander verwoben: „Geschichte auch und Religion wurden eins.“[36] Zweitens zeigt sich Geschichte als Ort und Exempel von Offenbarung im prophetischen Kommentar der Tora: „dass die Bücher Josua bis 2 Könige zu den ‚Propheten‘ gezählt werden“[37], obwohl sie auf uns eher wie Geschichtsdarstellungen wirken, rührt von der biblischen Optik auf Offenbarung und Prophetie (in diesen Büchern vertreten durch Protagonisten wie Nathan, Elia und Elischa, Micha und Hulda) als „Weichen stellenden ‚Motoren‘ der Geschichte“[38] her. Die eigentlichen Prophetenbücher selbst verschieben diese Perspektive vom Offenbarungsgrund in der Vergangenheit hin zur Erwartung „apokalyptischer“ Vollendung in der Zukunft: „Die Prophetie legt die Tora des Mose in eschatologischem Zeitdruck aus im Blick auf den ‚Tag JHWHs‘“[39], jenem Vollendungshandeln Gottes, in dem – laut dem Abschluss des Prophetenkorpus bei Joel und Maleachi – die Ausgießung des Geistes ganz Israel zu einem prophetischen Volk macht, wodurch Gott seine Offenbarung öffentlich, für alle verifiziert! So sehr also die jüdische Offenbarungshermeneutik um die jeweils heutige Lebendigkeit des damals gelegten Fundaments Tora kreist, so sehr prägt sie zugleich der eschatologische Wahrheitsbegriff apokalyptischer Vernunft, nach dem die Verknüpfung von Offenbarung und Geschichte einen Wechsel des Glaubens auf Zukunft hin darstellt. „Das Volk sah seinen Weg vom Beginn zur Gegenwart her und vom Beginn zur Zukunft hin.“[40] Es sah ihn dabei niemals in einer religiös-abgesonderten Weise isoliert, sondern stets in seinem „profangeschichtlichen“ Kontext einer vor aller Augen gar nicht von Gott geprägten und deshalb immer auch feindlichen Welt. Deshalb kann es in seiner Verknüpfung von Glauben und Geschichte nur auf Zukunft setzen. „Geschichte ist für dieses Volk immer Weltgeschichte. Durch seinen Auszug aus Ägypten ist es zum Volke der Geschichte ... geworden. Was war,

[36] Baeck, Volk 40. Vgl. auch Frankemölle, Frühjudentum 135.
[37] Zenger, Einleitung 24.
[38] Ebd.
[39] Ebd. 25.
[40] Baeck, Volk 41.

spricht darum ihm von dem, was kommen wird. Es ist ein Volk der Geschichte und darum ein messianisches Volk. Es ist das eine, weil es das andere ist, weil es keine Geschichte anerkennt, die nicht Weltgeschichte ist. Es atmet in der Luft dieser Geschichte. Das Einst der Vergangenheit wird ihm zum Einst der Zukunft."[41] Deshalb muss es die Verifikation seines Glaubens einerseits zukünftig und diese eschatologische Offenbarung andererseits weltgeschichtlich manifest erhoffen, nicht nur innerlich, „spirituell". Insofern ist diese Hoffnung – „vor" allen genaueren Szenarien – „apokalyptisch". Und in diesem Sinne nennt L. Baeck den „großen Gedanken der Zukunft" einen solchen, der „im Judentum geschaffen worden ist."[42]

Das Offenbarungszeugnis des Christentums erweitert diesen Kanon um die Bezeugung des Christusereignisses und der Entstehung des Glaubens an Jesus. Es fügt damit der ursprünglichen Heiligen Schrift nicht nur einen zweiten kürzeren Teil, das „Neue Testament", an, sondern stellt auch auf diesen hin gelesen den Aufbau der hebräischen Bibel um. Aus dem „Tanach" wird so das „Alte" oder „Erste Testament".[43] Dieser erweiterten und neu angeordneten Bibel ist durch die Ausbreitung des Christentums die weltgeschichtlich größte Rezeption zuteil geworden. Die Akzentverschiebung, die dadurch innerhalb der apokalyptischen Vernunft auftritt,[44] ist einerseits anhand der kompositorischen Veränderung der hebräischen Bibel, andererseits in deren christlicher Ergänzung oder Fortschreibung als einem Auslegungsvorgang des beibehaltenen Erbes zu analysieren.

Das „Alte Testament" in den Händen der Christen gliedert sich nun in vier Teile: Auf die Tora der Bücher Mose folgen gesondert die Bücher der Geschichte, bei denen an die alte Komposition von Josua bis Könige nun die späteren frühjüdischen Geschichtswerke von der Chronik bis zu den Makkabäer-Erzählungen angehängt sind. Dieser Geschichtskorpus ist von den Prophetenbüchern noch durch die Zwischenstellung der Psalmen und Weisheits-Schriften getrennt. Die Prophetie bildet also anders als im „Tanach" nun den Abschluss des ersten Teils des christlichen Kanons.[45] Auch in diesem Aufbau des Kanons steckt eine „Wertung" des Offenbarungszeugnisses: „Am Anfang steht, wie im Tanach, die Tora, d. h. die Erzählung über die ‚Ur-Offenbarung' Gottes vor Israel am Sinai"[46] und so „blieb für die christliche Leseweise die in der hebräischen Bibel gegebene, das Ganze dominierende *Prae-Position der Tora* unverändert gültig."[47] Auf sie folgen aber nun „die drei Blöcke ‚Geschichte Israels im Lande' – ‚Lebensweisheit' – ‚Prophetie'", wobei die Propheten nicht nur entgegen der Anordnung im Tanach „ans Ende gestellt" werden, sondern auch die dort den Schriften zugeordneten späten Propheten (wie Daniel) nun „zeitgeschichtlich entsprechend eingeordnet sind"[48]. Offensichtlich ist die

[41] Ebd. 72 f.
[42] Baeck, Wesen 25.
[43] Vgl. dazu Zenger, Testament 177-184.
[44] Vorab zu den im 6. und 7. Kapitel zu entfaltenden Inhalten.
[45] Vgl. zur Verdeutlichung die tabellarische Übersicht bei Zenger, Einleitung 30.
[46] Ebd. 33.
[47] Ebd. 32.
[48] Ebd. 31.

Ordnung des Ersten Testaments stärker an der geschichtlichen Progression innerhalb des Kanons und an seiner Öffnung auf Zukunft, an einer theologischen Dynamisierung interessiert. So „entsteht insgesamt eine vierteilige, geschichtstheologische Struktur“[49] „nach dem geschichtstheologischen Schema von Vergangenheit – Gegenwart – Zukunft“[50]: Die Tora steht für eine offenbarende Vor-Vergangenheit, gewissermaßen für Gottes Zeit, danach drängt die Schilderung der Geschichte Israels über die kommentierende Spiritualität der Weisheit hinaus zur eschatologischen Erwartung der Prophetie. Während das jüdische Kanonverständnis gegenwärtige Lebensbewältigung und endzeitliche Hoffnungen stets rückbindet an das Fundament der Offenbarungs-Sinngebung in der Tora, durchläuft der christliche Rezipient eine lineare Steigerung durch geschichtliche und religiöse Bestätigungen der Offenbarungswahrheit hindurch auf deren eschatologische Verifikation hin.

Darüber hinaus verweisen die letzten Worte des gesamten ersten Kanonteils beim Propheten Maleachi nun nicht mehr auf eine ausstehende messianische Zukunft, sondern auf deren schon erfolgtes Anbrechen im Erscheinen Jesu Christi.[51] Die neue Eckstellung der Prophetenbücher motiviert deren Wiederaufnahme im Neuen Testament, das seine Botschaft auf Schritt und Tritt im Rückgriff auf prophetische Hoffnungen rechtfertigt. Das Neue Testament wahrt die Einheit der biblischen Tradition dadurch, dass die „geschichtliche Grundorientierung in den hebräisch geschriebenen heiligen Schriften Israels bestimmend bleibt auch … für Jesus von Nazareth und alle neutestamentlichen Theologen.“[52] Dabei kann man den Aufbau der christlichen kanonischen Schriften nochmals parallel zum Aufbau des Alten Testaments verstehen[53]: Die Evangelien entsprechen hier der Offenbarungs-Grundlegung der Tora, die Apostelgeschichte zeigt die Geschichte der Gemeinde, die Apostelbriefe beleuchten spirituell-weisheitlich ihre Gegenwart. Aber auch der neue Kanonteil endet in einem eschatologisch-prophetischen Buch, der Apokalypse des Johannes. Die christologische Erfüllungsgewissheit hat also keineswegs die Zukunftsorientierung abgebremst. Sie hat jedoch die geschichtstheologische Struktur apokalyptischer Vernunft verstärkt. Der Christ liest nun einen Kanon, der von der Schöpfung bis zur Endzeit des neuen Jerusalems reicht. „Die beiden ‚Eckbücher‘ Genesis und Offenbarung bilden einen universalgeschichtlichen Rahmen“[54]: „Offenbarung beginnt mit der Erschaffung von ‚Himmel und Erde‘ … und endet mit der Erschaffung eines ‚neuen Himmels und einer neuen Erde‘. … Sie kündet von Gottes Gegenwart und Handeln in der Geschichte, um die Erfüllung des göttlichen Planes gegen den Ansturm des Bösen sicherzustellen. Auf diesem Hintergrund

49 Ebd.
50 Ebd. 33.
51 Dazu später Kapitel 5.
52 Frankemölle, Frühjudentum 136.
53 Vgl. das Schema bei Zenger, Einleitung 34.
54 Ebd. 34. Zenger belegt dies durch die Stichwortaufnahmen von Gen 1-3 in Offb 21-22: Neuer Himmel und Neue Erde, Strom und Bäume des Lebens, Licht, Sonne und Nacht. In dieser letzten Genesis verifiziert der Schöpfer also die Wahrheit seiner Verheißungen: „Ich bin das Alpha und das Omega, der Anfang und das Ende.“

betrachtet, durchdringt der apokalyptische Glaube die gesamte Heilige Schrift.“[55] Der Aufbau des christlichen Kanons mit seinem eschatologischen Hoffnungsruf „Maranatha – Komm, Herr Jesus“ (Offb 22,20) als Schlusswort legt also eher eine Radikalisierung des geschichtlich-apokalyptischen Zuges apokalyptischer Vernunft nahe als dessen dem späteren Christentum oft vorgehaltene Erlahmung. Erst die Betrachtung der Wirkungsgeschichte dieses Kanons wird das Schicksal der apokalyptischen Vernunft in Befolgung oder Vergessen ihres Offenbarungszeugnisses klären können.[56]

Heute wäre es allerdings ein Anachronismus, die Analyse apokalyptischer Vernunft einfach der synchronen Textfolge des jüdischen oder christlichen Kanons entlangzuführen, ohne die historische Rekonstruktion der Entstehung dieses Zeugnisses zu beachten, die keineswegs geradlinig vom Buch Genesis zur geheimen Offenbarung des Johannes verläuft. Zwar bleibt die kanonische Textfolge für eine *theologische* Hermeneutik der Bibel maßgeblich, aber wenn schon eine biblische Theologie vom Wissen um den diachronen Wachstumsprozess der Heiligen Schriften nicht unbeeinflusst bleiben kann[57], so wird eine kritische Analyse der Konstitutionsphase apokalyptischer Vernunft das kanonische Ergebnis nur im Durchgang seiner Vorgeschichte (soweit sie noch aufspürbar ist) wieder einholen können. Es muss ja „mit der kanonischen Struktur vereinbar sein, das alttestamentliche Glaubenszeugnis ... im Kontext der Geschichte Israels zu beschreiben“[58], weil nur auf diesem Wege der kanonische Prozess als ein sachlich sinnvoller auch nachvollziehbar wird, worauf wir heute – mit unserem unabschüttelbaren historischen Bewusstsein – angewiesen sind. Es geht also darum, „das Wachstum der alttestamentlichen Traditionen selbst als theologisches Glaubenszeugnis zu erfassen“, um zugleich „die ursprüngliche Verankerung eines Glaubenszeugnisses innerhalb der Geschichte Israels zu ermitteln“ und die „Entwicklungslinie seines Gebrauchs und seiner Verwendung innerhalb von Israels Geschichte zu verfolgen“[59]. So kann man sowohl die ursprüngliche Tradition als auch deren Redaktion, sowohl „Quelle“ als auch „Kanon“ jeweils an ihrer historischen Stelle im Rahmen eines Werdeprozesses apokalyptischer Vernunft würdigen. Natürlich kann ich die Entstehung der Schriften mit all ihren Unsicherheiten so wenig erschöpfend behandeln, wie ich die thematische Breite des kanonischen Stoffes insgesamt darlegen will. Vielmehr suche ich die entscheidenden Scharnierstellen auf, an denen sich das Geschichtsverhältnis und Offenbarungsverständnis apokalyptischer Vernunft vorangetrieben hat. Meine Analyse ist deshalb beim Alten Testament zwangsläufig stärker an den Propheten und

[55] T. Okure, Von der Genesis zur Offenbarung: Apokalyptik in biblischer Sicht, in: Concilium 34 (1998) 371.

[56] Das versucht Kapitel 8.

[57] Deshalb hatte schon G. v. Rad in seiner Theologie des Alten Testaments – einem betont theologischen Syntheseversuch – der Auslegung entlang der Hauptteile des Kanons eine Analyse der theologischen Bedeutung einer Rekonstruktion von Israels Religionsgeschichte vorangestellt. (Vgl. von Rad, Theologie 1, 17-115.)

[58] Childs, Theologie 1, 118.

[59] Ebd. 124.

Geschichtsreflexionen interessiert als an Gesetz und Weisheit. Und sie ist beim Neuen Testament auf die eschatologische Botschaft Jesu und die Osterverkündigung von Jesus konzentriert und nicht auf Gemeindeordnung und Ethik. Man könnte auch sagen: Sie erfasst an der israelitischen und frühchristlichen Religionsgeschichte eher deren Aspekte einer „heißen" veränderungs-orientierten als die einer „kalten" statischen Gesellschaft.[60] Sie leugnet dabei nicht, dass es diese zweite Seite des Phänomens auch gibt; – kein Volk und keine Religion überlebt ohne eine sogar stark ausgeprägte Statik ihrer Binnenstruktur und die kanonischen Endtexte wie auch ihre synagogale oder kirchliche Auslegung werden deshalb eher diese in den Vordergrund rücken. Nachzuweisen ist jedoch, dass es die innovativen Schübe der sich ausbildenden apokalyptischen Vernunft waren, die zugleich die wichtigsten Anstöße zur Textwerdung und „Redaktion" des Offenbarungszeugnisses gaben. Ich behaupte also, dass die diachrone und selektive Wahrnehmung meiner Analyse sehr wohl jene Um-Brüche erfasst, durch die die Bibel wurde, was sie ist, – und durch die apokalyptische Vernunft jene „Weltanschauung" ausbildete, die sie von anderen, sie umgebenden und mit ihr entstehenden Weisen, die Welt vernünftig anzuschauen, deutlich unterscheidet.

[60] Zur Anwendbarkeit dieser Terminologie von C. Lévi-Strauss auf die Geschichte Israels vgl. Zenger, Einleitung 179.

Kapitel 2: Gegenwartsdeutung in Israel. Prophetie und prophetische Theologie

„Wenn ich recht sehe, gewinnt das Alte Testament eine besondere Bedeutung“, notierte Romano Guardini, als er kurz nach dem zweiten Weltkrieg die religiösen Zeichen der Zeit in der vom ihm diagnostizierten „Auflösung des neuzeitlichen Weltbildes“ sichtete.[1] Dass er damit recht sah, scheint sich erst Jahrzehnte später wirklich durchzusetzen in der heute verbreiteteren Erkenntnis, dass auch eine christliche Selbstvergewisserung nach der christlich dominierten Ära des Abendlandes zurückgehen muss zum größeren älteren Teil unseres Kanons, der ja die ganze Heilige Schrift Jesu und seiner Anhänger und so auch die theologische Norm bildete, vor der sich die Autoren der neutestamentlichen Schriften verantworten wollten. „Nicht mit dem historischen Jesus, sondern mit dem Alten Testament setzt eine biblisch beratene, sachgemäße Christologie ein“[2] – und ebenso eine Rekonstruktion apokalyptischer Vernunft.

Gegenwart, Vergangenheit und Zukunft im Erzählen

Ich beginne diesen Rückzug zu den Anfängen des Offenbarungszeugnisses mit einer nur scheinbar formalen Feststellung: Es bestimmt apokalyptische Vernunft von diesem ihrem Ursprung her, dass ihr Offenbarungszeugnis schriftlich fixiert wird und die Arbeit an seiner Durchdringung sich in einem lange hinziehenden Redaktionsprozess der Zusammenstellung, Erweiterung und anreichernden Kommentierung von Texten vollzieht. Damit soll nicht dem Schlagwort von der „Buchreligion“ zugesprochen sein: Heilige Bücher haben viele Religionen auch ohne apokalyptische Vernunft. Aber die Mythen und Weisheiten etwa der Veden und Upanishaden entstehen nicht durch eine in die Textgeschichte eingehende Korrespondenz geschichtlicher Ereignisse und deren „Verarbeitung“ durch „Überarbeitung“, durch Aktualisierung und fortschreitende Interpretation der alten Zeugnisse der Offenbarung. Genau so wächst jedoch die Bibel: In der Erinnerung an Vergangenheit spiegelt sich jeweils die Gegenwart der Sich-Erinnernden – und spätere Generationen überarbeiten diese Erinnerung wiederum von den Fragen und Einsichten ihrer neuen Gegenwart her. Deshalb sind die biblischen Zeugnisse nicht „historisch“: Sie führen nicht eindimensional zu bestimmbarem Gewesenen, sondern stets mehrschichtig in die Zeit jener, die ihre Geschichte sich immer neu vergegenwärti-

[1] Guardini, Ende der Neuzeit 116.
[2] Kraus, Theologie 347.

gen. Erzählte Geschichte und die Geschichte der Erzählenden korrespondieren miteinander.

Diese Korrespondenz ermöglicht die „Datierung", die Situierung der Textgeschichte in der Geschichte des Kontextes ihrer Entstehung. Die Korrespondenz lässt den Text nun in der Perspektive seiner historischen Erforschung geradezu zwei Geschichten parallel erzählen: Zum einen die alten „Gründungslegenden", von denen er erzählt (Vätergeschichte und Exodus, Sinaioffenbarung und Landnahme, Königszeit und Exil), zum anderen die Geschichte seiner Textgegenwart, in der und auf die hin er erzählt (die Krisen der judäischen Monarchie, die „Stunde null" exilierter Intellektueller in Babylon, die Neuformierung jüdischer Gesellschaft und Gemeinde im Perserreich, die Selbstvergewisserung des Judentums im Hellenismus).[3]

„Das Gebot, mit Buchstaben urkundlich zu handeln ... bestimmt das Volk, das dieses Gebot empfängt und annimmt, zu einer Geschichtlichkeit ohne Präzedenz im Rahmen der Menschheitskulturen."[4] Die Art des biblischen Erzählens von Geschichte auf die Gegenwart hin schließt stets auch die dritte Zeitdimension ein: die Zukunft. Geschichte wird in prekärer Gegenwart erinnert, um die von Gott verheißene Zukunft zu erfragen. Dadurch werden die Verheißungen, wird die Theologie geschichtlich geerdet, zugleich aber werden Geschichte und Gegenwart – konkret: Politik, Ökonomie, Religion, Alltag – auf Ausstehendes, Erhofftes hin aufgebrochen. Man kann dies geradezu Israels „einzige ‚Erfindung'" nennen: „die Temporalisierung von Mythen in seiner eschatologisch orientierten Gottespassion."[5] In der Arbeit an seinem Offenbarungszeugnis „beginnt ein Volk, die Wirklichkeit zu stimmen, so als sei sie unvollständig ... Es ersinnt ... eine empirische Eschatologie, die sich befragt, eine Verheißung. Es bricht mit der mythischen Eschatologie"[6], indem es die Verheißung im Fortgang ihr widersprechender Ereignisse zu verifizieren versucht. „Die in den biblischen Traditionen sich abzeichnende Weise der Weltwahrnehmung hat eine anamnetische Basis."[7] Dabei wird stets auf offenbarende Erinnerungen zurückgegriffen, in dem man sie neu erzählt und auf ihre Haltbarkeit für die Gegenwart hin befragt. Erinnerung ist nicht statisch-„historisch", aber auch keine ideologische Selbstversicherung. Die Vergangenheit ist Anker und kritisches Potential zugleich: In unsicherer Gegenwart fragt man nach ihr zurück, ihre „Norm" stellt aber auch die Selbstverständlichkeiten der Gegenwart in Frage.

[3] So lässt sich etwa in der David-Überlieferung der Samuelbücher durch deren „Milieuechtheit" noch auf „einen zeitgenössischen Hintergrund" schließen, die Texte transportieren also wohl Aufzeichnungen aus der frühesten Königszeit, die Art, wie sie jetzt erzählt werden, weist jedoch „auf deren spätere Verarbeitung in umfangreicheren literarischen Zusammenhängen" hin (beides: Schmid, Literaturgeschichte 72), in denen dann das Reich Davids zu etwas wird, was es historisch sicher nie war.

[4] Lyotard, Bindestrich 27.

[5] Metz, Memoria 9.

[6] Lyotard, Bindestrich 28.

[7] Metz, Memoria 10.

Offenbarung, an die man sich erinnert, ist immer auch Offenbarung, die fehlt. „Die anamnetische Basis weltwahrnehmender Vernunft stuft alles Entschwundene nicht zum existentiell Bedeutungslosen herab. Wissen bleibt für sie eine Form des Vermissens.“[8] Gott ist gefragt nicht als der Begründer von allem, was ist, sondern als der Gründer von etwas, was sein soll, aber nicht ist. Ist es nicht mehr oder noch nicht? Wo bleibt Gott? „Nicht das Problem, ob Gott existiert, sondern die Frage nach seiner dynamischen Wirksamkeit in Vergangenheit, Gegenwart und Zukunft hat die jüdischen () Theologen umgetrieben.“[9]

Kulturgeschichtlich gesehen beginnt diese Arbeit kaum später als die Entwicklung des für sie wohl notwendigen geschmeidigen Mediums der Alphabet-Schrift. Es ist schon eine faszinierende Beobachtung, dass das Laut-Alphabet im Land der Bibel und „kurz“ vor ihrer Zeit entwickelt wurde: in Syrien und Palästina im 16. und 15. Jahrhundert v. Chr.! Die ägyptische Vorherrschaft hat diese Erfindung durch die Dominanz ihrer Hieroglyphenschrift zunächst noch überdeckt. „Erst als das Weltreich in der späten Ramessidenzeit zusammenbrach, kam die schlummernde Idee zum Durchbruch und wurde in den phönikischen Küstenstädten verwirklicht. Das muss etwa im 12. oder 11. Jahrhundert v. Chr. gewesen sein.“[10] Und dies ist dieselbe Zeit, in die der historisch kaum greifbare Exodus der Moses-Leute aus Ägypten und die allmähliche Formierung prä-israelitischer Stämme im „gelobten Land“ Kanaan sich vollzieht, die Wurzel jener Erinnerungen, die einige Jahrhunderte später den Grundstock biblischen „Urmaterials“ bilden werden.

Indem die historische Forschung die einfache Übereinstimmung biblischer Berichte und der in ihnen berichteten Geschichte auflöste, hat sie die komplexe Korrespondenz erzählter Geschichte und Erzählergeschichte erst transparent gemacht. Nicht eine abstrakte Linearität, wie man sie noch vor einigen Jahrzehnten in den Vordergrund rückte, oder eine antimythische Rationalität der Geschichtsschreibung, sondern diese Verknüpfung berichteter Geschichte mit der Geschichte der Berichtenden begründet das Urteil, im Alten Testament werde „ein *neuer Begriff von Geschichte* gesetzt“[11]: Indem eine jeweils neu herausfordernde Gegenwart eine stufenweise immer weiter ausgreifende Befragung der Vergangenheit nach der in ihr aufgegangenen, dann problematisch gewordenen, dann doch nicht aufgelösten Verheißungen in Gang setzt, wird für Israel Geschichte zum Ort von Offenbarung und damit für uns *„Israel der Zeuge des lebendigen Gottes in der Geschichte seiner Taten.*“[12] Indem historische Philologie die Entstehung der Schriften „als jahrhundertelanges, komplexes Ringen um die je aktuelle Bedeutung der zentralen Traditionen Israels zu begreifen sucht, wird diese Entstehungsgeschichte als faszinierende Geschichte der Gott-Suche Israels sichtbar. Zugleich wird deutlich, dass die biblische Gotteswahrheit einerseits immer nur in Annäherung erreichbar ist und dass sie sich

[8] Ebd. 11.
[9] Frankemölle 136.
[10] J.A. Wilson in: Propyläen Weltgeschichte 1, 348.
[11] Kraus, Theologie 202.
[12] Ebd.

andererseits unter veränderten geschichtlichen Bedingungen je neu bewähren und bewahrheiten muss.“[13] Dabei ist Gott gerade in der Gegenwart der jeweiligen Erzähler meist ein verborgener Gott, ein sich ausschweigender Offenbarer, und die betriebene Befragung der Geschichte gleicht einem Appell an seine Antwort und einer Spurensuche in Trümmerlandschaft. Geschichte wird Israel Ort von Offenbarung nicht in deren triumphalen Gewissheit, sondern aus der Konsterniertheit über das Fehlen von Offenbarung, aus „Staunen und Entsetzen“ über die klaffende Wunde zwischen Gott und einer Geschichte, in der gläubiger Reflexion „der Weg der Erwählten gezeichnet von Leiden, von Schmerzen des Gerichts und von der ständigen Bedrohung der Verwerfung“[14] erscheint. Die Arbeit mit und an den Erinnerungen setzt ein in der Wahrnehmung des „Fehlens“, des „Verlusts“ Gottes und seiner „Spur“ in der Geschichte: „‚Das-was-da(bei)-ist‘ … ist zu jeder Zeit da(bei). Dieses ‚da(bei) ‘ ist unvordenklich und bleibt *in absentia*, mit wechselnden Intensitäten, im Lauf der Geschichte präsent. Es wird nicht zurückgerufen, es wird buchstabiert, es wird als Ereignis entziffert, der ... geheime Sinn des Ereignisses wird risikoreich gestimmt.“[15]

Indem so die Deutung der Gegenwart an der Deutung der Vergangenheit sich erarbeitet, selbst wieder Vergangenheit wird und neu überprüft auf die Stimmigkeit der Korrespondenz, wächst prophetische und theologische Ereignisdeutung allmählich zusammen zu einem offenen Gewebe geschichtstheologischer „Systematik“. In ihr erhalten „alle biblischen Seinsaussagen einen Zeitvermerk.“[16] Die Verknüpfung der Erinnerungsbögen untereinander im Horizont der ebenfalls zunehmend miteinander verknüpften Gegenwarten des Erinnerns setzt das Bewusstsein der eigenen Identität, geknüpft an die Identität Gottes, voraus und verstärkt es. So entsteht ein „Bewusstsein der eigenen Geschichte als einer besonderen Bewahrung und Beauftragung im Rahmen der gesamten Menschheitsgeschichte“, und daraus, quasi sekundär entwickelt sich „schließlich die Frage der absoluten Chronologie“[17] und so auch Linearität des Geschichtsbildes.

Nicht für seine Geburt aus dem hier zunächst formal beschriebenen Prozess, wohl aber für die bewusste Formulierung dieses Zusammenhanges von Offenbarungsglauben und Geschichtstheologie lässt sich offensichtlich ein „Datum“ angeben: Es ist dies das babylonische Exil der Judäer 597 und 587 v. Chr.: Ausgerechnet in der theologischen Verarbeitung dieses Traumas vom Untergang des eigenen Staates, von der Niederlage des Gemeinwesens Jahwes gegenüber der Weltmacht Nebukadnezars gelingt die Formulierung der „Totalperspektiven“ *Israels Geschichte* und *Israels Gott*.

[13] Zenger, Einleitung 88.
[14] Kraus, Theologie 202.
[15] Lyotard, Bindestrich 102 f.
[16] Metz, Memoria 22.
[17] I. Willi-Plein, Zeit, Zeitlichkeit und die Geschichte der Zeit in der Bibel, in: BuK 4/1999, 153.

Beides hängt eng miteinander zusammen, sachlich wie literarisch. „Erstmals in der Geschichte Israels wird im Exil ein klarer Monotheismus formuliert.“[18] Diese „folgenreichste theologische Innovation der Exilszeit“ ist das Werk namentlich unbekannter Autoren, welche die Forschung als „die Deuterojesaja-Gruppe und die Deuteronomisten“[19] kennt, prophetische und prophetischer Überlieferung nahe stehende Theologen, welche die Verknüpfung der Einzigkeit und Identität ihres Gottes mit der Sinnhaftigkeit und Erzählbarkeit der Geschichte ihres Volkes – in und trotz all ihrer Brüche – auf den Punkt brachten. Die Entstehung des Altes Testamentes, wiewohl mit wesentlichen „Textbausteinen“ früher begonnen und mit wesentlichen Ergänzungen und Zusammenfügungen später vollendet, verdankt sich doch im Kern diesem theologischen Ereignis. Keine Phase der Geschichte Israels hat dem biblischen Zeugnis so sehr ihren Stempel aufgedrückt wie die Zeit in und nach der Verschleppung an die „Ströme Babylons, wo wir saßen und weinten, wenn wir an Zion dachten.“ (Ps 137,1)

Das gesamte ältere Überlieferungsmaterial wurde durch dieses Nadelöhr hindurch neu eingefädelt, und dieser Vorgang wirkte strukturbildend für spätere theologische Innovationen und die Reflexion neuer, sogar neuer offenbarender Ereignisse – bis hinein in das Neue Testament. Die folgende Analyse wird deshalb das babylonische Exil umkreisen wie den „Urknall“ apokalyptischer Vernunft, von dem her sie ihre inneren Gesetze eingeschrieben erhielt. Sie wird einsetzen mit der Frage nach der Herkunft der kritischen Masse für diese Explosion, und sie wird die spätere Ausbreitung der freigesetzten Energie unter dem Gesichtspunkt der sich durchhaltenden und weiter ausprägenden Strukturgesetze verfolgen.

Prophetie: Theologische Qualifikation der Gegenwart

In den „Urknall“ des babylonischen Exils ging eine Menge unterschiedlichen Überlieferungsmaterials ein: Rechtliche, ethische und kultische Normen, geschichtliche Erinnerungen, politische und religiöse „Ideologien“, weisheitliche und fromme Merksätze, – den entscheidenden Zündsatz lieferte jedoch die Prophetie.

Beim Stichwort Prophetie denkt man zunächst an einzelne Gestalten und deren Wirken, an die Propheten. Prophetie ist keine abstrakte geistesgeschichtliche Größe, kein Inhalt, der sich einfach von seinen „Urhebern“ und deren Geschichte ablösen ließe. Schon darin, dass es die Prophetie nicht als solche, sondern nur in einzelnen unterschiedlichen Vertretern (und Vertreterinnen, wie Hulda) gibt, spricht sich etwas von ihrem Wesen aus: nämlich von ihrer wesentlichen Kontingenz.[20] Dennoch

[18] U. Struppe, Exil – Krise als Chance, in: BuK 3/2000, 118.

[19] R. Albertz, Die sozial- und religionsgeschichtlichen Folgen der Exilszeit, in: BuK 3/2000, 128. Deuterojesaja wird im nächsten Abschnitt, die Deuteronomisten werden im Kapitel 3 noch näher vorgestellt.

[20] „Bestimmend ist schon, dass Israel nicht 'den Propheten', sondern 'die Propheten' hat. ... Keiner gibt das Ganze, und keiner stellt das Ganze dar. Die Fülle der Religion ist in keinem

müssen wir den strukturellen Kern des Phänomens biblischer Prophetie zunächst in einer abstrakten „Definition“ erfassen, die es ermöglicht, den spezifischen Beitrag der Prophetie zum Inventar apokalyptischer Vernunft zu benennen. Dieses Verfahren ist auch historisch geboten, denn die theologische Innovation der Exilszeit war weit mehr als von einzelnen prophetischen Gestalten von der Fähigkeit bestimmt, aus der Überlieferung prophetischer Botschaften nicht nur bestimmte Inhalte festzuhalten, sondern theologische Prinzipien abzuleiten und neu anzuwenden. Diese Transformation von Prophetie in prophetische Theologie stellt m. E. das Werkzeug für die Ausbildung alttestamentlicher Geschichtstheologie dar. Und was hier in ein theologisches Instrumentarium transformiert wird, ist die ursprünglich im kontingenten, d. h. konkret-einmaligen Propheten-Wort ergehende theologische Qualifikation einer geschichtlichen Situation, nämlich der Gegenwart.

Darin besteht also die These und der „Definitionsversuch“ dieses Abschnittes: Biblische Prophetie ist die in konkreten Worten (mitunter auch begleitenden Zeichen) ergehende vollmächtige, im Namen Gottes verkündete theologische Qualifikation der gegenwärtigen geschichtlichen Situation des Kollektivs (manchmal auch von Individuen), an welche die Botschaft sich richtet. Die Situation ist dabei nicht eine nur geistesgeschichtlich oder innerlich oder moralisch erfassbare, sondern pointiert die der äußeren, politischen Vorgänge: „In der Prophetie kommt Gott zu seinem Volk auf dem Feld der politischen Geschichte ...; spricht er sein Wort in die Aktualität einer bestimmten Situation hinein.“[21] In der Prophetie „findet eine ökonomisch-politische Analyse der Gegenwart statt“, aber nicht für sich ausgeführt, sondern eingeschlossen in die „Erfahrung der Diskrepanz zwischen der Weisung JHWHs … und der erfahrenen Realität.“ Deshalb formulieren Propheten nicht „theologische Sätze von zeitloser Dauer“, sondern die „Vermittlung der Worte … Gottes in die konkrete Situation der Gegenwart hinein.“[22] Theologische Qualifikation heißt dabei, dass eine Aussage darüber getroffen wird, was diese Situation in den Augen Gottes bedeutet. Der Kern prophetischer Botschaft wird hier also als eine theologische Tatsachenbehauptung aufgefasst, nicht als Zukunftsvorhersage und nicht als ethische Weisung. Der Prophet verkündet, was in den Augen Gottes – meist gegen die Illusionen und Verschleierungen der Adressaten – „Sache ist“. „Die Prophetie konfrontiert die hellsichtige Gegenwartsanalyse mit der Wahrheit Gottes für diese Welt.“[23]

Aus dieser Klärung der Sachlage, sozusagen aus der theo-logischen Benennung der gegenwärtigen Situation folgt dann häufig ganz eng verknüpft, was zwangsläufig geschehen wird und wie unbedingt zu reagieren ist. Situationsbenennung und Zukunftsansage sind so eng miteinander verknüpft, weil die Qualifikation eine

Einzelnen und auch nicht in mehreren befaßt. Auf Vollständigkeit und Vollkommenheit kann höchstens ein System Anspruch erheben wollen, aber nie ein Mensch. Der ganze Inhalt des Judentums liegt erst in seiner unbeendeten, unendlichen Geschichte.“ (Baeck, Wesen 39)

[21] Kraus, Theologie 189.

[22] Miggelbrink, Der zornige Gott 44.

[23] Ebd. 144.

theologische ist: Wo Gottes eigene Stellung zur Situation in Anschlag gebracht wird, ist über sie gewissermaßen ein letztes Wort gesprochen. Und weil Gott nicht ein unbeteiligter Zuschauer des Geschehens ist, folgt aus diesem letzten Wort auch, was vor der Tür steht, und auch, was zu tun ist – falls überhaupt noch etwa zu tun bleibt. „Was die prophetische Zukunftsschau von jedem politischen Kalkül unterscheidet, ist die unerschütterliche Gewissheit, dass in den kommenden Ereignissen Gott aufs unmittelbarste an Israel handeln wird, also die Tatsache, dass das kommende Geschehen theologisch völlig eindeutig erscheint."[24] Damit erscheint die doppelte Bedeutung des Terminus „apokalyptisch" im Anspruch prophetischer Botschaft wie im Brennglas vor-gegeben: Ihre Rede weiß sich unmittelbar von Offenbarung her inspiriert und sie sagt der Gegenwart ein letztes Wort und damit ihr „Ende" – jedenfalls als die bis dahin gegebene und verstandene Gegenwart – voraus. Alles Weitere, was von dieser Definition des Prophetischen her gleich zu entfalten ist – dass es in seiner Verkündigung stets um Gericht oder Heil geht, dass es den Nukleus der spezifisch biblischen Eschatologie und zumindest unausdrücklich und anfanghaft auch eine Geschichtstheologie enthält – folgt aus diesem „apokalyptischen" Charakter.

Zunächst gilt es allerdings zu präzisieren, dass hier eine ganz besondere, biblische Erscheinung des Prophetischen definiert wird. Prophetie insgesamt ist ja ein weit verbreitetes und differenziertes Phänomen der Religionsgeschichte. Viele Religionen kennen Prophetie, die nicht der hier gegebenen Definition gehorcht, und auch im Israel biblischer Zeit ist zunächst nicht eindeutig, was (wahre) Prophetie ausmacht.

In irgendeinem Sinne Propheten sind alle Zeichendeuter, Orakel und Wahrsager, die durch kultische und magische Techniken, oder auch durch die Begabung mit einem persönlichen Charisma Einblick in den Willen der Gottheit und so in die Gunst oder Ungunst der Stunde erhalten. Mitunter sind diese Weisen religiöser Zukunftsschau dem verbreiteten Bild vom Propheten sogar ähnlicher als Amos, Jesaja oder Jeremia es sind: Denn gegen die Esoterik mancher Orakel-Methoden, die Charismatik und Ekstatik im Auftreten von Schamanen und die Zukunftsbeschreibung mancher Seher wirken die biblischen Eiferer für Gott und gegen den Abfall des Volkes und seiner Herrscher eher wie profane Gesellschaftskritiker und Moralisten. In Religionen, die in ein staatliches System und sein politisches Handeln eingebunden sind, erhält die Tätigkeit der Orakel schon Ähnlichkeit mit meiner Definition theologischer Qualifikation politischer Geschichte. So etwa bei den Römern: „Für ein Volk, das dazu neigt, in den historischen Ereignissen göttliche Epiphanien zu erkennen, waren die militärischen Erfolge und Desaster mit religiösen Bedeutungen befrachtet."[25] Die Wahrsager werden deshalb beauftragt, jeweils Gründe für entstehende Bedrohungen und Wege der Abhilfe anzugeben. Dabei entdecken sie „die Ursachen der militärischen Niederlagen in verschiedenen Fehlern im rituellen Bereich" und entsprechend sind die Gegenmaßnahmen „Opfer,

[24] Von Rad, Theologie 2, 122.
[25] Eliade, Geschichte 2, 120.

auch Reinigungsopfer, ungewohnte Zeremonien und Prozessionen und selbst Menschenopfer."[26] Hier deutet sich also so etwas wie punktuelle Geschichtstheologie an, wird jedoch zurückgenommen in den inner-religiösen, kultischen Bereich. D. h. eher dominiert die Magie die Politik, als dass die Theologie selbst politisch würde, geschweige denn politisch in einem der Herrschaft und dem status quo gegenüber kritischen, eigenständigen Sinn!

Prophetie im Dienst am Alltag der Gemeinschaft und nahe bei den kultischen Vollzügen angesiedelt hat es offensichtlich auch in Israel gegeben. Das hebräische Wort für den Propheten, „Nabi", wird insbesondere in älteren Schichten biblischer Texte für unterschiedliche Gruppen, Schulen und Einzelpersonen benutzt, die mitunter Ekstatiker oder auch Verkündiger im Tempel oder politische Berater (wie Nathan bei David) sind.[27] „Nabi" nennen sich die so genannten Schriftpropheten, also die später als kanonisch anerkannten Propheten, um die es uns hier geht, bezeichnenderweise jedoch nur selten. Amos dementiert sogar ausdrücklich, einer zu sein: „Ich bin kein Prophet und kein Prophetenschüler, sondern ich bin ein Viehzüchter und ich ziehe Maulbeerfeigen." (Am 7,14) Offensichtlich lässt sich das Neue und Unerhörte – Amos macht seine Aussage, als ihm der Priester Amazja verbietet, weiter die unerträgliche Botschaft am staatlichen Tempel von Bet-El zu verbreiten! – nicht in den Kategorien eines bestimmten Amtes oder einer schon bekannten religiösen Rolle fassen. Sowohl die Berufungsgeschichten etwa von Jesaja und Jeremia als auch ihre variable, zwischen ganz unterschiedlichen, auch profanen Redegattungen wechselnde Verkündigung sprechen „dafür, dass wir es mit Männern zu tun haben, die viel mehr auf sich selbst gestellt waren, als das von denen gesagt werden kann, die im Organismus eines Heiligtums fest beamtet waren."[28]

Solche möglicherweise „beamteten" Propheten erscheinen – wie immer wieder auch die leitenden Priester und vor allem die Politiker – sogar als Gegner dieser „unerhörten" – und deshalb bei ihren Zeitgenossen tatsächlich überwiegend erfolglos gebliebenen – Offenbarer. Ein solcher gegnerischer, zu seiner Zeit aber eher „legaler" Prophet ist etwa Hananja, der mit seinen Heilsorakeln der Gerichtsansage Jeremias widerspricht (Jer 28). Was beide trennt, ist aber im Kern nicht die sozialreligiöse Rolle, sondern ihr inhaltliches Verständnis von Prophetie. „Die Propheten, die vor mir und vor dir je gelebt haben", lässt der Bericht Jeremia dem Hananja bei ihrem öffentlichen Zusammenstoß im Tempel entgegnen, „weissagten Krieg, Unheil und Pest gegen viele Länder und mächtige Reiche. Der Prophet aber, der Heil weissagt – an der Erfüllung des prophetischen Wortes erkennt man den Propheten, den der Herr wirklich gesandt hat." (Jer 28, 8 f.) Die Beschwörung „apokalyptischer Reiter" ist hier ein Kriterium echter Prophetie. Misstrauen dagegen gilt jenen, die den Hoffnungen der Zuhörer schmeicheln! „Was hier Jeremia von seinem Gegen-

[26] Ebd. 120 f.
[27] Vgl. dazu etwa Rendtorff in: Theologisches Wörterbuch zum Neuen Testament VI (1959) 796-812.
[28] Von Rad, Theologie 2, 61.

spieler unterscheidet, ist letzten Endes ein anderes Verständnis des Geschichtshandelns Jahwes“, eines, das von Gott, wenn er sich im Propheten offenbart, nämlich nicht das Erwartete erwartet, sondern das Unerhörte, das unerträgliche Widerwort, das „u. U. der gesamten Glaubenstradition Israels entgegensteht.“[29]

Vielleicht spricht sich in dieser Darstellung des Prophetenstreits schon das Wissen der späteren Redakteure der Prophetenbücher aus: Denn tatsächlich bestätigte die Erfüllung der Weissagungen ja die Schwarzseher, und dass Amos und Jeremia „Schriftpropheten“ wurden, nicht aber Hananja, mag auch daran liegen, dass eben Amos’ Nordreich Israel 722 von den Assyrern zerstört wurde und Jeremia den Untergang Judas angesichts der babylonischen Eroberer 586 noch bitter miterleben musste. Und doch wird es keine optische Täuschung durch die Rezeptionsgeschichte sein, dass die meinem Definitionsversuch entsprechenden Propheten der Königszeit, also vor dem Exil, sämtlich und fast ausschließlich Unheil und Gericht ankündigten, während erst im Exil und danach Trost- und Heilsworte hinzukommen, gesprochen durch neue Propheten, aber auch durch theologische Schriftsteller, die sich an den vorexilischen Propheten orientierten, ihre düstere Botschaft festhielten, aber auch paradox aktualisierten.[30] Es scheint, als habe die „theologische Qualifikation der gegenwärtigen Situation“ einen notorischen Hang zum Widerspruch – erst gegen den Optimismus und Beharrungswillen der eigenen Königreiche, dann gegen den Pessimismus und die Lethargie der Besiegten. Offensichtlich muss diese inhaltliche Komponente in die Definition „theologischer Qualifikation“ hineingenommen werden.

Für die theologische Qualifikation der gegenwärtigen Situation steht bei den älteren Propheten der Königszeit bis zum Exil im Grunde ein einziges Wort: Gericht. Dies ist der Name, den Gott der gegenwärtigen Stunde gibt, und die damit zugleich gegebene Zukunftserwartung kann nur lauten: Unheil als Vollzug dieses Gerichts, als Strafe oder, weniger äußerlich interpretiert, als Konsequenz aus dem Tun der Menschen, die sich das Gericht zuziehen.[31] Allerdings ist „der in der Gerichtsprophetie vorherrschende Gedanke, dass eine Gottheit sich aufgrund von Schuld und Schuldgeschichte gegen ihren eigenen Verehrerkreis wendet, () nicht einzigartig“[32], sondern auch aus dem neuassyrischen Reich bekannt. „Gleichwohl bleibt die Schär-

[29] Rendtorff in: Theologisches Wörterbuch zum Neuen Testament VI (1959) 807.

[30] Die Gerichtsansagen des Jesaja gegen Juda etwa orientierten sich an denen des Amos gegen das Nordreich, wurden aber lange nicht erfüllt, denn Israel ging unter, Juda jedoch nicht. Diese ältesten Schichten bei Jesaja mussten „wie auch der Kern des Michabuches gewissermaßen bis in die babylonische Zeit hinein als ‚Falschprophetie‘ überdauern“, erst dann „wurden sie ‚verifiziert‘ und ‚orthodoxisiert‘.“ (Schmid, Literaturgeschichte 76. Vgl. auch ebd. 100)

[31] „Die eigentliche Aufgabe der Propheten bis ins beginnende 6. Jahrhundert hinein war die Ankündigung kommenden Unheils.“ (Schreiner, in: Dogmengeschichte IV, 7a, 7) Zur folgenden Skizze der vorexilischen Gerichtsverkündigung vgl. vor allem: W. H. Schmidt, Zukunftsgewißheit und Gegenwartskritik. Grundzüge prophetischer Verkündigung (1973), 15-54, aber auch Kraus, Theologie 190.

[32] Schmid, Literaturgeschichte 93.

fe der Vorstellung des göttlichen Gerichts gegen das eigene Volk im antiken Israel ohne wirkliche Parallele im Alten Orient."[33] Denn es handelt sich wirklich um ein theologisches letztes Wort über die Gegenwart, um ein göttliches Urteil. Die Mahn- und Scheltreden dieser frühen Propheten haben begründenden, illustrativen Charakter, sie bieten aber nicht mehr die Möglichkeit einer Entscheidung in letzter Minute, einer Abwehr des drohenden Unheils durch Buße.

Dass Propheten und Intellektuelle beißende Kritik an ihrer Gesellschaft, gerade auch an der Oberschicht und den Herrschenden üben, dass sie ihre Zeit als eine des Verfalls und drohenden Untergangs ansehen, ist in der Antike kein israelitisches Spezifikum: In Ägypten gibt es solche Klagereden, die im Stil der biblischen Sprache mitunter sehr ähnlich sind, auch die Griechen kennen solche Generalabrechnungen.[34] Einzigartig in der Botschaft eines Amos, Hosea, Micha, Jesaja und Jeremia (soweit ihre ursprünglichen Sprüche sich von den späteren Bearbeitungen noch unterscheiden lassen) ist die Überordnung der unbedingten Gerichts- und Unheilsansage über die begründenden Mahn- und Scheltreden und auch über die ethischen Weisungen, die sie enthalten. Ihre theologische Situationsbestimmung ist *apodiktisch*! Diese Propheten sind keine Volkserzieher, keine religiösen Pädagogen oder Reformer: Sie sind unbedingte, „apokalyptische" Offenbarer. „Prophetie ... verkündigt das Ende des Gottesvolkes im Gericht. ... Mit ‚Kritik' oder ‚Bußruf' hat diese einschneidende Botschaft nichts zu tun ... *Das Proprium der alttestamentlichen Prophetie ist die Ansage der unmittelbar bevorstehenden Gerichtswende.*"[35]

Erst nach der Katastrophe Jerusalems und dann im Verlauf des Exils werden – etwa bei Ezechiel, dann bei Deuterojesaja – neue Töne der Heilsverheißungen angeschlagen, welche die Vollstreckung des Gerichts voraussetzen, die Unheils-Sicht der Vorgänger integrieren, aber nun aus der „Stunde null" heraus Gott einen wiederum ganz unerwarteten, ganz neuen Anfang mit Israel machen sehen, gar einen „neuen Bund" (Jer 31, 31 f.). Die Verkündigung Ezechiels ist hier besonders bemerkenswert, weil hier ein historisch greifbarer Prophet die Unheilsbotschaft seiner frühen Verkündigung „umpolt"[36] zur Vision der Auferweckung Israels, – nicht, weil er seine Meinung geändert hätte, sondern weil die theologische Qualifikation der Stunde umschlägt und dieser Umschlag nachvollzogen werden muss: „Das Ende kommt" (Ez 7,2) – „Der Tag ist da" (7,10) – „Ich öffne eure Gräber" (37,12).

Durch die prophetische Begleitung dieses Umschwungs erhält die Verkündigung hier eine geschichtliche Streckung: Zwar sagt sie immer noch je aktuell und kontingent, was heute gilt. Sie entwickelt keine deduzierbare Theorie von Gottes Handeln in der Geschichte. Im Gegenteil: Prophetische Gerichts- und prophetische Heilsansage sind im Sinne unserer Definition strukturgleich; sie verkünden mit apodiktischer Gewissheit die Naherwartung eines bevorstehenden Umschlags, der sich aus

[33] Ebd. 111.
[34] Vgl. etwa Hesiods Beschreibung des bösen „fünften Geschlechts", wiedergegeben bei Eliade, Geschichte 4, 142.
[35] Kraus, Theologie 192 f. Vgl. schon ebd. 31.
[36] So Schreiner in: Dogmengeschichte IV, 7a, 7.

der theologischen Qualifikation der Gegenwart als Stunde des Anbruchs dieser Veränderung ergibt.[37] Aber die „zweite“ Prophetie im Exil und danach blickt in der Erwartung des neuen Heils zurück auf die Schuld des Volkes, auf das Strafgericht, auf die Stunde der äußersten Demütigung (der Entweihung des Tempels und des Namens Gottes durch die Hand der heidnischen Siegervölker). Aus diesem Tiefpunkt ergeht nun die Ankündigung der neuen Initiative Gottes (mit dem Ziel, seine Geschichtsmacht und die Wahrheit seiner ursprünglichen Verheißungen zu verifizieren!). Auch diese Heilserwartung enthält eine Kritik, nun gegen die gerichtet, die wiederum, nur umgekehrt, nichts Unerwartetes mehr erwarten und sich in Schmerz, Schuldgefühl, Ohnmacht und Anpassung eingenistet haben.

Mit „Deuterojesaja ... schlägt die Heilsprophetie noch im babylonischen Exil ihre vollen Töne an, da sie die Rückkehr ins Gelobte Land ... verheißt. Eine neue Zeit bricht damit an, eine Heilszeit, die nie mehr enden soll.“[38] Es scheint mit der Glaubwürdigkeit der alten, durch den Gang der Ereignisse bestätigten Unheilspropheten, aber sachlich auch mit der inneren Logik dieses sozusagen kontrafaktischen Umschlags von Gericht in Heilshoffnung zu tun zu haben, dass die exilische und nach-exilische Prophetie sich nun bevorzugt anonym in der Fortschreibung der alten Propheten äußert: So, wenn die selbständige Verkündigung des „Deuterojesaja“ als zweites Buch Jesajas überliefert wird und die übrigen frühen Propheten Buchredaktionen erfahren, die ihnen nun auch, zumindest im Ausblick, den Umschlag von Unheils- zu Heilsverkündigung in den Mund legen. Nicht, als hätten sie damals etwas anderes gesagt, wohl aber, als hätten sie damals schon vorausgeahnt, was erst nach dem eingetretenen Gericht keine „billige Gnade“ mehr ist und deshalb nun ausgesprochen werden muss, – dass Gericht nämlich nur Gottes vor-letztes Wort ist, bevor er sich auch gegen das Versagen des Volkes als der erweist, der er immer schon ist. Erst jetzt wird offenbar: *„Der in der Gerichtsbotschaft zu seinem Volk kommende Gott will im Untergang die Zukunft und das Leben seines Volkes heraufführen.“*[39] Durch diesen Übergang von den Propheten zu den Prophetenbüchern kündigt sich allerdings schon die Transformation von Prophetie zu prophetischer Theologie an, die im nächsten Abschnitt zu analysieren sein wird.

Unheils- und Heilsprophetie haben als kontingentes theologisches Wort über ihre Gegenwart schon in sich einen spezifisch „eschatologischen“ Charakter, denn sie kreisen stets um „das Stichwort vom Ende Israels“[40]. Das meint allerdings in zweifacher Hinsicht keine Eschatologie im späteren dogmatischen und christlichen Sinn: Zum einen bedeutet Prophetie keine Lehre von den letzten Dingen, keine Theorie über das Ende der Welt oder der Zeit insgesamt, zum anderen vollzieht sich die in

[37] Vgl. dazu Schmidt, Zukunftsgewißheit 94-97. Also: „Es waren ... die Propheten, die als erste mit ihrer Botschaft vom Gericht aussprachen, dass sich Israels Beziehung zu Jahwe geändert hat. ... Folglich konnte nur eine radikal neue Rettungstat, die in ihrer Art von denen der Vergangenheit total unterschieden sein muss, Israel von seiner Bestrafung erretten.“ (So Childs, Theologie 1, 210)

[38] Schreiner, in: Dogmengeschichte IV, 7a, 7.

[39] Kraus, Theologie 194.

[40] So R. Smend, zitiert nach Schreiner, in: Dogmengeschichte IV, 7a, 6.

der Prophetie angesagte Veränderung nicht im Jenseits von Hölle oder Himmel, nicht in einer göttlichen Transzendenz, sondern „in *dieser* Welt“[41]. Aber gerade in dieser Immanenz eignet der Prophetie jener eschatologische Charakter, der an der Wurzel aller späteren ausgeführten Eschatologien innerhalb der apokalyptischen Vernunft liegt: Gerade weil die Propheten und mit ihnen ihre Adressaten nicht über ihre Welt und nicht über ihre je aktuelle Offenbarung hinaus blicken können, diese jedoch apodiktisch göttlich gewiss ist, spricht ihre Verkündigung letzte Worte von letzten Dingen.

In der Ansage des Gerichts ist das Gericht das Ende, welches nicht durch einen Blick darüber hinaus relativiert werden kann. Deshalb ist entscheidend wichtig, Gerichts- und Heilsverkündigung in ihrer geschichtlichen Kontingenz zu erfassen: Es gibt keine über die theologische Qualifikation der Stunde hinaus reichende, diese noch überbietende oder wieder verharmlosende Meta-Botschaft. Die biblische Prophetie widerspricht in ihrem Ursprung als Unheilsprophetie der Tendenz von Religion, in Mystik und Kult, in der Zuwendung zur Transzendenz, die Katastrophen der Gegenwart zu verdrängen. Die apokalyptische Vernunft der frühen Propheten ist eschatologisch, gerade indem sie Gott streng auf die erlebte, „äußere“ Geschichte und Gegenwart bezieht, und deshalb nicht anders kann, als den katastrophalen Widerspruch zwischen Gottes Willen und Gebot und der Wirklichkeit seines Volkes sowie die daraus entstehenden Folgen „absolut“ zu nennen.

Beim exilischen Umschlag der Unheils- in die Heilsverkündigung wird diese Kontingenz, diese unüberschreitbare Absolutheit dessen, was Gott heute und jetzt bedeutet, beibehalten. Durch den Rückblick auf die Unheilsankündigung und die Ereignisse ihrer Erfüllung, durch die prophetische Beschäftigung mit dieser zurückgelegten geschichtlichen Strecke, kommt nun allerdings eine neue Einsicht hinzu: Offensichtlich liegt ein theologischer Sinn in diesem Vorgang, der nicht im Voraus theoretisch überschaubar war, der mit dem neuen, erwarteten Heil ganz in seiner Kontingenz bleibt, der aber doch als ein Wille des einen Gottes reflektiert sein will. Diese Reflexion verbindet nun die alte, durch die Katastrophe Lügen gestrafte Erwählungstradition Israels – also die ursprünglichen Verheißungen der Offenbarung Gottes, zum Land, zum Königtum, zum Tempel, zum Leben unter seinem Segen – mit der Erfahrung der unerwarteten Diskontinuität in ihrer Erfüllung. Die Propheten beginnen, diese Erfahrung als eine Verifikation Gottes vor den Menschen zu begreifen. Sie „gehen aus von dem Nein Jahwes über ihr zeitgenössisches Israel, von seinem Verhältnis zu Jahwe, das von langer Hand heillos zerrüttet war. Aber sie waren gewiss geworden, dass Jahwe jenseits des Gerichts, durch neue Taten, ein Heil begründen werde.“[42]

Diese Beschreibung wird für Israels Geschichtsreflexion später stilbildend. Denn das Umschlaggeschehen, in dem erst den Selbstsicheren das Gericht und später den Besiegten das Heil angesagt wird, legt im Rückblick ein „Prinzip“ der Geschichte zwischen Gott und Menschen offen, auf das die israelitischen Autoren immer wie-

[41] Vorgrimler, Hoffnung 24.
[42] Von Rad, Theologie 2, 192.

der zurückgreifen werden, wenn sie das Schicksal ihres Volkes theologisch rekonstruieren. Deshalb ist für „alle Geschichtssummarien des hebräischen Kanons … derselbe Grundansatz charakteristisch: in dem die göttlichen Geschichtstaten in ihrer Einmaligkeit und Kontingenz bekannt werden, bereut Israel seinen Ungehorsam in der Gegenwart oder sucht in den vergangenen Eingriffen Gottes den Beweggrund für erneute göttliche Heilssetzungen in der Zukunft.“[43] Die Propheten „waren () die ersten in Israel, die dies immer wieder und auf breiter Grundlage ausgesprochen haben, dass das Heil im Schatten des Gerichts kommt. Diese prophetische Weissagung, die in engster Anlehnung an alte Erwählungstraditionen, aber zugleich in einer kühnen Neuinterpretation von einem Neuansatz des göttlichen Heilshandelns spricht, – sie, aber nur sie – sollte man eschatologisch nennen.“[44] Schließlich bedeutet dieser Vor-Gang von der Unheils- zur Heilsprophetie und damit der erste Ansatz zu einer prophetischen Theologie – über den prophetischen „Spruch“ hinaus – auch den Übergang vom *Geschichtsbezug* des Glaubens Israels zu einer zumindest einschlussweisen *Geschichtstheologie*. Denn einerseits geschieht hier der Übergang vom punktuellen Geschichtsmoment zur „Strecke“, andererseits und gleichzeitig der von glaubender Erinnerung zu dialektischer Reflexion.

Auf Geschichte, politische, äußere Weltgeschichte bezogen waren schon die angedeuteten Erwählungstraditionen des alten Israel: Dieses Volk fand seinen religiösen Halt nicht in Schöpfungsmythen und Feiern der ewigen Wiederkehr naturaler Zyklen oder in dem, was kosmisch immer gleich bleibt und auch nicht in überzeitlichen Ideen göttlicher Wahrheit, sondern in seinem Auszug aus Ägypten und den Landverheißungen Gottes gegenüber den Vätern Abraham, Isaak und Jakob, in den Segensverheißungen der am Sinai gegebenen Gesetze oder in den Bestandsgarantien der davidischen Dynastie. „That Abraham leave his country – is an act of singling out, not an application of a universal ideal … The very exodus which constitutes Israel is not an acceptance of timeless verities, but a response to a unique historic challenge. Whatever the facts of early Jewish history, they lived on in Jewish memory as disclosing a God of the here and now.“[45] Diesen Gott des Hier und Jetzt aktualisieren die Propheten. Die Prophetenbücher beschreiben in der Erinnerung an das damalige und das wieder neue Jetzt Gottes schon eine Strecke, eine Geschichte.

Allerdings war dieser auffällige Geschichtsbezug der israelitischen Religion weniger einzigartig, als die alttestamentliche Forschung eine Zeit lang annehmen wollte: Weltgeschichtlich aktiv waren auch andere altorientalische Götter und auch diese gaben Königtümern ihren besonderen Segen, Pharaonen ihre eigene Sohn-Gottes-Theologie, Reichen den Befehl zur kriegerischen Befriedung der Nachbarschaft. Israel war nicht das einzige Volk, das historische Ereignisse und Erinnerungen theologisch überhöhte. Umgekehrt denkt auch Israel nicht abstrakt historisch in

[43] Müller, Studien 176 f.

[44] Von Rad, Theologie 2, 192. Dabei beziehe ich diese Sätze im Unterschied zu von Rad nur auf die exilische Prophetie und die Buchredaktionen älterer Propheten, nicht schon auf diese selbst.

[45] So E. Fackenheim, zitiert nach: Frede-Wenger, Glauben 105.

einem modernen Sinn: Es kennt schon rein sprachlich nicht eine lineare Weltzeit, sondern nur unterschiedene, durch die sie kennzeichnenden Ereignisfolgen konstituierte Zeiten; es gelangt nicht in bewusster Begrifflichkeit von einem mythischen zu einem heilsgeschichtlichen Kategoriensystem, – als habe es solche sauber abgrenzbaren Denkformen in der Antike überhaupt gegeben![46] Geschichte wird in Israel schrittweise bewusst durch ihre Vergegenwärtigung in Festen und im Kult – welche die lineare Einheitlichkeit und das distanzierende Nacheinander der Zeit gerade durchbrechen – und durch das allmähliche Zusammenwachsen einzelner Erzählkränze zu Erinnerungsstrecken, zu komplexeren Bildern vergangenen, das Heute konstituierenden Geschehens. Der Nachdruck, mit dem dies wohl schon vor dem Exil geschah, und die frühe Verlagerung wenn nicht des Glaubensalltags insgesamt, so doch der Glaubensreflexion vom Kosmischen auf das Geschichtliche, ist aber doch etwas Besonderes im alten Orient. Dies muss schon vor dem Exil, etwa in der Traditionsschicht des so genannten „JHWHsten“ grundgelegt worden sein: Sonst lässt sich m. E. schwer erklären, woran die Prophetie überhaupt appellierte, woher die Autoren etwa des vorexilischen Kerns des Buches Deuteronomium[47] ihr Selbstbewusstsein als Reformer und ihre Anhänger schon vor der Ausbildung eines theoretischen Monotheismus ihre Unduldsamkeit gegenüber jeder religiösen „Verallgemeinerung“ nahmen. „Was immer sonst der Gott Israels in der jüdischen Tradition sein mag, der Gott der Geschichte ist Er bestimmt.“[48]

Kein ägyptischer Jenseitsglaube und keine babylonische Astrologie, keine mystische Innerlichkeit und erst recht keine griechische Spekulation standen Israel bei der Bewältigung seiner kommenden Katastrophen zu Gebote. Diese Unfähigkeit, anders als auf dem Boden des Geschichtlichen zu Recht zu kommen, auch wenn es um Gott geht, muss früher angelegt sein, als es durch die assyrischen und babylonischen Krisen manifest wird. Von seinem Beginn im Dunkel dieser Frühzeit an „steht das Judentum auf zwei Beinen, dem geschichtlichen und dem religiösen; und die Bewegung des einen zieht unweigerlich die Bewegung des anderen nach sich.“[49] Uns ist der frühe Umgang Israels mit seiner Geschichte nur noch in den Bearbeitungen zugänglich, welche die Handschrift der prophetischen und nachprophetischen Zeit geprägt haben. Aber das Material, dass sie bearbeiteten – die Bundesweisungen Jahwes, die Vätergeschichten, die Königsannalen, die Sagen der Richterzeit und die frühe Jahweprophetie und -charismatik – durchdringt schon eine penetrante Einseitigkeit des Insistierens „immer auf dem Einmaligen“[50], eine offenbarungstheologische Engführung, ohne die im entscheidenden Moment die Weichen nicht so eindeutig auf Geschichtstheologie hin gestellt gewesen wären. „Ohne die leitende geschichtliche Idee, ohne die Schau, welche jeden Tag der Geschichte

[46] Das betont auch schon von Rad, Theologie 2, 109 f. und 115 f.

[47] Vgl. dazu Zenger, Einleitung 129-136 (G. Braulik) und zu den vorexilischen Geschichtsreflexionen ebd. 167-175 (E. Zenger).

[48] Yerushalmi, Anatot 86.

[49] Münz, Der Welt ein Gedächtnis geben 23.

[50] So von Rad, Theologie 2, 340.

als Teil eines Ganzen sieht, hätte dieses Volk nicht den Weg seines Geistes, ja nicht den Weg seines Lebens haben können. Ohne solche Ausschau wäre es seiner selbst nicht bewusst geworden.“[51]

Indem die Propheten die Überlegenheit Gottes in der Unerwartetheit geschichtlicher Ereignisse festmachen, die Einzigartigkeit Jahwes im Einmaligen dessen, was bevor steht, gehen sie über einen abstrakten Geschichtsbezug des Glaubens, seine Herleitung aus der kollektiven Erinnerung, hinaus. Plötzlich wird Offenbarung so aktuell, dass man Gott nicht im Rücken, sondern gewissermaßen voraus hat, dass nicht Vergangenheit, sondern Zukunft – aber jetzt hereinbrechende Zukunft – darüber entscheidet, was von der Religion noch gilt. „Dies war es ja, was die Propheten auf den Plan rief, dass Jahwe für sein Volk eine ganz neue Stunde anbrechen ließ.“ „Dieses Korrespondenzverhältnis der Propheten zur Weltgeschichte ist geradezu der Schlüssel zu ihrem rechten Verständnis; denn das von den Propheten wahrgenommene neue Geschichtshandeln Gottes trat für sie ja völlig gleichrangig neben die alten kanonischen Geschichtssetzungen.“[52] Im Namen der theologischen Qualifikation der gegenwärtigen Stunde sind die Propheten deshalb auch Ketzer gegen die Sicherheit alt hergebrachten Geschichtsglaubens, Dekonstrukteure der Berufung auf die Anwesenheit Gottes im Tempel, im König, im Land als Immunität gegenüber der Gerichtsandrohung.

Indem die Propheten schon vor dem Exil Geschichte Gottes gegen den Glauben des Volkes ins Feld führen, vollziehen sie jedenfalls implizit einen geschichtstheologischen Schritt. „Die Propheten sind () die ersten, die die *Geschichte bewerten*. Die historischen Ereignisse haben fortan einen Wert *in sich*, insofern sie vom Willen Gottes bestimmt sind. Die historischen Fakten werden so zu ‚Situationen‘ des Menschen vor Gott und erlangen als solche einen religiösen Wert, der ihnen bislang durch nichts zuteil werden konnte. Daher kann man mit Recht sagen, dass die Hebräer als erste die Bedeutung der Geschichte als Epiphanie Gottes entdeckten“[53].

Die Überlieferung hält diese religionsgeschichtliche Neuheit der Prophetie auch durch die Verklammerung der Kontingenz der Botschaft mit der Gestalt und Geschichte der Boten fest: Auch wenn wir keine Biographien und keine exakten historischen Berichte über die Propheten besitzen, so werden ihre Sprüche doch nicht als ewige Wahrheiten, sondern in ihrer Bindung an die Situation von Sprecher, Wort und Hörenden überliefert, weit mehr, als dies sonst bei antiken Religionsstiftern oder Heiligen der Fall ist. „Der Ort, an dem Gott sein Persongeheimnis offenbart, ist die Geschichte“[54], auch die Geschichte konkreter menschlicher Personen, ohne die seine Offenbarung nicht zur Sprache käme. „Die historisch-politische Exaktheit, mit der die Propheten gewisse Offenbarungsempfänge zeitgeschichtlich fixieren

[51] Baeck, Volk 45.
[52] Von Rad, Theologie 2, 122.
[53] M. Eliade, Geschichte 1, 326.
[54] So Zimmerli, zitiert nach: von Rad, Theologie 2, 359.

und damit ihren Charakter als reale geschichtliche Ereignisse betonen, ist ein religionsgeschichtliches Unikum."[55]

Die sich hier ausdrückende Bewusstheit des Zusammenhanges von Offenbarung und Geschichte bleibt m. E. bestehen, auch wenn gerade an den Personen-Überlieferungen die spätere Bearbeitung konkretisierend und ausmalend beteiligt war, auch wenn gerade hier Legendenbildung ansetzte und das Bewusstsein vom Charakter des Historischen kein modernes war. Kanonisch wurden die Bücher, nicht die Gestalten, von denen sie ihre Namen erhielten. Dennoch wissen wir von Jesaja und Jeremia weit mehr Konkretes als von Buddha und Zarathustra, die – grob gesprochen (und für letzteren noch umstritten) – Zeitgenossen waren.[56] Vor allem aber: Was Buddha, auch was Zarathustra zu sagen hatte, hing in seiner Wahrheit nicht an der Situation, in der und in die hinein es gesagt wurde. Was Jesaja und Jeremia sagten, hing so sehr an dem seinem konkreten Geschichtsbezug, dass deren eigene Schüler und Redakteure diese Worte überliefern und an ihnen festhalten mussten, obwohl sie im Exil und danach mit ihren Heilsworten auf der Ebene zeitloser Wahrheit gerade das Gegenteil sagten, – ein Vorgang, der nur für eine apokalyptische Vernunft vernünftig ist. Dass Gott in der neuen Situation sozusagen das Gegenteil von dem verkünden lässt, was er zuvor verkündete, muss einem außerbiblischen Gott-Denken anthropomorph, naiv, widersprüchlich erscheinen, Gottes Ewigkeit und Transzendenz nicht angemessen. Wo immer man sich später im Christentum an einer anderen – metaphysischen oder rationalistischen – Vernunft orientiert hat, ist der Bibel genau dies zum Vorwurf gemacht worden, meist verbunden mit der falschen Behauptung, diese Naivität der geschichtlichen Identifikation Gottes finde sich nur im Alten, nicht aber im Neuen Testament.

Aber trotz dieser Absetz-Versuche blieben die biblischen Religionen doch auch stets im „Bann" ihres Ursprungs. „Im alten Israel maß man der Geschichte zum ersten Mal eine entscheidende Bedeutung bei; dadurch entstand eine neue Weltanschauung, deren entscheidende Prämissen später vom Christentum und dann auch vom Islam übernommen wurden."[57] Durch den exilischen Übergang zur Heilsprophetie und durch die damit einhergehende theologische Reflexion der nun zurückgelegten Strecke theologischer Qualifikation von Situationen beginnt die implizite Geschichtstheologie der Propheten ausdrücklich zu werden. Sie muss sich verstärkt über sich selbst aussprechen. Diesen Übergang von Prophetie zu prophetischer Theologie wird der nächste Abschnitt zu analysieren haben. Er bildet die Grundlage für die nachexilisch möglich gewordene Schriftwerdung des Alten Testaments. Sein Absprungsort bleibt die nun gefallene Entscheidung für den Gegenstand apokalyp-

[55] Von Rad, Theologie 2, 387.

[56] Man bedenke etwa, dass „die gesamte Sanskrit-Literatur keinen einzigen … auch nur annähernd historischen Text im eigentlichen Sinn des Wortes kennt", und „dass die Griechen und Römer" zwar „eine Reihe großer Historiker hervorgebracht haben", aber auch bei ihnen galt, „Wahrheiten hatte die Geschichte nicht zu bieten, und daher spielte sie in der Religion und Philosophie der Griechen auch keine Rolle." (Yerushalmi, Zachor 19 f.)

[57] Yerushalmi, Zachor 20.

tischer Vernunft, für die Suche nach dem Eschatologischen – der Verifikation Gottes und seiner Verheißungen – in der Weltgeschichte: „Befreiung, ‚Erlösung', vollzieht sich in der Öffentlichkeit von Geschichte, nicht in Tempeln und Kulten. Durch dieses Geschehen sind alle Verhältnisse von ‚Religion' qualitativ verändert."[58]

Prophetische Theologie als geschichtstheologische Reflexion

Prophetie habe ich definiert als die theologische Qualifikation einer geschichtlichen Situation durch kontingentes, vollmächtiges Wort. Unter prophetischer Theologie verstehe ich dem gegenüber die theologische Qualifikation der Gegenwart durch geschichtstheologische Reflexion.

Beide Definitionen sind kategorial-systematische oder „typologische" Charakterisierungen im Dienst der Analyse apokalyptischer Vernunft. D. h.: Sie versuchen die Phänomene an deren Ursprung in ihrer Typik zu erfassen und zu strukturieren. Sie enthalten also wie jede Typik eine „Idealisierung", die nicht vollständig auf alle empirischen Einzelbefunde zurückübertragen werden kann, an denen sie gewonnen wurde. Konkret: Natürlich haben auch einzelne Propheten zumindest in Ansätzen prophetische Theologie getrieben, und sei es nur in der Begründung und Ausformulierung ihre Einzelsprüche. Der Prophet ist kein reflexionsloses Organ von Inspirationen! Und umgekehrt können prophetische Theologen auch prophetische Einzelgestalten sein, deren Theologie von persönlicher Inspiration, Sendung und Verkündigung bewegt wird. Der entscheidende, „typische" Unterschied besteht jedoch darin, dass die Prophetie in der aktuellen, vollmächtigen Konfrontation mit ihrer Situation bestehen kann und verbleibt. Die prophetische Theologie dagegen verknüpft ihre Konfrontation mit der Gegenwart mit der begründenden und reflektierten Aufnahme der ihr vorangehenden Prophetie sowie deren „Schicksal" in den geschichtlichen Ereignissen. Prophetische Theologie kommt nach Prophetie, sie folgt ihr. Sie schöpft ihre Vollmacht nicht mehr aus sich selbst, sondern aus diesen geschichtlichen Zusammenhängen, also aus der Evidenz früherer Prophetie und deren Verhältnis zur neuen Gegenwart. Sie ist also historisch wie systematisch das spätere Phänomen. Sie ist Theologie in der Nachfolge der Propheten, in der Schule der Prophetie.

In diesem Übergang kann man durchaus „Verlust" und „Gewinn" sehen: Tatsächlich scheint die aktuelle Prophetie zurück zu gehen, als die Zeit prophetischer Theologie gekommen ist, da „es im 6. und 5. Jahrhundert viele Anzeichen dafür

[58] Kraus, Theologie 34. Kraus zitiert ebd. 35 G. Scholem: „Das Judentum hat ... stets an einem Begriff von Erlösung festgehalten, der sie als einen Vorgang auffasste, welcher sich in der Öffentlichkeit vollzieht, auf dem Schauplatz der Geschichte und im Medium der Gemeinschaft, kurz, der sich entscheidend in der Welt des Sichtbaren vollzieht."

gibt, dass die Prophetie in der Tat zu einem Ende kam."[59] Verloren geht die prophetische Ursprünglichkeit, die Kraft der prophetischen Einzelpersönlichkeit und ihrer Worte, – dies so sehr, dass den heutigen Historikern und Exegeten tatsächlich in den Prophetenbüchern die Propheten selbst verloren gegangen sind, nicht mehr klar auffindbar in den Übermalungen und Fortschreibungen durch die spätere prophetische Theologie. Die Forschung hat lange vor allem diesen Verlust gesehen und durch literarkritische Verfahren rückgängig zu machen versucht in der Rekonstruktion der ursprünglichen Schichten. Ihr galt der Prophet als das religiöse Genie, der prophetische Theologe als Epigone einer nicht mehr in gleichem Maße prophetisch inspirierten späteren Zeit.

Das weitgehende Scheitern dieser Forschung durch die Unsicherheit ihrer Hypothesen hat aber auch die Einsicht in die Gewinn-Seite des geschichtlichen Vorgangs gefördert: Gewonnen wird im Übergang von Prophetie zu prophetischer Theologie die Sicherung der prophetischen Inspiration über den Augenblick hinaus, und zwar nicht einfach durch deren Überlieferung, sondern durch die kreative Neuanwendung, durch die Übertragung prophetischer Prinzipien in das theologische Bedenken der Gegenwart. Darin sind die prophetischen Theologen nicht epigonal, sondern schöpferisch. Wir haben es „mit schriftgelehrten Redaktoren zu tun, die ihrerseits insofern als ‚Propheten' gelten können, als sie zum einen in ihrer schriftgelehrten Tätigkeit eine erstaunliche sachliche Innovativität zeigen und sich zum anderen in ihrer anonymen Unterordnung unter die Namen gebenden Gestalten der Bücher, an denen sie arbeiten, von ihrem Selbstverständnis her selbst als prophetisch wirkend zu erkennen geben."[60] Es gelingt ihnen, das befremdlich Neue, das in seiner Zeit meist abgelehnte Offenbarungsmoment der Prophetie zum kritischen Instrument theologischen Denkens zu formen. Erst durch diesen Übertrag kann die Theologie und Religion unwiderruflich nicht mehr so sein wie vor der Prophetie.

Der Gewinn besteht aber zugleich darin, dass prophetische Einsichten argumentativ kommunikabel werden. In der theologischen Geschichtsreflexion aus dem Geist der Prophetie wird sozusagen im Nachhinein die Logik der prophetischen Zeitdiagnose aufgewiesen. Prophetie wird dadurch „rationalisiert". Diese Theologie bedarf zwar der Autorität in Erfüllung gegangener alter Prophetie, sie kann aber ihre rückblickenden und aktuellen Folgerungen plausibel machen. Beides, die prophetische „Unselbständigkeit" und die argumentative „Selbständigkeit" erklären m. E., warum die Autoren prophetischer Theologie weitgehend anonym bleiben wollen und auch können.[61] Es gehört zur inneren Logik ihres Tuns, dass sie sich an die Namen der alten Propheten binden, deren Bücher schreiben und auf diesem Weg allmählich die Prophetie in ihren „kanonischen" Rang erheben, als dem vollmächtigen Kommentar zur Uroffenbarung, zu Tora und Geschichte Israels, an dem jede

[59] Childs, Theologie 1, 206. M. E. darf man dies nur als Tendenzaussage verstehen: Es gibt sehr wohl noch nachexilische Einzelpropheten, aber sie treten gegenüber den „theologischen Autoren" stark zurück.

[60] Schmid, Literaturgeschichte 40.

[61] Vgl. dazu auch Müller, Studien 211.

spätere Auslegung und aktuelle Anwendung der Offenbarung in der Zeit sich zu orientieren hat. „Eines der wichtigsten Ergebnisse des Exils war die wachsende Textualisierung der heiligen Traditionen Israels.“ Sie ermöglicht „die neue Rolle des kanonischen Textes als Medium zur Erkenntnis des Willens Gottes durch das Amt des Auslegers.“ So stellt „die Formierung des prophetischen Kanons ein Medium bereit, durch das die prophetische Botschaft für jede nachfolgende Generation aktualisiert werden konnte.“[62]

Für die Analyse apokalyptischer Vernunft ist die Typik dieses Vorgangs deshalb von so entscheidender Bedeutung, weil erst in ihm die Offenbarungstradition für uns greifbar theo-*logisch* wird, sich als Vernunft konstituiert. Nicht, als ob es vorher kein Glaubensdenken gegeben habe, nicht als ob die schon früher angelegten besonderen Züge der theologischen Denkweise am Ursprung der Bibel überhaupt nicht relevant wären; die bisherige Darstellung hat sie ja schon gestreift. Aber erst in der prophetischen Theologie kommen diese Züge zu sich selbst, bilden ihre eigene, auch schriftlich fixierbare Rationalität aus.

Wenn dies zutrifft, folgt daraus eine doppelte, nach rückwärts und vorwärts formulierbare These: Die apokalyptische Vernunft wird geboren aus dem Ereignis der Prophetie. Dieser Ursprung des prophetischen Einspruchs in die Geschichte des eigenen Volkes, der eigenen Religion wird sie bleibend prägen. Wenn der Gott-Glaube Israels, die Tradition von Väterzeit und Exodus (wie immer historisch zu betrachten) den Offenbarungs-*Ursprung* dieser Vernunft darstellen, so bedeutet die Prophetie ihr Anheben aus einer Offenbarung als *Unterbrechung*. Nur indem beides zusammen kommt, entsteht apokalyptische Vernunft.

Und nun nach vorwärts formuliert: Die Geburt der apokalyptischen Vernunft geschieht im Übergang von Prophetie zu prophetischer Theologie. Erst in diesem Übergang schafft sich diese Vernunft ihre eigene Rationalität. Da diese aus der Reflexion darüber entsteht, was die Unterbrechung durch Prophetie für die Interpretation des Offenbarungsursprungs im Glauben Israels auf die Gegenwart hin bedeutet, vollzieht sie sich notwendigerweise als eine Geschichtstheologie. Hier liegt der Schlüssel der eigentlich überraschenden Beobachtung, dass die auf die jeweilige gegenwärtige Situation und ihre anbrechende Wende zur Zukunft – sei es ins Gericht, sei es in neues Heil hinein – ausgerichtete prophetische Verkündigung, dass überhaupt der stets auf eschatologische Verifikation hindrängende Gott-Glaube so einzigartig geschichts- und damit auch vergangenheitsbezogen wirkt, und dies gerade in seiner reflektierten theologischen Form.

Allerdings ist[63] in der inneren Tendenz der exklusiven Bindung an den Gott JHWH und in dem Umgang der Propheten mit ihrer Gegenwart in der Sache gewissermaßen das Ganze der apokalyptischen Vernunft schon enthalten. Aber in der geschichtstheologischen Reflexion wird es in immer neue, der Ursprungsphase weit entfernte Kontexte übersetzbar. Dies bedeutet das „Zu-sich-Selbst-Kommen“ dieser

[62] Ebd. 206 f.

[63] Gerade von einer „Erkenntnislehre des intensivsten Punktes“ her gesehen (vgl. Kapitel 1).

Vernunft als Vernunft, als Bewusstsein von sich selbst. In ihr „werden die Ereignisse in der Rückschau in ein Bewusstsein aufgenommen, das zur Zeit ihres Geschehens erst entstand, also noch nicht gegeben war; d. h. die berichteten Ereignisse werden in der Rückschau auf neue Weise verstanden.“[64] In diesem Vorgang liegt auch der Grund für das Historiker-Problem, im Alten Testament die erzählte Geschichte stets nur aus der Perspektive der Erzähler-Geschichte zu erhalten, also nur als seinerzeit „ver-gegenwärtigte“ Erinnerung. Die Erzählung erzählt gleichzeitig von den gründenden Ereignissen der Vergangenheit und von den Ereignissen jener Gegenwart, welche die Vergangenheit erst so zu verstehen ermöglichten. „Die ‚historia quae narratur‘ und die ‚historia qua narratur‘ bilden eine Einheit, denn mit dem neuen Ereignis entstand zugleich erst dasjenige neue Bewusstsein, das die Ereignisse verstehen und ‚erzählen‘ kann.“[65]

Die Einzigartigkeit der Geistesgeschichte Israels besteht in der geschichtlichen Helligkeit, in der dieser Übergang von Prophetie zu prophetischer Theologie als Gründungsvorgang biblischer Vernunft zu Tage liegt: Er vollzieht sich – wie im letzten Abschnitt schon skizziert – durch die Wasserscheide des Exils hindurch, also parallel zur größten Existenzkrise Israels, welche im Ergebnis (über das Ende des Nordreichs durch die Assyrer, das Ende des Südreichs durch die Babylonier bis zur Konstitution einer Provinz Juda durch die Perser) in dessen Transformation vom Königreich und Volk zu seiner Identität als „Judentum“ und „Gemeinde“ besteht. Eine existenzielle Krise bedeutet diese Geschichte, weil sie mit der politischen Selbständigkeit und Verfassung auch die Grundlagen, den hergebrachten Kontext der Religion Israels zerstört. Dass aber gerade aus dem Glauben heraus solche Kräfte der Krisenbewältigung aufgebracht werden konnten, die auch die politische und soziale neue Existenz ohne eigenen Staat, im eigenen Land, aber auch in der sich ausbreitenden Diaspora begründeten, lässt die besonderen Ressourcen dieser Religion erst ans Licht treten, welche in staatlicher Zeit in die Normalität eines altorientalischen Königtums eingetaucht und dadurch auch verborgen, synkretistisch ein-gemischt in ihre Umgebung waren. Aber diese Ressourcen waren schon da, vorgebildet, und treten in den vorexilischen Prophetensprüchen an die Oberfläche.

„Von entscheidender Bedeutung für den Umstand, dass mit der Katastrophe Judas und Jerusalems nicht auch die Religion Judas unterging – was für vergleichbare Fälle das altorientalische Standardprozedere wäre –, dürften die geistesgeschichtlichen Entwicklungen im 7. Jh. gewesen sein. Die in dieser Zeit entstandenen Texte und Schriften hatten sich zu nicht geringem Anteil mit der Erfahrung des Scheiterns des Nordreichs auseinanderzusetzen und begannen von daher, Visionen ‚Israels‘ zu entwickeln, die nicht von Staatlichkeit und politischer Souveränität her determiniert … waren.“[66] In einer Zeit, in der Assur, Babel und dann Persepolis das Schicksal des Volkes JHWHs bestimmen, können die Theologen darauf aufbauend weltge-

[64] Schaeffler, Einführung 95.
[65] Ebd.
[66] Schmid, Literaturgeschichte 111.

schichtlich und universalistisch denken lernen, wenn sie die eigene Identität verstehen und retten wollen.

Die prophetische Theologie, ausgebildet im Anschluss an Ezechiel und „Deuterojesaja" von den Redakteuren der Prophetenbücher, von den „Deuteronomisten" und den Redakteuren der Tora, reflektiert nun gleichzeitig die sie überwältigenden weltgeschichtlichen Vorgänge, deren Objekt Israel ist, und die Besonderheit der eigenen Offenbarung, durch die es neu Subjekt wird. Deshalb gehen die geschichtstheologischen Entwürfe und die Herausbildung der großen Gesetzeskorpora sowie die Bewusstheit des Monotheismus aus verschiedenen Strömungen einer großen Bewegung hervor.

Inhaltlich besteht die wichtigste geschichtstheologische Leistung der prophetischen Theologie dieser Zeit darin, die prophetische Dialektik von Gericht und Heil, das aktuelle Entweder-Oder, zum Interpretationsschlüssel der Geschichte Israels, ja der Weltgeschichte insgesamt zu erheben.[67] „Das Exil hatte Israel den theologischen Boden unter den Füßen weggezogen. ... Es muss erkennen, dass es die wahren Propheten und ihre Gesellschaftskritik nicht hören wollte (Klgl 2,14; 4,13). Die scharfen Gerichtsworte der Propheten wie Jeremia erweisen sich im Nachhinein als Gottes Wort – aber es war ein schwaches, ohnmächtiges Wort. Oder besser gesagt: ein Wort, das sich in der Ohnmacht des Propheten und auch noch in seinem Scheitern als wahr und heilbringend erweist."[68] So wie die vorexilischen Propheten die gegenwärtige Stunde als Anbruch der Gerichtsereignisse qualifizieren, so gehen die prophetischen Theologen nun, die Erfüllung ihrer Botschaft, das vollzogene Gericht als Ausgangserfahrung nehmend, von der Erwartung der neuen Heilswende aus dem Tiefpunkt heraus aus.[69] Durch diese Gegenwartsbestimmung wird es möglich, die Vergangenheit als das Drama zwischen dem Heil schaffenden Gott und seinem problematischen Bundespartner zu lesen.

Die Pluralität der Erinnerungen und Überlieferungen kann anhand dieses Schemas geprüft, geschichtstheologisch systematisiert werden, ohne ideologisch vereinheitlicht werden zu müssen: Es gibt unterschiedliche Gotteserfahrungen in unterschiedlichen Stunden, aber es gibt eine Logik von Heilsangebot, menschlichem Widerspruch, göttlicher Konsequenz im Gericht und göttlicher Inkonsequenz in seiner erneut ausgestreckten Hand.[70]

[67] Dafür mag es außerisraelische Vorbildungen geben, insbesondere in der assyrischen Geschichtsdeutung (Vgl. Knauf, Wie kann ich singen im fremden Land?, in BuK 3/2000, 136 f.), die aber ohne den Hintergrund einer selbstkritischen, radikalen Gerichtsbotschaft im Schema der wechselnden Schicksalsbestimmung der Reiche durch ihre Götter verbleiben (so auch Zenger, Einleitung 379).

[68] U. Struppe, Exil – Krise als Chance, in: BuK 3/2000, 113.

[69] Vgl. Fohrer, Einleitung 379 und von Rad, Theologie 2, 54-57.

[70] So auch J. Jeremias, „Ich bin wie ein Löwe für Ephraim...", in: „Ich will Euer Gott werden" (SBS 100, 1981) 94 f.

Schriften am Ursprung apokalyptischer Vernunft

In einigen groben Zügen sei hier – die These belegend und illustrierend – auf die wichtigsten Schritte der Herausbildung prophetischer Theologie hingewiesen, wie sie sich schriftlich niedergeschlagen hat und sich der heutigen historischen Erforschung der Literatur Israels, der entstehenden Bibel, darstellt.

„Wie es in der Geschichte überhaupt keinen ‚Anfang' ohne ‚Vorgeschichte' gibt, begann diese Denkbewegung eigentlich schon im 7. Jh. v. Chr."[71] : Der charakterisierte Übergang zur prophetischen Theologie hat seine Wurzeln schon in vorexilischer Zeit, nämlich in der geschichtsbezogenen und radikal auf die Wahrheit seiner Offenbarung setzenden Eigenart des JHWH-Glaubens, ohne die schon die Prophetie nicht denkbar gewesen wäre. Literarisch fassbar wird dies in der Verarbeitung der ersten Katastrophe, der Zerstörung des Nordreiches Israel im Jahr 722 v. Chr., die das Königreich Juda erstmals zwang, auf die erfüllte Unheilsprophetie aus den Bruderstämmen zu hören. In dieser Zeit scheint die prophetische Verkündigung aus dem verlorenen Norden in Juda erstmals gesammelt und aufgezeichnet worden zu sein, insbesondere „ein Amos-Buch" und ein „Grundbestand des Hosea-Buches."[72] „Für die Nordstämme selbst hatte dies ... keine positiven Auswirkungen mehr, insofern sich die nach Assyrien deportierten Israeliten im Völkergemisch verloren, ‚weil sie noch keine identitätsbewahrenden Texte mit in die Fremde nehmen konnten'. ... Die Weiterbearbeitung der Texte durch eine ‚exilische Umkehrbewegung' (N. Lohfink) hat dem Südreich dann das Assimilationsschicksal der Nordstämme ersparen helfen."[73]

Es war also gewissermaßen die gescheiterte Prophetie eines gescheiterten Königreichs Israel, deren Erinnerung Juda nach seinem Scheitern überleben und das spätere Judentum herauszubilden half. Zunächst, noch vor dem Fall Jerusalems, wurden die Gerichtsansagen des Hosea und des Amos für das noch existierende Südreich fixiert und auch „literarisch aktualisiert (), um den dortigen Lesern ein historisiertes Verständnis zu verunmöglichen"[74]: Sie sollten sich nicht distanziert zurückgelehnt am Schicksal ihrer lange verfeindeten Nachbarn weiden, sondern begreifen, dass mit den Gerichtsansagen auch sie selbst gemeint waren.

Unter diesem Einfluss der katastrophischen Prophetie aus dem Norden ist dann offenbar schon vor dem Exil auch die Geschichte des Südens neu interpretiert wor-

[71] Knauf, Wie kann ich singen im fremden Land, in: BuK 3/2000, 136.

[72] Ebd. Vgl. in gleichem Sinn Zenger, Einleitung 167. Ebenso Schmid, Literaturgeschichte 94: „Die Schriftprophetie ... hängt als 'Schrift'-Prophetie ursächlich mit der Untergangserfahrung des Nordreichs zusammen. ... So ist das entscheidende Movens zu ihrer schriftlichen Fixierung in der Vergangenheitsdeutung ex post zu erblicken. An literarischen Anfängen der Schriftprophetie in der vorexilischen Zeit grundsätzlich zu zweifeln, ist kaum angeraten." Und ebd. 99: „Die traditionelle Sicht hat deshalb vieles für sich, dass die Gerichtsaussagen in Jes 1-11 traditionelles Gut der Jesajaüberlieferung enthalten", diese „schließt in zitierender Weise an die ältere Amosüberlieferung an".

[73] Zenger, Einleitung 39.

[74] Schmid, Literaturgeschichte 96.

den. Die ersten größeren Geschichtsdarstellungen und theologischen Redaktionen der älteren Überlieferung, rekonstruierbar in den „JHWHstischen" Quellensträngen der Bücher Mose, scheinen nämlich ebenfalls aus dieser Situation motiviert. Auch deren Geschichtsdarstellung „entstand unter dem Einfluss der Propheten Amos, Hosea und Jesaja im 7. Jh. als Reflex auf den Untergang des Nordreiches 722". In ihr wurden erstmals „bis dahin einzeln entstandene Erzählzyklen über die Anfänge Israels (Abraham-Jakob-Zyklus; Josefnovelle; Exodusgeschichte; Landnahmezyklus) zu einem geschichtstheologischen Werk zusammengestellt".[75] Wenn diese neuere Datierung zutrifft[76], dann fällt dieses „Jerusalemer Geschichtswerk" in dasselbe Jahrhundert, in die Zeit der Könige Hiskija und Joschija nämlich, wie die ältesten Schichten des Buches Deuteronomium, jener theologischen Durchdringung der Gesetzesüberlieferungen, welche die strenge Bindung Israels allein an JHWH und an den Tempel als seinem alleinigen Heiligtum durchsetzen wollte. Auch das so genannte Bundesbuch, der Kern der Rechtstexte im Buch Exodus, stammt aus dieser späten Zeit des Königreiches Juda und greift nun als Tora „die theologisch zentralen Inhalte von Recht, Gerechtigkeit und Barmherzigkeit … auf, die in der prophetischen Verkündigung bei Hosea, Amos, Micha und Jesaja im Vordergrund standen."[77] D. h.: Geschichtsreflexion und Redaktion der Tora entstehen in der späten Königszeit, unter dem Eindruck der assyrischen Überwältigung und der Unheilsprophetie als erster bewusster Versuch, im kleinen, bedrohten Juda alles auf die Karte einer „Kontrastgesellschaft Gottes" zu setzen, auf ein Gemeinwesen, das sich im Jesaja-Spruch „Glaubt ihr nicht, so bleibt ihr nicht" (Jes 7,9) festmacht.

Die wirkungsgeschichtlich bedeutendste Tat dieser vorexilischen Geschichtstheologie besteht im Einbezug der Urgeschichte, der Erzählungen von der Schöpfung, von den ersten Menschengeschlechtern und dann erst von den Vätern Israels in die prophetische Theologie der Dialektik von Heil und Unheil. Beim „JHWHsten" „hat die Urgeschichte ein Gefälle des sich steigernden Abfalls von Jahwe, der wiederum je neue Gegenmaßnahmen Gottes erfordert, damit die Geschichte auf ihr Ziel hin weiterläuft."[78] Dadurch wird die prophetische Krisenerklärung über das Israel der Gegenwart zum hermeneutischen Schlüssel der Universalgeschichte: Vom Verlust des Garten Edens angefangen über die Verfluchung des Brudermörders Kain und die große Flut muss der eine Gott der ganzen Menschheit „alles in sich austragen: die erschreckende Erkenntnis der Pervertierung seiner

[75] Zenger, Einleitung 119. Vgl. auch ebd. 175. Vgl. auch die Einschätzung bei Schmid, Literaturgeschichte 89: „Literaturgeschichtlich gesehen dürfte die Formierung der Mose-Exodus-Erzählung … durch die Gerichtsprophetie des 8. Jh. v. Chr. beeinflusst sein" – auch wenn deren Überlieferungsstoffe sicher älter und zunächst mündlich tradiert worden seien (ebd. 90).

[76] Früher hat man den „JHWHsten" für einen Autor schon der Zeit Salomos, also des 9. Jh. gehalten, was sich aber sowohl für seinen literarischen und historischen als auch seinen theologischen Hintergrund als unrealistisch erwiesen hat. Vgl. dazu Zenger, Einleitung 114 f.

[77] So Schmid, Literaturgeschichte 103.

[78] Hossfeld, Wie sprechen die Heiligen Schriften, insbesondere das Alte Testament, von der Vorsehung Gottes?, in: Vorsehung und Handeln Gottes (QD 115), Freiburg 1988, 77 f.

Schöpfung durch den Menschen und den unbegreiflichen Willen zur Bewahrung eben dieser Menschen".[79]

Fast schon die spätere exilische Heilswenden-Prophetie vorwegnehmend, wird hier die geschichtstheologische Bindung des Schicksals der Offenbarung Gottes an die Wechselhaftigkeit menschlichen Wirkens und die Verknüpfung der Schicksalsschläge Israels mit der sie umgreifenden Weltgeschichte gedacht. Der „JHWHst" schreibt die „Geschichte Gottes mit den Menschen trotz der Menschen"[80] und er nimmt die Unheilstendenz im menschlichen Gestalten von Geschichte (wie der Autor es in den zeitgenössischen Großreichen beobachtet) als Hintergrundfolie für den Willen Gottes, im Bund zunächst mit Abraham und dann mit seinen Nachkommen immer wieder einen neuen Anfang zu wagen. „Das Jerusalemer Geschichtswerk hat in einer Stunde der geschichtlichen Erschütterung Israels die Geschichte selbst und die Geschichtserinnerung zu einem tragenden Fundament der Religion Israels gemacht."[81]

Die Katastrophe auch des Südreiches ab 597 v. Chr. setzt dann – vor allem unter den Deportierten in Babylon – den breiten Prozess der Fortschreibung und Redaktion prophetischer Überlieferung frei, der aber auch die geschichtlichen Erinnerungen und die Tora, die normativen Überlieferungen zu Kult und Sozialleben, mit einbezieht. „Das Ausmaß der Katastrophe erzwingt den Rückgriff auf die Vorgeschichte."[82] Die exilische und frühe nachexilische Zeit bildet gerade deshalb die sensible Phase für die Entstehung der apokalyptischen Vernunft, ihre „Achsenzeit"[83], weil ihre Theologie sich nicht auf ein prophetisches Sondergut, auf eine prophetische Richtung in Israels Glaubensgeschichte beschränkt, sondern der durch die Prophetie gegebene Anstoß nun Schritt für Schritt auf die gesamte Themenfülle des theologischen wie politischen Denkens angewandt wird: Königsannalen und Tempelordnung, Herkunfts-„Mythen" und Sozialgesetzgebung werden im Licht der Prophetie und des von ihr zu Recht angesagten Geschichtsbruches bearbeitet.

Dieses Bemühen wird greifbar in einem prophetischen Kapitel wie Ez 20, es setzt sich fort in dem großen nachexilischen Geschichtswerk – dem sog. „Deuteronomistischen Geschichtswerk", das die Stoffe von der Genesis an bis zum Ende der Königszeit verarbeitet[84] –, in der sog. „Priesterschrift" und in den späteren Redaktionsarbeiten, welche diese Ansätze miteinander verschmelzen und die heutigen biblischen Bücher abgrenzen.[85] Dabei gehen die Geschichtsschreiber anders vor als die

[79] J. Jeremias, zitiert nach: Hossfeld ebd. 78.
[80] Hossfeld, ebd. 79.
[81] Zenger, Einleitung 175.
[82] Hossfeld, a.a.O. 80.
[83] Ebd. Vgl. dazu auch die Bemerkung von Miggelbrink, Der zornige Gott 38, über die Schriftpropheten und ihre literarischen Nachfolger als „Angehörige achsenzeitlicher Eliten." Damit sei hier die Bedeutung dieser geschichtlichen Stunde für die Entstehung apokalyptischer Vernunft gekennzeichnet, nicht jedoch die geschichtsphilosophische Implikation des von Karl Jaspers stammenden Begriffs übernommen.
[84] Vgl. dazu Schmid, Literaturgeschichte 158.
[85] Zu einem Modell dieses Ablaufs vgl. Zenger, Einleitung 120 f.

am Kult interessierten Nachfolger der Priesterschaft. Die entstehenden Werke setzen deshalb unterschiedliche Akzente, aber alle sind ohne die prophetische Unterbrechung so nicht denkbar. Natürlich gibt es Unterschiede und auch echte Widersprüche etwa zwischen der radikalen Kultkritik einiger Propheten und den Autoren der „Priesterschrift“, dennoch sind auch deren selbstkritische Geschichtstheologie, ihre Hoffnung auf ein Israel ohne König und Macht, ihr universeller Monotheismus aus prophetischen Wurzeln geschöpft. Die Bibel Israels entsteht aus durchaus miteinander streitenden Strömungen, Schulen, Theologien. Apokalyptische Vernunft entsteht nicht als ein bestimmtes System, nicht als in sich geschlossene Lehre, sondern als die in dieser Umbruchzeit geschmiedete Offenbarungs- und Geschichtslogik, welche die unterschiedlichen Quellenwerke so miteinander verbindet, dass sie schließlich einen Kanon von Schriften bilden können.

Also endet die Arbeit nicht mit dem Exil. Im Gegenteil geht die Forschung heute davon aus, „dass die alttestamentlichen Bücher in ihrer vorliegenden Gestalt deutlich von der Theologie des perserzeitlichen und hellenistischen Judentums geprägt sind“[86]. Die Neukonstitution eines jüdischen Gemeinwesens im Lande stellt neue Herausforderungen. Die Weiterarbeit an den Texten und das Zusammenfügen von Überlieferungssträngen, jetzt auch schon von großen schriftlichen Werken, schreitet noch Jahrhunderte voran und mündet in die „Kanonisierung“, die Sakrosankt-Erklärung und damit den Abschluss der Schriften. Kanonisierung meint dabei nicht erst die letzte, oft historisch nicht genau greifbare Entscheidung über die Zugehörigkeit bestimmter Einzelbücher zur Heiligen Schrift, denn oft besteht diese „Entscheidung“ einfach in der Aufzeichnung, der uns zugänglichen listenhaften Bestätigung einer schon in der Praxis erfolgten Anerkennung. Kanonisierung schließt zuvor schon „den Prozess ein, durch den die Sammlung entstand, und der sie bis zu ihrem letzten Stadium der literarischen und textlichen Stabilität führte“[87].

Dieser Prozess erscheint in vielem vom ursprünglichen prophetischen Impuls weit entfernt zu sein; man hat ihn in der Forschung häufig als beginnende Verkrustung, als Traditionalismus und Gesetzlichkeit abgewertet. Man kann ihn historisch realistischer jedoch als Weiterführung jenes Übergangs von der Prophetie zur prophetischen Theologie betrachten, der seinen Verlust an Offenbarungs-Aktualismus bezahlt, um die prophetische Denkstruktur so zu stabilisieren, dass sie als Glaubensweise, ja religiöse Lebensweise und schließlich die Vernunft geschichtlich imprägnierende Wirklichkeitsauffassung weiter besteht. „Das Material wurde so geformt, dass es bei weitergehender Verwendung durch seine späteren Hörer weiterhin Bedeutung behielt. Es wurden Richtlinien vorgegeben, die das Material mit seiner zukünftigen Aktualisierung vereinbar hielten.“[88]

[86] Schmid, Literaturgeschichte 36. Obwohl wir viele ältere Überlieferungen in ihnen finden, ist uns doch „kein Buch des Alten Testaments … in einer vorperserzeitlichen Gestalt erhalten geblieben.“ (Ebd. 144)

[87] Childs, Theologie 1, 93.

[88] Ebd. 94.

Dass die in diesem Stadium entstehenden Textschichten und Werke, angefangen von der Neufassung des Gesetzes- und Überlieferungsmaterials in der sog. „Priesterschrift“ bis hin etwa zur Neu-Paraphrase der Geschichtserzählungen in den Büchern der „Chronik“, inhaltlich und stilistisch nicht mehr so nah am kontingenten prophetischen Impuls stehen wie die Texte kurz vor und nach dem Exil, liegt in der Natur dieses Prozesses und nicht in einer Art Dekadenz. Nun „werden die Propheten dasjenige, wofür man sie dann jahrhundertelang in der Auslegungsgeschichte der Bibel hielt: Ausleger des mosaischen Gesetzes und Anwender dieses Gesetzes auf die Geschichte.“[89] Das mag ein unhistorisches Klischee sein, aber es ermöglicht die Hörbarkeit der Propheten gerade ohne historisierende Distanzierung. Dass Prophetie „kontingent“ ist, bedeutet eben, dass sie nicht beliebig verlängerbar oder wiederholbar ist.

Die Alternative kann also gar nicht darin bestehen, die Prophetie „rein“ zu erhalten oder sie überlieferungsgeschichtlich „einzufrieren“ und fälschend zu „übermalen“. Sie besteht vielmehr darin, den Anfangsimpuls entweder nur museal zu zitieren bzw. – weil dies über Jahrhunderte kaum gelingen kann – ihn wieder zu vergessen, oder aber als Ferment in die eigene denkerische wie praktische Religiosität einwirken zu lassen. Und dann muss er zwangsläufig auch in die Sphären des Gesetzes, des Kultes und der Weisheit aufgenommen werden, die als „Vademecum“ dienen, aus dem heraus der scheinbar ruhig gestellte, scheinbar institutionalisierte Offenbarungsimpuls wieder Funken schlagen kann – und auch geschlagen hat, sobald wieder eine geschichtliche Situation nach ihrer theologischen Qualifikation schrie und Menschen da waren, den Ruf zu hören.

Wer sich in diesen Prozess vertieft, dem ist auch ohne falsche Mystifizierung am Ende nach ein wenig Pathos zumute, denn ein solches Hervorgehen eines Gemeinwesens und seiner Religion aus dem eigenen Untergang ist weltgeschichtlich wohl doch einmalig. „Während sich die meisten anderen Nationen im alten Vorderen Orient damit begnügt hätten, das Urteil der Geschichte zu akzeptieren, kollektiv mit den Schultern zu zucken und ihre Verehrung auf den Gott des Siegers zu übertragen, gingen die späteren Redaktoren der deuteronomistischen Geschichtsdarstellung zurück ans Reißbrett.“[90] „Es gehört zu den Wundern in der Menschheitsgeschichte, dass Israel den Untergang seiner beiden Staaten überlebte. Die politische Katastrophe führte nicht zur Aufgabe seiner selbst und seines Gottes. Vielmehr setzte sie in der Exilszeit eine tiefe religiöse Reflexion in Gang, in der Israel seinen Untergang als Beweis der alleinigen Macht seines Gottes als des einzigen Herrn der Geschichte verstehen lernte. … Aus der Katastrophe des Exils wurde das Judentum geboren … Gerade weil die Kleinstaaten Israel und Juda untergingen, machten sie Geschichte, die bis heute währt.“[91]

[89] Schmid, Literaturgeschichte 171.
[90] Finkelstein/Silberman, Posaunen 323.
[91] R. Albertz in: Welt- und Kulturgeschichte 2, 351.

Kapitel 3: Geschichtsschreibung gegen sich selbst. Die Erinnerung der Deuteronomisten

Wenn die prophetische Theologie gewissermaßen den Durchbruch der apokalyptischen Vernunft zu sich selbst darstellt, dann zeigen die nach dem Exil gestalteten Schriften des Alten Testaments diese Vernunft in ihrer ersten Anwendung, in der Durcharbeitung der Glaubensvorstellungen, der Geschichte und der jeweiligen Gegenwart Israels. Diese Arbeitsergebnisse apokalyptischer Vernunft am Offenbarungszeugnis sind für die Analyse dieser Vernunft von so großer Bedeutung, weil sie zur „kanonischen Strecke" für die gesamte spätere Arbeit dieser Vernunft, zu ihrem maß-geblichen Modell, wurden. „Die Ereignisse und Prozesse, die sich in den anderthalb Jahrhunderten nach der Eroberung des Königreichs Juda abspielten … sind zentral, wenn man begreifen will, wie die jüdisch-christliche Tradition entstand." „Den Anstrengungen … judäischer Priester und Schriftgelehrter im Verlauf von hundertfünfzig Jahren des Exils, des Leids, der Gewissensprüfung und der politischen Rehabilitierung … ist die Entstehung der hebräischen Bibel in ihrer im Wesentlichen endgültigen Form zu verdanken."[1]

Deshalb müssen die folgenden zwei Kapitel aus den bedeutendsten Grundtypen dieses ersten Gebrauchs apokalyptischer Vernunft deren prägende Denkformen im Umgang mit Glaube, Geschichte und Gegenwart Israels herauslösen. Denn in diesen Grundtypen bilden sich die später wohl variierten, aber nicht eigentlich vermehrten Möglichkeiten heraus, die diese Vernunft zum Verstehen und „Bewältigen" der Wirklichkeit zur Verfügung hat. Diese drei Grundtypen sind m. E. die Deuteronomistik, die Apokalyptik und – allerdings in einer anderen, indirekten Weise – die Weisheit.

Die deuteronomistische Bibel-Redaktion

Als deuteronomistische Geschichtstheologie bezeichne ich jene Linie und Ausgestaltung prophetischer Theologie, welche die Bücher des Pentateuch, die Bücher der Geschichte Israels in der Königszeit und die Prophetenbücher durch ihre „Systematik" einer Dialektik von Gericht und Heil und einer Dramatik zwischen Gott und Israel bzw. den Menschen insgesamt als seinen Bundespartnern und Geschöpfen prägt und zusammenhält. Ich halte diese „Redaktion" der Überlieferung wirkungsgeschichtlich für die maßgeblichste. Dies liegt sicher an ihrer Präsenz in der Tora,

[1] Finkelstein/Silberman, Posaunen 317 und 322.

in den Geschichtsbüchern und den Propheten[2] gleichermaßen: Deuteronomistische Redaktoren bearbeiteten sowohl die alten Geschichtsüberlieferungen Israels als auch die Gesetzessammlungen und die Prophetenschriften. So zeichnete sich eine gemeinsame theologische Handschrift in die Bücher Mose, die Samuel- und Königsbücher und in die Schriftpropheten ein. Durch die Deuteronomistik gehören die „Gebote und die prophetischen Gerichtsbotschaften ... im Prinzip zusammen"[3] und werden so zum Kanon der Geschichtsdarstellung, – eine Kraft der Synthese, die so keiner anderen alttestamentlichen „Schule" zugeschrieben werden kann.

Älteren Vorstellungen – aus denen sie ja auch entspringt, wie schon am „JHWHsten" gezeigt – zwingt die Deuteronomistik ihren Deutungsrahmen auf; spätere konkurrierende Konzeptionen – wie insbesondere die Priesterschrift mit ihrer anti-dialektischen, gewissermaßen „monologischen" Theologie der reinen Gnade[4] – werden mit ihr zusammengebunden und dadurch relativiert. Für das Geschichtsbild und das Gegenwartsverständnis, welches das Alte Testament seinen Rezipienten weiter reicht, wird der deuteronomistische Ansatz der wichtigste bleiben[5], wahrscheinlich auch, weil er dem Ursprung prophetischer Theologie am nächsten steht und jede neue prophetische Theologie – von der Apokalyptik[6] bis zum Neuen Testament[7] – sie erneut revitalisiert.

Trotz dieser ihrer Bedeutung bleiben die Deuteronomisten seltsam anonym. „Deuteronomistik" ist ein Kunstwort der alttestamentlichen Forschung. Es leitet sich ab vom Buch Deuteronomium, in dem das Gesetz (nomos) ein zweites Mal (deuteron) zusammengefasst gegeben wird. Diese Theologie schreibt sich also ihren Kanon, indem ihre Grundsätze als am Sinai dem Mose und durch Mose in seinen Abschiedsreden dem Volk übergeben dargestellt werden. Der älteste Kern dieses Buches, seine vorexilische, wahrscheinlich als Magna Charta der Kultreform des Königs Joschia dienende Fassung, stellt wohl den historischen Ursprung dieser Theologie dar.[8] Der Grundgedanke dieses „Ur-Deuteronomiums" ist dabei der eines einseitigen Bundes zwischen Gott und dem Volk, einseitig, weil Israel kein eben-

[2] Zur deuteronomistischen Ermöglichung einer Theologie der Prophetie und damit auch eines Korpus prophetischer Schriften als weissagender Belege exilischer Geschichtsdeutung vgl. Childs, Theologie 1, 204, zur deuteronomistischen Redaktion der Prophetenbücher auch: Müller, Studien 207-210.

[3] Kraus, Theologie 197.

[4] Vgl. zur Geschichtstheologie der Priesterschrift: K. Schmid, Der Geschichtsbezug des christlichen Glaubens, in: Härle/Schmidt/Welker, Das ist christlich (Gütersloh 2000) 84-86.

[5] Auch das chronistische Geschichtswerk steht „mit der deuteronomistischen Tradition in einer Linie" (so Childs, Theologie 1, 193), es verhält sich zu ihr gewissermaßen wie eine spätere Orthodoxie zu ihrem reformatorischen Ursprung.

[6] Gleich Kapitel 4.

[7] S.u. Kapitel 7.

[8] Vgl. in 2 Kön 22, 8-13 den Bericht von der Auffindung eines verlorenen Gesetzbuches im Tempel: Dieses Buch enthält offensichtlich das Gebot der Kultzentralisation des Deuteronomiums, das dann in 2 Kön 23 befolgt wird, ebenso wie dessen Fluchworte, die den König in Angst versetzen. (Zu beidem vgl. dann Dtn 12 und 28.)

bürtiger Partner, sondern vom Geschenk dieses Bundes völlig abhängig ist. Bis in den Stil hinein erscheint das Buch damit „als eine subversive Rezeption neuassyrischer Vertragstheologie“[9]: Juda ist nicht Vasall des assyrischen Großkönigs, sondern seines Gottes. „So wäre denn das große Gesetzeswerk des Deuteronomium als Dokument einer reformatorischen Bewegung zu verstehen, die bemüht war, die alten Gesetzestraditionen zu aktualisieren, die teilweise disparaten Stoffe theologisch zu durchdringen und zu vereinheitlichen. Man kann also im Deuteronomium das Resultat einer umfassenden theologischen Vergegenwärtigung alter Überlieferungen sehen, in der das spätere Israel die von Moses überlieferte Botschaft von Gott zu einer zeitnahen und geltenden Gesetzgebung machte.“[10]

Ansonsten verrät dieses Kunstwort aber vor allem, was wir nicht wissen: Nicht nur sind die Namen der deuteronomistischen Theologen unbekannt, weil sie als anonyme Redaktoren an der schriftlichen Überlieferung tätig sind. Undeutlich bleibt auch ihre soziale Stellung und Organisation als Schreiber am königlichen Hof oder am Tempel oder als „freie“ Sachwalter der prophetischen Theologie in der exilischen und nachexilischen Gemeinde. Umstritten bleibt bislang auch der Umfang der Texte, die man als „deuteronomistisch“ bezeichnen kann: Gab es ein geschlossenes „deuteronomistisches Geschichtswerk“, das den Pentateuch und die Bücher Josua, Richter sowie Könige umfasste, also von der Schöpfung bis zum Untergang Judas erzählte? Oder entsteht dieser Eindruck nur dadurch, dass in all diesen Büchern deuteronomistische Denkweise und deuteronomistischer Sprachstil feststellbar sind, ohne dass dies in einem direkt literarischen Zusammenhang stehen muss?

Die Beantwortung dieser Fragen hängt damit zusammen, ob man sich die Entwicklung der Deuteronomistik vornehmlich redaktionsgeschichtlich oder traditionsgeschichtlich erklärt, ob man also in den deuteronomistischen Passagen des Alten Testaments eine gezielte einheitliche Textbearbeitung am Werk sieht oder die Auswirkung einer Denk- und Sprechweise, die sozusagen „in der Luft lag“, die man also in religiösen Texten benutzte, wenn man feierlich und grundsätzlich wurde, auch ohne ein „zünftiger Deuteronomist“ zu sein. Diese Probleme der Forschung können hier aber offen bleiben. Denn wie auch immer die Entstehung eines deuteronomistischen Geschichtswerkes genauer ausgesehen hat, in jedem Fall ist es geprägt durch eine aus der Erfahrung des Exils sprechende geschichtstheologische Redaktion vorexilischer Geschichtserzählung, durch Rekurs auf die Propheten und die frühe deuteronomische Theologie zur Zeit König Joschias.[11]

Und gleich, wie man in den Einzelfragen entscheidet, bleibt die Deuteronomistik als eine die genannten alttestamentlichen Schriftengruppen durchwaltende Denk-

9 Schmid, Literaturgeschichte 77. Vgl. auch ebd. 106.
10 So H.-J. Kraus in: Propyläen Weltgeschichte 2, 302.
11 Vgl. G. Braulik in: Zenger, Einleitung 180-188 und Schmid, Literaturgeschichte 80-85.

weise erkennbar. Diese Denkweise ist in sich konsistent und identifizierbar.[12] Ihr theologisches Axiom bildet der Glaube an JHWH als den einzigen Gott, der Israel erwählt und einen Gnadenbund mit ihm schließt. Dieser Bund erhält seine Bestimmungen in den Geboten der Sinaioffenbarung. Diese Gebote konkretisieren die Bindung Israels an seinen Gott durch die Ausschließlichkeit seines Kultes in Jerusalem ebenso wie durch die soziale und politische Verfassung dieses Volkes, das in seinem Umgang miteinander oder mit Fremden der Befreiung aus der ägyptischen Sklaverei Rechnung trägt und in dem kein Königtum die Alleinherrschaft Jahwes verdunkeln darf. Historikern zeigt sich dies als „der erste, vollständig ausformulierte Nations- und Gesellschaftsvertrag der Welt, der die Männer, Frauen und Kinder, die Reichen und die Armen einer ganzen Gemeinschaft einbezieht."[13] Unschwer erkennt man die Verwandtschaft dieser theologischen Axiome mit dem Monotheismus, der Kult-, Sozial- und Politik-Kritik prophetischer Theologie.

Die prophetische Ansage von Gericht oder von Heil wird in dieser Theologie zum systematischen Axiom, indem sie als Konsequenz des Bundesschlusses den Geboten vom Sinai angefügt wird: Die Gebote Gottes sind Lebensgaben für Israel und verwandeln sich, wenn sie gelebt werden, in Segen. Der Bruch des Bundes, die Verachtung der Gebote wird jedoch mit Fluch belegt. Wer die Lebensordnung Gottes verlässt, wird sich den Tod, den Untergang zuziehen. Indem das Scheitern des Experiments eines „Staates Israel" als Fluch im Fall des Bundesbruches den Geboten vom Sinai beigegeben wird, hängt das Damoklesschwert der Katastrophe schon über der Geschichte im gelobten Land, bevor diese – in der Erzähllogik des Buches Deuteronomium – überhaupt begonnen hat. „Das ist wie eine Androhung zur Zwangsräumung noch vor dem Einzug ins eigene Haus."[14] Damit ist die prophetische kontingente Qualifikation späterer Geschichtsstunden Israels schon vorlaufend begründet. Die Propheten wenden die „prophylaktisch" gegebene Segens- oder Fluch-Verheißung Gottes auf die jeweiligen Taten Israels an.

Historisch gesehen war es natürlich umgekehrt: Die Deuteronomistik entwickelt ihre axiomatische Dialektik von Gericht und Heil aufgrund der Katastrophenerfahrungen der späten israelischen und judäischen Königreiche und in Orientierung an der prophetischen Kritik. Ist das ursprüngliche Buch Deuteronomium noch stark an der weisheitlichen Logik des Tun-Ergehen-Zusammenhangs orientiert, so radikalisiert dies die spätere Deuteronomistik im Sinne der prophetischen Gerichtsbotschaft.[15] Ihre Wirkung erhält die Deuteronomistik dadurch, dass sie diese Axiome nicht nur aufstellt, sondern konkret auf die gesamte geschichtliche Erinnerung und Überlieferung Israels anwendet. Die Deuteronomistik leistet „die Umdeutung der prophetischen Zorn-Gottes-Botschaft zur geschichtstheologischen Deutungskatego-

[12] Das bestätigt etwa auch ein Forscher wie G. Fohrer, der den Rekonstruktionen des Geschichtswerkes gegenüber eher ablehnend argumentiert. (Vgl. Fohrer, Einleitung in das Alte Testament, Heidelberg 1979, 211.)

[13] Finkelstein/Silberman, Posaunen 337.

[14] Yerushalmi, Anatot 22.

[15] So Schmid, Literaturgeschichte 107.

rie ex post"[16]. Darin durchdringt dieser Ansatz so sehr den Fächer biblischer Äußerungsweisen (Gesetze, Erzählungen, Prophetien, Gebete und Reflexionen), dass er schließlich im gesamten Kanon dominant wirkt, dass seine „besondere theologische Formulierung von Gottes Beziehung zu Israel als Bund normativ geworden ist ...; diese Sicht ist in die ganze Tradition hineingelesen worden"[17], so „dass unabhängig vom Alter und den Begleitumständen, die hinter den deuteronomischen Bundesformulierungen stehen, ihre Theologie zu einem normativen Ausdruck von Gottes Beziehung zu Israel wurde und als eine theologische Leitkategorie zur Vereinheitlichung der gesamten Sammlung, die in den hebräischen Schriften enthalten ist, diente."[18] Nicht das Buch Deuteronomium als solches, sondern die deuteronomistische Bundes- und Geschichtstheologie soll im Folgenden als erste Verwirklichung apokalyptischer Vernunft charakterisiert werden.

Kritische Erinnerung

Betrachten wir zunächst, wie deuteronomistische Geschichtstheologie die Dialektik prophetischer Unheils- und Heilsankündigungen systematisch reflektiert und anwendet: Aus der vorexilischen Gerichtsprophetie wird durch deren nachexilische Transposition in prophetische Theologie eine Art der Geschichtsschreibung, die in der gesamten Antike einzigartig ist: Israel entwickelt eine Geschichtsschreibung „gegen sich selbst"! Der „Deuteronomismus ... präsentiert die Geschichte vom Auszug aus Ägypten bis zum Exil ... als eine anhaltende Schuldgeschichte, die dementsprechend in der Katastrophe mündet."[19]

Durch die Geläufigkeit der biblischen Erzählungen ist uns leider weitgehend das Staunen, die Überraschung über eine solche Art, die eigene Tradition wie ein Gericht über sich selbst darzustellen, abhanden gekommen, über eine Geschichtsschreibung, die auch in der Moderne noch gegen die üblichen Selbst-Rechtfertigungsversuche, Selbsttäuschungen und Geschichtsklitterungen im Dienst kollektiver „Vergangenheitsbewältigung" abstechen würde.[20] Im deuteronomistischen

16 So Miggelbrink, Der zornige Gott 31.

17 Childs, Theologie 2, 94.

18 Ebd. 95. Schmid bezeichnet die Art, wie das deuteronomistische Denken in erzählende, gesetzgebende und prophetische Texte ausstrahlt als „Modell" dafür, wie später die Thora zur internen Norm des gesamten Alten Testaments wird (So Schmid, Literaturgeschichte 221) – ein Modell, das schließlich die „kanonische" Lesart als „eine Bibel" möglich macht.

19 K. Schmid, Der Geschichtsbezug des christlichen Glaubens, in: Härle/Schmidt/Welker, Das ist christlich (Gütersloh 2000) 83.

20 Tatsächlich wertet O. Fuchs die deuteronomistische Geschichtstheologie als ein Modell, dem die Kirchen in Deutschland nach der Nazi-Zeit meist nicht gerecht wurden. Das Ungeheuerliche, das bei den Judäern im babylonischen Exil geschieht (bei Opfern eines imperialen Eroberungsfeldzuges also!), ist „eine Selbstidentifizierung mit den Tätern": Im Rückblick auf die Schulden ihres eigenen Königreiches identifizieren sich die Exilierten „mit ihren eigenen Vorfahren auf der gemeinsamen Täterseite. Das deuteronomistische Geschichtswerk plädiert für eine 'Bewältigung durch Lernen aus der Geschichte'" für eine

Geschichtswerk stoßen wir erstmals – und alles Spätere begründend – auf die für jüdische Geschichtstheologie so charakteristische „erstaunliche Tatsache, dass hier ein Volk, eine Nation, eine Religion in bemerkenswerter Offenheit die sie betreffenden Unbill ... als Folge eigenen, ‚sündhaften' Tuns bekennt und dieses Bekenntnis auch noch in den ihre Identität konstituierenden, als heilig erachteten Schriften niederlegt."[21] „Eine Reihe von biblischen Erzählungen scheinen ... geradezu darauf angelegt, dem Nationalstolz eins auszuwischen."[22]

Im historischen Kontext der Erben eines untergegangenen Reiches scheint dies allerdings ein plausibler Weg, sich die verlorene Vergangenheit kritisch anzueignen. Denn mit „dem Untergang des judäischen Königtums und der Zerstörung des Jerusalemer Tempels hatte die offizielle Jerusalemer Königs- und Tempeltheologie mit ihren massiven Inanspruchnahmen JHWHs zur Stützung staatlicher Macht einen schweren Schlag erlitten."[23] Außerdem hat die staatskritische Geschichtsreflexion in Israel offensichtlich eine schon vor die Propheten zurückreichende Tradition: Schon das Geschichtswerk des „JHWHsten" – der überhaupt der Entstehung deuteronomischer Theologie zur Zeit der letzten Phase des judäischen Reiches recht benachbart erscheint – hat als „das erste ‚israelitische Nationalepos'" „nicht die Legitimation des politischen status quo" zum Ziel, vielmehr ist „seine ganze Tendenz … staats- und machtkritisch (besonders die Exodus-Erzählung als normative Erinnerungsfigur)."[24]

Selbstverständlich ist deshalb aber noch lange nicht, dass die Intellektuellen Judas nicht in eine nostalgische Verklärung oder eine gegenwartstaugliche Adaption alter Ideologien verfielen. „Stattdessen rückte – nach längeren Kämpfen – die Verkündigung der Gerichtspropheten, die in vorexilischer Zeit eine von der Mehrheit abgelehnte Oppositionstheologie gewesen war, in den Vordergrund und wurde einschließlich ihrer herrschafts- und sozialkritischen Impulse zu einem breit akzeptierten Bestandteil der israelitischen Religion."[25] Ihre gesamte große und verlorene

„Erinnerung mit einer ganz spezifischen … schuldsensiblen Täteridentifizierung", von der wir in Deutschland wissen, wie schwer sie Individuen und Kollektiven auch zweieinhalb Jahrtausende später fällt. Die Zitate: O. Fuchs, Leidempfindlich, schuldsensibel und sühnebereit, in: L. Scherzberger (Hg.), Theologie und Vergangenheitsbewältigung (Paderborn 2005) 216 f.

21 Münz, Gedächtnis 120.

22 Yerushalmi, Zachor 23 f.

23 Albertz, Die sozial- und religionsgeschichtlichen Folgen der Exilszeit, in: BuK 3/2000, 127.

24 Zenger, Einleitung 176. Benachbart zur deuteronomistischen Theologie erscheint auch schon die JHWHstische Urgeschichte, stellt sie doch „die Welt und die Geschichte Israels unter die Dialektik von Heil und Unheil (aus der Perspektive Gottes: Setzung des Lebens – Gericht – Barmherzigkeit; aus der Perspektive des Menschen: Eröffnung von Lebensmöglichkeiten – Verweigerung/Schuld – erneute Zuwendung Gottes)". (Ebd. 69)

25 Albertz, Die sozial- und religionsgeschichtlichen Folgen der Exilszeit, in: BuK 3/2000, 127. Vgl. auch G. Braulik in: Zenger, Einleitung 188: „Die dtr Redaktion unterwarf … ihr Material einer eher staatskritischen Darstellungstendenz." Ebenso Schmid, Literaturgeschichte 121: „So zeugt der Großzusammenhang Ex – 2 Kön … von einer fortgeschrittenen

Vergangenheit – von der Landnahme, der frühen Stammesgesellschaft über das Königtum Sauls, die Reichsgründung Davids und Salomos und die getrennten Königreiche des Nordens und des Südens – erscheint nun als Geschichte von Versuchung, Irrtum und Abfall. „Mit dieser großen Tragödie weicht die biblische Erzählung dramatisch … vom üblichen Muster religiöser Epen ab."[26]

Diese Weise kritischer Erinnerung reißt Israel aus den üblichen, Identität positiv stiftenden Erinnerungsweisen der Antike heraus. Denn das Israel nach seinem großen Scheitern findet seine Selbstbestimmung nur noch durch eine Art „negativer Dialektik" seiner Vergangenheitsschau hindurch." Es geht um eine kontrafaktische und kontrapräsentische Erinnerung, die bewirkt, dass man in dieser Welt lebt, ohne sich ganz in ihr zu Hause zu fühlen, keine beheimatende, sondern eine ‚entheimatende' Erinnerung."[27] Das „Deuteronomium" stellt „den explizitesten Fall einer solchen Gedächtnisstiftung"[28] dar: Sie ist das eigentliche Alleinstellungsmerkmal von Israels Geschichtsschreibung: Ihre Geschichte schrieben auch die Völker seiner Umgebung, etwa in den sumerischen und ägyptischen Königslisten und -berichten, sogar weit früher als Israel. Und ein aufgeklärtes, gegenüber dem Mythos gewissermaßen schon weltlich-historisches Geschichtsbewusstsein entwickelten die Griechen schließlich weit konsequenter als Israel. Aber sowohl die altorientalische als auch die frühe abendländische Geschichtsschreibung dient von ihrem Ursprung her der Identitätsfindung in der Verherrlichung des Eigenen und politisch in der Legitimation der bestehenden Herrschaft. In Israel erhält die Entdeckung der Geschichte als eines linearen Verlaufs über weite Strecken und als ein weltlich-menschliches Geschehen ihre eigentliche Radikalität durch ihre Selbstkritik. „Ständig wiederholte göttliche Bestrafung, verhängt ganz explizit für die ständig wiederauftretende nationale Apostasie – eine solche Deutung der politischen Ereignisse und des Laufs der Geschichte hat in anderen Kulturen der alten Welt nicht ihresgleichen."[29]

Kann man in der Antike – und wohl noch über sie hinaus – weitgehend von einer Geburt der Geschichtsschreibung aus dem Geist der Propaganda sprechen, so bei Israel von der Geburt seiner Geschichtsschreibung aus dem prophetischen Geist der Kritik. „Diese Weichenstellung ist theologiegeschichtlich wie auch theologisch von außerordentlicher Bedeutung, da sie die Allianz der biblischen Tradition mit je und je geschichtlicher Wahrheit, und nicht mit Ideologie, initiiert hat."[30] Dabei ist diese Wahrheit nicht theoretisch, als im Nachhinein zugegebene ungeschminkte Erkenntnis dessen zu verstehen, was geschah, sondern als eine produktive, auf neue Praxis ausgerichtete Erkenntnis, denn die Schuldgeschichtsschreibung der Deuteronomisten soll ja eine Wende, eine Neukonstitution eines gewandelten Israels ermögli-

Schuldreflexion, die mit ihren Anklagen gegen das Volk bereits einen deutlichen Abstand zum Verlust des eigenen Königtums zeigt."

26 Finkelstein/Silberman, Posaunen 21.

27 Assmann, Religion 70.

28 Ebd.

29 Cohn, Erwartung 219.

30 Schmid, Der Geschichtsbezug des christlichen Glaubens, in: Härle/Schmidt/Welker, Das ist christlich (Gütersloh 2000) 82.

chen. „Das Religiöse tritt heraus aus der Funktion der nachträglichen Bestätigung bestehender Verhältnisse und soll stattdessen die Veränderung gesellschaftlicher, politischer und ökonomischer Verhältnisse inaugurieren."[31]

Das Besondere israelitischer Geschichtsschreibung liegt eher in der Opposition einer Opfer- bzw. Gescheiterten-Geschichte gegenüber einer Siegergeschichte, als in dem gängigen Gegensatz von Historie und Mythos. Der findet sich bei den Griechen durchaus progressiver. Vorfahren der modernen Historie mit ihrer kritischen Distanzierung, Quellenprüfung und der Frage nach dem, was tatsächlich geschah, sind nicht die Deuteronomisten, sondern Herodot und Thukydides. Dass Israel uns innerhalb der Antike als *das* Volk der Entdeckung von Geschichte erscheint, wirkt auch deshalb paradox, weil es „groß-geschichtlich" gesehen, aus der Vogelperspektive der Universalgeschichte, Objekt der Geschichtsmächtigkeit seiner viel weniger geschichtlich denkenden Nachbarn war, weil es selbst nur wenig effektiv „Geschichte machen" konnte. Offensichtlich liegt in der Reflexion dieses seines mit dem Anspruch der JHWH-Erwählungs-Religion so wenig vereinbaren Schicksals, in der zum Denken zwingenden Diskrepanz zwischen Glaubens-Erwartungen und dem Gang der Dinge ein Schlüssel für Israels Geschichtsbewusstsein. Denn: „Der Historiker auf Seiten der Sieger ist leicht geneigt, kurzfristig erzielte Erfolge durch eine langfristige ex-post-Teleologie auf Dauer auszulegen" – als hätte alles gar nicht anders kommen können! „Anders die Besiegten. ... Sie geraten ... in eine größere Beweisnot, um zu erklären, warum etwas anders und nicht so gekommen ist wie gedacht. Dadurch mag eine Suche nach mittel- oder längerfristigen Gründen in Gang gesetzt werden. ... Mag die Geschichte – kurzfristig – von Siegern gemacht werden, die historischen Erkenntnisgewinne stammen – langfristig – von den Besiegten."[32]

In der Deuteronomistik leistet Geschichtsschreibung eine Aitiologie der Stunde Null, eine Herleitung der Katastrophe aus der eigenen Schuld.[33] „Die dtr Historiker versuchen ..., das Geheimnis ... göttlichen Zornes, der sie umgibt, zu ergründen."[34] Die Tora – der göttliche Maßstab für alles Geschehen, um den es dieser Geschichtsschreibung für ihre Gegenwart geht – wird so auch geschichtlich gedacht in ihrer Funktion als Warnung, als konditionaler Segen oder Fluch.[35] Anders gesagt: Das Gesetz wird als Herausforderung einer Entscheidung zur Begründung menschlicher

[31] Miggelbrink, Der zornige Gott 34.

[32] R. Kosellek, zitiert nach: E. Hobsbawm, Geschichte 302.

[33] „Das ganze ‚deuteronomistische Geschichtswerk' ist der Versuch einer Verarbeitung dieser Katastrophe im Zeichen der Schuld." (Assmann, Religion 72)

[34] G. Braulik in: Zenger, Einleitung 189.

[35] Dtn. 28, das Fluch-Kapitel als Abschluss der Gesetzestexte, eine geradezu apokalyptische Vorwegnahme aller kumulierter Schrecken, von deren tatsächlichem Eintreffen der Autor im Rückblick ja weiß – ein Text, der die Gebote also in einem fast paulinisch-lutherisch anmutenden Sinn zur Weissagung des Scheiterns an ihnen werden lässt –, bezeichnet J. Assmann als „einen traumatisierten Text"; er verarbeite „die Erfahrung der Vernichtung des Nordreichs durch die Assyrer, der Zerstörung Jerusalems durch die Babylonier und der babylonischen Gefangenschaft" wie „eine einzige 'Todesfuge', eine Vorwegnahme von Auschwitz." (Assmann, Religion 72)

Freiheit begriffen, seinen Weg so oder so zu gehen und die Folgen zu tragen. Die „Flüche aus dem Deuteronomium“ bilden für die deuteronomistische Geschichtstheologie den konditionalen Rahmen, an dem menschliches politisches Tun gemessen werden kann[36]: „Das Schema von Verheißung und Erfüllung“ bildet den „grundlegenden Rahmen“ dieser Geschichtstheologie[37], der sich dialektisch-dialogisch ergibt, indem die menschliche Antwort in das göttliche Weltregiment eingeht: Gott erfüllt, was Menschen sich zuziehen; es existiert „eine ganz enge Korrespondenz zwischen Schuld und Bestrafung ..., die sich auf den Geschichtsverlauf unmittelbar auswirkt.“[38]

Dies ist genau jene Anschauung von Freiheit, die den Gedanken ernster menschlicher Geschichte im Angesicht Gottes begründet. Diesem theozentrischen Freiheitsverständnis bleibt die Deuteronomistik auch da verpflichtet, wo sie ihre Geschichtserzählung in bestimmte – bis heute bekannte – Schemata bringt: So etwa in das Schema des zunehmenden Verfalls, das die Königsbücher durchdringt, oder in das Schema vom Zyklus „Abfall – Bedrohung – Umkehr – Rettung – Abfall ...“, wie es das Buch der Richter[39] zusammen hält. Dies bleiben ordnende, Durchblick verschaffende Interpretationsschemata, durchlässig für Ausnahmen und Umwege. Weniger schematisch wirkt die Gliederung der Geschichte durch immer neue Bundesschlüsse: am Sinai, nach Einzug ins gelobte Land in Sichem, bei der Reform des Königs Joschia, schließlich bei der Neugründung nach dem Exil durch Esra und Nehemia[40]: Es gibt keine Sicherheit für das erwählte Volk, kein ein für alle Mal, sondern nur die immer erneuerte Anknüpfung, den wiederholten Aufbruch. Ebenso ist die Schwarz-Weiß-Malerei in der Beurteilung der Herrscher und ihrer Zeiten ein Mittel, zu verdeutlichen, dass es in den Relativitäten des Politischen doch um die einfache Entscheidung zwischen Gut und Böse geht, dass der Sachzwang der Historie nicht die Einfachheit der Freiheit zwischen Gott und Menschen aufhebt.

Geschichtstheologie durch Spurensuche

Die Deuteronomisten sind moralistische Geschichtsdeuter. Sie wollen jenen Knüppel weiterreichen, den die Gottesworte der Propheten zwischen die Beine der geschichtlichen Akteure geworfen haben. Vor diesem Standpunkt „gelten die Siege nicht, hier wird im Gegenteil der Besiegte so oft dankbar nach vorn gerufen. Die scheidende Linie bleibt die eine: die zwischen echtem und falschem Recht, die

[36] So Childs, Theologie 1, 191.
[37] So ebd. 192 (mit G. von Rad gesagt).
[38] So ebd. 194 (über den Chronisten, hierin einem „Deutero-Deuteronomisten“, gesagt).
[39] Vgl. Childs, Theologie 1, 182 zu dem „allgemeinen Konsens, ... dass die Periodisierung der Geschichte Israels in der Ära der Richter auf das Konto des deuteronomistischen Historikers (Dtr) geht.“ „Israels Geschichte sollte als ein Zyklus von Abfall und Ungehorsam, von Unterdrückung und Befreiung und von erneutem Rückfall verstanden werden.“ (Ebd. 183)
[40] Vgl. Walzer, Exodus 97.

zwischen echter und falscher Geschichte. Nur wo das wahre Recht herrscht, ist hier Geschichte."[41]

Dennoch haben die Deuteronomisten gerade bei den großen Gestalten wie David und Salomo das Grau und das Zwiespältige stehen gelassen, wie es die Erzählungen enthielten. Sie haben die Zwischentöne und Widersprüche – gerade um das Königtum insgesamt und die einzelnen Könige – nicht durch ihre großen Urteile getilgt. Auf manche Strecken lassen sie den Leser sogar fast mit dem Fluss dessen allein, was gewesen ist. Nicht zuletzt in diesem Umgang mit ihren Quellen erweisen sich die Deuteronomisten als echte *Geschichts*theologen, für die Geschichte der Gegenstand ihres theologischen Fragens und nicht nur das Exempel feststehender Lehren ist. Schließlich erforderte ja schon die Wahl des kritisch-„moralistischen" Kriterienrahmens dieser Geschichtsdarstellung einen „Entscheid, der bisherigen Orthodoxie strikt zuwiderlaufende Erfahrung theologisch ernst zu nehmen, sie zu verarbeiten" und so eine „Konzeption zu wagen, von der von vornherein noch keineswegs feststeht, ob sie sich ihrerseits als orthodox durchsetzen wird."[42]

Damit hat die Deuteronomistik, auch indem sie schließlich kanonisch maßgeblich wurde, der biblischen Tradition ein Erbe an Beweglichkeit mitgegeben, das der apokalyptischen Vernunft ihre geschichtstheologische „Anfälligkeit" stets erhalten wird: Für sie ist „das hermeneutische Gefälle zwischen Tradition und Erfahrung von der Erfahrung her zu denken. Das heißt: Die Tradition dient nicht der Negation von Erfahrung, sondern Erfahrung transformiert die Tradition."[43]

Wie es am Nullpunkt, den diese Geschichtsschreibung re-konstruiert, in der Prophetie zum Umschlag in die Heilsverheißung kommt, so überträgt die Deuteronomistik auch ihre Hoffnung auf die Wende zum Neuaufbruch, zur wahren Gemeinde Gottes, ihre Hoffnung auf einen „Neuen Bund" retrospektiv begründend in die Vergangenheit: Ihre Geschichtsschreibung ist nicht nur Kritik und Klage, sondern auch Spurensuche des Gelungenen. Geschichtliche Erinnerung war in Israel schon zuvor im Kern ein Sich-Festmachen an gewissermaßen in die Vergangenheit gelegte Visionen, sei es an die des Bundes mit Abraham, sei es die des Exodus aus Ägypten, sei es später die des Königtums Davids auf dem Zion. Aber in der Deuteronomistik sind diese Modelle nicht mehr unkritisch wie Ikonen auf Goldgrund auszumalen. Die kritische Erinnerung seit den Propheten, die Erinnerung Israels gegen sich selbst hat vor diesen Modellzeiten nicht halt gemacht: Sie kennt Israels Kleinmut, Abfall und Sünde gerade in der Wüstenzeit, sie sieht das Königtum als problematische Institution auch, wo es erfolgreich und glanzvoll war, sie weiß, dass keine politische oder sakrale Institution, kein Zion und kein Tempel Gottes Segen garantieren können, wo Menschen ihn verwirken. Die Geschichtserzählungen Israels, wie sie auf uns gekommen sind, bewahren die Utopien der Vergangenheit als Erinnerungen an Gottes Dennoch gegenüber menschlicher Unzulänglichkeit (z. B.

[41] Baeck, Volk 68.
[42] Schmid, Der Geschichtsbezug des christlichen Glaubens, in: Härle/Schmidt/Welker, Das ist christlich (Gütersloh 2000) 82.
[43] Ebd.

in der Geschichte Davids) und als Erinnerung an die Opponenten gegen den bösen Strom der Zeit (wie bei Elia und den späteren Propheten). Es stimmt, dass dies dieser Geschichtsschreibung wie schon der Prophetie selbst einen Ton „ausgesprochener Intoleranz“ verleiht[44] – gegen die Synkretisten, die Götzenverehrer, die Gleichgültigen. Aber man darf dies nicht aus seinem Kontext lösen: Intoleranz ist hier die Haltung des Unterdrückten, aber auch des sich selbst als schuldig Erkennenden, der auf der Nicht-Relativierbarkeit von Unrecht beharrt.

Historie der Verheißung ist den Deuteronomisten Erinnerung an die kritischen Unterbrechungen der jeweils Herrschenden, derer, die Geschichte „machten“, bis hin zur Erinnerung an die Opfer der eigenen Geschichte. „So ist die Geschichtstheologie Israels eine Form von Widerstand gegen alles, was der Geschichte als Befreiungstat JHWHs widerspricht. Sie will gerade in Zeiten der Erschütterung und der drohenden Gottlosigkeit eine unzerstörbare ‚Heimat‘ in der ‚Geschichte‘ JHWHs selbst anbieten, die freilich wie die ‚Luft von einem anderen Planeten‘ (H. Marcuse) erscheinen mag, weil sie die so genannten Realitäten und den politischen status quo in Frage stellt und die Sehnsucht nach dem ‚Ziel‘ der Geschichte wachhält.“[45] Die deuterojesajanische Gestalt des leidenden Gottesknechtes (Jes 53) – mag sie nun den Propheten selbst, das Volk, die Treuen oder einen noch zu erwartenden neuen Propheten meinen – ist die theologisch wie poetisch dichteste Vision von der Wahrheit einer Geschichte, die in den Opfern, den Verlierern verborgen ist und von den Zuschauern allzu spät erst, im bitteren Rückblick, eingestanden wird.

Die deuteronomistische Geschichtsschreibung will in ihrer Heilsspuren-Lese auf einer Linie mit der prophetischen Heilsverheißung ihrer Gegenwart der kleinen, machtlosen Herde, die sich nach dem Exil als Israel sammelt, eine Perspektive geben, die sich nicht kleinmütig in den Schatten der großen Vergangenheit stellen muss, weil sie deren Dialektik dekonstruieren gelernt hat. „Ihre Perspektive umfasst nicht nur den Abfall und das Exil, sondern auch die Umkehr Israels (Dtn 4,23-31), seine Heimführung und Herzensbeschneidung durch Gott, so dass es jetzt das Liebesgebot und die ganze Sozialordnung des Dtn halten kann (Dtn 30,1-10). Durch diese unvergleichlich weise und gerechte … Tora kann Israel Gesellschaft Gottes auch ohne König und Staat sein.“[46] Dort, wo die Deuteronomisten die Thora weiter schreiben, formulieren sie z. T. in rückblickender Fiktion ein Israel der Sabbatheiligung, des sozialen Ausgleichs und der religiösen Einheit, dass es so nie gegeben hat. „Das deuteronomistische Deuteronomium ist ein utopischer Entwurf geblieben.“[47]

Zweifellos erkennt man als ursprüngliche Träger dieser konkreten Utopie die Heimkehrerkreise aus dem Exil wieder, jene „Fraktion, die sich in der Verbannung behauptet hat“ und die aus dieser Erfahrung (und gewiss auch aus ihrer sozialen Stellung heraus) den Anspruch erhebt, „sie besitze das göttliche Recht, den Charak-

[44] So Miggelbrink, Der zornige Gott 111.
[45] Zenger, Einleitung 179.
[46] G. Braulik in: Zenger, Einleitung 190.
[47] Schmid, Literaturgeschichte 138.

ter judäischer Orthodoxie zu bestimmen."[48] Sie bringen in den Neuaufbau des Gemeinwesens in der Perserzeit beides ein: Kritik der Vergangenheit und einen Heilsoptimismus für die Zukunft.

Diese beiden, der Gerichts- und der Heils-Aspekt deuteronomistischer Geschichtsschreibung, prägen auch die spätere biblische und nachbiblische Erinnerung in Israel: die Lesart der Geschichte gegen sich selbst und die Spurensuche unterdrückter Verheißung. Deshalb entzündet sich Israels Geschichtsreflexion auch später immer wieder an Katastrophenerfahrungen, bleibt darin der Deuteronomistik zumindest strukturell verpflichtet. „Israels Geschichtstheologie hat ihre unverwechselbaren Konturen in den Epochen geschichtlicher Erschütterungen gefunden. So verwundert es nicht, dass die meisten ‚Bücher der Geschichte' ihre entscheidende literarische (End-)Gestalt in der Auseinandersetzung mit geschichtlichen Krisenerfahrungen erhalten haben (Untergang des Nordreiches 722 v. Chr.; Exilserfahrung des 6. Jh.; hellenistische Erschütterungen im 3. Jh.; Makkabäerzeit 2. Jh.). Angesichts dieser Erfahrungen entstand Israels Theologie der Geschichte als Meta-Theorie über Bedingungen, Sinn und Ziel von Geschichte überhaupt."[49] Nicht eine besondere Neigung zur Abstraktion auf diesem Gebiet, sondern gerade die Konkretion, die gegenwärtigen Widerspruchserfahrungen zwischen „Theorie und Praxis" nicht ausweichen kann, hat also Israels Totalperspektiven auf Geschichte zwischen Schöpfung und Vollendung hervorgetrieben. Dadurch aber enthält die Aitiologie der eigenen Katastrophe in der Frage nach deren Sinn und Ziel den Keim zur *eschatologischen* Geschichtstheologie schon in sich.

Indem aus der Verarbeitung prophetischer Theologie theozentrische Geschichtsschreibung entsteht, gewissermaßen rückschauende, rekonstruierende prophetische Theologie, verliert das israelitische Offenbarungsdenken keineswegs seinen eschatologischen Charakter, sondern integriert ihn in sein Geschichtsbewusstsein: Denn „Eschatologie" bestand ja, wie an den Propheten gezeigt, auch in den Anfängen viel weniger in bestimmten ausdrücklichen, etwa messianischen Zukunftsvorstellungen, schon gar nicht in einer Erwartung des Abbruchs von Geschichte und Welt, sondern in der Funktion der Offenbarung, das Jetzt, die Gegenwart als Entscheidungsstunde, als entscheidende „letzte Zeit", als Zeit unmittelbar zu Gott, zu dem von ihm kommenden Gericht oder Heil, zu charakterisieren. Dies treibt die Deuteronomistik systematisch voran, ohne dafür einen aufgeregten eschatologischen Ton zu bemühen: Ihr Rückblick auf die Urzeit und die Urproblematik zwischen Gott und Menschen, ihre Periodisierungen guter und schlechter Zeiten, ihre Aitiologie der Katastrophe dienen der Kennzeichnung ihrer nachexilischen Gegenwart als der Chance zum Anbruch einer neuen Bundeszeit, in der Israel wird, was es immer sein sollte, was es aber in seiner staatlichen Karriere weitgehend verfehlt hat.

In dem, worin für die Deuteronomisten im Kern Offenbarung ergeht, nämlich in der Stimme Gottes in den Weisungen vom Sinai und in den Rufen der Propheten, steckt der Anstoß, der geschichtliche Erinnerung zukunftswirksam sein lässt. Die

48 Finkelstein/Silberman, Posaunen 320.
49 Zenger, Einleitung 179.

Deuteronomisten halten die Offenbarung zusammen mit deren Schicksal in Israel, ja in der Welt und halten diese Dialektik ihrer Gegenwart als Spiegel vor. Sie sind damit vielleicht die ersten „Geschichtsphilosophen", die aus der von Offenbarung, vom intensivsten Punkt ihrer Wahrheit her „gewerteten", gedeuteten Vergangenheit die Vision der jetzt möglichen und gebotenen Zukunft schöpfen. Sie sind theologische Aufklärer, die aus der Klärung dessen, was war, und weshalb wir geworden sind, die wir nun sind, die Selbstevidenz des Morgen gewinnen. Nicht durch ein „historisches Bewusstsein" als solches, nicht durch eine entmythisierte, säkulare Weltanschauung, auch nicht durch eine begriffliche Aneinanderbindung von Gott und Geschichte, sondern durch diese Reflexion des Schicksals ihrer Offenbarung, durch die ursprünglich von den Propheten aufgeworfene Frage, wie es jetzt, heute um Israel steht, wird das Geschichtsbild dieses Volkes „linear", wird Geschichte – auch in Verfall und Verfehlung, auch im Hin und Her von Gericht und neuem Segen – zu einer Progression, einem Lauf von Gottes Anstoß und Angebot her auf deren Annahme und Vollendung hin.

Universale Aussicht

So wenig Israel die Entdeckung von Historie und Geschichtsschreibung für sich reklamieren kann, so wenig die Einmischung der Religion in das Geschichtsdenken: Schon die alten Sumerer kannten etwa die Schematisierung ihrer Königslisten durch eine deutende Ordnung im „Wechsel von Heils- und Unheilszeiten."[50] Ebenso war JHWH „keineswegs der einzige altüberlieferte Gott, den man sich als ‚geschichtlich handelnd' dachte. ... Und doch ... stimmt es, dass Jahwes Handeln auf dem Feld der Geschichte, wie es von den deuteronomistischen Bearbeitern dargestellt wird, konstanter, zweckgerichteter und durchgängiger ist als alles, was irgendeinem anderen Gott nachgesagt wurde. Diese Auffassung ihres Gottes als des ‚Herrn der Geschichte' war es, die einige Anhänger der JHWH-allein-Bewegung um 600 v. Chr. dazu veranlasste, aus einem uralten Weltbild auszubrechen, in dem Ordnung wie Unordnung als unverrückbare Gegebenheiten hingenommen wurden, und ungeduldig einer herrlichen Vollendung zu harren, mit der alles ins Reine kommen würde."[51]

Theologisch gesehen hat die deuteronomistische „Schule" – damit wiederum in Parallele zur deutero-jesajanischen Heilsprophetie – einen Schluss gezogen vom einen Gott zur einen Geschichte. So wie bei Deuterojesaja aus dem Gelächter über die Nichtse der Götzen zugleich folgt, dass der eine wahre Gott auch die großen Völker und Weltreiche lenkt und etwa den Perserkönig Kyros zu seinem Gesalbten und Werkzeug für die Beendigung des Exils der Judäer erwählt[52], so folgt aus der Einzigkeit des Bundes zwischen JHWH und Israel, dass man nun die gesamte Ge-

[50] W. von Soden, Sumerer, Babylon und Hethiter, in: Propyläen Weltgeschichte 1, 565.
[51] Cohn, Erwartung 224.
[52] Vgl. Jes 44, 28; 46,11; 48, 13-15; beachtlich dabei der schöpfungstheologisch-universalistische Kontext, in den die Kyros-Berufung gestellt wird.

schichte von der Schöpfung bis zur Gegenwart als eine Geschichte des Ringens um Gottes Bundeswillen erzählen kann. Die deuteronomistische Redaktion von der Genesis bis zum 2. Könige-Buch vorausgesetzt, lässt sich tatsächlich festhalten, „dass gemäß dem deuteronomistischen Geschichtsbild der Verlauf der gesamten Geschichte, also nicht nur des Volkes Gottes selbst, sondern in eschatologischer Einbeziehung auch der anderen Völker und des ganzen Kosmos vom Gehorsam oder Ungehorsam Israels der Tora Gottes gegenüber abhängt, so dass Israel die ganze Schöpfung ins Heil oder Unheil mit hineinzieht."[53]

Die universale eschatologische Ungeduld ist wiederum in den Hymnen Deuterojesajas über die heilvolle Zukunft nach der Rückkehr aus dem Exil – mit ihren Bildern der Wallfahrt der Völker, des Friedens selbst zwischen Raubtieren und Gejagten, des Endes allen Leids im großen göttlichen Trost – sicher leidenschaftlicher ausgesprochen als in den Geschichtsbüchern. Im Kern begründen aber wiederum beide parallelen (Nach-)Exils-Theologien einen Grundgedanken, der von da an prägend werden soll: Eschatologie ist die direkte Folgerung aus der prophetischen Qualifikation der Gegenwart. *Jetzt* ist die Zeit! Das eschatologische Handeln beginnt für Deuterojesaja in der jetzt möglichen neuen Landnahme des Volkes nach dem Exil; und der endgültige erfüllte Bund ist für eine deuteronomistische Theologie jetzt in der Konstitution der Gemeinde jenseits der Katastrophe und der alten falschen Ambitionen möglich.

Damit entsteht ein für die apokalyptische Vernunft prägend bleibender Zusammenschluss von Rück- und Vorblick, von Geschichtstheologie und Eschatologie: „Hinter dem gläubigen Versuch, die Weltgeschichte in verschiedene Perioden einzuteilen und in ihnen die Zeichen der Zeit zu deuten", steht die selbst kaum reflektierte, fast selbstverständliche (weil ursprünglich der Prophetie entspringende) Voraussetzung, „dass in der Gegenwart mit Sicherheit die letzte Geschichtsepoche gegeben und deshalb das Ende der Zeit nahe ist"[54] – zumindest das Ende des Wechsels von Unheils- und Heilszeiten, das Ende der wechselvollen Geschichte. Die alttestamentlichen Texte bringen dies „auf die Kategorie des ‚Neuen' ..., wie sie in der exilisch-nachexilischen Verkündigung des Neuanfangs nach der Zäsur des Gerichts eine bedeutende Rolle spielt ... Erinnert sei an die Verheißung des Neuen Israel, des Neuen Exodus, des Neuen Bundes und des Neuen Himmels wie der Neuen Erde."[55] Mit der Gegenwart bricht – zumindest im Modus der Verheißung und der zu ergreifenden Möglichkeit – eine End-Gültigkeit an, die nicht nochmals relativiert und überholt wird.

Diese Hoffnung einer Eschatologie „ab morgen" teilt – jedenfalls rein formal – manche neuzeitliche Geschichtsphilosophie mit den Exilspropheten und Deuteronomisten – bis hin zu dem Nach-89er Francis Fukuyama, der nach dem Zusam-

[53] Koch, Auch ein Problem der Zeit: Eschatologie im Kreuzfeuer der Apokalyptik, in: Communio 28 (1999) 495.

[54] Ebd. 494.

[55] Hossfeld, Wie sprechen die Heiligen Schriften, insbesondere das Alte Testament, von der Vorsehung Gottes?, in Vorsehung und Handeln Gottes (QD 115) 82.

menbruch des kommunistischen Ostblocks „The End of History and the Last Man“ proklamierte. Zwar fehlt Fukuyama fast alles, was dieser Abschnitt im Alten Testament fand: die Perspektive der Besiegten, die Hoffnung gegen den status quo, die Vision vom Umbruch des Bestehenden. Aber das formale Schema, die Geschichtsbetrachtung bis zu einem entscheidenden Datum, einer „Stunde Null“ (hier: dem Fall des „Eisernen Vorhangs“) voranzutreiben, und in dieser Gegenwart das Stillstehen der Zeit in die End-Zeit hinein zu erwarten, ist geblieben. Und dass diese Form bleiben kann, obwohl alle Inhalte ausgetauscht wurden, sollte eine Kritik des Schicksals apokalyptischer Vernunft hellhörig machen.[56]

Für meine Analyse bleibt an dieser Stelle festzuhalten, dass die nachexilischen Deuteronomisten und Deutero-Propheten in ihren Zukunftserwartungen erstmals Endgültigkeit und Universalität zusammen bringen: Morgen schon will Gott die schwankende Dialektik der Geschichte heilvoll aufheben, nicht nur für Israel, sondern für alle an seinem Schicksal teilnehmenden Völker. Tatsächlich kam es in den Jahrhunderten danach anders – aber dieser Dammbruch apokalyptischer Vernunft wurde dadurch nicht wieder zugeschüttet, sondern radikal vertieft.

[56] Näher darauf eingehen kann ich erst in Kapitel 9.

Kapitel 4: Gottes Geschichte universal. Die Apokalyptik

Die Apokalyptik als zweite maßgebliche Denkform der Verarbeitung und Weiterführung prophetischer Theologie zu bezeichnen, könnte einigen Widerspruch auslösen: Ist doch die Apokalyptik als literarisches und theologisches Phänomen – und darauf wird sich dieser Abschnitt beziehen – eher eine Randerscheinung des Alten und in etwas anderer Weise auch des Neuen Testaments. In die kanonischen Schriften Israels ist nur eine in weiten Teilen apokalyptische Schrift eingegangen, das Buch Daniel. In einigen prophetischen Texten finden sich apokalyptisch geprägte Passagen.[1] Aber insgesamt kommt die Apokalyptik für die Entstehung des hebräischen Kanons zu spät. Die vielfältige apokalyptische Literatur der letzen zwei Jahrhunderte vor Christus und des ersten nachchristlichen Jahrhunderts hat die religiöse Denkweise dieser Zeit stark beeinflusst, ohne dass diese Schriften später in die Bibel aufgenommen worden wären. Die Theologie des Neuen Testaments ist zwar fast durchgehend von apokalyptischen Voraussetzungen her zu deuten, aber auch hier ist nur eine Schrift, die abschließende, insgesamt eine Apokalypse, eine „Geheime Offenbarung" über die letzten Ereignisse und die Endzeit.

Warum also dieser Stellenwert in meiner Darstellung?

Zunächst einmal noch eine Abgrenzung: Die Wichtigkeit dieses Kapitels erklärt sich nicht einfach daher, dass mein Buchtitel gerechtfertigt werden soll. Denn – wie schon in Kapitel 1 dargelegt – verstehe ich unter apokalyptischer Vernunft insgesamt diejenige Vernunft, die durch eine göttliche Offenbarung angestoßen und geprägt ist, welche in sich zugleich eschatologischen Charakter hat und welche die Einstellung dieser Vernunft zu Welt und Geschichte konkret und wirkungsvoll prägt. Dies könnte auch ohne eine spezielle Apokalyptik im nun zu behandelnden Sinn der Fall sein. Die apokalyptische Vernunft konstituiert sich nicht erst in der hellenistischen Zeit des Frühjudentums.

Das entscheidende Argument besteht in der wirkungsgeschichtlichen Bedeutung der Apokalyptik im speziellen Sinn für die apokalyptische Vernunft insgesamt. Dies gilt zunächst schon inner-biblisch: Die Kanonisierung des Danielbuches noch vor der neutestamentlichen Zeit und ihre christliche relecture in der Johannes-Offenbarung hat zusammen mit dem sie umgebenden Schrifttum eine solche Ausstrahlung gehabt, dass man zu dem Urteil kommen kann, diese Bücher reichten „mehr als alle andern biblischen Bücher in die religiöse und politische Geschichte

[1] Vgl. Childs, Theologie 1, 220 f. zu Jeremia 4, zu Joel 1, Ezechiel 38-39 und Jesaja 24-27 als „protoapokalyptischem Material", dessen schwierige literaturhistorische Bewertung hier außer Acht bleiben muss.

der Menschheit hinein."[2] Als eine entscheidende Klammer zwischen den Testamenten, als wichtigster „missing link" zwischen kanonisch-alttestamentlichem Schrifttum und dem religiösen Horizont neutestamentlichen Denkens ist diese radikalste Ausdrucksform frühjüdischer Geschichtstheologie hermeneutisch unverzichtbar. Denn religionsgeschichtlich ist nicht zu bezweifeln, „dass die Verkündigung Jesu und die Ausbreitung des Christentums an das gleiche geistige Ferment gebunden sind, das für die jüdischen messianischen Hoffnungen und eschatologische Spekulationen zwischen der Revolte der Makkabäer und der Zerstörung des zweiten Tempels charakteristisch ist."[3] Die Blütezeit apokalyptischer Literatur „vom 2. Jh. vor bis zum 2. Jh. nach Chr." ist nun einmal identisch mit der Entstehungszeit von Frühjudentum und Frühchristentum.[4] In diesem Sinn gilt immer noch Ernst Käsemanns Wort von der Apokalyptik als der „Mutter der christlichen Theologie". Um ihre Rolle „zwischen den Testamenten" zu begreifen, wird es also darauf ankommen, rückblickend ihrem Verhältnis zur alttestamentlichen Verheißungsgeschichte, ihrem Verhältnis zur prophetischen Theologie, und später ihrer Interpretationsleistung bei der Deutung der neuen Erfahrungen der ersten Christen nachzugehen.[5]

Und auch über die biblische Zeit hinaus haben ihre wenigen kanonisierten Niederschläge wie auch ihr Schrifttum neben der Bibel der Geistigkeit von Judentum und Christentum einen Anstoß gegeben, der weiterwirkt, auch wo er selbst oft schon vergessen sein mag. Denn – und darin besteht nun doch der innere Zusammenhang zwischen dem speziellen und meinem erweiterten Begriff von Apokalyptik: Dieses radikale Denken jüdischer Oppositioneller gegen den Mainstream des Hellenismus bedeutet für die apokalyptische Vernunft gegenüber ihrer bisherigen Gründungs- und Ausbildungsphase gleichzeitig eine Radikalisierung, eine Zuspitzung, und eine Universalisierung, durch welche ihre Prinzipien gewissermaßen „vereinfacht" werden, auf den Punkt gebracht. Diesen „Purismus" apokalyptischer Vernunft hat das spätere jüdische wie christliche Denken insgesamt keineswegs mitgemacht, er ist aus ihm aber auch nicht mehr wegzudenken, – und seine Innovationen insbesondere auf dem Gebiet der Eschatologie und der Geschichtsauffassung wirken sich auch dort aus, wo man sich später durchaus nicht als „Apokalyptiker" begreift. Dieses Kapitel hat also den Anfang einer das Abendland durchziehenden Strömung „von 2500 Jahren apokalyptischer Unruhe"[6] zu fixieren.

[2] So Thoma, Messiasprojekt 224.
[3] Eliade, Geschichte 2, 234.
[4] Frankemölle, Frühjudentum 96.
[5] Vgl. zu dieser hermeneutischen Forderung: Kraus, Theologie 349-351.
[6] So Peters, Biblische Apokalyptik und Politische Theologie, in: Jahrbuch Politische Thelogie 3 (1999) 60. Allerdings möchte ich, genauer genommen, dieses Urteil um gut zwei Jahrhunderte verkürzen, da ich die Apokalyptik im engeren Sinne nicht (mit Peters, der sich auf J. Taube bezieht) bei Ezechiel, sondern erst in der Diadochen-Zeit beginnen sehe. Aber die Rückbezüge zur späten Prophetie sollen durchaus zur Sprache kommen – und der darin einbezogene Rückbezug auf Zarathustra dehnt die Spanne sogar noch weiter aus.

Das Unheil der Welt und Gottes Heil

Die frühjüdische Apokalyptik ersteht aus der für viele Gläubige katastrophalen Erfahrung der politischen, kulturellen und religiösen Bedrohung der eigenen Identität durch den Hellenismus der Nachfolgereiche Alexander des Großen. Apokalyptik ist „Krisenliteratur und Spiegel drastischer Ohnmachtserfahrung unter den Mächtigen."[7] Die Konsolidierung der nachexilischen Gemeinde in der persischen Zeit, deren geistige Gründungsurkunde in der deuteronomistischen und ihr verwandten Theologie zu finden ist, wird durch die Wirren der Diadochenzeit zerstört: nicht nur durch politische Unterdrückung, sondern durch eine Infragestellung des bisher Gültigen, die in das jüdische Selbstverständnis selbst hineingetragen wird. Dem Verlust der Staatlichkeit waren prophetische wie priesterliche Theologie durch die Gründung von Volk und Gemeinde auf der Tora JHWHs, ihrer sozialen und kultischen Ordnung, einer an ihr orientierten kollektiven Frömmigkeit wie auch individuellen Spiritualität begegnet. Diese Konsolidierung war politisch eine von persischen Gnaden, und so musste „der Zusammenbruch der 200jährigen Weltherrschaft der Perser ...die Vorstellung eines umfassenden, kosmischen Weltgerichts" provozieren.[8]

Die Hellenisierungsbestrebungen der Seleukiden gefährden die unter den Persern neu gewachsene Identität, weil sie nicht nur die Konfrontation zwischen Fremdherrschern und Juden provozieren, sondern einen innerjüdischen Konflikt um das wahre Israel. Der Aufstand der Makkabäer gegen die Griechen ist ein Aufstand gegen die Hellenisierer im eigenen Volk, die bereit sind, die Tora und den Monotheismus zu verwässern, um sich mit den neuen Verhältnissen zu arrangieren, um in der „Globalisierung" der Epoche nach Alexander erfolgreich mithalten zu können.[9] Die Radikalisierung apokalyptischer Theologie beginnt, als zwar der Makkabäeraufstand Erfolg hat, sich aber in der Herrschaft ihrer Nachkommen, der Hasmonäer stabilisiert, die nun selbst politischen Opportunismus über klare Tora-Treue stellen. Im Grunde zerbricht in diesen Konflikten die exilisch-nachexilische Vision vom einen, geheiligten Volk der Rückkehrer aus Babylon, der Gemeinde, welche wenigstens im Nachhinein der Kritik der Gerichtspropheten standhalten konnte.

Dieser Bruch mit den aus ihm resultierenden inneren Spaltungen hält bis zur Zerstörung des zweiten Tempels, bis zum Ende des Arrangements des jüdischen Gemeinwesens mit den hellenistischen, später römischen Großreichen 70 n. Chr. an. Und diese Phase ist auch die Blütezeit einer Apokalyptik, die auf das Scheitern der deuteronomistischen wie auch priesterlichen Vision Israels nach dem Exil durch eine radikale Umstellung der dieser Vision zugrunde liegenden Geschichtstheologie

[7] Vgl. die Forschungszusammenfassung in: Welt und Umwelt der Bibel (WuB) 34 (4/2004), 53.

[8] Schmid, Literaturgeschichte 192 findet Spuren dieser Reaktion in den späten redaktionellen Völker-Gerichtstexten der Prophetenbücher. Vgl. auch ebd. 200 zum Buch Daniel.

[9] Eine gute Einführung in die Epoche der Makkabäer bietet das Heft „Heiliger Krieg in der Bibel? Die Kämpfe der Makkabäer", WuB 43 (1/2007).

reagiert. Darin, dass die Theologie Israels auf eine neue Katastrophenerfahrung durch eine radikale Infragestellung der bisherigen Geschichtstheologie, durch eine selbstkritische und herrschaftskritische Frage nach dem reagiert, was Gott durch dieses Geschehen seinem Volk sagen mag, liegt die Kontinuität zur prophetischen Theologie seit dem Exil. Darin, dass sie deren Inhalte nicht mehr einfach übernehmen kann, liegt der Bruch.

Worin bestehen nun die Hauptkennzeichen dieser theologischen Revision, die den apokalyptischen Schriften gemeinsam sind?[10] Die Apokalyptiker „fanden sich … von Anfang an in ein nicht mehr entwirrbares Netz tiefster historischer Krisenhaftigkeit verstrickt, da die Gottestaten in der Vergangenheit ihre weissagende Potenz für die Gegenwart definitiv zu verlieren begannen – weil die längst zum Stillstand … geratene Geschichte Israels mit Gott nur noch durch ein göttliches Gericht von universaler Kompetenz in eine dramatische, analogielose Wende gedrängt werden konnte.“[11] Auf den Zusammenbruch aller bisherigen Gewissheiten innerer Kontinuität der nachexilischen jüdischen Geschichte reagieren diese Theologen mit einem eschatologischen Theozentrismus, der die Geschichte als ein zunehmendes Dunkel und das Heil als ein Licht, entzündet durch ein plötzliches, analogieloses Eingreifen Gottes am Ende des Tunnels darstellt. Hier „ist das Exil ... zu einem Zustand geworden, aus dem nur die Endzeit eine Befreiung bringen wird.“[12] Die neuere Geschichte Israels erscheint jetzt wie eine „seit den Babyloniern andauernde Gerichtszeit“[13] sich ablösender Fremdherrschaft. „Alle heilsgeschichtliche Erfahrung mit Gott, der sein auserwähltes Volk rettete, kam nicht mehr in Frage, wo doch das Volk selbst seine Erwählung aufgeben, ja bestreiten sollte.“[14]

Weil diese Autoren die Gefahr des Endes jüdischer Identität, d. h. theologisch: des Bundes mit JHWH gerade in der Bereitschaft zum Kompromiss mit dem Zeitgeist und den herrschenden Mächten erblicken, zu dem maßgebliche Teile des Volkes umgeschwenkt sind, ziehen sie sich zunehmend in eine Verweigerungshaltung gegenüber „realpolitischen“ Lösungen zurück. Wenn die angebotenen Handlungsalternativen, welche „die Verhältnisse“ noch zulassen, faktisch die Einheit Israels als Volk Gottes zerstören, kann die Rettung nicht mehr als innergeschichtlicher Vorgang erwartet werden. Aus dem verlorenen Zutrauen in die heilsgeschichtliche Kontinuität der Weltgeschichte definieren die Apokalyptiker ihre Gegenwart als eine neue Stunde null, einen Umschlagpunkt universellen Gerichts ohne bisheriges Beispiel. Die Apokalyptiker konstatieren damit in einer bisher nicht dagewesenen Radikalität die Abwesenheit Gottes in der Geschichte, die Abkoppelung der Hoff-

[10] Die folgenden Charakteristika lehnen sich eng an die Darstellung von K. Müller im Artikel „Apokayptik/Apokalypsen, Judentum“ in TRE 3 (Berlin 1978) 210-232 an; vgl. insbesondere auch Müller, Studien 53 f. und 129-132.

[11] Müller, Studien 108.

[12] Childs, Theologie 1, 197 (Ackroyd, Exile and Restauration, zitierend).

[13] So Schmid, Literaturgeschichte 208.

[14] Sebastian Berndt: Apokalyptik – Versuch einer systematischen Definition, in: Theologie der Gegenwart 52, 2009, 230.

nung von jeder Extrapolation einer guten Vergangenheit, kurz: die „Unheilsverfassung der Geschichte“[15].

Die Überwältigung durch die neuen Großmächte, die Hybris von deren Geopolitik, in der man sich nur noch als machtloses Objekt erfährt, wird als dämonisches, widergöttliches Drama gedeutet. Gottes Hand ist nicht mehr in diesem Geschehen zu erblicken, sondern nur noch über und nach ihm: Wenn sich alle menschliche Macht und Bosheit bis zu ihrem bitteren Ende ausgewirkt haben wird, wenn die schlimmste und letzte Macht alle anderen gefressen haben wird, wird Gott dieses totale System in sich zusammenbrechen lassen. Nur jenseits dieser apokalyptischen Katastrophe der Welt werden die Verheißungen der Offenbarung, Wahrheit und Recht JHWHs für seine Schöpfung und sein Volk wieder Gültigkeit besitzen, wird Gott verifiziert werden, dann aber absolut und endgültig. Aus einem Rückblick auf die Geschichte – literarisch gestaltet als Vorausblick eines Propheten der Vorzeit – erreicht der Apokalyptiker „den entscheidenden Punkt, die Gegenwart, in der die Gemeinschaft der Heiligen an der Klippe des totalen Unheils steht, gerade bevor Gott interveniert, indem er die Geschichte zu einem Ende bringt und sie in das Königreich Gottes überführt.“[16]

Unschwer erkennt man in dieser Skizze, dass gerade im Bruch mit der bisherigen prophetischen Theologie doch an deren Umgangsweise der Glaubensvernunft mit der geschichtlichen Erfahrung angeknüpft wird: „Apokalyptisches Denken ist … eine mit Hilfe einer bestimmten literarischen Technik vollzogene Deutung der Gegenwartssituation des Verfassers und seiner zeitgenössischen Leser.“[17] In diesem Definitionsversuch klingt meine Definition prophetischer Theologie als theologischer Qualifikation der Gegenwart an. Tatsächlich haben prophetische Theologie und Apokalyptik gemeinsam, dass die von ihnen betriebene Geschichtsreflexion der Bestimmung der eigenen Gegenwart vor den Augen Gottes dient. Die prophetische Theologie entwickelte dazu die Kunst, Israels Geschichte im Licht der aktuellen Prophetie neu zu erzählen, d. h. die Prophetenworte in der Geschichte zu verifizieren.

Dem entspricht die allerdings ganz neue literarische Technik der Apokalyptiker, von der die zitierte Definition spricht: Der apokalyptische Theologe hat keine aktuelle Prophetie im Rücken, deren Botschaft er geschichtstheologisch systematisieren könnte. Stattdessen schlüpft er als anonymer Autor in die Rolle eines fiktiven Propheten früherer Zeit und stellt seine eigene theologische Einsicht in den Geschichtsverlauf als die Offenbarung Gottes an diesen Zeugen dar. Dieser „Trick“ ist ein literarischer, und durch die Gestaltung ihrer Theologie im Gewand einer literarischen Fiktion zeigt sich die Apokalyptik „anders als die biblische Prophetie“ als „ein gelehrtes Genre und riecht nach mitternächtlichem Bücherwälzen“[18], – aber

[15] Müller, Studien 129.
[16] Childs, Theologie 1, 222.
[17] J. Lebram in: „Apokalyptik/Apokalypsen, alttestamentlich“ in TRE 3 (Berlin 1978) 192.
[18] Cohn, Erwartung 250.

ihre Vergleichsgröße ist auch nicht die Prophetie selbst, sondern deren theologische nachträgliche Verarbeitung seit dem Deuteronomium und später bei den Deuteronomisten. Sicher „trägt das apokalyptische Material Merkmale literarischer Komposition“ und spiegelt „ein Bewusstsein für ältere Traditionen in geschriebener Form, der es sich selbst als eine Art Kommentar oder literarische Fortschreibung anschmiegt“[19] – aber gilt dies auf andere Weise nicht auch schon für die Gestaltung der Prophetenbücher und die Redaktion alter Geschichtsquellen im Exil und bald danach? Dort kann man ebenfalls schon das Ergebnis von Studium und Reflexion erkennen.

Tatsächlich entstammen die frühen Apokalyptiker „mit hoher Wahrscheinlichkeit ... asidäischen Kreisen deuteronomistischer Provenienz.“[20] Die Technik pseudepigraphischer Fiktion, in der man die eigene Theologie als Offenbarung an einen alten Helden wie Daniel, Henoch oder gar Adam gestaltet, ist sicher neu, aber sie hat doch eine strukturelle Entsprechung zur deuteronomistischen Technik, in den Worten Gottes an Mose die spätere Geschichte bis hin zum Verlust des Landes schon vorweg zu nehmen und umgekehrt die Geschichte vorlaufend als Erfüllung der Prophetenworte zu erzählen, die man im Ohr hat. „Die abrupte Wende der Deuteronomisten zur ‚Pseudonymität‘ apokalyptischer Eschatologie“[21] ist notwendig, weil eine der Krise der Gegenwart entsprechende Verheißung Gottes nicht mehr einfach in redaktioneller Weiterführung der Prophetenworte gefunden werden kann. „Das in der Gegenwart jener ersten Verkündiger apokalyptischen Glaubens geforderte neue Begreifen der Rolle Israels in der Geschichte musste sich in einer literarischen Art zu Wort bringen, die eine Autorisation in der Überlieferung erlaubte, welche deren Eigenständigkeit und Distanz gegenüber den herkömmlichen ‚heilsgeschichtlichen‘ Legitimationen jeglicher Art von Zukunftserwartung unmissverständlich dokumentierte.“[22]

Unter diesem Gesichtspunkt finden die Apokalyptiker neue Mittel, um doch grundsätzlich wie die Deuteronomisten die Wege des Gottes Israels mit seinem Volk gerade zu verifizieren, in dem man einer katastrophalen Gegenwart direkt ins Auge blickt, die diese Wege – den bisherigen Erwartungen des Glaubens gegenüber – zu durchkreuzen scheint. „In der Apokalyptik hat die Geschichte eine Gegenwart, eine Vergangenheit und eine Zukunft – in dieser Reihenfolge. Grundlegend ist die Gegenwart ... Die Gegenwart ist eine Zeit der Krise (die Zeit nach einer Katastrophe oder die Zeit äußerster Verfolgung und Unterdrückung), aber sie ist auch kairos (eine einmalige und begrenzte Zeit der Bekehrung und der Gnade).“[23] Darin stellt die Apokalyptik die Gegenwart weit radikaler auf Messers Schneide als jede Ge-

[19] Childs, Theologie 1, 221.
[20] Müller, Studien 182.
[21] Ebd. 212.
[22] Ebd. 225.
[23] Richard, Eschatologie und Politik. Befreiungstheologische Reflexionen über die Apokalypse, in: Jahrbuch Politische Theologie 3 (1999) 55.

schichtsbetrachtung vor ihr, und bleibt doch dem Strukturschema der Gegenwartsbewältigung im Exil verpflichtet.

Diese Strukturähnlichkeit lässt sich konkreter fassen: Auch die Apokalyptik bleibt der prophetischen Dialektik von Gerichts- und Heilsqualifikation der Zeiten und dem plötzlichen, von Gott ausgehenden Umschlag vom einen in das Andere verpflichtet. Ihre Verdunkelung der großen Weltgeschichte zu einem widergöttlichen Schauspiel und ihre Erwartung baldiger göttlicher Unterbrechung dieses Schauspiels, ihre Gewissheit, dem letzten Akt beizuwohnen, bedeutet allerdings „eine Radikalisierung der prophetischen Gerichts- und Heilsworte, aber sie baut auch weiterhin auf dieser alten Tradition auf.“[24] Auch der vergangenheits- und herrschaftskritischen Tendenz der Deuteronomisten und ihrer Aitiologie des Scheiterns entspricht radikalisiert die Schilderung des Geschichts-„Fortschritts“ als einer fortschreitenden Katastrophe. Dadurch gilt in ganz neuem Maß „die Aufmerksamkeit den früheren Opfern der Geschichte“.[25]

Die Apokalyptiker sind gewissermaßen die Stammväter der von Walter Benjamin geforderten Geschichtsschreibung, welche sich denen widmet, die unter die Räder des Fortschritts der Macht geraten sind und erinnernd deren Auferstehung fordert. Tatsächlich ist ja der Gedanke an die Auferstehung in dieser Theologie aus dem Protest gegen den Tod der Glaubenden, den Märtyrertod, entstanden, dem Gott einfach nicht das letzte Wort über das Geschehen überlassen kann, ohne sich selbst zu widersprechen, ohne seine Verheißungen zurückzunehmen. So ist die Apokalyptik „eine Theologie von Armen und Unterdrückten auf der Suche nach Befreiung“[26], wie die prophetische Theologie eine der Besiegten und Exilierten auf der Suche nach einem Neuanfang war.

Wie im deuteronomistischen Geschichtswerk äußert sich hier eine Geschichtsschreibung von Moralisten – aber gerade darin wird die Theologie welthaltig und geerdet, indem sie konkret „Bezug nimmt auf das Ökonomische, Politische, Soziale und Kulturelle.“[27] Die Deuteronomisten taten dies, indem sie ihre Geschichtstheologie als Redaktion der historischen Annalen der Königszeit ausarbeiteten und sich dem Nachvollzug von deren Windungen und Wendungen nicht entzogen. Die Apokalyptiker tun es, indem sich ihre Visionen des Weltgangs wie Chiffrierungen, wie Rätsel über die weltgeschichtlichen Entwicklungen der letzten Jahrhunderte vor ihnen lesen lassen. So wie schon die Deuteronomisten in ihrem kritischen Anliegen auch eine Rationalisierung, eine theologische Aufklärung des israelitischen Geschichtsbewusstseins leisteten, so wohnt auch der Apokalyptik bei allem Ka-

[24] Childs, Theologie 1, 221. Auch Schmid, Literaturgeschichte 187, sieht in der Apokalyptik eine radikalere und universalere Durchgestaltung der schon deuteronomistischen Geschichtstheologie.

[25] Vorgrimler, Hoffnung 29.

[26] Richard, Eschatologie und Politik. Befreiungstheologische Reflexionen über die Apokalypse, in: Jahrbuch Politische Theologie 3 (1999) 54.

[27] Ebd.

tastrophismus ein geradezu „weisheitlicher Aspekt“[28] inne: Wissen um die Geschichte bannt ihren Schrecken. „Die Gefahren sollen benannt, die Zusammenhänge der drohenden Katastrophe aufgedeckt, also ‚offenbar‘, die Verhältnisse in ihrer Falschheit durchsichtig gemacht und entlarvt werden.“[29] „Die politische Essenz der Apokalyptik besteht in ihrer aufmerksamen, wachen Grundorientierung an der Vergänglichkeit des Unrechts und der falschen Weltordnung.“[30]

Schließlich, dies zusammenbindend, bilden die Apokalyptiker aus dieser Konfrontation ihres Glaubens mit seiner weltgeschichtlichen Anfechtung heraus radikal neue theologische Begriffe genau auf den beiden Gebieten, auf denen es auch die exilischen Theologen taten: in der Eschatologie und in der Geschichtstheologie. Der Schritt, den apokalyptische Vernunft von der frühen prophetischen Theologie zu den Apokalyptikern hin getan hat, lässt sich deshalb in deren eschatologischer und geschichtstheologischer Neuheit fassen.

Zarathustra und die Apokalyptiker

Bevor ich diese Neuheit näher skizziere, ist ein Exkurs nötig. Denn der hier behaupteten strukturellen Übereinstimmung von prophetischer und apokalyptischer Theologie scheint allerdings die Beobachtung zu widersprechen, dass die Apokalyptiker traditionsgeschichtlich wie inhaltlich kaum an die älteren kanonischen Theologien, auch nicht an die Propheten anknüpfen. Ich möchte, bevor ich auf die Ergebnisse der Apokalyptik für Eschatologie und Geschichtstheologie eingehe, diese irritierende Beobachtung gerade bei ihrer radikalsten Deutungsmöglichkeit aufgreifen: bei der Annahme nämlich, dass die Apokalyptik religionsgeschichtlich gar kein israelitisches Eigengut ist, dass sie ihre Wurzeln außerhalb der bisher geschilderten Konstitutionsphase apokalyptischer Vernunft hat.

Man ist sich heute m. E. durchaus nicht „weitgehend einig, dass sich die Apokalyptik aus der alttestamentlichen Prophetie heraus entwickelt hat“[31], ohne entscheidende Anstöße aus ganz anderen Traditionslinien erhalten zu haben. Denn Apokalyptik insgesamt ist kein auf Israel beschränktes Phänomen und offensichtlich weniger als die klassischen Schriftpropheten ein exklusives biblisches Gut. Die nichtjüdischen apokalyptischen Erwartungen werden aber kaum auf alttestamentliche Quellen zurückzuführen sein. Als ein inspirierender religionsgeschichtlicher Hintergrund drängt sich die iranische Religion des Zoroastrismus auf, die durch die Ausbreitung des persischen Großreiches breite Ausstrahlung in die antike Welt gewinnen konnte. Die Frage eines religionsgeschichtlichen Zusammenhanges zwischen dem Religionsstifter Zarathustra und der Apokalyptik ist für meine Analyse

[28] Peters, Biblische Apokalyptik und Politische Theologie, in: Jahrbuch Politische Theologie 3 (1999) 67.
[29] Ebd.
[30] Miggelbrink, Der zornige Gott 149.
[31] So Childs, Theologie 1, 373.

deshalb von besonderem Interesse, weil Zarathustras Lehre nicht nur in einigen Details, sondern in ihrer ganzen Grundidee der Denkform apokalyptischer Vernunft näher steht als jede andere Religion oder Philosophie der alten Welt. Diese iranische Glaubensweise gehört deshalb in jedem Fall in eine Weltgeschichte apokalyptischer Vernunft und damit in eine Vorgeschichte der später Abendland, Christentum und Neuzeit prägenden Denkform hinein. Deshalb ist es keine Randfrage, wie früh und grundlegend der iranische Einfluss zum wirkungsgeschichtlichen Hauptstrom apokalyptischer Vernunft, der biblischen Tradition, hinzustieß. Nicht zufällig gehört diese Frage zu den Urfragen der historischen Bibel-Kritik, aufgeworfen schon durch Johann Gottfried Herders Entdeckung der Awesta als möglichen religionsgeschichtlichen Vergleichsmaterials.[32]

So wichtig und interessant die Frage ist, so sehr liegt die Antwort allerdings im Dunkel: Zum einen lassen sich in den frühen, also vorchristlichen Texten (bevor der Synkretismus der Manichäer und Gnostiker der spätrömischen Zeit bewusst die verschiedenen religiösen Überlieferungen zitierte) direkte literarische Abhängigkeiten biblischer oder frühjüdischer von iranischen Quellen kaum nachweisen. Bei einem inhaltlichen Vergleich bleibt das Maß direkter Beeinflussung immer eine Frage der Spekulation. Zum Zweiten ist die entscheidende Größe, der Religionsstifter Zarathustra, in seiner historischen Wirklichkeit so schwer zu fassen, dass seine Lebenszeit bis heute in der Forschung entweder zwischen 1500 und 1200 vor Chr.[33] oder aber um 600 vor Chr.[34] angesetzt wird, – eine Unsicherheitsspanne, die viel größer ist als für die Chronologie der israelitischen Religionsgeschichte, was ihre wichtigsten Akteure angeht.

Die Entscheidung für die Frühdatierung verlegt Zarathustra in eine Frühzeit der Ausdifferenzierung indoeuropäischer Religionen (etwa auch der indischen), lange bevor Israel seine Staatlichkeit fand und erste schriftliche Überlieferungen herausbildete. Die Spätdatierung macht ihn zu einem Zeitgenossen der frühen israelitischen Schriftpropheten, zu einem – wenn auch regional weit entfernten – Mitakteur jener Achsenzeit apokalyptischer Vernunft, in der sich die prophetische Geschichtstheologie herauszubilden beginnt. Im Fall der Frühdatierung ist ein direkter Einfluss auf die Propheten Israels über ein fast tausend Jahre langes, dauerndes Fehlen jeder Einflussspur hinweg kaum anzunehmen. Im Falle der Spätdatierung wird ein solcher Einfluss schon deshalb plausibel, weil Zarathustras Lehre den Iran dann kurz vor dem Aufbau des Achämeniden-Weltreiches geprägt hätte und die Politik des von Deuterojesaja als Gesalbter JHWHs bezeichneten Königs Kyros, welche die Rückkehr Israels aus dem babylonischen Exil ermöglichte, aus dem Geist dieser neuen Religion gespeist worden wäre. Dass in dieser Phase der engsten Begegnung von Persien und Israel die beiden prophetischen Inspirationsquellen apokalyptischer Vernunft einander begegnet sind und so die einige Jahrhunderte später entstehende

[32] Vgl. dazu B.U. Schipper in: Schipper/Plasger, Apokalyptik 11.

[33] So u.a. Cohn, Erwartung 124.

[34] So etwa Eliade, Geschichte 1, 280, ebenso Heidemarie Koch in: Welt- und Kulturgeschichte 2, 461-484, hier insbesondere 483 f.

Apokalyptik u. a. in dieser früheren Beeinflussung wurzelt, ist dann nicht unwahrscheinlich.

Ich gebe zu, dass diese zweite Lösung nicht nur besser in meine Entstehungsvorstellung apokalyptischer Vernunft passt – was kein Argument sein kann – , sondern dass ich mir die gleich zu nennenden Grundzüge der Lehre Zarathustras in dieser Zeit der orientalischen Weltreiche auch weit besser erklären kann denn als einen doch recht erratischen Block innerhalb der archaischen Zeit des zweiten vorchristlichen Jahrtausends.[35] Die Datierungsfrage Zarathustras hängt allerdings an archäologischen Details der iranischen Geschichte und an philologischen Fragen der Gathas, der zoroastrischen heiligen Schriften, über die ich mir als Nichtfachmann unmöglich ein Urteil erlauben kann. Sie mag hier also offen bleiben. Offen bleibt damit auch die Frage, ob die Ähnlichkeiten zwischen Zoroastrismus und sich herausbildender jüdischer Geschichtstheologie auf der Strecke von den Propheten zu den Apokalyptikern „nur" eine sachliche Parallele oder einen realen wirkungsgeschichtlichen Zusammenhang darstellt.

Bemerkenswert und erhellend ist diese Ähnlichkeit in jedem Fall: Mehreres, was wir bisher für genuin israelitisch gehalten haben, findet sich bei Zarathustra in einer geradezu forcierten Weise, welche die bisher erarbeitete Eigenart apokalyptischer Vernunft fast mehr in Reinform widerspiegelt, als die biblischen Schriften es tun: Der Zoroastrismus schildert die Welt als einen einmaligen, einlinigen Prozess zwischen dem guten Gott und Schöpfer Ahura Mazda und den ihm entgegen stehenden kosmischen Mächten des Chaos und des Bösen, als ein universales Drama, in dem die Menschen in Freiheit Stellung beziehen müssen und so ihre Rettung oder Verdammung erwirken. Zarathustra ist damit Verkünder eines jedenfalls praktisch-faktischen Monotheismus (auch wenn es noch andere Götter neben dem alles entscheidenden Herrn, dem er anhängt, geben mag). Er ist vor allem Offenbarungstheologe, der die Gottes- und die Endzeitgewissheit in eins denkt: Der Prophet des Iran trat auf, weil er „die archaische Ideologie des periodisch regenerierten kosmi-

[35] Wenn gerade N. Cohn Zarathustra als „das älteste bekannte Beispiel für einen bestimmten Prophetentyp – gemeinhin ‚chiliastisch' genannt", bezeichnet, dessen „auslösende Inspiration häufig der Anblick des Leidens, allerdings nicht im allgemeinen, sondern ganz konkret desjenigen Leidens, das aus der Vernichtung einer althergebrachten Lebensweise mit ihren vertrauten Sicherheiten und Schutzmechanismen erwächst" (Cohn, Erwartung 152 f.) – dann erinnert mich dies (außer an Buddha) an die Propheten der israelitischen Katastrophenzeit um den Untergang des Nord- und später des Südreiches, an die Zeit der Entstehung prophetischer Theologie aus dem Zusammenbruch der Welt des alten Israel. In diese Zeit passt die Verkündigung des Zarathustra m.E. mehr als in die viel frühere kulturelle Wende der durch indoeuropäische Reiterheere aufgeschreckten iranischen Stämme. Ihr geschichtlicher Zusammenhang reicht bis nach Indien, zur geistigen Welt Buddhas, wenn auch nicht in sein eigenes Denken hinein: wenn man Buddha nämlich neuerdings nicht mehr um 550, sondern eher um 400 v. Chr. datiert. (Vgl. Witzel, Indien 65 und 70.) Stimmt die Spätdatierung Buddhas, dann wirkt auch dieser Religionsstifter im Einflussbereich des persischen Weltreichs. Tatsächlich reicht der persische Einfluss in dieser Zeit bis nach Indien – vgl. ebd. 74 – und so könnte die „Welle der offiziellen Kanons (von Israel über die Zoroastrier bis hin zum Veda) von persischem Einfluß ausgegangen sein" (ebd. 75).

schen Zyklus aufheben wollte und stattdessen das unmittelbar bevorstehende und unwiderrufliche, von Ahura Mazda beschlossene und bewirkte Eschaton verkündete."[36] Zarathustra erwartet das Ende dieses Dramas als den Sieg Ahura Mazdas, als ein kollektives Reich Gottes, und er erwartet die individuelle Vollendung in einer Auferstehung der Toten, einem ewigen Leben.

Damit ist in dieser iranischen Religion die Idee einer „linearen Geschichte" vielleicht sogar früher klar ausgeprägt als in Israel. Zeit und Geschichte sind hier nicht mehr „im Wesentlichen statisch" gedacht, vielmehr: „Die Zeit selbst war in Bewegung, und sie bewegte sich vorwärts."[37] Damit ersetzt Zarathustra das die religiöse Welt bis dahin beherrschende Bild vom Kreislauf durch das eines eindeutigen, wenn auch noch umkämpften Fortschritts. Diese universalgeschichtliche Fortschrittsperspektive scheint mir bei ihm sogar deutlicher, „abstrakter" gefasst als bei den biblischen Propheten. Jedenfalls lässt sich nicht so einfach behaupten, außer Israel hätten keine anderen altorientalischen Völker eschatologische Erwartungen gehegt.[38] Die Erwartung Zarathustras scheint ursprünglich auch eine Naherwartung, eine prophetische Gewissheit gewesen zu sein: „Wahrscheinlich hatte Zarathustra das unmittelbare Bevorstehen der ‚Umgestaltung' … der Welt erhofft."[39] Iranisch mehr als ursprünglich biblisch (in deren älteren Schichten) sind die eschatologischen Elemente, die uns bis heute so geläufig geblieben sind: „das universale Gericht und also auch die Auferstehung der Toten"[40], „die Vorstellung des Endgerichts durch das Feuer" und die Gestalt des „Menschensohns"[41] wie auch die des „Satans", d. h. der Personifizierungen des Dualismus von Gut und Böse.[42] Bei den Nachfolgern, den späteren Tradenten Zarathustras bildet sich sogar die Vorstellung des Kommens eines eschatologischen Helden, einer Art Messias heraus – hier „Saoschyant" genannt, dessen Erscheinen eine böse Zeit der Wirren, des Abfalls, der eschatologischen Wehen vorausgeht.[43]

[36] Ebd. 289. Vgl. auch Cohn, Erwartung 133: „Dann am Ende wird Angra Mainyu vernichtet und die Drug außer Kraft gesetzt werden, Ascha wird gänzlich und überall herrschen und der Kosmos die Chaosmächte endgültig los sein. Damit wird sich Ahura Mazdas Absicht verwirklichen und der göttliche Plan in Erfüllung gehen."

[37] Ebd. 132 f.

[38] So Schreiner in: Handbuch der Dogmengeschichte IV, 7a, 21. Ich verstehe auch nicht ganz, wie Schreiner (mit F. Nötscher) einerseits fremden, auch iranischen „Einfluß auf die Entstehung der alttestamentlichen Auferstehungshoffnung nur minimal" einschätzen (ebd. 27), andererseits bei der „Herkunft der Apokalyptik" feststellen kann: „Iranischer Einfluß gilt als sehr wahrscheinlich." (Ebd. 34) Wenn doch die Entstehung der Auferweckungshoffnung in Israel zutiefst mit der Apokalyptik verbunden ist, wie kann man dann diesen Zusammenhang zwischen individueller und kollektiver Eschatologie religionsgeschichtlich wieder entkoppeln, obwohl er doch im Iran auch gegeben ist?

[39] Eliade, Geschichte 1, 288.

[40] Eliade, Geschichte 2, 230.

[41] Ebd. 231.

[42] Ebd. 232. Auch das Wort „Paradies", das erst in der griechischen Übersetzung in das Buch Genesis gelangt, stammt aus dem Persischen und ursprünglich aus den Avesta! (Vgl. Vorgrimler, Geschichte des Paradieses 18.)

[43] Vgl. dazu Cohn, Erwartung 160 f.

All dies finden wir nicht im alten Israel, die Religionsgeschichtler finden es aber vorgeprägt im Zoroastrismus – und wir lesen es dann in den frühjüdischen Apokalypsen ebenso wie im Neuen Testament (auch aus dem Munde Jesu)!

Was die Lehre Zarathustras zu dieser frühen Zeit so erstaunlich macht, ist zudem die universalistische Konsequenz, mit der hier Gott, Mensch, Freiheit und Kosmos aufeinander bezogen werden: Wie auch beim „JHWHsten" und bei den Deuteronomisten in Israel ist ein „Kernstück des Zoroastrismus … der Gedanke der freien Wahl."[44] Aber weit radikaler als in der prophetischen Theologie Judas wird diese ethisch-religiöse Freiheitslehre einem Projekt kosmischer Vollendung eingeordnet: Den Menschen ist im „kosmischen Drama ... die Rolle eines kollektiven Heilands zugedacht: in Zusammenarbeit mit den göttlichen Kräften sollen sie die Welt Schritt für Schritt bereit zur Erlösung machen."[45] Dadurch entsteht als weitere Ähnlichkeit zu den Merkmalen, die Israel sonst von seiner Umwelt unterscheiden, eine starke Differenz zwischen Glaube und Natur. Ähnlich wie die Gebote der Tora unreine und reine Tiere voneinander scheiden, die Sexualität vom religiösen Kult abrücken, Gestirne und Naturzeichen der religiösen Sphäre entziehen, um nicht Gott mit den Elementen verwechselbar zu halten, verordnet Zarathustra die Schädlingsbekämpfung, die Scheidung zwischen nützlichen und schädlichen Tieren als einen Akt der Weltverbesserung. „Damit standen die Zoroastrier von Anfang an in einem Verhältnis zum Kosmos, das sich von dem anderer Völker in der alten Welt, ausgenommen nur die Juden, stark unterschied."[46]

Die Perspektive, in der dies im Iran geschieht, ist aber m. E. von der jüdischer Exilstheologen so weit entfernt, wie es die weltumspannenden politischen Projekte der Achämenidenkönige vom lokalen Aufbauwerk der dem Kyros dankbaren Rückkehrer aus Babylon sind. Wie bei Kyros und Darius weltpolitisch, so erscheint bei Zarathustra religiös das „Ziel, Unordnung in jeder Form aus der Welt zu schaffen, vollkommen und für alle Zeit, und damit einen Zustand herbeizuführen, in dem der Kosmos nicht mehr vom Chaos bedroht wird." Damit hat sich „der traditionelle Mythos ... in eine apokalyptische Endzeiterwartung verwandelt."[47] Tatsächlich denken eine solche kosmische Universalität und eine solch absolute Eschatologie in Israel erst ca. 300 Jahre nach dem Exil – und möglicherweise nach der Formierung der Religion Zarathustras – die Apokalyptiker mit ihrer Einbeziehung der gesamten Weltgeschichte und des ganzen Kosmos in die Erwartung einer letzten, endgültigen Umkehrung aller verkehrten Wirklichkeit durch Gott. Wie immer die wirkungsgeschichtlichen Zusammenhänge gewesen sein mögen, gehört deshalb der Prophet Zarathustra in die „sensible Phase" der Formierung apokalyptischer Vernunft hinein.

Allerdings wird gerade durch diesen Vergleich eines auffällig: Während Zarathustras Weltdrama bei aller Dramatik gradlinig und optimistisch gedacht ist, er-

[44] Ebd. 140.
[45] Ebd. 141.
[46] Ebd. 143.
[47] Ebd. 180 f.

steht das Reich Gottes für die jüdischen Apokalyptiker aus der Negation aller menschlich-weltlichen Größe, aus dem Zusammenbruch der Weltreiche, aus der tätigen Kritik Gottes am Bestehenden, aus der Stunde null der Babylonier, Perser und griechischen Diadochen. Darin wiederum sind diese Apokalyptiker den Büchern der Könige und den Büchern Jeremias und Ezechiels weit mehr verbunden als den Gathas des genialen Indoeuropäers.

Die Geschichte und ihr Ende

Die neue Qualität der Eschatologie in der Apokalyptik gegenüber der prophetischen Theologie zeigt sich vor allem in deren radikaler Universalisierung: „Was die Apokalyptik ankündigt, ist das Ende der Geschichte."[48] Es geht nun wirklich um das Ende der bekannten Welt, der bisher abgelaufenen Zeit insgesamt, um den Wechsel vom einen weltlichen Zeitalter zum Reich Gottes, dem neuen und letzten Äon.

Deshalb erkennt modernes christliches Denken manchmal erst in diesem Abstraktionsschritt der apokalyptischen Vernunft die ihm geläufige, absolute Bedeutung von Eschatologie wieder und in den prophetischen Botschaften zuvor nur Ansätze und Vorbereitungen dazu. M. E. stimmt dies aber weder negativ noch positiv: Einerseits bedeutet die Wende- und Heilsverkündigung der exilischen Prophetie sehr wohl die Ankündigung einer letzt-gültigen, unüberschreitbaren Perspektive der Geschichte, ihres Ankommens, ihre Umgestaltung durch Gott. Auch wenn die Perspektive für heutige Augen immanent und partikular bleibt, auf die Rettung Israels und einen heilen Zustand – „Schalom" – für das Volk und seine Nachbarn gerichtet, so bedeuten die prophetischen Bilder (vom Frieden, der selbst das Zusammenleben von Raub- und Beutetieren einschließt, von der Pilgerfahrt der ehemaligen Feinde nach Jerusalem und vom neuen Bund, der ins Innere der Menschen geschrieben ist) die wirkliche, qualitative Entdeckung des Eschatologischen. Andererseits darf auch die Universalisierung dieser Entdeckung durch die Apokalyptiker nicht mit späteren metaphysischen Aussagen verwechselt werden: Nicht das Ende der Welt in einem metaphysischen Sinn erwarten diese Visionäre, sondern einen neuen Himmel und eine neue Erde – die doch beide zu dieser Welt gehören, sie zusammen bilden –, wohl von Gottes Wundern durchflutet, schließlich sogar von auferstandenen Gerechten bevölkert, aber nicht etwa entmaterialisiert, nicht als Aufhebung von Zeit und Sinnlichkeit.

Allerdings beschreiben die Apokalyptiker erstmals wirklich „letzte Dinge", die den Abbruch alles bisherigen Bestandes voraussetzen, eine Revision der Schöpfung, einen Vorgang, den man sich in schlechthin keiner vorstellbaren Kontinuität zur bisherigen Geschichte vorstellen kann, der also nur ganz von oben kommen kann. „Zunehmend wurde in jüdischen apokalyptischen Schriften die Hoffnung auf eine neue Schöpfung entwickelt und so weit ausgedehnt, dass jede Verweisung auf

[48] Kraus, Theologie 350.

die Vergangenheit Ausdruck der Zukunft wurde.“[49] Beschreibbarkeiten wie die Rückkehr ins Land, der Friede mit den Nachbarn, das gute Leben unter dem eigenen Feigenbaum haben da ausgedient. Stattdessen wird Israel in Gestalt des Menschensohnes zu Gott erhöht, richtet es über die Völker, reichen sich himmlischer Hofstaat und die politische Bühne der Erde gewissermaßen die Hände. Das ist wohl ein starker Schritt in Richtung einer Jenseitigkeit der Endzeitvorstellungen, aber kein begrifflich-spekulativer, sondern ein bildhaft-visionärer, nicht aus philosophischem Ungenügen mit der bisherigen Lehre geboren, sondern aus der Verzweiflung, an die bisher erhofften „kleineren Lösungen“ nicht mehr glauben zu können. Glasklar kommt diese reine Zukunfts-Gerichtetheit etwa in der späten syrischen Baruch-Apokalypse zum Ausdruck: „Denn das, was jetzt geschieht, ist nichts. Was aber in Zukunft sein wird, ist sehr gewaltig. ... Was künftig sein wird, ist das, was man wünscht, was später kommt, ist das, worauf wir hoffen.“[50]

„Nicht darin, dass Erlösung als Eingreifen der Transzendenz in die Geschichte gedacht wird, unterscheidet sich das ‚apokalyptische‘ von dem ‚heilsgeschichtlichen‘ Geschichtsverständnis, sondern in der Radikalität der Kritik am Bestehenden und im umstürzlerischen Charakter des neuen Anfangs: Massive Negativität lässt nur Diskontinuität, Unterbrechung zu. Keine geschichtliche Teleologie kann die Kluft der erfahrenen Unterdrückung und der Aufrichtung der Gottesherrschaft überbrücken.“[51] Darin erkennen wir ein Prinzip der apokalyptischen Vernunft, das schon zuvor wirkte: Größere Bedrohungen der Wahrheit ihrer Anfangsoffenbarung treiben eine radikalere Zukünftigkeit und Wunderhaftigkeit ihrer endlichen Verifizierung durch Gott aus sich heraus. „Das Eschatologische ist das, was dem Leiden und der Krise ein Ende setzt. Das aber, was der Jetztzeit ein Ende setzt, ist das Gericht Gottes.“[52]

Besonders eindrücklich ist dieser Vorgang in der eindeutigsten theologischen Innovation der Apokalyptik in einer Einzellehre festzustellen: in dem für Israel neuen Bekenntnis zur Auferstehung der Toten.[53] Die Propheten kamen ohne eine eindeutige Bestimmung des Schicksals verstorbener Individuen aus. Für sie, wie erst recht für das ältere Israel bedrohte der Tod als naturgegebene Grenze nicht den Glauben an den Schöpfer und Offenbarer. Auch bei den Apokalyptikern bleibt die kollektive Eschatologie, die Frage nach dem Volk und seiner Verheißung im Vordergrund. Und die Auferstehungshoffnung entsteht auch nicht aus dem spekulativen Bedürfnis, nach dem „Danach“ zu fragen, den Menschen ewiger als bisher zu denken. Deshalb geht es auch nicht um Unsterblichkeit. Vielmehr entzündet sich die neue Hoffnung an dem uralten Problem der Gerechtigkeit Gottes.

[49] Childs, Theologie 2, 64.
[50] Zitiert nach: Vorgrimler, Geschichte des Paradieses 97.
[51] J. A. Zamora, Zeit – Katastrophe – Erkenntnis, in: Jahrbuch für Politische Theologie 3 (1999) 73.
[52] Ebd. 56.
[53] Vgl. dazu auch Frankemölle, Frühjudentum 210 f.

Immer war es in Israel eine quälende Frage, wie es sein kann, dass der Gerechte leidet und der Verursacher seiner Leiden davonkommt. Das widersprach der Selbstverifikation Gottes, der Bestätigung seiner Offenbarung in der Geschichte. Für die Apokalyptiker ist bei diesem Problem nun deshalb eine Schallmauer zu durchbrechen, weil sie erstmals massiv mit dem Tod um Gottes willen, mit dem Martyrium konfrontiert sind. Menschen werden getötet in Auseinandersetzungen um das Gebot Gottes, aus Treue zu ihm. Die Täter sind die heidnischen Gegner, die seleukidische Staatsmacht, z. T. aber im Bündnis mit den Abgefallenen aus den eigenen Reihen. Deshalb ist hier mehr als Schicksal und Leiden: Hier ist Sterben selbst ein Akt des Gottesbekenntnisses; man leidet mehr, nicht obwohl man gottgläubig ist, sondern gerade, weil man es ist. An diesem Skandal, an dem sich sonst Gottes Offenbarung ad absurdum führen würde, entzündet sich der Glaube an die Auferweckung der Gerechten.

„So sind die Inhalte der apokalyptischen Botschaft – Auferweckung der Toten, Jüngstes Gericht – vorzüglich am Eingedenken fremden Leids orientiert. Die Krisenerfahrung, an der die Botschaft von der universalen Auferweckung der Toten ansetzt, ist nicht einfach die individuelle Sterblichkeitserfahrung, sondern vor allem die beunruhigende Frage nach der Rettung der Anderen im Tode – und zwar der unschuldig und ungerecht Leidenden, es ist also die Frage nach der Aufrechterhaltung der Gerechtigkeit für die Opfer und Besiegten der Geschichte.“[54] Die apokalyptische Vernunft findet zu dieser individuellen Eschatologie nicht in dem Bestreben, die Geschichte zu überwinden, sondern gerade, damit Gottes Bewahrheitung in der Geschichte nicht widerlegt sei. Es muss für die Ermordeten wie für die Überlebenden sein, als würde Gott in ihrem Tod – nicht im natürlichen Tod als solchem – sich selbst widerlegen. Denn: „Nicht zu Ende kann erleben – und wäre es nur ‚wissend‘ – die Geschichte der Treue, die Gott und Israel einander geschworen haben.“ „Gegen dies Fragmentarische hat Israel nach Kräften rebelliert. ... Je schwerer nämlich die Geschichte Israels wurde, desto lebendiger wurden seine Toten.“[55]

Deshalb geht es zunächst um die Auferweckung der Gerechten in dieses irdische Leben hinein: Wenn Gott zur Herstellung seiner Verhältnisse in Israel ansetzt, werden sie wieder dabei sein, die Vergangenheit wird korrigiert (Dan 12). Erst später, als der Kampf gegen die Unterdrücker gewonnen, die Märtyrer aber nicht auferstanden waren, begann man deren Leben im Himmel anzunehmen (2. Makk).[56] Die Verjenseitigung der Eschatologie ist kein Selbstzweck, sondern wird den Apokalyptikern und den ihnen nachfolgenden Theologen von der Geschichte und ihrem Willen, darin den Offenbarungsglauben durchzuhalten, abgetrotzt. Die später die Christenheit prägende individuelle, persönliche Eschatologie des „ewigen Lebens“ entsteht aus einem politischen Gerechtigkeitsgedanken heraus, d. h. aus der Erwartung, dass Gott sich in seinem letzten Handeln treu bleiben und an Tätern und Opfern menschlicher Geschichte seine Maßstäbe offenbar werden lässt.

54 Metz, Memoria 149.
55 Marquardt, Was dürfen wir hoffen 3, 123 f.
56 Vgl. dazu Vorgrimler, Hoffnung 30 f.

Damit ist schon die neue Qualität der Geschichtstheologie in einer apokalyptischen Eschatologie berührt. Tatsächlich entsteht mit der Apokalyptik erstmals „in Israel (eine) gleichfalls neue Vorstellung von der Einheit der Geschichte.“[57] Aber auch dieses Geschichtsbild der Apokalyptik entsteht nicht aus einem spekulativen Fortschritt der Abstraktion, sondern aus einer Erfahrung der Ohnmacht heraus, die von innergeschichtlichen, erkämpften Veränderungen nur noch eine „kleine Hilfe“[58] erwartet, sich die Wiederherstellung der von Gott gewollten Verhältnisse in einer widergöttlich regierten Welt aber nur in einem völligen Abbruch der Geschichte, in einer allem bisher Erzählten gegenüber radikal anderen „Stunde null“ vorstellen kann. Insofern führt der Katastrophismus der Apokalyptik allerdings zu einer Art Ungeschichtlichkeit ihrer Geschichtstheologie: In der Nacht des Unheils, des menschengemachten Systems sind alle Katzen grau.[59]

Apokalyptik denkt in Israel erstmals „das vergangene und gegenwärtige Weltgeschehen als in sich geschlossenes Ganzes“, weil sie es „als den Zeitraum des sich durch den Zugriff des Menschen mehr und mehr entziehenden Heils zu verstehen lehrt.“[60] Die qualitative Änderung wird deshalb nicht mehr, wie noch bei den Propheten selbstverständlich, innerhalb der Geschichte erwartet. Dennoch sollte man bei solchen Diagnosen genau hinschauen und etwa angesichts von Texten wie Dan 10-12 bemerken, wie hier in Gestalt einer Vision kritisch-parteiische Geschichtsschreibung betrieben wird, die – immer aus der Sicht der unterdrückten, weltlich in einer bislang nicht dagewesenen Weise bedeutungslosen JHWH-Gläubigen – sehr wohl an den Details weltgeschichtlicher Vorgänge (etwa den Kriegen zwischen Ptolemäern und Seleukiden) interessiert ist und ihre alle Geschichte übersteigende Gerichts- und Heilsankündigung ganz konkret auf einer Folie theologischer Historiographie entwickelt.

Das weltgeschichtliche Interesse dieser von der Geschichte Enttäuschten ist dabei sogar größer als zuvor etwa bei den Deuteronomisten und Chronisten, bei denen die Handlungen der Weltreiche immer nur punktuell in Bezug auf Israel, kaum je in dieser Breite für sich selbst geschildert wurden. „Demgegenüber reflektieren die ... Zeugnisse [der Apokalyptik] ein Höchstmaß an gespannter Anteilnahme an den weltgeschichtlich relevanten Veränderungen ihrer Gegenwart.“[61] Auch dabei bleibt die ausgeweitete Perspektive auf Israel bezogen, theologisch zentriert. Es sind keineswegs „übergeschichtliche Universalitätsvorstellungen“, welche die Apokalyptiker leiten, vielmehr geht „ihre nur im Kontext des Alten Testaments zu verstehende

[57] Müller, Studien 54.

[58] So nennt Dan 11,34 die immerhin sehr erfolgreiche Erhebung der Makkabäer gegen die seleukidischen Herrscher.

[59] Deshalb kritisiert Thoma (mit J. Licht) die Apokalyptik als „eine Systematisierung der Geschichte von einem irrationalen Punkt in der Zukunft her.“ So „gerät Apokalyptik stets in die Gefahr, die Geschichtlichkeit allen Lebens unterzubewerten.“ (Thoma, Messiasprojekt 230.)

[60] Müller, Studien 131. Vgl. zu diesem Universalismus des Unheils auch ebd. 133 und 161.

[61] Ebd. 98.

universalistische Aussage"[62] auf eine Rettung der Heilsverheißung, selbst wo Bundes- und Heilsgeschichte in ihrer alten Kontinuität nicht mehr glaubhaft erscheinen.

Die „extreme Zukunftsorientierung des apokalyptischen Geschichtsdenkens ... ist einer ‚schockartigen Großmutation' im Verhältnis zur eigenen historischen Vergangenheit zuzuschreiben"[63]. Deshalb gelingt es den Apokalyptikern auch nicht, das Verhältnis ihres Geschichtsbildes zur älteren Theologie von Bund und Heilsgeschichte zu klären;[64] und es mag sein, dass diese „schockartige Großmutation" in der Herausbildung der apokalyptischen Vernunft „eine neue Betrachtungsweise des Verhältnisses Gottes zu Welt und zur Geschichte" bedeutet, „die im Grunde bis heute nicht aufgearbeitet ist"[65]. Aber es sollte dabei nicht übersehen werden, dass die Apokalyptiker trotz dieses Kontinuitätsbruchs und seiner Reflexionslücke ihr Denken gerade radikalisieren, weil sie, scheinbar auf verlorenem Posten, an Tora und JHWH-Bund als Aufgabe ihres Volkes, als Fundament ihres Glaubens festhalten wollen. Deshalb hoffen sie verzweifelt auf Rettung in der nächsten weltgeschichtlichen Sekunde, bevor alles verschwunden sein wird, woran sie hängen. Und mitten in dieser überspitzen Situation haben die Apokalyptiker offensichtlich ein Interesse daran, das Ungetüm Weltpolitik, dessen Sturz sie von ihrem Gott erwarten, recht genau ins Auge zu fassen und in seiner Ungeheuerlichkeit zu durchschauen.

Der katastrophischen Un- oder Übergeschichtlichkeit der Apokalyptiker steht als andere Seite dieser Medaille also ihre neue Gesamtgeschichtlichkeit gegenüber: Erstmals wird ein konkretes weltpolitisches Szenario wirklich geschildert, um Gottes Überlegenheit auch noch ihm gegenüber zu demonstrieren. „In der apokalyptisch gedeuteten Offenbarung Gottes wird auch der Mensch in seinen Verhältnissen offenbar."[66] Und die sich auftürmenden Schilderungen einander ablösender, immer totalitärerer Regime dienen dem Nachweis, dass Gottes Weltplan letztlich durch nichts konterkariert werden kann. Deshalb muss das Szenario universalgeschichtlich sein – auch wenn dieser Aufweis in seiner trotzigen Glaubens-Dialektik weit von einem geschichtsphilosophischen Automatismus[67] entfernt ist. Die erhoffte,

[62] So Kraus, Theologie 326 f. (in Fußnote 8).

[63] Vorgrimler, Hoffnung 27, der damit eine Formulierung von Müller (Studien 55) aufgreift.

[64] Dass der Apokalyptik in einer kanonischen Entsprechung zum schöpfungstheologischen Beginn des Alten Testaments „ein weltgeschichtlicher Universalismus" eigen sei, „der die unaufhebbar besondere Geschichte Israels in ein Gesamt-Heilsgeschehen einordnet" (so Von Balthasar, Fragment 183 f.), stellt eine nachträgliche systematische Deutung dar, deren ruhige Abgeklärtheit der Apokalyptik selbst noch nicht erschwinglich war.

[65] So Vorgrimler, Hoffnung 27 f.

[66] Peters, Biblische Apokalyptik und Politische Theologie, in: Jahrbuch Politische Theologie 3 (1999) 65.

[67] „Universalität, sicherer Gang, rechtfertigendes Ziel" sind nach Schaeffler, Einführung 98, die Merkmale, mit denen „die Apokalyptik zum Vorbild der spekulativen Geschichtsphilosophie (vor allem des Deutschen Idealismus) geworden" ist. Das mag wirkungsgeschichtlich so sein. Allerdings sind in dieser Formulierung einige weitere geistesgeschichtliche „Großmutationen" zwischendurch ausgelassen. Denn die frühjüdischen Apokalyptiker wis-

festgehaltene Vorsehung Gottes ist eine wirklich real universalgeschichtliche, auch wenn sie am Ende im machtvollen Abbruch dieser Geschichte besteht.

Durch diesen neuen Schritt in der israelitischen Geschichtstheologie ist nun das Grundschema der prophetischen Theologie von der Dialektik von Unheil, Gericht und Heil in einem weltgeschichtlichen Rahmen angekommen, es ist sozusagen universal-geschichts-fähig geworden. Zwar knüpfen die Apokalyptiker wohl weder literarisch noch theologisch direkt an die prophetischen Sprüche und deren deuteronomistische Systematisierung an, – dies schon deshalb nicht, weil es bei ihnen nicht um die Selbstkritik eines noch handlungsfähigen Israel am Ende seiner Staatlichkeit geht, sondern um die Kritik einer Welt von Weltreichen, in der Israel nur noch die Alternative von Anpassung und Abfall oder von Ohnmacht und Unterdrückung bleibt. Aber die Apokalyptiker übernehmen faktisch dennoch das prophetische Geschichtsschema und seine Dialektik in ihre radikalisierte Schau, sie stülpen es gleichsam nach außen ins Weltpolitische und Kosmische. Darin zeigt sich, dass dieses Schema den Gang apokalyptischer Vernunft auch in ihren Brüchen und Sprüngen steuert, dass wir hier wirklich eine Art „Axiom“ dieser Vernunft gefunden haben – oder sollte man sagen: eines ihrer synthetischen Urteile a priori, gebildet aus der Synthese von Offenbarungsimpuls und Geschichtserfahrung?

Dieses Urteil lautet dann etwa so: Wenn die Geschichte die Geschichte Gottes ist – auch angesichts der Freiheit der Menschen zur Verweigerung, zu eigenen Wegen –, dann erscheinen bestimmte Katastrophen der Geschichte als Menetekel des Gerichts und Vorzeichen einer Wende, in der dann wieder Gott erscheinen wird. Nach dem babylonischen Exil zeichnete dieses Urteil ein Bild der Geschichte der Staaten Israel und Juda von der Bundes-Verheißung über den Ungehorsam bis zum Zusammenbruch und schließlich zu Gottes neuem Anfang in freier Treue. Die Apokalyptik hat das Zutrauen in solch eine innergeschichtliche Rhythmik verloren, weil ihr das sie tragende Subjekt, ein intaktes Israel, abhanden gekommen ist. Deshalb wird ihr der Neuanfang Gottes erst möglich, indem das Unwesen der bisherigen Weltgeschichte insgesamt zusammenbricht. „Der jüdische Messianismus“ – den die Apokalyptik schließlich freisetzt, sobald die Rettung aus den Wehen der Endzeit personifiziert wird – „ist in seinem Ursprung und Wesen ... eine Katastrophentheorie.“[68] Israel sieht Geschichte so, noch „bevor“ seine Geschichtsschreibung dies entfaltet und im Einzelnen begründet.

So ist nun auch für die Apokalyptiker der Vergangenheit gegen den religiösen Trend der Verklärung ein katastrophischer Trend ins Unheil hinein eigen. Während die Deuteronomisten ihn im Abfall Israels von seinem Ursprung erblickten, geht es

sen keineswegs um einen sicheren, vernünftigen Gang der Geschichte, sondern um ein letztlich stärkeres Dennoch Gottes. Und um ein rechtfertigendes Ziel geht es ihnen überhaupt nicht, steht ihnen doch Geschichte nicht als ein Projekt vor Augen, an dem mitwirkend man sich rechtfertigen müsste, sondern als katastrophisches Geschehen, von dessen endlichem Ende man sich Gottes Selbst-Rechtfertigung erwartet, gegen allen hoffnungslosen Schein der Gegenwart.

[68] Scholem, Grundbegriffe 130.

den Apokalyptikern apokalyptischer eher um eine Überlassung der Welt an ihren Missbrauch durch die menschliche Hybris. Die Weltgeschichte wird zu einer Art kollektivem Hiob-Experiment: Gott, darin gegenüber aller prophetischen Klage und Drohbotschaft noch deutlich verdunkelt, hat diese Welt und Israel in ihr den dämonischen Gegenmächten überlassen, den himmlischen Repräsentanten (oder umgekehrt: der satanischen Personifizierung) der weltlichen Potentaten. So fegt über die Welt ein Kriegssturm nach dem anderen und die siegreichen Monster werden von Nebukadnezar über Alexander bis zu Antiochus Epiphanes, dem Tempelschänder, immer schlimmer, d. h. immer bewusster in ihrem Kampf gegen JHWH.

In der Gegenwart ist die Spitze dieser dramatischen Entwicklung erreicht, und damit zugleich ihr Umschlagspunkt: „im Geheimnis des kommenden Gottes zeigt sich die Welt wie auf dem Sprung."[69] Apokalyptik begreift „die Gegenwart als Umwandlungszeit."[70] Damit hat die Gegenwart strukturell genau die Entscheidungsqualität wie früher der Zusammenbruch Judas, die Eroberung Jerusalems und das Exil. Das, was wir bis heute „apokalyptisch" nennen, die endzeitliche Katastrophe, ist für die Apokalyptiker selbst ja nicht das Ende, sondern schon die Tat Gottes, welche den Vorhang zerreißt, den die Weltgeschichte vor seine Absichten gespannt hat: Wenn es am Schlimmsten kommt, beginnt die Rettung. „Lieber ein Ende mit Schrecken, als ein Schrecken ohne Ende – sagt der apokalyptische Volksmund."[71] Die Katastrophe ist das Nadelöhr, durch das die Geschichte geführt wird, damit ihre Wahrheit offenbar werde. Das Gericht ist damit selbst schon in seinem Schrecken Zeichen dafür, dass es genug ist. Das ist eigentlich der Kern apokalyptischer Botschaft für ihre Adressaten, die Zeitgenossen der Schrecken. Apokalyptik will Trostbotschaft sein. „Apokalyptische Zeitansage ... entwindet die Zeit aus den Händen ihrer Beherrscher."[72]

Darin, dass Gericht nun gewesen ist und Neues beginnt, beruhigten sich schon die Zeitgenossen Jeremias und Ezechiels; plötzlich musste die Prophetie nicht mehr auf die kommende Katastrophe deuten, sie konnte vielmehr diese selbst deuten als Absprungstelle für Israels Zukunft. So sind die Wehen der Endzeit für die Apokalyptiker tatsächlich Geburtswehen, auch wenn dieser geschichtliche Vorgang alles andere als ein natürlicher ist, sondern eben ein dialektischer. Diese Dialektik wird hier gegenüber der Deuteronomistik radikal punktualisiert, in Reinform gebracht, weil die Abfolge von Gericht und Rettung auf der Zeitachse zusammengeschoben wird fast zu einem „Augenblick". Und ein reiner Augenblick, keine neue Zeit mehr, sondern deren endlicher Stillstand, reines Ankommen, reine Endgültigkeit ist auch die herbeigesehnte Zukunft, nochmals: keine metaphysische Ewigkeit, aber doch notwendigerweise das Gegenbild zu allem, was Geschichte bis dahin war, also: die reine Utopie.

[69] Peters, Biblische Apokalyptik und Politische Theologie, in: Jahrbuch Politische Theologie 3 (1999) 65.
[70] Rehmann, Time expired, in: Bibel und Kirche 4/1999, 183.
[71] Ebd.
[72] Ebd. 181.

Gegenprobe: Die Weisheit

Die Apokalyptik spielt für die Herausbildung und die Wirkungsgeschichte apokalyptischer Vernunft eine wichtige Rolle, obwohl sie im biblischen Kanon eher eine Randerscheinung darstellt. Mit der Weisheit verhält es sich in gewissem Sinne umgekehrt: Sie ist textlich im Alten Testament breit vertreten, gehört aber in die Genealogie apokalyptischer Vernunft eigentlich nicht hinein. Deshalb gebe ich in diesem Abschnitt auch keine Charakteristik der Weisheit insgesamt, sondern nur so weit, wie zur Begründung dieser These und ihrer Konsequenzen nötig.

Allerdings gehören die der Weisheit zugerechneten Bücher auch nicht in die Mitte des Kanons. Im jüdischen Tanach werden sie den Ketubim, den Schriften, zugeordnet, d. h. etwas salopp formuliert: unter „Sonstige“. Und zwei in der Septuaginta und damit in der christlichen (jedenfalls: katholischen) Bibel vertretene Weisheitsschriften werden hier auch nicht anerkannt: das Buch der Weisheit und das Buch Jesus Sirach. Dies deutet schon darauf hin, dass die Weisheitsschriften – darin der Apokalyptik verwandt – Spätlinge der alttestamentlichen Literatur darstellen, hineinragend in die frühjüdische Epoche „zwischen den Testamenten“. Dieser aus dem Kanon als Büchersammlung gewonnene Eindruck täuscht aber darüber hinweg, dass die Weisheit als Geisteshaltung und literarische Kunst weit tiefere Wurzeln hat, welche die biblischen Schriften durchziehen, durchaus nicht nur in Sprichwörtern und Psalmen. Weisheitlichen Einfluss machen Exegeten geltend „auf die Josefgeschichten der Genesis, auf das Rechtsmaterial des Deuteronomiums ..., auf die Propheten (Amos, Jesaja), auf die späten Erzählungen von Esther und auf die apokalyptische Literatur (Dan, IV Esra)“[73]. In diesem Sinne ist Weisheit also sehr wohl ein Phänomen in der Mitte des Kanons, durch den sie sich quer hindurchzieht. Die Frage ist also nicht die nach der historischen und quantitativen Präsenz weisheitlicher Reflexion in den Glaubensschriften Israels, sondern nach deren Bedeutung für die Spezifik dieses Denkens.

Weisheit ist noch viel wesentlicher als die Apokalyptik kein spezifisch israelitisches Phänomen, sondern ein – mindestens – gemeinorientalisches. Als eine zunächst mündliche, später literarische Formung von Lebenserfahrung, ethischen Regeln, Erziehungsgrundsätzen, später insbesondere von höfischem Schulwissen entwickelt sich „die Weisheit Israels bis in die Epoche des Exils ... weitgehend innerhalb gemeinorientalischer Vorstellungs- und Ausdrucksmöglichkeiten“[74]. Nur weil man sie mit der kulturellen Umgebung teilt und von den älteren Hochkulturen auch übernimmt, braucht die „Weisheit nicht als ein fremdes Element angesehen“[75] zu werden, das sozusagen nur als Mittel, nicht aber als Inhalt zum Denken Israels gehören würde. Schließlich haben die Intellektuellen Israels insbesondere nach dem Exil – also in jener Zeit, in der höfisch-städtische Oberschichtschulen weitgehend

[73] Childs, Theologie 1, 146. Vgl. auch ebd. 225.
[74] Zenger, Einleitung 293.
[75] Childs, Theologie 1, 147.

ihre Funktion verloren und die Überlieferungen insgesamt theologisiert, auf judäische Glaubens-Identität hin konzentriert wurden! – versucht, das allgemein Menschliche der Weisheit stärker mit dem JHWH-Glauben zu verknüpfen. Die Weisheit wurde deutlich „frommer". Weisheit ist nun eine Gabe Gottes, schließlich gar Ausfluss der göttlichen Weisheit selbst, z. T. mit der Tora identifiziert. „Die Weisheit wird hier zur Offenbarungsweisheit."[76] Allerdings bedeutet solche Theologisierung der Weisheit noch nicht unbedingt, dass sie wirklich innerlich durchdrungen wird von der spezifisch israelitischen Theologie, wie wir sie bisher als prophetische und deuteronomistische, inhaltlich: als geschichtstheologische und eschatologische Theologie kennen gelernt haben.

Kann man wirklich sagen, die Weisheit werde nach dem Exil „dazu genutzt, das ganze Spektrum des Zeugnisses Israels über Gottes Plan mit der Welt zu bereichern und neu auszulegen"[77]? Die spezifisch theologischen (also nicht die allgemein ethischen oder lebenspraktischen) Reflexionen der jüngeren Weisheit kreisen um die Schöpfungstheologie, die Präsenz Gottes in der Welt, ganz spät auch um die erbauliche Wiedergabe der Glaubensgeschichte Israels (seiner Helden und Heiligen sozusagen) und im Kern um das Problem des Leidens und der Gerechtigkeit Gottes. Im Grunde ist es dieses Problem der Zuordnung von Tun und Ergehen, modern gesprochen: das Problem der Theodizee, welches das Spezifikum der theologischen Weisheit im Alten Testament ausmacht. Dabei gelangen (sehr verkürzt gesagt) die älteren Schriften zunächst durch Leid und Anfechtung hindurch zum Lob des letztlich guten und gerechten Gottes, während die spätesten Schriften (Hiob und Kohelet vor allem) dem Zweifel, der Skepsis und der Bescheidung vor einem nicht begreifbaren Gott das letzte Wort zu geben scheinen.

Was dabei in unserem Fragezusammenhang vor allem auffällt, ist dies: „wie gering der Einfluss von Israels historischer und prophetischer Überlieferung auf das weisheitliche Korpus ist."[78] D. h. etwas überspitzt gesagt: Während die ältere Weisheit mit der geschichtlich und prophetisch inspirierten Theologie keine Berührung aufweist, weil sie sich aus anderen und älteren Quellen speist und als anderes Genre sozusagen ihr Eigenleben führt, finden sich in der jüngeren, nach-exilischen Weisheit überraschenderweise selbst dann keine wirklichen Berührungspunkte zu Prophetie und Geschichtstheologie, wenn ein ganz benachbartes Problem – die Gerechtigkeit Gottes, seine Glaubwürdigkeit angesichts dessen, wie es auf der Welt zugeht – behandelt wird! Die Dialektik von Gericht und Heil, der Katastrophismus in der Geschichtsreflexion, die Erwartung einer Verifikation Gottes durch sein zukünftiges Handeln: All dies kommt schlicht nicht vor. Die Weisheit behandelt ihr Problem im Grunde überzeitlich und individualistisch. Die Lehren der Sprichwörter, aber auch die Diskussionen Hiobs und Kohelets sind verständlich und nachvollziehbar, auch wenn man von der bisher entfalteten Geschichte apokalyptischer Vernunft nichts wüsste.

[76] Zenger, Einleitung 294.
[77] So Childs, Theologie 1, 147.
[78] Ebd. 225.

Das meint nicht, dass die Weisheits-Autoren nicht im Glauben Israels lebten oder dessen Glaubens-Entwicklung nicht teilen würden. Dass sich die Weisheit immer stärker für das Schicksal von Gerechten und Ungerechten und damit für die Gerechtigkeit Gottes interessiert, kann man durchaus „eine ‚Deuteronomisierung' der älteren Weisheit" nennen.[79] Der jüngere Teil der Sprichwörter präsentiert „die Weisheit … als Sachwalterin der nunmehr erloschenen Prophetie" und „universalisiert die politische Theologie" der Propheten.[80] Schließlich korrespondiert die Weisheit in einem Beispiel der späteren Glaubensentwicklung Israels gerade mit der Apokalyptik: in der individuellen Eschatologie, der Lehre von der Auferweckung der Toten. Einerseits entspringt diese Lehre, wie gezeigt, der Not, die toten Martyrer und Gerechten nicht als Beweise gegen Gottes Macht über die Mächte des Bösen abzuschreiben. Der Auferweckungsglaube ist apokalyptischer Protest, apokalyptische Hoffnung wider allen Augenschein und somit ein Durchbruch apokalyptischer Vernunft zu einem bisher in Israel nicht gewagten, offensichtlich auch nicht not-wendigen individuell-eschatologischen Glauben. Andererseits finden weisheitliche Texte zu solchem Auferstehungsglauben offensichtlich beeinflusst durch hellenistische Religiosität, der es immer schon in einer Israel fremden Weise um das Leben der Seele jenseits des Todes ging. Wo die Weisheit diesen Gedanken integriert, tut sie dies auffällig israelitisch, nicht platonisierend, und offensichtlich in Verarbeitung apokalyptischen Gedankenguts: „Man erwartet einen Tag des göttlichen Gerichts, an welchem Gerechten und Gottlosen ihr endgültiger Lohn zugeteilt wird ..., wobei der Gerichtstag als Weltende apokalyptische Züge annimmt".[81]

Die Weisheitslehrer sind also nicht von den übrigen Genres jüdischen Theologisierens abgeschnitten. In ihnen kommt kein „anderes Israel" zu Wort, das von dessen Glaubens-Identität nichts wüsste. Dennoch kommt hier Israel ganz anders zu Wort: in einem Maße unprophetisch und der Geschichte abgewandt, welche die Analytik apokalyptischer Vernunft zu einer grundsätzlichen Überlegung zwingt, will sie sich nicht den Vorwurf zuziehen, breit dokumentierte Phänomene dort nicht ernst zu nehmen, wo sie nicht in die Argumentation passen. Grundsätzlich heißt, dass ich im Folgenden einen bibeltheologischen Vorschlag zu einer Sicht der Komplementarität von apokalyptischer Vernunft und biblischer Weisheit mache, zur Deutung ihres Verhältnisses im kanonischen Kontext, der über den reinen exegetischen Befund hinausgeht.

E. Zenger möchte „die ältere Weisheit Israels ... (im Anschluss an M. Görg) als ‚Theologie der praktischen Vernunft' bezeichnen"[82]. Ich meine, dies kann man auch noch von der jüngeren, theologischen Weisheit sagen, wenn man die Betonung dann stärker auf „Theologie" legt bzw. die praktische Glaubensvernunft meint, die Frömmigkeit oder Spiritualität. Weisheit ist in ihrem profaneren Flügel Ethik, also Konkretisierung praktischer Vernunft, in ihrem theologischen Flügel spirituelle

[79] So Schmid, Literaturgeschichte 181.
[80] Ebd. 182.
[81] S. Schroer in: Zenger, Einleitung 360, mit Bezug auf Weish. 5.
[82] Zenger, Einleitung 292.

Theologie, Konkretisierung praktischer Glaubensvernunft. „Vertritt die Prophetie den kategorischen Imperativ", so befasst sich die Weisheit mit der „Tiefenstruktur hypothetischer Imperative":[83] mit dem Rat, also mit Handlungsmodellen, mit Möglichkeiten für den Einzelnen. In jedem Fall ist sie der Versuch, das *Gewusste* (profan) oder das *Geglaubte* (religiös)[84] so zu verarbeiten, dass es *Gelebtes* werden kann. So versucht die alte höfische Weisheit, die orientalische Listenwissenschaft, also das „lexiographisch" zusammen getragene Wissen über die Welt, sowie die für den späteren Stand der Schüler (Prinzen, Hofstaat, Beamte) geltenden Verhaltensregeln der jeweils nächsten Generation weiterzugeben. Die viel späteren religiösen Weisheitslehrer – bei Jesus Sirach ist dies am deutlichsten zu beobachten – tragen ähnlich den Schatz frommer Traditionen zusammen und reflektieren ihn so, dass er den jetzigen Lesern Orientierung geben kann, dass er – wie man es früher ohne faden Beigeschmack genannt hätte – „erbaulich" wirkt. In beiden Fällen geht es um die Gegenwart, um das alltägliche und individuelle Leben in der Gegenwart.[85]

Die Gegenwart, um die es Propheten, Deuteronomisten und Apokalyptikern zu tun war, ist zum einen stets eine politische Gegenwart, die Gegenwart Israels wenn nicht gar die der Welt, zum anderen stets eine eigentlich zukünftige, eine angekündigte, sich anbahnende, eine beginnende Gegenwart, und deshalb auch eine ganz besondere, neue, außergewöhnliche. Selbst für die Gesetzeskorpora in ihrer biblischen Überlieferungsform gilt dies: Zwar sind Gesetze ähnlich den Weisheitsregeln Texte für Alltag und Gegenwart, aber im Kontext der Geschichtswerke, die sie überliefern und redigieren, erhalten sie die Bedeutung konkreter Utopien, beschreiben sie doch das Israel, das es gerade nicht gibt, eigentlich aber geben sollte und ab morgen geben kann. Dies gilt sowohl für das Deuteronomium als auch für die Priesterschrift; auch Letztere bietet ja das Gesetz in einem Geschichtswerk von der Schöpfung an, bietet ihre statische Beschreibung dessen, was sein soll, als einen Gemeinde- und Gesellschaftsentwurf. Darin sind alle bisher behandelten Stränge der entstehenden Bibel unterschiedliche Realisierungsweisen apokalyptischer Vernunft: Weisen, die Offenbarung Gottes zum Projekt in der Welt werden zu lassen, Weisen geschichtstheologischer Konkretion.

Anders die Weisheit als Weise praktischer Glaubensvernunft: Selbst wenn sie die Geschichte Israels, seiner Helden und seiner Leiden, berichtet, gerinnen ihr die Erinnerungen zu erbaulichen Beispielen für die Gegenwart, zu Hagiographie, deren geschichtlicher Ort existentiell belanglos ist. Geschichte als Drama – ob nun eines Fortschritts, eines Niedergangs oder einer Dialektik von beidem – ist für die Weisheit etwas Äußerliches, deshalb bemerkt sie diese gar nicht. Sie entkleidet die Überlieferungen dieses Gehäuses, um an das immer und heute und für den Einzelnen gültige Innere heranzukommen. Sie interessiert sich nicht für die Geschichte, son-

[83] So Miggelbrink, Der zornige Gott 56.

[84] Wobei diese Unterscheidung natürlich anachronistisch ein modernes Schema einführt.

[85] Man kann dies schon stilistisch daran feststellen, dass in der Weisheit häufig der Einzelne angesprochen ist („Du", „mein Sohn"), während in der Prophetie die Adressaten fast durchweg ein Kollektiv bilden (das Volk, die Völker, die Priester usw.).

dern für die Geschichten, d. h. für die Menschen in der Geschichte. Denn sie will auch heute nicht Geschichte machen, nicht die Welt verändern, sondern wiederum zu Menschen mitten in der Geschichte sprechen und ihnen Orientierung für ihr Leben in der Welt geben. Man vergleiche nur, wie – wahrscheinlich etwa zeitgleich – die Apokalyptiker und Kohelet mit der Politik umgehen: Die einen rennen mit ihrer Kritik im Namen Gottes gegen die Mächte dieser Welt an, analysieren den Gang der Weltgeschichte als zunehmende Katastrophe und „prognostizieren" deren kommendes Ende, wenn sie gegen die Mauer prallen wird, die da heißt: „Gott bleibt Gott". Der andere kennt die Machenschaften der Macht sehr gut, schildert Unrecht und Vergeblichkeit im Treiben der Großen aus der Nahperspektive und rät am Ende zum a-politischen Abstandhalten, da sich doch nie etwas ändern wird: Alles ist Eitelkeit und „Nichts Neues unter der Sonne". Die Apokalyptiker sind die radikalsten Pessimisten und Dialektiker in der Tradition prophetischer Theologie. Kohelet ist der dialektischste und pessimistischste unter den Weisheitslehrern. Beide schreiben sie vor dem Hintergrund einer Israel überrollenden hellenistischen Globalisierung. Aber den einen wird die Geschichte zum Gegenstand ihres verzweifelten Theologisierens, dem anderen zum statischen Hintergrund, zum Bühnenbild für seine lebenspraktische Skepsis.

Welchen Schluss soll nun die Analytik apokalyptischer Vernunft aus diesem Befund ziehen? Gehört die Weisheit einfach nicht zu ihrem Gegenstand, ist also aus der Betrachtung auszuscheiden? Zur Binnenstruktur apokalyptischer Vernunft als geschichtsorientierter Offenbarungstheologie, als jener Denkweise, die Gott notwendig eschatologisch denkt, gehört sie tatsächlich nicht. Wäre damit aber alles gesagt, so müsste meine Analyse sich damit abfinden, ihren Gegenstand zwar in der Bibel als maßgeblichen Traditionsstrang in deren Mitte zu finden, einen wesentlichen Flügel biblischer Schriften aber einfach auszuscheiden, d. h. analytisch nicht zu erreichen. Auch an dieser Bescheidung ist richtig, den Gegenstand der Analyse als ein Konstrukt zuzugeben. Natürlich ist „apokalyptische Vernunft" eine durch unsere Frage nach der unterscheidenden Spezifik des Offenbarungsdenkens in der Weltgeschichte ausgegrenzte Größe, die real nirgends in Reinform auftritt und die auch nicht mit allem identisch ist, was in der Bibel steht. Dennoch ist diese Analyse mit dem Anspruch angetreten, das Bewegungsgesetz in der Entstehung biblischen Denkens und deren Wirkungsgeschichte aufzudecken. Und da die Weisheit einen wesentlichen, auch weiterwirkenden Flügel dieses Denkens bildet, ist ihre Stellung zur apokalyptischen Vernunft in deren Begriff analytisch hineinzunehmen, soll die Analytik nicht ihren Gegenstand künstlich zurecht stutzen.

Halten wir also die beiden Befunde direkt zusammen: Apokalyptische Vernunft entwickelt seit der frühen Prophetie eine Geschichtsbetrachtung aus der theologischen Qualifikation der Gegenwart heraus. Ihren Nukleus bildet sie sozusagen aus der Reaktion zwischen Offenbarungsbotschaft und Weltgeschehen, beides schmilzt zusammen zur eschatologischen Qualifikation der Gegenwart: „So steht es um uns jetzt vor Gott!" Um diesen Kern prophetischer Theologie herum bilden sich die geschichtstheologischen Reflexionen in immer neuen, immer neuer Gegenwart verantwortlichen und immer systematischer ausgreifenden Entwürfen. In dieser gesamten Entfaltung von Amos bis zu den Apokalyptikern wird das Volk Israel als Adressat dieser Theologie konfrontiert mit einer Unheils- oder Heilsqualifikation, nach dem Exil mit der dialektischen Verschränkung von beidem zu einer Qualifikation der Gegenwart als eines Wende-Geschehens aus Unheil und Gericht in eine heilvolle Zukunft. In jedem Fall steht die Gegenwart auf Messers Schneide und das Heil ist jener Nicht-Ort, jene Utopia, der gehorchend wir jetzt in ihrem Sinne zu leben beginnen sollen. Und deshalb nimmt es nicht wunder, dass dieses Leben von Amos bis zu den Apokalyptikern durchweg eines des Widerstands und der Opposition, des Leidens und des Abgelehnt-Seins ist, – und dies, obwohl und indem dem Volk doch ständig, vom Segen des Deuteronomium über die Gemeindeordnung der Priesterschrift bis zu den Auferstehungsverheißungen an die Gerechten im Buch Daniel, gesagt wird, dass man so leben kann.

Darin besteht offensichtlich das große Problem apokalyptischer Vernunft: Sie spitzt die theologische Qualifikation der Gegenwart so zu, dass die eschatologische Wende tatsächlich eintreten muss, soll Leben ihr gemäß möglich sein. Alle Gegenwart aber – wie eben auch die Vergangenheit –, die nicht auf diese Utopie hin zufliegt, ist deshalb Gegenwart unter dem Gericht, in einer Fundamentalkritik gerichtete Welt – auch dies von den frühen Propheten an. Das hat durchaus seine geschichtliche Logik: Entsteht das Denken dieser Vernunft doch im Niedergang der Königtümer Israels, in der faktischen weltgeschichtlichen und der theologischen Negation dieses Versuchs, den Willen Gottes, Bund und Erwählung, mit der Realpolitik, mit den Verhältnissen zu versöhnen. Seit der Katastrophe dieses Projekts und seit schon an deren Vorabend der JHWH-Glaube die innere Notwendigkeit dieses Misslingens entdeckt, klafft diese Schere auseinander und schließt sich nicht mehr.

Das Problem apokalyptischer Geschichtstheologie besteht für deren Adressaten darin, dass das Eschatologische sich nicht ereignet, jedenfalls nicht seine heilvolle Seite, jedenfalls diese nicht so und nicht so gleich, wie angekündigt, und dass man dennoch leben muss. In diesem Praxis-Vakuum der Geschichtstheologie, sie gewissermaßen unterlaufend, entfaltet sich die Weisheit – und mit ihr all jenes Überlieferungsgut der Bibel, dass die geschichtstheologische Hochspannung des prophetischen Rahmens all-täglich unterläuft. Weisheit ist gewissermaßen der Versuch, in theologisch qualifizierter Gegenwart zu leben, als Einzelner, als Nicht-Prophet!

Die Weisheit weiß, dass man aus den geschichtlichen, d. h. auch kollektiven Ansagen der Prophetie keine Unheils-Heils-Dialektik für den Einzelnen gewinnen kann. Es gibt keine individuelle Geschichtstheologie! Würde man sie versuchen, bräche man sie also herunter „zu der Lehre von einer in jedem Menschenleben wirksamen Erfahrung des strafenden und begünstigenden Handeln Gottes“, so „würde Gott in den Erfahrungshorizont menschlicher Gerechtigkeitsvorstellungen hineingezwängt.“[86] Fundamentalisten versuchen sich in diesen unbarmherzigen

[86] Miggelbrink, Der zornige Gott 60.

Schemata bis heute. Die Weisheit legt hier ein Veto überlegter Skepsis ein. Mitunter macht sie das auch in direkter anti-prophetischer Kritik deutlich: so etwa in dem fiktiven Propheten-Buch Jona, in dem der Protagonist geradezu als Karikatur eines Gerichts-Propheten erscheint, dem Gott erst über viele Umwege deutlich machen muss, dass es ihm um das Leben der Menschen geht. Am Ende dieses Buches ist der Prophet zornig darüber, dass Gott seinen Zorn nicht verwirklicht. Die Lehre: „In ihrer Sehnsucht nach Leben sind Heide, Kind und Tier dem Gott Israels näher als seine eigenen Propheten, die als deuteronomistische Unheilspropheten in Wirklichkeit in Tod und Untergang verliebt sind.“[87]

Weisheit ist als praktische Vernunft der Gläubigen der begleitende Schatten, das komplementäre, tragende Unterfutter der apokalyptischen Vernunft. Natürlich ist das ein bibeltheologisches Urteil, nicht den einzelnen Autoren und Redaktoren bewusst. Es ist ein strukturales Urteil darüber, was durch die Zusammenführung der Weisheit mit den übrigen Teilen des Kanons im biblischen Denken passiert, was sich ergibt. Nicht zufällig sind Weisheit und Apokalyptik, wiewohl traditionsgeschichtlich sogar verwandt, hermeneutisch nicht übereinander zu bringen. Sie konfrontieren sich nicht direkt miteinander. Sie reden gewissermaßen aneinander vorbei – und dies, obwohl man sie sich mitunter in der einen Gemeinde, in einem Milieu zusammen wirkend vorstellen muss.

Dieses „Unterfutter“ apokalyptischer Vernunft gehört zu deren Geschichte notwendig hinzu: Die apokalyptische Vernunft strukturiert die biblische Botschaft, aber sie „füllt“ sie nicht. Offensichtlich kann apokalyptische Vernunft nur praktische Vernunft werden, indem sie Vernünftigkeit (Weisheit) außerhalb ihrer eigenen Kern-Intuition – ihres „intensivsten Punktes“ – aufsaugt und sich integriert. Deshalb gibt es apokalyptische Vernunft pur wohl in manchen prophetischen und apokalyptischen Passagen – in der Bibel insgesamt aber nicht. Die Weisheitsschriften sind für diese paradoxe Struktur der Offenbarungsvernunft – die Nicht-Offenbarungsvernunft benötigt, um „erträglich“ zu sein – das deutlichste Symptom. Aber diese Struktur ist nicht auf das Zueinander von Weisheit und Prophetie beschränkt. Es wird sich zeigen, dass dieses Paradox auch die Wirkungsgeschichte der Bibel weiter beherrscht, indem sich auf unterschiedliche Weise jüdische wie auch christliche Geschichte gleichzeitig als Entfaltungen apokalyptischer Vernunft und als deren entschärfende „Unterfütterung“ deuten lassen. Dass dies nicht neben oder nach, sondern schon innerhalb der „kanonischen Strecken“ beider Glaubensweisen geschieht, bestätigt den Versuch, die apokalyptische Vernunft *und* ihre innere Begrenzung als *ein* Phänomen zu interpretieren.

[87] Ebd. 47.

Jüdische und christliche Lesart des ersten Testaments

In Kapitel 1 habe ich schon die drei Leseweisen des Ersten Testamentes unterschieden: die des jüdischen Tanach, die des christlichen Alten Testaments und die der historischen Kritik. Meine daran anschließende Rekonstruktion der Geburt apokalyptischer Vernunft aus der Prophetie, ihrer Systematisierung in der prophetischen Theologie, ihrer Entfaltung und Radikalisierung in der Deuteronomistik und der Apokalyptik sowie ihrer „Begleitung“ durch die Weisheit ist – trotz ganzheitlich-kanonischer Orientierung – der dritten, der historischen Perspektive gefolgt. Die historische Gewichtung der Entstehungsschritte des Ersten Testaments war dabei stets von deren Bedeutung für den weiteren Prozess, also von der Wirkungsgeschichte her bestimmt. Es ging um Weichenstellungen und Konstitutions-Elemente der heute vorliegenden und bis heute wirkenden Bibel. Diese Wirkungsgeschichte ist aber über die Kanonwerdung der Schrift hinaus die der Rezeption biblischer Texte durch die Gläubigen. Deshalb möchte ich zum Abschluss der Analyse apokalyptischer Vernunft in den Schriften Israels mit einigen Bemerkungen zur jüdischen und christlichen Lesart des Ersten Testamentes zurückkehren. Die leitende Frage lautet dabei: Inwieweit lesen die jüdische und die christliche Tradition die Bibel eigentlich im Geist der apokalyptischen Vernunft? Inwiefern ist diese Vernunft in den biblischen Schriften nicht nur in ihrer Entstehung dokumentiert – vielleicht auch nur noch für jene, die sie historisch-kritisch aufzuschließen verstehen –, sondern auch durch die Texte in deren Rezeption weiter wirksam?

Sicher können an dieser Stelle nur einige summarische Feststellungen getroffen werden, die aber wichtig sind, um den nicht nur historischen Wert der bisherigen Analyse aufzuzeigen.[88] Es geht hier noch nicht um die nachbiblische Geschichte apokalyptischer Vernunft als solche, sondern um die Fähigkeit der in den biblischen Schriften geronnenen apokalyptischen Vernunft, sich in deren Rezeption wieder zu verflüssigen. Es geht um die grundsätzliche hermeneutische Frage, ob die These von der Entstehung der Bibel aus dem Konstitutionsprozess apokalyptischer Vernunft heraus auch angesichts des Schicksals der Bibel bei ihren Lesern recht behält. Man kann auch schärfer vom eigentlichen Ziel der Analytik her formulieren: ob die apokalyptische Vernunft die Kraft hat, sich selbst als die Geistigkeit zu Wort zu melden, die aus der Bibel heraus wirken will, die in ihr vernommen und in ihrer Auslegung weitergeführt werden will?

Die Frage ist tatsächlich nicht nur theoretisch-methodisch gestellt, sondern hat ihre Problem-Basis in einer Tendenz, bei der Rezeption der biblischen Schriften – gerade der gläubigen, religiösen Rezeption –, den prophetischen und apokalyptischen Stachel zu ziehen und damit auch den geschichtstheologischen Anspruch zu überlesen. Wir haben eine solche Tendenz zuletzt im Abschnitt über die Weisheit schon innerhalb des biblischen Materials angetroffen. In Kapitel 1 wurde schon

[88] In systematischer und aktueller Absicht wird diese Fragestellung in den Kapiteln 8 und 9 wieder aufgegriffen.

darauf verwiesen, dass die rabbinische Hermeneutik des Tanach eher an deren Lebensorientierung für die jeweilige Gegenwart als an Prophetie und Geschichte interessiert ist und dass man dem Christentum die weitgehende Stilllegung der Apokalyptik durch ihre Theologie der in Jesus schon erfüllten Verheißungen vorgeworfen hat. Tatsächlich gibt es in beiden Religionsgemeinschaften, die das Erste Testament als normative Schrift auslegen, gerade in ihrer normativen Auslegungstradition eine anti-apokalyptische Einstellung.

Im Judentum dokumentiert sich dies im Talmud, der Sammlung und Kommentierung rabbinischer Lehrentscheidungen, die Grundlage des orthodoxen Judentums wurde und der Bibel als deren gültige Konkretisierung zur Seite gestellt wird.[89] Den Talmud durchzieht eine konsequent „anachronistische“ Exegese, die an der Lesbarkeit und Lebbarkeit der Bibel im Kontext jüdischer Synagogen-Gemeinden ohne Tempel und ohne eigenen Staat, meist in der Diaspora, interessiert ist. Diese Lebendigkeit und Flexibilität in der Anwendung bedingt eine Art „Stilllegung“ der biblischen Geschichte selbst, eine flächige, synchrone Lesart der biblischen Texte als Weisungen und Belege. Das hermeneutische Axiom, nach dem die Heilige Schrift heute verstehbar und anwendbar sein muss, lässt die Texte weitgehend in der Gegenwart aufgehen: Sie dürfen weder als nicht mehr relevante Vergangenheit abgespalten noch als Verheißung einer Zukunft eschatologisiert werden, welche die Gültigkeit der gegenwärtigen Lebensform aufheben und bedrohen müsste.

Letzteres zeigt sich insbesondere im weitgehenden Schweigen des Talmud zum Messianismus:[90] Die Katastrophe der apokalyptisch inspirierten Aufstände gegen Rom im Rücken, sucht das normative Judentum nach einer religiösen Verfassung, welche nicht mehr den Heldentod, sondern das Überleben unter den gegebenen Umständen ermöglicht. Da darf der Messias zwar erhofft werden, wie man die Auferweckung und das Ende der Zeiten erhofft, aber diese Eschatologie ist nicht mentalitätsbildendes Prinzip des Denkens. Das rabbinische Judentum lebt nicht aus einer prophetisch-theologischen Qualifikation der Gegenwart als besonderer Stunde des Heilshandeln Gottes, nicht aus einem geschichtstheologisch aufgeladenen, um das Jetzt zentrierten Entwurf, sondern aus dem Bewusstsein einer sich dehnenden Gegenwart, deren Veränderung und schließliches Ende man Gott betend und hoffend überlässt. Deshalb findet es in seiner Schrift-Lektüre auch nicht jene bestimmte Weise des Ringes um den welt-geschichtlichen Bezug der Offenbarung, den meine Analyse als apokalyptische Vernunft rekonstruiert.

Das Judentum des Talmud ist in diesem „anachronistischen“ Umgang mit der Bibel der orthodox-kirchlichen Auslegung des Alten Testaments im Christentum strukturell sogar ähnlich, auch wenn dort die Gründe für diesen Umgang und die Inhalte ganz andere sind: Das Christentum neutralisiert die Prophetie des Ersten Testaments, indem sie diese im Neuen Testament angekommen und in ihm aufge-

[89] Zum Folgenden vgl. etwa: E.L. Fackenheim, Was ist Judentum? Eine Deutung für die Gegenwart (Berlin 1999) 61-66 und Thoma, Messiasprojekt 427-430.

[90] Vgl. dazu Mayer, War Jesus der Messias? 104-106.

hoben findet. Durch dieses „enteignende Aneignen“[91] werden sowohl die historischen Zeitbezüge der einstigen Verheißungen – die sich ja deutlich auf das konkrete Israel und seine Umwelt bezogen – allegorisch aus ihrem ursprünglichen Kontext gelöst als auch die Überschüsse der Hoffnung auf eine neue Weltordnung entweder religiös-innerlich in Christus und der Kirche erfüllt gefunden oder aber in die Zukunft und das Jenseits des Himmelreiches verlegt.

Später scheidet die kirchliche Orthodoxie aktuelle Apokalyptik und weltbezogenen Messianismus weitgehend aus und überlässt ihn Dissidenten und Häretikern. Während diese Tendenz im Judentum der eigenen Machtlosigkeit, der Reaktion auf die Vergeblichkeit kurzfristiger Hoffnungen und der Notwendigkeit zum Arrangement mit den Fremdherrschern entspringt, festigt die Kirche mit der Bannung des Prophetischen in die Vergangenheit des „Alten“ Testaments und in die Trostbotschaft für das Jenseits ihre eigene Institutionalisierung, die dann in der konstantinischen Wende mit der politischen Herrschaft verbunden wird. Naherwartung, konkrete Geschichtstheologie und aktuelle Prophetie aus der Bibel herauszulesen, würde diese Position gefährden. Was immer die Schrift verheißen hat, muss deshalb in Christus und der Kirche erfüllt sein oder sich erst am fernen Ende der Zeiten erfüllen, ohne dass diese Hoffnung wirklich aktuelle Relevanz hätte.[92]

Zudem hat die Kirche noch eine dritte, dem Judentum nicht offen stehende Möglichkeit: Teile des Alten Testaments, die sich nicht sinnbildlich christlich deuten lassen, werden als durch das Neue veraltet, als eben nur seinerzeit für Israel gültig abgetan. Das gilt insbesondere für den breiten Strom der Gerichts- und Unheilsprophetie, deren Erfüllung man getrost dem Schicksal der Juden überlässt und häufig sogar selbst an ihnen verwirklicht. Die gesamte Struktur der Dialektik von Unheils- und Heilszeiten, vom Neuaufbruch durch das Gericht hindurch, welche die biblische Geschichtstheologie durchzieht, ist in der Kirche als Kreuzestheologie sublimiert[93], die zudem meist nochmals individualisiert auf die Nachfolge und das Leiden des Einzelnen bezogen wird. Dass die Geschichtstheologie des Ersten Testaments etwas über die eigene Kirchengeschichte und die jeweils aktuelle Weltgeschichte zu sagen haben könnte, kommt zumindest dem Mainstream kirchlicher Theologie kaum in den Sinn.

Dies ist allerdings nur die eine Seite: Wäre mit ihr alles gesagt, dann hätte es die Analyse apokalyptischer Vernunft tatsächlich nur mit einem historischen Phänomen zu tun, das mit dem Abschluss der Bibel selbst eigentlich endete. Dass dem nicht so ist, zeigt sich besonders auffällig in der trotz der rabbinischen Befriedungsstrategie bleibenden Verknüpfung von Judentum und Messianismus, die doch nicht nur in

[91] So Lyotard, Bindestrich 41 schon zur paulinischen Exegese, die m.E. theologisch jedoch noch keine Enteignung der Schrift vom Judentum darstellt, weil die Schrift bei Paulus sehr wohl jüdisch bleibt. (Vgl. Röm. 9,4) Dazu: Taxacher, Christus 74-76.

[92] Näher ausführen und belegen kann ich diese Kritik erst in Kapitel 8, wenn es um den christlichen Umgang mit beiden Testamenten geht.

[93] Vom Ursprung dieser „Sublimierung“ der prophetischen Gerichts-Theologie im Neuen Testament wird positiv in Kapitel 6 zu handeln sein. In der dort gehobenen Form gehört sie allerdings notwendig zur christlichen apokalyptischer Vernunft.

den christlichen Klischees über die unbekannte und marginalisierte Herkunftsreligion existiert. Der Messianismus durchzieht die Geschichte des Judentums direkt sichtbar durch immer neue und immer wieder scheiternde Messiasgestalten und die auf sie reagierenden Aufbruchs-Bewegungen, durch Wellen akuter Naherwartung der Errettung des Volkes, der Heimführung aus dem Exil.[94] Zwischen diesen Ereignissen bleiben die Geschichten vom rettenden wie auch vom leidenden Messias wach durch die Hoffnung, dass sie „morgen in Jerusalem“ wahr werden könnten.

Dabei hat der jüdische Messianismus in den Jahrhunderten nach der Zerstörung des zweiten Tempels, in der Epoche anhaltenden Exils, wieder einen tieferen Anschluss an die Sicht der Geschichte zur Zeit des früheren, babylonischen Exils gewonnen, als man intensiv über den Zusammenhang von Gericht, Niedergang, Scheitern des erwählten Volkes und dem dennoch rettenden Handeln Gottes an ihm nachdachte. Die damals gelungene Umwertung aller die Umwelt sonst prägenden Wertungen bestimmt auch das Denken der kleinen Herde jüdischer Gemeinden in einer meist christlich oder islamisch beherrschten Umwelt: So erinnert etwa die talmudische Gestalt des leidend vor den Toren Roms sitzenden unerkannten Messias an den deuterojesajanischen leidenden Gottesknecht. Auf die Frage, wann Gott Israel erlösen werde, antwortet dieser verborgene Messias: „Wenn ihr auf die unterste Stufe gesunken seid, in der Stunde erlöse ich Euch.“[95] Ähnlich bedeutet die Entgegenstellung eines wohl kämpfenden, aber scheiternden „Messias ben Joseph“ gegen den traditionell triumphalen Davids-Sohn eine Wiederaufnahme der apokalyptischen Dialektik der Wende mitten im Tiefpunkt der Katastrophe, der Rettung in der Stunde der Ohnmacht. „Der Messias ben Josef ist der sterbende, in der messianischen Katastrophe untergehende Messias. In ihm sammeln sich die Züge des Katastrophalen. ... Er ist ein Erlöser, der nichts erlöst, in dem nur der letzte Kampf mit den Mächten der Welt sich kristallisiert. Der Untergang der Historie ist in seinem Untergang mitgegeben.“[96] So unterschiedlich die Vorstellungen vom Messias wie auch die messianisch auftretenden Gestalten in der jüdischen Geschichte auch sein mögen, gemeinsam ist ihnen der Protest gegen eine Religion des status quo, gegen die schleichende Aufgabe der Hoffnung auf reale, geschichtliche Veränderung. „Die messianische Idee ... ist die eigentliche anti-existentialistische Idee. ...

[94] Zum Ganzen vgl. Mayer, War Jesus der Messias? und Levinson, Messias.

[95] Midrasch Tehillim, zitiert nach: Scholem, Grundbegriffe 135. Der zitierte Spruch stammt so nicht aus dem Mund des Messias vor den Toren Roms (von dem im Midrasch Sanhedrin erzählt wird), passt aber genau auf seine Botschaft. Diese Übereinstimmung belegt gerade die breit bezeugte Verbindung vom Leiden Israels, Mitleiden Gottes und der Erlösung, die aus der Berührung von beidem entspringt – gegen das Klischee eines Gegensatzes von jüdisch-politischem Messianismus und christlicher Passionstheologie. „Das rabbinische Judentum denkt ähnlich über die gott-menschliche Leidensgemeinschaft wie das Neue Testament, allerdings ohne die Person Christi dabei ins Spiel zu bringen.“ (So Thoma, Messiasprojekt 81.)

[96] Scholem, Grundbegriffe 143.

Die ... brennende Landschaft der Erlösung hat den historischen Blick des Judentums wie in einem Brennpunkt auf sich gesammelt.“[97]

Weniger offensichtlich, aber strukturell tiefer prägt die apokalyptische Vernunft das Judentum im bleibenden konkreten Geschichtsbezug seiner Religiosität, der auch dort wirkt, wo es nicht um einen personalisierten Messianismus geht, wo dieser vielleicht sogar abgelehnt wird. Das Judentum hat nie aufgehört, vor allem in den immer neuen Schicksalsschlägen, die es traf, die Stimme Gottes zu entziffern, und es hat sich dabei an die Geschichtsdeutung der biblischen prophetischen Theologie angelehnt, so sehr, dass manche orthodoxe Theologen sogar noch in der dem jüdischen Volk in Europa durch die Nazis bereiteten Schoa einen Sinn göttlicher Strafe, ein Gericht erblicken wollten.[98] Auch wo die Juden an solch einer absurden Beziehung von Offenbarung und Weltgeschichte verzweifeln, gibt ihre Theologie den Anspruch nicht auf, dass Gottes Handeln, seine Selbst-Verifikation eine sichtbare, eine welt-geschichtliche sein muss. Keine platonisierende Kabbala, keine chassidische Innerlichkeit und auch keine aufgeklärte Reform haben den notorischen Geschichtsbezug jüdischen Glaubens aushebeln können. Dass Gott als Offenbarer nur eschatologisch gedacht, weil seine Offenbarung nur geschichtlich verwirklicht wahr werden kann, und dass deshalb die Stellung der eigenen Gegenwart als Verdunkelung oder Erhellung dieser Verifikation Gottes gedeutet sein will, das hat das Judentum sehr wohl in seiner Bibel gelesen.

Das Christentum wiederum hat sich von der apokalyptischen Lesart des Ersten Testaments – nicht zuletzt durch den Stachel der Existenz des Judentums, so sehr es dieses auch vergessen und unterdrückt hat – nicht einfach loslösen können. Auch das Christentum konnte seinen Ursprung nicht einfach abschütteln, an dem die Bilder der Erlösung selbstverständlich Bilder der Erlösung Israels blieben, wie Moses Hess es den Christen des 19. Jahrhunderts ins Stammbuch schrieb: „Auch dem Urchristentum, als es noch nicht vom Judentum und seinem nationalen Geschichtskultus abgefallen war, lag noch die jüdische Volksidee zugrunde, in welcher die Auferstehung der Toten, das himmlische Reich und die zukünftige Welt nichts anderes bedeuten als die messianische Zeit der Wiedergeburt Israels“[99]. Gänzlich metaphorisch wollte auch das spätere Christentum diese biblische Konkretheit des Reiches Gottes nicht verstanden wissen.

Das zeigt sich ganz fundamental darin, dass die Kirche Israels Schriften auch gegen widersprechende Bewegungen in ihrem Kanon gehalten hat. Der Kanon der christlichen Bibel, auch die endgültige Bestimmung der gültigen neutestamentlichen Schriften, entstand aus der Abwehr inner-christlicher Ablehnungen des Altes Testaments heraus, die ja auch eine Reinigung des Neuen von „judaisierenden Spuren“ nach sich ziehen wollte.[100] Indem die kirchliche Orthodoxie sich gegen ein Ausscheiden des Alten Testaments aus ihre Bibel verwahrt hat – gegen Marcion

[97] Ebd. 167.
[98] Vgl. dazu Münz, Gedächtnis 204-210 und Taxacher, Endzeit 18 f.
[99] M. Hess, Rom und Jerusalem (1862), zitiert nach: Levinson, Messias 137.
[100] Vgl. dazu Childs, Theologie 1, 51 f.

und gegen manche Gnostiker und zuletzt noch gegen die „Deutschen Christen“ – bekannte sie sich grundsätzlich zur bleibenden Gültigkeit von „Gesetz und Propheten“. Zwar tat sie sich schwer mit dieser Gültigkeit: Das Gesetz wurde in seinem kultischen und religiösen Teil für (Heiden-)Christen als nicht mehr bindend angesehen, die Prophetien in Jesus als erfüllt ad acta gelegt oder auf den jüngsten Tag verschoben. Dennoch musste das Alte Testament als umfangreichster Teil der christlichen Bibel mehr sein als ein Archiv der eigenen Vorgeschichte. So wurden die Geschichtsdarstellungen sehr wohl auch auf die eigene Geschichte hin rezipiert und die uneingelösten Utopien der Propheten sowie die Szenarien der Apokalyptiker sehr wohl registriert, beunruhigt und beängstigt mitunter.

Schließlich hat die geschichtsbezogene und politische Dimension des Alten Testaments nicht nur die christlichen Kirchen, sondern auch die christlichen Staaten und Nationen in ihrer politischen Theologie beeinflusst, in vom Ursprung der apokalyptischen Vernunft aus gemessen äußerst problematischen Weise: Denn die Orientierung an der Gerichtsansage, der Selbstkritik und der Opfergeschichte wurde hier meist in ihr Gegenteil verkehrt.[101] Mir geht es hier jedoch um die umgekehrte Beobachtungsrichtung: Dass auch die christlichen Leser – der orthodoxen Immunisierungs-Theologie zum Trotz – in ihrem Alten Testament den Geist der apokalyptischen Vernunft herauslasen und so in deren Bann blieben. Besonders deutlich ist dies in den meist oppositionellen und häretischen, mitunter aber auch in den Großkirchen bleibenden apokalyptischen Bewegungen, die das nahe Weltende predigten oder zumindest aus ihrem Verständnis der theologischen Qualifikation der Gegenwart heraus handelten – sei es in Kreuzzügen oder im Gegenteil in nach innen gerichteten Buß- und Reformrufen. Das inspirierende Modell fanden diese Gruppen meist im Alten Testament, in der Dialektik von Unheils- und Heilsprophetie, die sie auf die eigene Zeit anwendeten. Dies gilt auch für die eher untergründig wirkende christliche Geschichtstheologie (wie etwa die berühmte des Abtes Joachim von Fiore), die sich meist an alttestamentlicher Prophetie und an der Apokalyptik bei Daniel und in der Geheimen Offenbarung des Johannes orientierte. Wir haben es hier (bei allen strukturellen und inhaltlichen Unterschieden) mit echten Parallelen zu den jüdischen Messianismen zu tun. Selbst wenn sie von den Kirchenleitungen und an den Universitäten als „Chiliasmus“ abgelehnt wurden, dokumentierten sie doch die Virulenz eines nicht sublimierbaren prophetischen Erbes. Die Frage, wie das für Christen schon angebrochene Reich Gottes sich in der Welt verifizieren ließe und was die gegenwärtige weltgeschichtliche Stunde von der Kirche verlange, blieb stets aufgeworfen und wurde weiter in den geschichtstheologischen Kategorien gestellt, welche sich seit dem babylonischen Exil Israels herauskristallisiert hatten.

In der christlichen Theologie seit der Aufklärung verstärkte sich dann sogar – herausgefordert durch die empirisch-geschichtliche Verifikationsforderung des Zeitgeistes und durch den neuen historischen Zugang zu den biblischen Texten –

[101] Dazu später ausführlicher in Kapitel 9.

der Rückgriff auf die Propheten, deren Stimme sich so von Dogmatik und ethischer Verinnerlichung allmählich wieder emanzipieren konnte. Die Sehnsucht, sie unverfälscht zu hören, war noch da. Und wenn ich recht sehe, hat der jüdisch-christliche Dialog nach der Katastrophe der Judenvernichtung durch die Deutschen unter Hitler zu einer Renaissance des Alten Testaments bei vielen seiner christlichen Leser geführt. Die jüdischen Gesprächspartner zwingen nun dazu, den gemeinsam gelesenen Schriften ihr eigenes Recht zuzubilligen und sie nicht gleich christlich-theologisch zu vereinnahmen. Christen können die Testamente nicht mehr einfach auseinanderdividieren, etwa nach Kategorien wie „Gesetz und Evangelium“, sondern versuchen in einer gesamtbiblischen Theologie auch der Tora in ihrer bleibenden Bedeutung gerecht zu werden – und das erfordert heils- oder offenbarungsgeschichtliches Denken.[102] Dadurch entsteht allmählich ein hermeneutischer Konsens über den Geschichts-, Welt- und Politik-Bezug der Offenbarung, der aus der Perspektive meiner Analyse auch als eine erneute Maßgeblichkeit apokalyptischer Vernunft in der christlichen Lesart des Ersten Testaments verstanden werden darf. Auch Christen verkürzen die biblische Botschaft, wenn sie diese aus den Kategorien dieser Vernunft einfach loslösen und etwa in eine rein metaphysische, mystische oder individual-ethische Vernünftigkeit und Religiosität übersetzen wollten.

Deutlich ist diese Erkenntnis insbesondere in der Eschatologie geworden, die sich aus der Engführung einer Lehre von den Letzen Dingen (vom Jüngsten Gericht, von unsterblichen Seelen oder von „Himmel – Hölle – Fegefeuer“) befreit hat. Dieser Umschwung kommt einer erneuerten Heim(at)-Findung christlicher Theologie auf dem gemeinsamen Boden apokalyptischer Vernunft nahe. „Als Hoffende gehören Christen in den Umkreis der geschichtlichen Verheißungen Gottes an das jüdische Volk und der Versuche dieses Volkes, seiner Zukunft treu zu bleiben. Wir sprechen darum von einer Israel-Geschichtlichkeit des christlichen Hoffens.“[103] Eine reine Eschatologie des individuellen Jenseits hält der „Hauptfrage der Synagoge an die Kirche“ nicht stand: „Ist die Welt tatsächlich erlöst? In welchem Sinn ist sie erlöst? Wo sind die Zeichen der Erlösung zu sehen?“[104] Mit diesen Fragen hat der jüdisch-christliche Dialog die Grundperspektive prophetischer Religion an die christliche Endzeitvorstellung wieder herangetragen. Was noch in der gesamten liberalen Theologie als mythisch, einem alten Weltbild verhaftet abgetan wurde, meldet sich nun wieder als das Zentralproblem: „Die Frage nach der Zukunft der Schöpfung“.[105]

So sehr bei diesem Umschwung moderne Fragen und Denkbedürfnisse ihre Rolle gespielt haben, so sehr ist er doch Folge eines neuen Ernstnehmens des Alten

[102] Als einen eindringlichen Versuch, die alttestamentliche Tora und ein neutestamentliches Gesetzesverständnis gesamtbiblisch zu integrieren, vgl. etwa Childs, Theologie 1, 256-263.

[103] Marquardt, Was dürfen wir hoffen 1, 31.

[104] Kraus, Theologie 104.

[105] Ebd. als *die* Frage des Judentums bezeichnet.

Testaments. Er belegt, dass man letztlich nicht gleichzeitig die Bibel lesen und die apokalyptische Vernunft loswerden kann.

Die Spannung zwischen den unterschiedlichen Lesarten des Ersten Testaments, zwischen einer historischen, den ursprünglichen Kontext suchenden und isolierenden Rekonstruktion, einer jüdisch-talmudischen Auslegung aus der Sicht des späteren und heutigen Israels und einer christlichen, mit den Augen des Neuen Testaments und der kirchlichen Theologie lesenden Deutung, bleibt weiter bestehen. „Es gibt keine übergreifende hermeneutische Theorie, durch welche die Spannung zwischen dem Glaubenszeugnis des Alten Testaments in seinem Eigenrecht und dem des Neuen Testaments mit seinem transformierten Alten Testament aufgelöst werden könnte.“[106] Von dieser Transformation an ihrem Ursprung, in der Entstehung der neutestamentlichen Schriften, muss jetzt die Rede sein. Der spätere christliche Gebrauch des Alten Testaments macht aber schon vorab deutlich, dass es sich bei dieser religionsgeschichtlichen Wende um einen neuen Bruch innerhalb der apokalyptischen Vernunft, nicht aber um deren Verabschiedung handelt.

[106] Childs, Theologie 1, 103.

Kapitel 5: Zwei Propheten – Zwei End-Zeiten. Johannes der Täufer und Jesus

Die nächsten drei Kapitel wollen zeigen, dass die Schriften des zweiten Teils des christlichen Kanons ihre Einheit untereinander und ihre Besonderheit gegenüber dem Ersten Testament durch ihre neue eschatologische Qualifikation der Gegenwart, also durch einen entscheidenden Schritt prophetischer Theologie im Sinne meiner Definition aus Kapitel 2 erhalten. Trifft dies zu, dann lässt sich das Neue des Neuen Testaments gerade in den Kategorien der apokalyptischen Vernunft erfassen, die ich am Ersten Testament gewonnen habe. Allerdings: „Das Neue Testament ... stellt keinesfalls einfach eine Fortsetzung der Traditionslinien aus dem Alten Testament dar“[1], und es verhalten sich (wie ein altes christliches Klischee meint) die beiden Testamente auch nicht wie Frage und Antwort zueinander, so als könne das Alte unabgeschlossen gar nicht für sich stehen, weil ihm eine Erfüllung fehle, bzw. so, „als ob das Alte Testament aufgrund ‚unerbittlicher‘ Gesetze in das Neue Testament hineinfließen würde.“[2] Das Neue lässt sich also nicht a priori aus den Kategorien der apokalyptischen Vernunft heraus postulieren. Aber es besteht auch nicht in einem Bruch mit der apokalyptischen Vernunft, in einem Vernuft-Wechsel sozusagen. Vielmehr stellt die Trennung zwischen jüdischer und christlicher Offenbarungstheologie, wie sie in neutestamentlicher Zeit beginnt, einen Bruch innerhalb dieser Vernunft dar, einen Streit auf ihrem Boden, – so konsequent, dass auch die ersten Vertreter des Neuen dieses in den Argumentationsformen prophetischer Theologie ausdrücken und begründen.

Mit dieser These wird das Neue des Neuen Testaments im Kern nicht in einer neuen Lehre, einer in Inhalten, Begriffen, Vorstellungswelten neuen Theologie oder gar neuen Religion gesehen: „Das Entscheidende am Neuen Testament ist das Element der Neuheit gegenüber der Vergangenheit“[3]. Damit diese Feststellung aber nicht reichlich tautologisch bleibt, muss dieses Neue aus den Texten erschlossen, doch außerhalb der Texte gefunden werden, d. h. es muss einem Geschichtsbezug entspringen. Nicht ein neues Denken, sondern eine neue Erfahrung bildet den Ausgangspunkt. Die Erfahrung, die Jünger und erste Gemeinden mit der Geschichte Jesu von Nazareth machen, verarbeiten sie grundsätzlich so, wie prophetische Theologen nicht erwartete Winkelzüge Gottes in der Geschichte Israels verarbeitet haben: mit Hilfe der in der Tradition angelegten Kategorien des JHWH-Glaubens, aber unter In-Frage-Stellung deren gesamter bisheriger Anwendung, d. h. in Revision der bisher gültigen theologischen Qualifikation der Gegenwart.

[1] Childs, Theologie 1, 250.
[2] Ebd.
[3] Ebd. 251.

So zu verfahren, ist gerade keine Neuerung der neutestamentlichen Autoren. So haben schon die prophetischen Theologen in und nach dem babylonischen Exil verfahren und auf neue Weise auch die Apokalyptiker angesichts der hellenistischen „Auflösung“ Israels. Die Neuigkeit beruht jeweils auf der für apokalyptische Vernunft typischen „Vermitteltheit der Gottesbeziehung nicht durch Lehre, nicht durch Gesetz, sondern durch weltliche und göttliche Geschichte.“[4] Die Verarbeitung neuer Erfahrungen mit dem Mut, sie gegen die eigenen Positionen zu wenden, hatte bei den Propheten und Apokalyptikern allerdings zu Opposition und Bruch mit der bisher herrschenden Meinung geführt und diese später selbst verändert, nie jedoch zur Überschreitung der Grenzen Israels, nie zu einem Entweder-Oder zweier schließlich geschiedener Glaubensweisen. Lässt sich, dass es nun dazu kommt, auch noch nach den „Regeln“ apokalyptischer Vernunft erklären?

Zwei Wege trennen sich

Im Zuge des jüdisch-christlichen Gesprächs ist der Bruch zwischen Judentum und Christentum historisch differenziert aufgearbeitet worden, vor allem gegen das Klischee einer klaren Religionstrennung in früher Zeit, sei es durch Ablegen ihrer jüdischen Identität durch die ersten Christen, sei es durch deren formellen Ausschluss aus der Synagoge.[5] Beides hat es in neutestamentlicher Zeit, jedenfalls aber vor der Tempelzerstörung und Zerstreuung 70 nach Christus, nicht gegeben. Nicht nur Jesus, sondern auch die Jerusalemer Urgemeinde und die ersten unter Juden und Proselyten (den mit dem Judentum sympathisierenden „Gottesfürchtigen“ der hellenistischen Welt) gegründeten Gemeinden verstanden sich als Mitglieder des Judentums, auf dessen Boden der Streit um die Bedeutung Jesu – wie so mancher messianische Streit zuvor – ausgetragen wurde. Andererseits fällt schon auf, dass die christlichen Verkündiger Schlüsse aus ihrer messianischen Theologie ziehen, welche schon früh den Rahmen reiner Schuldiskussionen sprengen. Das zeigt sich insbesondere in der Gründung von Gemeinden aus Beschnittenen und Unbeschnittenen, welche Paulus theologisch reflektiert. Sie ist viel mehr als das frühe Jesus-Bekenntnis ein trennender Stein des Anstoßes. Das wird m. E. in dem Bemühen, die Jesusbewegung im jüdischen Kontext zeitgenössisch zu erklären, im berechtigten Kampf gegen anachronistische Schablonen (die Späteres in das Neue Testament hineinlesen), mitunter zu sehr herunter gespielt. Die Entwicklung theologischer Eigenständigkeit der Jesusbewegung innerhalb weniger Jahrzehnte entbehrt nicht einer ungewöhnlichen Dramatik, die durch Missverständnisse und Umweltfaktoren (wie die römische Oberhoheit) allein nicht erklärt werden kann.

Damit soll jedoch nicht gesagt sein, dass diese Neuheit und Eigenständigkeit notwendig ein Verlassen des Judentums hätte bedeuten müssen. Ähnlich eigenständige Neuheit begründeten auch schon zuvor apokalyptische Bewegungen oder etwa

[4] Marquardt, Was dürfen wir hoffen 1, 61.
[5] Vgl. dazu Thoma, Messiasprojekt 350-352.

die Theologie der Separation, wie sie die Essener samt einer ganz auf sie zugeschnittenen eschatologischen Hoffnung entwickelten. Wahrscheinlich ist die Dynamik der Trennung in Fall der Christen auf zwei neue Faktoren zurückzuführen: auf Seiten der Christen auf die Gründung heiden-christlicher Gemeinden, durch die die bisherigen Grenzen der Israel-Identität überschritten wurden, und auf Seiten des Judentums durch dessen rabbinische Konsolidierung im 2. Jahrhundert, nach dem katastrophalen Verlauf der Aufstände gegen die Römer – weil durch diese neue Identitätsfindung aus der Niederlage heraus die Vielfalt und Eigenständigkeit innerjüdischer Sonderentwicklungen – sowohl apokalyptischer als auch hellenistischer Prägung – stark eingeschränkt wurde. Besiegelt wurde die Trennung dennoch erst sehr allmählich, bis die zur Herrschaft gekommene christliche Staatsreligion Roms die Trennung vom Judentum institutionell betonierte.

Deutlich wird der erste genannte, christliche Faktor im Ansatz dennoch schon bei Paulus, da seine Äußerungen einerseits schon die ersten christlichen Jahrzehnte reflektieren und in seiner eigenständigen Theologie die christliche Position am weitesten vorangetrieben und systematisiert ist. Dabei verarbeitet er den Konflikt zwischen seiner persönlichen wie religiösen jüdischen Identität und der Ablehnung seiner neuen Christus-Theologie durch die Mehrheit seines Volkes mit einem experimentellen geschichtstheologischen Konzept, nach dem Gott Israels Unglauben gegenüber dem Neuen benutzt, um erst die Heiden zu gewinnen und später dann auch die Juden eschatologisch zu retten – ein dialektisches Konzept, das Heil durch seine Ablehnung hindurch sich verwirklichen hofft.

J.-F. Lyotard hat feinsinnig charakterisiert, wie dieser Gedankengang (von Röm 9-11) auf einen Juden wirken muss: „Scha'ul der Jude sagt den Juden: Ihr seid schlechte Juden. Der Jude ist nur gut als Christ. Ihr könnt dies jedoch nicht hören. Seid zu harthörig. So wird der Herr euch gerade durch eure Harthörigkeit retten."[6] Bis hier hin, möchte ich ergänzen, ist die Argumentations-Situation der prophetischen formal ähnlich: Auch die Propheten vor dem Exil haben Israel des Bundesbruchs bezichtigt, haben Israel Gott gegenüber in der Position eines Nicht-Israel gesehen und haben ihm schließlich sogar die Fähigkeit abgesprochen, sich noch zu bekehren. (Der neutestamentliche Verstockungsgedanke stammt ja schon von Jesaja.) Und die exilischen Propheten haben dann das Heil verkündet, das aus Gottes Dennoch seinem dem Gericht verfallenen Volk neu entsteht. Insbesondere bei Ezechiel ist der Gedanke des göttlichen Selbstbeweises, der am toten Volk der Welt gegenüber seine eigene Herrlichkeit beweist, dem des Paulus in der Struktur recht nah. So wird auch der Jude, den Lyotard Paulus gegenüber nachdenken lässt, die Botschaft des Paulus daraufhin prüfen, ob ihn hier nicht zu Recht ein neuer Prophet erschrecke und zur Umkehr auffordere. Die Konfrontation ist nicht eine von außen, mit den Vorwürfen eines Vertreters einer anderen Religion, sondern eine, die er im Grundsatz, jedenfalls formal, schon kennt: „Noch so einer, sagt er sich, noch so ein Jude, der glaubt, den geheimen Sinn der Buchstaben ... entziffert zu haben und so

[6] Lyotard, Bindestrich 44 f.

spricht als sei er Gott-der-Herr. ... Unser Jude lächelt gleichwohl, wie mir scheint. Er erkennt in der paulinischen Beweisführung des Juden Sünde: die Ungeduld. Scha'ul ist einer von uns, sagt er sich. Zu kluger Kopf."[7]

Offensichtlich zeigt sich im Lächeln des Lyotard'schen Juden der paulinischen oder nach-paulinischen Zeit eine Ermüdung der Auseinandersetzungen auf dem Boden apokalyptischer Vernunft: Zu oft schon haben Propheten, Messiasse oder Apokalyptiker Gott selbst in den Ereignissen sprechen hören und das Gehörte allen verbindlich machen wollen. Für diesen Juden aber ist der Kanon allmählich abgeschlossen, die Buchstaben sind beisammen, und es kommt darauf an, sie gemeinsam und stets vorläufig unentwegt auszulegen und bei ihnen zu bleiben. Das markiert den zweiten Faktor der Trennung. Das Judentum in spätrömischer Zeit findet eine neue Weise, die apokalyptische Vernunft im Exil der Welt, ohne Land und Staat, zu überliefern. In Tora-Auslegung und tora-förmiger Lebenspraxis wird die apokalyptische Vernunft aufbewahrt, bis Gott sie für alle öffentlich verifiziere. Nicht einer oder ein Grüppchen hat sie für sich gepachtet. Paulus ist da ein Jude, der es einmal wieder besser weiß, ein „zu kluger Kopf" oder schärfer: ein das Überleben bedrohender Fanatiker.

Worin aber besteht dann der Konflikt, der Paulus und die ersten Christen nicht in die Reihe der Vielzahl von Abweichlern stellen wird, die sich außerhalb des Konsens begaben, aber als Minderheitsvoten im Talmud oder als irrende messianische Bewegungen ihrem Volk erhalten blieben? Ist es nur und erst die sprengende Strategie, sich an die Heiden zu wenden? Oder ist es nicht schon vorher die nicht mehr exegetisch-rabbinisch diskutierbare Instanz, auf die sich die Abweichler berufen? Denn entgegen der Formulierung, nach der Paulus nur beanspruche, den „geheimen Sinn der Buchstaben" entziffert zu haben, sieht auch Lyotard den Grund des Bruches darin, dass die Christen eine Offenbarungs-Instanz oberhalb der Buchstaben einführen, ein neues Geschichte-Machen Gottes, von dem aus dann auch die Buchstaben noch einmal neu zu lesen seien. „Der Vorsatz des Bundes hat sich mit Jesus offenbart ... Die Stimme hört auf, sich in Spuren abzusetzen, sich als abwesend zu erweisen, sie benötigt nicht mehr der Entzifferung durch Zeichen. Aus ihr spricht das Fleisch. ... Der gesamte Aussagegehalt des neuen Bundes resultiert aus dem Modus seiner Behauptung. Paulus kann ihn deshalb in einem Zug mit dem des alten Bundes verbinden."[8]

Lyotard überholt und vertieft damit m. E. seine eigene Ausführung: Paulus ist mehr als nur ein „zu kluger Kopf", der aus der Offenbarung meint seine geheime Offenbarung herauslesen zu können. Er hat zuerst gar nicht gelesen. Er glaubt, eine neue, die alte neu belichtende Offenbarung erfahren zu haben. Der neue Bund resultiert aus dem Modus seiner Behauptung, und dieser ist die Person und der Anspruch Jesu in den Augen seiner Anhänger. Sie verwerfen keineswegs den alten Bund, sie deuten ihn vielmehr „in einem Zug" aus dem Neuen heraus. Und darin besteht aus der jüdischen Sicht die eigentlich paulinische Sünde jüdischer Ungeduld: Er glaubt,

7 Ebd. 45.
8 Ebd. 45 f.

Hörer, Zeuge und Sprachrohr einer ultimativen Prophetie zu sein, „der Stimme, aus der das Fleisch spricht“, wie Lyotard sagt: der Fleisch gewordenen Offenbarung. Das kann man tatsächlich nur glauben und sich damit in Israel völlig neu positionieren – oder es als ungeheure Anmaßung bzw. als Mythisierung einer Geschichte ablehnen, die darin ihre eigene Geschichtlichkeit – und das heißt immer auch Vorläufigkeit – sprengt.

Deshalb spielt nun der Begriff des Glaubens eine so entscheidende Rolle bei Paulus. „Die Exklusivität der Beziehungsweise des Glaubens ... spiegelt die Totalität der neuen Wirklichkeitssicht gegenüber einer früheren Erfahrung.“[9] In diese treten die Heiden, denen Paulus sie verkündet, voraussetzungslos ein wie aus dem Nichts. Der Jude Paulus dagegen will und wird nicht aufhören, ein Jude zu sein. „Er erfuhr Jesus, bei mancherlei Brechen mit jüdisch Traditionellem, doch nicht als den totalen Bruch seiner Identität“, sondern als „eine Verwandlung des Selbstverständnisses.“[10] D. h. eben: Paulus und die anderen mit ihm sind nicht in eine andere Religion übergetreten, geschweige denn: haben sie gegründet. Auf der Ebene meiner Analyse gesagt: Sie haben nicht den Boden der apokalyptischen Vernunft verlassen, keinen theoretischen „Paradigmenwechsel“ vollzogen. Der Gott Israels und sein Handeln in der Geschichte bleibt das Paradigma. Aber sie haben gerade mit den Mitteln apokalyptischer Vernunft den Bogen aufs Äußerste gespannt, wenn nicht überspannt: Sie behaupten, Zeugen eines Handelns Gottes in der Geschichte von einer solchen Endgültigkeit geworden zu sein, dass die gesamte bisherige Offenbarungsgeschichte von hier her neu zu lesen sei. Damit ist tatsächlich ein kritischer Punkt erreicht, und der jüdische „Unglaube“, die Ablehnung dieses Schrittes bedeutet, wie Lyotard sehr genau beobachtet, den Einspruch gegen einen Anspruch, der auf dem Boden apokalyptischer Vernunft doch das bisherige Verhältnis von Glaube und Geschichte auszuhebeln droht, weil nun plötzlich Geschichte geworden sei, was Geschichte eigentlich beenden müsste.

Alle Propheten und Apokalyptiker haben nur angekündigt und ausgemalt, was kommt. Oft kam es, aber dann war der nächste Schritt angebrochen. Nie kam die Erfüllung, welche die Relativität der Geschichte aufgehoben hätte und die Auslegung aller Worte des Kanons auf eine Person, das Heil auf den Glauben an einen Namen auf dieser Erde verengt hätte. Welchen Grund sollte man haben, dies nun zu glauben, wo immer noch alles weitergeht, wie bisher? Es ist der Anspruch präsentischer Eschatologie, zu einem Ziel gekommener apokalyptischer Vernunft mitten innerhalb der weiterlaufenden Geschichte, welcher den Bruch der Wege von Juden und Christen ausmacht, bevor sie sich als zwei Religionen verfestigten. Den Inhalt und den Anlass dieses Grundes gilt es zu fassen, will die Kritik bestimmen, was der apokalyptischen Vernunft mit und seit Jesus Christus widerfuhr.

9 Marquardt, Was dürfen wir hoffen 1, 61.
10 Ebd. 62.

Eschatologische Erfahrung in der Gegenwart

Schon in der Begriffsbestimmung apokalyptischer Vernunft in Kapitel 1 wurde Gott-Denken aufgefasst als eine Weise, das gute Ende der Dinge vorwegzunehmen, weil der Ausgang des Denkens von einer Offenbarung Gottes ein Wissen um Gott als Umschließenden und Ziel alles Denkbaren schon einschließt. Von daher gesehen zeigte sich die Entwicklung der apokalyptischen Vernunft in Israel als ganz unspekulative, aber doch dieser apriorischen These konsequent entsprechende stetige Radikalisierung der eschatologischen Orientierung. In der Bewältigung der Zeitläufte durch den JHWH-Glauben gab es ursprünglich die Verheißungen des Glaubens, den Segen Gottes über Land, Tempel, König, Volk – dann aber prophetisch vorweggenommene Endpunkte der Geschichtserwartung als nicht überschreitbare Grenze des Gerichts, als radikale Unterbrechung, dann als nicht überschreitbaren Horizont neuen Heils, als radikale Umwandlung. In jedem Fall wird der letzte Tag der „Tag JHWHs“ sein. Die Haltung zur Gegenwart bestimmt sich aus dieser vorwegnehmenden Gewissheit. Die frühe Geschichtstheologie systematisiert dieses Bild des konsequenten, über die menschlichen Brüche hinweg gehenden Bundeshandeln Gottes. Die Apokalyptik verliert gerade dieses positive Bild von Kontinuität (das allerdings selbst schon den dialektischen Umschwung von Bundesbruch und Neuanfang einschloss), universalisiert aber die Vorwegnahme des Tages JHWHs als Tag eines neuen Himmels und einer neuen Erde.

Dieser gesamten zunehmenden Eschatologisierung des Glaubensdenkens Israels ist der eindeutig futurische Charakter der Eschatologie gemeinsam. Zwar ist Zukunft hier das, was die Gegenwart bestimmt; nicht nur, weil ihre Verkündigung verlangt, sich jetzt auf sie einzustellen, sondern auch, weil sie in die Gegenwart real herein ragt, weil sie jetzt schon anbricht, weil man ihre Zeichen – Vorboten der Katastrophe oder Aufkeimen der Verheißung – schon sehen kann. Dennoch bleibt das Eschatologische logischerweise stets das Kommende, das noch aussteht, von dem man Visionen, Bilder, Vorzeichen hat. Vielleicht auch Vorboten – aber gerade an den (erst spät auftauchenden) Gestalten und Mittlern des Eschatons, am Gottesknecht, am Messias, am „Menschensohn“ lässt sich die Zurückhaltung ablesen, die das Kommende nicht wie ein schon Habhaftes behandelt: Diese Gestalten bleiben anonym, sie schillern zwischen kollektiven und individuellen Deutungsmöglichkeiten, können das gerettete Volk repräsentieren, himmlische Personifizierungen darstellen oder auch reale, aber eben noch unbekannte Einzelpersonen. Eschatologie ist allerdings für die apokalyptische Vernunft eine Form des Wissens: „Eschatologie meint das Wissen um die end-gültige Gestalt des Menschen und der Welt, womit das Ende der Geschichte angedeutet wird.“[11] Der Ausgang ist gewiss, aber in seiner geschichtlichen Wirklichkeit nur angedeutet.

Und hier bringt nun die neutestamentliche Redeweise etwas unerhört Irritierendes ein. „Die Rede von der Eschatologie nach der neutestamentlichen Literatur

[11] Lona in: Dogmengeschichte IV 7a, 45.

stellt … den Sachverhalt auf einen komplexen zeitlichen Hintergrund, wonach das Eschatologische schon in der Geschichte Wirklichkeit wurde, ohne jedoch die Geschichte aufzuheben."[12] Obwohl es im Neuen Testament weiter intensive Zukunfts-Erwartungen gibt, weil ja die Gegenwart nicht still steht, beruht diese Erwartung doch ganz auf der neuen Figur einer Rede vom Eschatologischen im Imperfekt. Was bei den Propheten und Apokalyptikern stets Beschreibung in einer Art futurischem Konjunktiv blieb, gibt es nun plötzlich im Modus der Erzählung. Erzählt werden die Ereignisse um die Person Jesu als Ereignisse eingetretener Eschatologie. Die Zukunftserwartung der frühen Christen erscheint paradox als „erfüllte Hoffnung", als ein „vom Ziel erfülltes Hoffen"[13]. Die Voraussetzung und Klammer, welche das Neue Testament zusammen hält, besteht in der Gewissheit, „dass in Jesus Christus der Wille Gottes gegenüber der Menschheit endgültig und unüberholbar (eschatologisch) geoffenbart"[14] ist.

Die gesamte neutestamentliche Verkündigung mit all ihren internen Unterschieden und Entwicklungen, legt dar, es sei „in Worten und Wirken, Kreuz und Auferweckung Jesu anschaulich gemacht, was der Sinn der Menschheitsgeschichte ist und dass von dem versöhnten Gott her die Geschichte als Heil ausgehen soll."[15] Damit ist die Grundgewissheit apokalyptischer Vernunft nun an dem Konkreten festgemacht, was die Träger dieser Botschaft bezeugen, – nicht an einer neuen Exegese der Tradition, nicht an einem neuen, vielleicht durch einen in jener Zeit möglichen religionsgeschichtlichen Synkretismus zwischen Hellenismus und Judentum zustande gekommenen Gedanken, sondern an einer Geschichte, welche sich selbst als ein letztes, eschatologisches „geschichtstheologisches Faktum" vermittelt. Damit wollen die Autoren des Neuen Testaments stehen oder fallen.

Dass sie sich dann der Umformung verschiedener ihnen zugänglicher religiöser, z. T. auch profaner Begriffe und Traditionen, vor allem aber der Exegese ihrer Heiligen Schriften, bedienen, um den Anspruch ihrer Verkündigung selbst zu begreifen, ausdrücken und argumentativ vermitteln zu können, folgt sofort aus ihrer Initial-Erfahrung – sonst wüssten wir nichts von ihr. Es ereignet sich hier auf schmalem Raum, innerhalb weniger Jahre wieder so etwas wie der Übergang von Prophetie zu prophetischer Theologie. Und wie bei diesem Übergang um die Zeit des babylonischen Exils herum auch ausdrückliche Geschichtstheologie geschaffen wurde, um das Erfahrene zu bewältigen und das Unerhörte der Prophetie zu begründen, so präsentiert nun auch das Neue Testament unterschiedliche Versuche, das Kerygma zu systematisieren. Diese Versuche divergieren untereinander ebenso wie es die vorexilischen, deuteronomistischen, priesterlichen Ansätze beim Makro-Vorbild der Schriftwerdung des Ersten Testaments taten. Ob aber nun matthäisch, paulinisch, lukanisch oder johanneisch pointiert: Die neutestamentliche Geschichtstheologie „stellt die Erscheinung Christi in einen geschichtlichen Zusammenhang mit Israel

12 Ebd.
13 Marquardt, Was dürfen wir hoffen 1, 342.
14 Vorgrimler, Hoffnung 101.
15 Ebd.

..., ja in den Zusammenhang der Weltgeschichte ...; sie entfaltet das Heilsgeschehen als eine Folge von geschichtlichen Ereignissen und spricht von erfüllter Zeit, erfülltem Wort und von den ‚großen Taten Gottes' ... Wieder also sehen wir Menschen aufs intensivste damit beschäftigt – nicht: eine neue Lehre zu entfalten, sondern: – zunächst eine geschichtliche Ereignisfolge zu beschreiben, durch die das Verhältnis Israels zu seinem Gott, ja das aller Menschen auf eine ganz neue Grundlage gestellt wurde."[16]

Um diesen in seinen weltgeschichtlichen Folgen und damit für ihre Dialektik entscheidenden Umschlagspunkt apokalyptischer Vernunft analytisch, von seinem Ursprung her erfassen zu können, muss ich zunächst nach dem möglichen Grund des neutestamentlichen eschatologischen Anspruchs in der Verkündigung Jesu selbst fragen (Kapitel 5), sodann nach dem Offenbarungsereignis, aus dessen Perspektive allein uns die neutestamentlichen Autoren die Person Jesu vorstellen, nach ihrer Ostererfahrung also (Kapitel 6). Leitfrage der Analyse ist dabei das Verhältnis dieser Neuheiten und ihrer Deutung zu den bisher erarbeiteten Struktur-Komponenten apokalyptischer Vernunft; d. h. formal: zur prophetischen Qualifikation von Gegenwart, zur geschichtstheologischen Reflexion dieser Qualifikation, inhaltlich: zur Dialektik von Heilswirklichkeit durch Unheil und Gericht. Erst nach der Analyse der neutestamentlichen Ursprungserfahrung unter diesen Leitbegriffen kann die neutestamentliche, für die Christen kanonisch gewordene Weise charakterisiert werden, mit dem Neuen und dem Erbe apokalyptischer Vernunft umzugehen (Kapitel 7).

Ungeliebte Apokalyptik in der Jesus-Forschung

Der „historische Jesus" ist uns so wenig direkt zugänglich, wie es die alttestamentlichen Einzelpropheten sind. Tatsächlich hat die im nächsten Kapitel zu behandelnde Pascha-Erfahrung seiner Jünger strukturell eine vergleichbare Funktion für die theologische Reflexion der Verkündigung Jesu und damit für die Schriftwerdung des neuen Testaments, wie das babylonische Exil für die Entstehung prophetischer Theologie und damit für die Buchwerdung der Prophetie. Insofern hat R. Bultmann damit Recht gehabt, die vor-österliche Verkündigung Jesu selbst als Voraussetzung, nicht als Inhalt neutestamentlicher Theologie zu behandeln. Sie ist nicht einer kanonischen Auslegung, sondern nur einer historisch-kritischen Rekonstruktion zugänglich. Alles schon in Kapitel 1 zum Verhältnis dieser Analyse zur historischen Forschung Gesagte gilt deshalb hier wieder besonders.

Darüber hinaus sei noch betont, dass das Verhältnis historischer Kritik zu meiner Analyse nicht das gleiche ist wie das der Historie zu einer Theologie (in diesem Fall etwa Christologie): „Alles historisch saubere Forschen tendiert auf ein kritisch gesichertes Minimum, dessen Inhalt hypothetisch und relativ ist. ... Darum ist es höchst

[16] Von Rad, Theologie 2, 372.

problematisch und fragwürdig, wenn ‚der historische Jesus' als Ausgangsposition der Christologie angerufen und zum Beziehungspunkt eines Begründungsverfahrens gesetzt wird", etwa in einer Art „Aufstockungsverfahren, das im Hypothetischen und Relativen anheben und auf fragwürdigem Grund zum Absoluten begründend sich emporarbeiten könnte."[17]

Ich teile diese Bedenken gegen eine lineare Verknüpfung historischer und theologischer Argumentation – wenngleich eine Theologie auf dem Boden apokalyptischer Vernunft die garstige Abhängigkeit von historisch Konkretem wohl wesenhaft nicht los werden wird und darf. Aber meine Analyse als solche ist keine Theologie, sie teilt mit ihr insbesondere nicht das „apologetische Element". D. h. hier: Es geht in diesem Abschnitt nicht darum, anhand der Rückfrage nach der Verkündigung Jesu das Recht der neutestamentlichen Jesus-Deutungen zu erweisen (so wenig, wie die letzten Kapitel nach dem Recht, nach der Legitimation der prophetischen Theologie fragten). Die Rückfrage dient im Rahmen der Analytik vielmehr der Klärung des strukturellen Zusammenhanges der Verkündigung Jesu mit der apokalyptischen Vernunft vor ihm und der christlichen nach ihm, die wirkungsgeschichtlich von ihm ausging. Das ist interpretatorisch mehr als Historie, aber im Anspruch „weniger" als Theologie. Wenn die – für mich jedenfalls – erstaunlichen strukturellen Verstrebungen quer durch den biblischen Kanon, wenn die in ihnen zutage tretende radikale Konsequenz des doch geschichtlich kontingenten Ganges apokalyptischer Vernunft schon in der Geschichte Israels, innerhalb dieser aber gerade angesichts des unableitbaren Auftretens Jesu und seiner Folgen, das Staunen lehrt und als eine Spur der Offenbarung ein-leuchten[18], liegt darin eine Hoffnung der Analyse für die Theologie – die sich aber nicht methodisch erzwingen lässt.

In diesem Kapitel werde ich nicht im Entferntesten die historische Jesusforschung aufrollen und zu ihr Stellung nehmen können. Die allermeisten und wesentlichen Fragen zu seiner Vita, zu seinen Taten (Wundern), zu seiner Ethik (und ihrem Verhältnis zur Tora), zu seinem engeren Selbstverständnis (als Messias oder „Menschensohn"?), zu seinen Gegnern (jüdische Gruppen, jüdische Obrigkeit, römische Herrschaft), zu seinem Prozess, seiner Hinrichtung und dem möglichen eigenen Verständnis seines Todes werde ich nicht behandeln und damit unentschieden lassen. Ein Gesamtbild des historischen Jesus gehört nicht zur Kritik apokalyptischer Vernunft. Notwendig für das Verständnis Jesu in deren Gang ist die Frage nach dem eschatologischen und damit zumindest indirekt geschichtstheologischen Kern seiner Botschaft. Zu dieser Frage möchte ich hier Stellung nehmen, indem ich – als Nichtfachmann – mir einige Erträge der Forschung aneigne und sie in den Kontext der bisherigen Analyse stelle – und damit Folgerungen ziehe, die diese

17 Kraus, Theologie 366.

18 „Verhält es sich aber so, dass die Offenbarung Gottes in historischer Bedingtheit ergangen ist, dann müsste exakte, u.d.h. vor allem vorurteilsfreie, von keinen weltanschaulichen Prämissen okkupierte oder dirigierte Forschung den Spuren der Epiphanie begegnen ... Spuren sind keine 'bruta facta', wohl aber Abdrücke, über sich hinausweisende Hinterlassenschaften von Schritten des weitergegangenen Geschehens." (Ebd. 345)

Forschung so nicht vertreten muss. Umgekehrt mache ich mir durch die Übernahme bestimmter m. E. gut begründeter Forschungsergebnisse zu Jesu eschatologischer Verkündigung nicht schon alle Folgerungen zu eigen, die die zitierten Fachleute daraus für die gerade genannten Fragebereiche der Jesusforschung ziehen.

Dass Jesu Auftreten und Botschaft im Kern eschatologisch motiviert ist, steht schon seit Beginn der modernen Jesusforschung, seit Albert Schweitzers Buch über die Leben-Jesu-Forschung (1906) fest, mit dem er gerade nachweisen wollte, dass wir eine Biographie Jesu nicht schreiben können und dass der historische Jesus sich nicht zur Rückprojektion moderner religiöser Ideale eignet. Der fremde Jesus, den er hinter den Texten der Evangelien fand, ist der Prophet einer konsequenten Naherwartung, dessen gesamtes Glauben und Denken sich nur von seiner Hoffnung auf das unmittelbar bevorstehende Ende dieser Welt und den Anbruch des Reiches Gottes erklären lässt. Alles im Neuen Testament und seither über ihn Gesagte erklärt sich dagegen aus dem Versuch, weiter an Jesus zu glauben, obwohl dessen eigener eschatologischer Glaube offensichtlich scheiterte. Überblickt man nun die Jesus-Forschung der letzten Jahrzehnte, so scheint deren größter Fortschritt in einer wachsenden Klarheit über den historischen Kontext gerade seiner eschatologischen Verkündigung vom Reich Gottes (oder von der Gottesherrschaft – wie man, stets unzureichend, das aramäische „malkuta" bzw. das griechische „basileia" übersetzen kann[19]) zu bestehen. Ich wähle als Marksteine die Jesus-Bücher von Bultmann (1951), Bornkamm (1956, überarbeitete Fassung 1975) und Merklein (1983) – ergänzt durch einige neuere Studien.

Schon für Bultmann lautet der erste Satz zu Jesu Theologie, gewissermaßen den Beginn des Markusevangeliums paraphrasierend: „Eschatologische Botschaft ist die Verkündigung Jesu, d. h. die Botschaft, dass nunmehr die Erfüllung der Verheißung vor der Tür stehe, dass nunmehr die Gottesherrschaft hereinbreche."[20] Bultmann hebt diese reine, ins Präsens hineinreichende Eschatologie jedoch scharf ab von einer Apokalyptik, deren Endzeitvorstellungen er als „phantastische orientalische Kosmologie und Mythologie" abtut.[21] Weil er das Spezifikum der Apokalyptik in ihren Bildgehalten und deren vorgeblichem Sonderwissen um endzeitliche Ereignisfolgen erblickt, kann er Jesu Zurückhaltung gegenüber konkreten Schilderungen der Endzeit nur als seine Distanz gegenüber der Apokalyptik insgesamt deuten: Apokalyptische Vorstellungen hätten bei Jesus „nur … negativen Sinn"[22]: „Die eigentliche Bedeutung der ‚Gottesherrschaft' liegt also für die Verkündigung Jesu jedenfalls nicht in den dramatischen Ereignissen ihres Kommens und in dem, was sich menschliche Phantasie über ihren Zustand auszumalen vermag."[23] Wenn Bultmann

[19] Vgl. Merklein, Botschaft 37-39.
[20] Bultmann, Jesus 27.
[21] Ebd. 22. (Ebd. 120-127 zeichnet Bultmann zwar eine tiefer eindringende Analyse der Apokalyptik im Frühjudentum, hier aber um den Preis, dass sie nach den Kriterien einer christlich-reformatorischen Gnadentheologie gewertet wird.)
[22] Ebd. 21
[23] Ebd. 38.

damit den „Unterschied zwischen Jesu eschatologischer Erwartung und den populären jüdischen Hoffnungen“[24] zu finden glaubt, liegt dies nicht zuletzt an seiner verengten Sicht der Apokalyptik als einer nationalistischen Endzeit-Phantasie, d. h. am Ausblenden von deren (in Kapitel 4 skizzierten) geschichtstheologischer, die Eschatologie radikalisierender Tiefendimension.

Die Darstellung Bornkamms deutet hier schon eine veränderte Forschungslage an: Er sieht, dass Jesus von einer traditionellen, kontinuierlich-heilsgeschichtlich denkenden davidischen Messiaserwartung ähnlich abgerückt ist wie manche enttäuschte und radikalisierte frühjüdische Theologen auch, die Heil nicht mehr als Fortsetzung einer in der Tradition auffindbaren Verheißungslinie entdecken können. „Ungleich näher steht seine Botschaft der apokalyptisch-kosmischen Erwartung seiner Zeit“.[25] Allerdings sieht auch Bornkamm in der Tradition Bultmanns den „Abstand seiner Botschaft zur spätjüdischen[26] Apokalyptik“ in Jesu Ablehnung von „mit ausschweifender Phantasie gemalten Bildern“[27] eines Wissens um das genaue Wie des Weltendes. Gegenüber diesem m. E. die unterschiedliche Überlieferungslage apokalyptischer Texte und der Sprüche Jesu wenig beachtendem Urteil bohrt Bornkamm allerdings tiefer, wenn er den eigentlichen theologischen Unterschied zwischen apokalyptischer Ansage des Endes und Jesu basileia-Botschaft eben nicht in apokalyptischer Abstinenz, sondern in deren erneuter innerer Radikalisierung findet, in einem „Unterschied wie zwischen elfter und zwölfter Stunde. Denn Jesus ruft: Die Wende der Äonen ist da, die Herrschaft Gottes bricht schon herein.“[28] Hier wird also mit einer neuen Zeitansage, einer neuen prophetischen Qualifikation der Gegenwart gerade unter Voraussetzung apokalyptischer Theolegumena gerechnet.

Bei dieser Beobachtung setzt die neuere Früh-Judentums-Forschung an, wie sie Merklein für eine Skizze der Botschaft Jesu ausgewertet hat. Sie unternimmt es, „Jesu Botschaft von der Gottesherrschaft zumindest von ihrem Ansatzpunkt her ganz eindeutig in der Tradition frühjüdisch-apokalyptischen Denkens“ zu verorten[29] und systematisiert damit E. Käsemanns frühere Vermutung, dass die Apokalyptik die Mutter der christlichen Theologie sei – und dieser Deutung folgt meine Darstellung im Wesentlichen – unter Einbezug einiger seit Merklein neu gewichteter Nuancen.

Dabei darf man sich allerdings diese apokalyptische Theologie und Bewegung so wenig als fest um- und abgrenzbare Richtung oder Schule vorstellen wie andere Grundströmungen des Frühjudentums auch. M. E. krankt die historische Jesusforschung häufig daran, aus der komplexen und unsicheren Quellenlage bestimmte frühjüdische Typen zu konstruieren, denen Jesu Botschaft dann nachträglich zuge-

[24] Ebd. 40.
[25] Bornkamm, Jesus 59.
[26] Man beachte, dass Bornkamm auch in der Neuaflage von 1975 noch an dieser Terminologie festhält, welche die gesamte Geschichte des Judentums zu einer Spät- und Nach-Phase des alten Israel degradiert.
[27] Ebd. 59.
[28] Ebd. 60.
[29] Merklein, Botschaft 43.

ordnet wird, meist mit dem Ergebnis, dass er nirgends ganz hinein passt. Aus dieser Schwierigkeit zieht man dann entweder den Schluss auf seine Unvergleichlichkeit oder aber man findet in einer seiner Seiten den authentischen, in den anderen den verfälschten Jesus. Beide Schlüsse sind jedoch voreilig, weil sie auf dem hermeneutischen Zirkel eines Vergleichs der besonderen Aussagen Jesu mit rekonstruierten Idealtypen beruhen, die es so scharf umrissen wohl nie gegeben hat.

Deshalb bedeutet meine Entscheidung, den „apokalyptischen Jesus" in den Vordergrund zu stellen und die Apokalyptik als Schlüssel zu seiner eschatologischen Verkündigung zu begreifen, keineswegs, den Rabbi, Weisheitslehrer und Wundertäter Jesus – der ebenfalls in bestimmten Traditionen steht – zu verleugnen. Die Zuordnung dieser unterschiedlichen „Gesichter" Jesu war schon für Bultmann ein Zentralproblem: „Wie verhalten sich Jesus der Rabbi und Jesus der Prophet zueinander?"[30] Manche möchten das Problem biographisch lösen: So hat „nach Joel Carichael … der ursprünglich friedlich-apokalyptisch gestimmte Jesus am Ende seines Lebens, als das Reich Gottes ausblieb, die Nerven verloren und einen revolutionären Kurs eingeschlagen."[31] Auch wenn die These „heute kaum noch Resonanz"[32] findet, hat Reinhold Mayer neuerdings wieder einen biographischen Bruch zwischen einem prä-talmudischen Rabbi Jesus und einem kämpferischen, gar gewaltbereiten Messiasprätendenten Jesus behauptet. Für ihn „lassen sich mindestens zwei verschiedene Epochen deutlich voneinander unterscheiden: während einer längeren Zeit war Jesus Toralehrer im Galil – ohne messianische Ambitionen; in einer verhältnismäßig kurzen Epoche vor seinem Tod zog er dann als Messias-Anwärter vom Norden des Israel-Landes nach Jerusalem, um dort, im Zentrum der Macht, als König der Juden aufzutreten."[33]

Solch eine Rekonstruktion ist m. E. methodisch fragwürdig schon deshalb, weil sie die neutestamentlichen Schriften einerseits historisch-kritisch als christlich-nachösterliche Zeugnisse liest, andererseits aber doch wieder historische, ja biographische Details aus ihnen meint entnehmen zu können, wo diese zur eigenen Jesus-Rekonstruktion passen. Der hermeneutische Fehler besteht aber darin, dass die Besonderheit Jesu in deren Wiedererkennbarkeit in zeitgeschichtlichen Parallelen (etwa den Rabbinen einerseits und den Messiasprätendenten andererseits) gesucht wird, um das nicht Passende, das übrig bleibt, anschließend nach (letztendlich spekulativ bleibenden) eigenen Kriterien der christlichen Verzeichnung oder einer inneren Entwicklung Jesu zuzuschreiben. Gilt dann erst einmal als ausgemacht: „als Lehrer fügt sich Jesus ganz ein in das damals unter Gelehrten Übliche", und gilt weiter als „wesentliches Merkmal des Lehrertums ... das Maßvolle, Besonnene, von dem sich alles Messiastum ... grundsätzlich unterscheidet"[34], dann muss es eben gewissermaßen zwei Gesichter Jesu gegeben haben. Was bei Mayer gänzlich aus-

[30] Bultmann, Jesus 104.
[31] Thoma, Messiasprojekt 305.
[32] Ebd.
[33] Mayer, Messias 56 f.
[34] Ebd. 59.

fällt, ist die Klammer apokalyptischer Eschatologie, die Jesu weisheitliche und seine messianische Seite zusammenzuhalten vermag, ihn aber sowohl von einem typischen Rabbi wie auch von vielen anderen eher politischen Messiassen unterscheidet.[35]

Um diese Klammer erkennen zu können und den historischen Jesus doch nicht überladen wie ein reines Theologen-Konstrukt dastehen zu lassen, muss man eben davon ausgehen, dass die typologischen Abgrenzungen der Forschung keine Grenzen zwischen den Richtungen und Gruppen zu seiner Zeit sein müssen. „Auch die Apokalyptiker betraten teilweise ideologisch getrennte Wege. Es gab Apokalyptiker, die den anarchistischen Revolutionären, den Zeloten, Sikariern etc. zuneigten, während andere – z. B. die Daniel- und Henochapokalyptiker – eher von pietistisch-endzeitlichen Idealen fasziniert waren. ... Es ab Apokalyptisches im Pharisäismus ... Gruppenunterschiede bedeuten nicht notwendig auch Glaubens- und Traditionsunterschiede. Die Feststellung der Traditionsgemeinschaft quer durch die Gruppen und Zeiten hindurch ist für die Situierung Jesu im Judentum von Bedeutung“[36]. Deshalb wundert es mich, dass Hubert Frankemölle in seiner ansonsten vorzüglich exakt und umfassend informierenden neuen Darstellung von Frühjudentum und Urchristentum die Apokalyptik als Quelle der Verkündigung Jesu als ein „vielfach noch in der deutschen Literatur“ präsentes, also eigentlich überholtes Bild der „Jesus-Forschung der letzten hundert Jahre“ hält.[37] Einmal abgesehen davon, dass ich eine solche forschungsgeschichtliche Dominanz – das soll meine Stichprobe hier ja zeigen – nicht erkennen kann, verfällt Frankemölle in eine Idealtypik heilsgeschichtlichen deuteronomistischen Denkens, die für die Zeit Jesu geradezu anachronistisch wirkt.

Wo knüpft die Predigt Jesu, soweit wir sie rekonstruieren können (und nicht etwa deren typisch lukanische Systematisierung), an eine deuteronomistisch-universalgeschichtliche Deutung der heilsgeschichtlichen Kontinuität Israels an?[38] Argumentiert Jesus nicht im Gegenteil stets prophetisch „ad hoc“ aus dem Willen Gottes oder sozusagen direkt schöpfungstheologisch? Diese weisheitliche Seite der Sprache Jesu als Abgrenzung zur Apokalyptik zu verstehen, funktioniert wiederum deshalb nicht, weil auch apokalyptische Texte in betont weisheitlichem Duktus daher kommen können.[39] Jesus verkündet „die Gegenwärtigkeit des eschatologischen Heils“[40], aber er begründet diese gerade nicht in Ausführungen über „die Kontinuität von Gottes Herrschaft in der Geschichte.“[41] „Jesus denkt und argumentiert an

[35] Mayers auf Jesus angewendete Idealtypik verwundert auch deshalb, weil das reiche Vergleichsmaterial seines Buches ja die mitunter engen Koalitionen zwischen rabbinischer Weisheit und Messianismus (etwa bei Rabbi Akiba und seiner Haltung zu Bar Kochba) in der Zeit Jesu belegt. Die Apokalyptik bleibt bei ihm jedoch völlig blass.

[36] Thoma, Messiasprojekt 302 f.

[37] Frankemölle, Frühjudentum 233.

[38] Ich beziehe mich auf die Darstellung bei Frankemölle, Frühjudentum 231-240.

[39] Vgl. dazu Müller, Studien 94-96.

[40] Frankemölle, Frühjudentum 236.

[41] So ebd.

vielen Stellen weisheitlich, an anderen apokalyptisch"[42], aber beide, seine weisheitliche Sprache und seine präsentische Tat-Predigt bedeutet eine Art „Überspringen" apokalyptischer Szenarien. Dieser Übersprung gelingt durch das Aufbrechen des apokalyptischen Unheils-Horizonts durch Jesu neue eschatologische Gegenwarts-Diagnose: „Die apokalyptisch erhoffte Ordnung der Überwindung allen erfahrenen Unrechts und aller erlittener Perversion wird in der jesuanischen Verkündigung aus der Ferne der Erwartung in die Nähe der Erfahrung des handelnden Gottes gezogen."[43] Aber das beruht wiederum auf einer „apokalyptischen" Erfahrung und nicht auf einem Rückgriff auf heilsgeschichtliche Theologie.[44]

„Es ist durchaus möglich, dass die Diskussion um die ursprüngliche Lehre Jesu endlos andauert, … weil Christen es unerträglich finden, sich Jesus als apokalyptischen Propheten vorzustellen, oder als jemanden, der die Erwartung geteilt haben könnte, das göttliche Gericht stehe unmittelbar bevor."[45] Vielleicht ähnlich „unerträglich" wirken neuere, mir durchaus einleuchtende Untersuchungen, nach denen Jesus mehr noch als den pharisäischen Rabbinen in vielen Zügen den mystisch und anti-elitär ausgerichteten Wundertätern der so genannten „frühen Frommen" in Galiläa glich.[46] In dieser Linie konnten sich innerliches Gottesverhältnis, weisheitliche Predigt und Zeichenhandlungen aus einer eschatologischen Erwartung heraus durchaus miteinander verbinden. Jesu Naherwartung und Repräsentationsanspruch, der ihn dann nach Jerusalem und in den Konflikt führte, wird jedoch weit radikaler gewesen sein als bei diesen. Denn es „ist die Bewegung, die Jesus entfacht hat, sein Einzug in Jerusalem und sein Ende am Kreuz geschichtlich wohl nur verständlich, wenn er wirklich als messianischer Prophet aufgetreten ist. Ja es ist sogar viel wahrscheinlicher, dass er in Wahrheit noch viel mehr eschatologischer Prophet gewesen

[42] So Miggelbrink, Der zornige Gott 77.

[43] Ebd.

[44] Hermeneutisch vermischt Frankemölle bei seiner Jesus-Skizze m.E. auf verwirrende Weise die Diskussion um die Frage, wie apokalyptisch Jesus war, mit der Frage, wie gut er aus dem Judentum heraus zu verstehen sei. Ganz gegen seine sonstige Tendenz, alle zeitgenössischen Schulen des Judentums – bis hin zu den hellenistischen Kreisen um Philo von Alexandrien – genuin als Erscheinungen des damaligen, sozusagen „breit aufgestellten" Judentums zu begreifen, muss Jesus bei Frankemölle, um jüdisch zu sein, möglichst klassisch alttestamentlich heilsgeschichtlich wirken. Frankemölle sagt das nicht so klar, führt aber seine Kritik der apokalyptischen Deutung Jesu und die Betonung seines jüdischen Kontextes stets parallel. Warum? Das spätere rabbinische Judentum hat sich von der Apokalyptik genauso distanziert wie von den radikalen Hellenisten. Also wird Jesus doch nicht dem Judentum entwunden, wenn man ihn im Horizont der apokalyptischen Kritik an der Heilsgeschichte versteht, so wenig wie – nach Frankemölles Grundansatz – das Urchristentum unjüdisch war, als es sich im Kontext damals schon angelegter Bahnen „hellenisierte". Die Auffächerung des Judentums in teilweise extreme Gegenpositionen, die sich mitunter gegenseitig ihr Israel-Sein streitig machen, gehört ja gerade zu den zeitgeschichtlichen Bedingungen der Entstehung von Apokalyptik in hellenistischer Zeit. (Vgl. dazu Müller, Studien 135.)

[45] So John J. Collins in: WUB 52 (2/2009) 27.

[46] Vgl. dazu Thoma, Messiasprojekt 314 f., zustimmend auch Frankemölle, Frühjudentum 236.

ist, als es in der Überlieferung hervortritt.“[47] Dafür muss er nicht mit den eigenen Anfängen gebrochen haben, wenn – wie die folgende Skizze zeigen soll – sein „Messianismus“ von Anfang an, von seiner Trennung von Johannes dem Täufer her, der einer (paradoxerweise!) apokalyptischen unmittelbaren Heilsansage gewesen ist.

Eine Offenbarung an den Täufer-Schüler

Die Klammer zwischen Erstem und Neuem Testament stellt die Gestalt Johannes des Täufers dar – und sie scheint von den (synoptischen) Evangelisten auch bewusst in diese kanonische Funktion gebracht worden zu sein: Ihre Schilderungen des Täufers greifen auf eine Stelle des letzten Prophetenbuches im Alten Testament zurück, auf Mal 3,23, wo der wiederkehrende Prophet Elias als Bote der anbrechenden Endzeit verheißen wird. Durch diese typologische Deutung des Johannes „werden das Neue Testament und seine Botschaft vom Messias Jesus Christus mit dem Ersten Testament verzahnt.“[48] Natürlich entspricht diese Konstruktion der Tendenz der Evangelien, Johannes weniger als eigenständigen Propheten, als vielmehr in seiner Rolle als Vorläufer und Ankündiger (von den parallelen Kindheitsgeschichten Johannes’ und Jesu angefangen) darzustellen. Dennoch bewahrt seine Charakteristik als kanonische Klammer zwischen den Testamenten eine tiefe historische Einsicht hinter den Texten der Evangelisten: Denn tatsächlich stand der Täufer nach den heute noch möglichen Rekonstruktionen in einer für seine Zeit erstaunlichen Konsequenz „im Gefolge der deuteronomistischen Verkündigung“[49]; seine nach Lk/Mt 3 rekonstruierbare Gerichtspredigt zeigt, „dass Johannes ein apokalyptisch radikalisiertes deuteronomistisches Geschichtsbild vertritt.“[50]

„Der Bußruf des Johannes erneuert die Botschaft der alttestamentlichen Gerichtspropheten vor ihm. Was ihm seine Besonderheit gibt, ist die andringende Nähe des Gottesreiches und das unheimliche ‚Schon‘ der gegenwärtigen Weltstunde.“[51] Die Gegenwart des Johannes steht unmittelbar vor einer katastrophischen

[47] Bultmann, Jesus 106. Dass sich der Schlusskonflikt, der ihn der jüdischen Tempelleitung ebenso wie der römischen Besatzung zum Feind machte, um eine eschatologisch gestimmte Zeichenhandlung im Tempel – und damit einen radikalen Angriff auf die bestehende Machtbalance – drehte, kristallisiert sich zunehmend als ein Konsens der Forschung heraus. (Vgl. dazu etwa Thoma, Messiasprojekt 329-332 und Merklein, Botschaft 133-137.) Um dafür in den Jahrzehnten zwischen Zelotenaufständen und den Unruhen, die schließlich zum jüdisch-römischen Krieg führen, beseitigt zu werden, musste er weder gewalttätig sein noch explizit ein politisches Messiasamt anstreben. Das römische Vorgehen gegen (etwa bei Flavius Josephus erwähnte) reichlich unpolitische Endzeit- und Wüstenpropheten belegt dies. Jesus war und wirkte allerdings politisch – indem seine Infragestellung des Bestehenden mehr war als dies!

[48] Zenger, Einleitung 34.

[49] Merklein, Botschaft 29.

[50] Ebd.

[51] Bornkamm, Jesus 42.

Stunde null: „Israel ist so verloren, dass auch die Berufung auf Abraham keine Heilshoffnung mehr zulässt.“[52] „Die Predigt des Johannes ist … primär Gerichtspredigt beziehungsweise prophetisch-apokalyptische Aufdeckung eines theologisch unmittelbaren Zusammenhanges zwischen faktischem Israel und göttlichem Gericht.“[53] Dieses apokalyptische radikalisierte Bild des klassischen Gerichtspropheten bildet offensichtlich die eigene Physiognomie des Täufers, mit der er sich seinen Anhängern und Nachfolgern eingeprägt hat, einer endzeitlichen Bußgemeinschaft, die ihn nach seinem Märtyrer-Tod als Heilsgestalt weiter verehrte und das von ihm geweissagte Gericht erwartete – und gegen die offensichtlich die Anhänger Jesu ihre Darstellung von Johannes als Wegbereiter Jesu erzählten.[54]

So ähnlich – allerdings apokalyptisch universalisiert – ist diese apodiktische Gerichtspredigt der Diagnose etwa eines Amos, dass es Schwierigkeiten bereitet, dass „Schlupfloch“ der Buß-Taufe, welches Johannes seinen Hörern bot, in sein Geschichtsbild zu integrieren. Offensichtlich geht es in diesem Zeichen individueller Umkehr darum, das kommende unabwendbare Gericht anzuerkennen und sich dem Dennoch der Gnade Gottes zu überantworten, also darum, die erwartete Katastrophe als Neugeburt, als Rettung zu erleben, so wie es Israel in seinen dunkelsten Stunden ohne sein Verdienst noch je geschehen ist.[55]

Wie nun auch die Evangelisten nicht verschweigen können, hat sich Jesus dieser Bußtaufe des Johannes unterzogen, woraus man – eine Reihe weiterer deutlicher Indizien hinzunehmend – schließt, „dass Jesus ursprünglich zu der Sekte des Täufers gehörte, und dass die Jesus-Sekte eine Absplitterung der Johannes-Sekte ist.“[56] „Dass Jesus sich von Johannes taufen ließ, gehört zu den unbezweifelbaren Daten seines Lebens, und sicher auch dies, dass die Begegnung mit ihm für das Verständnis seiner eigenen Sendung von höchster Bedeutung war und blieb. Jesus hat ... nicht das Wirken des Täufers unmittelbar fortgesetzt. Und doch ist er nie sein Gegner.“[57] So bewahren auch die Evangelien die Erinnerung daran, dass Jesu Verkündigung aus seiner Zurückgezogenheit in der Wüste, der Wirkstätte des Johannes, heraus begann. Und diese Verkündigung Jesu knüpft offensichtlich unmittelbar an die eschatologische Naherwartung des Johannes und seine These vom alle religiösen Gewissheiten umstürzenden Charakter des kommenden Gottes an – allerdings mit einer völlig überraschenden Pointe: „Nicht Gericht und Vergeltung sind das Dominierende, sondern die frohe Botschaft von Gottes Ankunft zum Heil.“[58]

Dabei ist Jesus wohl kaum als abgefallener Schüler in Streit mit Johannes getreten, – alle neutestamentlichen Jesus-Worte über den Täufer sprechen in Hochachtung von ihm als wahrem Propheten; es konnte offensichtlich auch die späte christ-

[52] Merklein, Botschaft 29.
[53] Ebd. 30.
[54] Vgl. dazu Friedrich in ThWNT VI (1959) 838-842.
[55] Vgl. dazu Merklein, Botschaft 31-33, aber auch schon Bultmann, Jesus 25.
[56] Bultmann, Jesus 25. Vgl. Merklein, Botschaft 33.
[57] Bornkamm, Jesus 45.
[58] Childs, Theologie 2, 349.

liche Urgemeinde Johannes nur integrieren und in ihrem Sinn interpretieren, nicht aber negieren. Also ist Jesu eigene Botschaft als Fortführung zu begreifen, eine dialektische Fortführung allerdings, die einen ähnlichen Umschlag einschließt wie den von vorexilischer Gerichts- zu exilisch-nachexilischer Heilsankündigung. Auch damals wurde den alten Unheilspropheten ja nicht widersprochen. Im Gegenteil: Ihr durch die eingetretene Katastrophe erwiesener Rang als wahrer Propheten war die Voraussetzung dafür, auf dem Boden ihres Geschichtsbildes den nächsten, nun wendenden Schritt anzukünden.

Beim Umschlag von Johannes Gerichts- zu Jesu Reich-Gottes-Predigt ist diese Entwicklung in eine Kurzzeit, wie in einem Nu zusammengerückt. Offensichtlich verkündigt Jesus das grundlose und gerade deshalb auch bedingungs- und vorbehaltslose Erbarmen des Gottes, dem gegenüber Israel eigentlich, auf sein eigenes Konto geschaut, zu gerechtem Gericht verfallen wäre. „Jesus ... wagt es, dem Unheils-Gerichts-Zusammenhang eine neue, von Gott gesetzte Wirklichkeit ... gegenüberzustellen.“[59] „Jesus setzt die … apokalyptische Folie des sein Recht durchsetzenden Gottes in seiner eigenen Predigt voraus und greift auf sie zurück“[60], das macht die „Übereinstimmung der apokalyptischen Vorstellungen bei Jesus und Johannes“ aus: „Beide erwarten ein kollektives Gerichtsgeschehen, das über alle hereinbrechen wird.“[61] Und doch ist dieses Gericht bei Jesus gewissermaßen kein selbständiger prophetischer Inhalt mehr, sondern nur noch die dunkle Seite des anbrechenden Gottesreiches; bei ihm wird „das Gericht begriffen … als ein begleitendes Moment des anbrechenden Heils.“[62] Es ist, als genüge dem Gott, den Jesus vertraulich „Abba“ nennt und in dessen Namen er die Hungernden und Dürstenden seligpreist, einfach die faktische Not und Ausweglosigkeit seines unterdrückten und ratlosen Völkchens in Galiläa und Juda, um Gericht und Unheil wie schon gekommen, wie alte Realität zu behandeln, der nun die kontra-faktische Rettung folgen wird. Jesus erscheint gewissermaßen als „fröhlicher Apokalyptiker“.[63]

Aber das ist schon recht modern und ein wenig sentimental formuliert. Tatsächlich gehört zu diesem Umschlag wohl eine prophetische Einsicht Jesu, die sich in den Kategorien seiner zeitgenössischen Theologie ausdrückt. Und dabei stößt die Forschung recht übereinstimmend auf einige wenige Sprüche, die sonst wie fremd-

59 Merklein, Jesu Botschaft 36. Mir gefällt als Kennzeichnung der Übereinstimmung von Johannes und Jesus bei Merklein weder der Terminus des „Unheilskollektivs“ für das Israel, dem das Gericht angesagt wird, noch der einer „anthropologischen Prämisse“ der Gerichtsverfallenheit, die beide teilen. Der erste Begriff wirkt zu „ontologisierend“ – als sei das eine Wesensbestimmung Israels –, der zweite zu zeitlos philosophierend – als sei Gericht (wie es vielleicht die Reformatoren verstanden haben) sozusagen von Natur aus das, was man dem Menschen eigentlich sagen müsse. Die prophetische Theologie kennt Unheil und Gericht nur konkret, jetzt, aus diesen Gründen einem bestimmten, wenn auch kollektiven Gegenüber zugesprochen. Der Sache nach folge ich aber genau Merkleins Analyse des Verhältnisses Jesu zu seinem „Vorläufer“.

60 Miggelbrink, Der zornige Gott 74.

61 Ebd. 75.

62 Ebd. 77.

63 So Metz, Memoria 130.

artige Findlinge in die jeweiligen Zusammenhänge der Evangelien eingefügt sind: Im Kern geht es um Lk 10,18 und 11,20: „Ich sah den Satan wie einen Blitz vom Himmel fallen." Und: „Wenn ich mit dem Finger Gottes die Dämonen austreibe, dann ist die Gottesherrschaft schon zu euch gelangt."[64] Offensichtlich weiß Jesus sich als Zeuge eines himmlischen Umschlags der Verhältnisse, welcher Satan und seine Dämonen endgültig bannt, und er sieht sein eigenes Handeln als prophetische Zeichenhandlung, in der real, geradezu „sakramental" die Befreiung Gottes für die Welt inszeniert, punktuell realisiert wird und so „anbricht".[65]

So fasst das älteste Evangelium Jesu gesamte Botschaft in die Worte zusammen: „Die Zeit ist erfüllt, das Reich Gottes ist nahe. Kehrt um und glaubt an das Evangelium" (Mk 1,15). Dabei lautet dieser Vers, wohl der christlich-gemeindlichen Glaubens-Botschaft geschuldet, fasst noch zu lang und redundant, da doch das zu glaubende Evangelium in nichts anderem als in der erfolgten Zeitansage besteht. „Das Evangelium ist eschatologische Botschaft. Wie in einem Brennpunkt treffen alle Verheißungen des Alten Testaments in Jesus zusammen. Die Zeit ist erfüllt. ... Dieses Ereignis ist Evangelium."[66] Jesu ganze Botschaft samt seinem zeichenhaften Wirken ist eine „Proklamation": Sie „verkündet einen von Gott erfolgten radikalen Umschwung der Situation Israels."[67] Sie ist damit im Sinne meiner Definition prophetische Theologie reinsten Wassers: Theologische Qualifikation der Gegenwart – aus der sich alles Weitere gewissermaßen wie von selbst ergibt. Darin erweist sich Jesus „als konkreter Apokalyptiker, dessen Zukunftsvision in der eigenen Gegenwart einen sehr konkreten und machtvollen Anfang nimmt."[68] Die Wurzel des späteren Christentums besteht also in einer erneuten Aktualität des ursprünglichen prophetischen Pulsschlags apokalyptischer Vernunft, nochmals: strukturell ganz ähnlich dem des Exils, zeitlich und „räumlich" aber zusammengedrängt auf das kurze Auftreten eines prophetischen Wanderrabbis. Gibt es Indizien dafür, dass die späte-

[64] Vgl. die Übereinstimmung in der Wertung ihrer Authentizität und zentralen Bedeutung von Bultmann, Jesus 27 f. bis Merklein 60 und 63. Die Deutung der Sprüche im Zusammenhang mit den zeitgenössischen apokalyptischen Vorstellungen kann ich hier nicht im Einzelnen vorführen; sie steht hinter der Interpretation, die ich hier übernehme.

[65] Kraus sieht offensichtlich erst und gerade darin den Unterschied Jesu zu Johannes dem Täufer: Während die Verkündigung des Johannes „doch auch Ansage und Vorzeichen des nahen, kommenden Reiches" gewesen seien, würde in Jesu Botschaft „über die Ankündigung Johannes des Täufers hinaus ... die geheimnisvolle, verborgene Gegenwart des Reiches Gottes angezeigt" (Kraus, Theologie 19 und 354). Wäre dem (nur) so, dann läge der „Fortschritt" bei Jesus eigentlich nur im Grad der Nähe und Realisierung der Gottesherrschaft und in der Bedeutsamkeit der Rolle, welche der Verkündiger bei ihrer Realisierung spielt. So wird m.E. aber der dialektische Graben zugeschüttet, der zwischen einer Eschatologie des Gerichts und einer solchen des Heils liegt. Bei Jesus ist das Reich Gottes nicht nur noch näher gerückt als bei Johannes, es tönt auch ganz anders: Nicht mehr die an den Stamm gelegte Axt ist zu hören (Mt 3,10), sondern nun sind es die entgegeneilenden Schritte des mitleidigen Vaters, der seinen verlorenen Sohn willkommen heißt, obwohl dem doch nur das Essen ausgegangen ist (Lk 15,20).

[66] Kraus, Theologie 352.

[67] Merklein, Botschaft 58.

[68] Miggelbrink, Der zornige Gott 82.

ren ungeheuren Folgen dieses Auftretens nicht nur Ereignissen nach seinem Tod geschuldet sind?

Jesus als Zeuge letzter Dinge

Meines Erachtens sind diese Indizien in der Eigenart Jesu prophetischer Theologie, seiner theologischen Qualifikation der Gegenwart selbst zu finden, also in der Auslegung dessen, was bei Jesus „Nahekommen der Gottesherrschaft" heißt. Jesus „ist der einzige uns bekannte antike Jude, der nicht nur verkündigt hat, dass man am Rande der Endzeit steht, sondern gleichzeitig, dass die neue Zeit des Heiles schon begonnen hat."[69] Dabei sind beide Seiten dieser Verkündigung gleich wichtig: dass das erwartete Reich nahe bevor steht und dass es in Jesu Wirken schon anbricht. Denn wenn man den ersten Satz überhört, wird aus Jesu Eschatologie vorschnell eine präsentische Reich-Gottes-Mystik, die Jesus aufdecken lässt, warum und inwiefern Gott eben stets und immer schon bei und in uns gegenwärtig ist – und die ansonsten nichts erwartet und alles beim Alten lässt.

Das entspricht dem Apokalyptiker Jesus keineswegs. Andererseits überspannt Jesus die zeitgenössisch möglichen Naherwartungen durch die Eigenart seiner Proklamation einer mit ihm selbst gewissermaßen präsenten offenen Tür zur Zukunft des nahenden Gottes. All jene Seiten, die Jesus von anderen Apokalyptikern unterscheiden – seine Praxis als durchaus weisheitlichen Traditionen verpflichteter typischer Rabbi, seine Gleichnisse und Seligpreisungen, seine einfache Tora-Auslegung, seine Gelage mit den Nicht-Geachteten, seine Heilungen und Dämonenaustreibungen – scheinen an diesem Punkt zu hängen: Jesus kann die Endzeit, die basileia beschreiben, indem er zeigt, wie Gott in ihr sein wird! Damit zerreißt er den Vorhang zwischen Heute und Dann, auf den die reinen Apokalyptiker wie gebannt zu schauen scheinen.

Der eigentlich erstaunliche Umstand – m. W. in der Forschung viel zu wenig erörtert[70] –, warum Jesus einerseits die Vorstellungswelt der Apokalyptik in hohem Maße teilen konnte, ohne andererseits ihre dramatischen Zukunftsvisionen zu wiederholen oder auch nur zu kritisieren, liegt hier begründet: Wo bei den Apokalyptikern weltgeschichtliche und kosmische Katastrophen das Ende einläuten, tut es bei Jesus dessen unscheinbares Handeln selbst. Der in allen Katastrophen-Gemälden beschworene Umschlag von Unheil in Heil scheint in der Verborgenheit Gottes selbst zu geschehen. Faszinierend in diesem Zusammenhang scheint mir der sorgfältige begriffsgeschichtliche Befund der Forschung, nach dem Jesu Wortgebrauch

[69] So das Urteil des jüdisches Jesus-Forschers David Flusser, zitiert nach Kraus, Theologie 355.

[70] Der älteren Forschung, etwa noch bei Bultmann, gilt er einfach als Beleg für Jesu Abstand von der Apokalyptik. Die neuere Forschung, welche gerade diesen Abstand mit guten Gründen stark verringert hat, reflektiert kaum die Bedeutung einer jesuanischen Apokalyptik ohne apokalyptische Wandgemälde.

von basileia = Gottesherrschaft „bei dem hauptsächlich von Deutero-Jesaja initiierten (vgl. Jes 52,7), von der nachexilischen Prophetie weitergepflegten (vgl. Mi 2,12 f.; 4,6-8; Zef 3,14 f; Sach 14,9.16 f) und dann apokalyptisch vermittelten (vgl. Jes 24,23; Dan 2;7; Jub 1,27 f; TestDan 5,10-13; AssMos 10; u. ö.) eschatologischen Sprachgebrauch von ‚basileia' Gottes ansetzt."[71] Damit fügt sich in Jesu Botschaft vom anbrechenden Umschwung eine Traditionslinie seit den nachexilischen ersten Heilspropheten zusammen, die es in dieser Kontinuität eigentlich gar nicht gibt – denn die Späteren, insbesondere die Apokalyptiker greifen doch auf die frühere Prophetie nur über einen Graben des Verlustes von deren Bundes- und Gottesgewissheit hinweg zurück.

Es scheint mir ohne alle voreilige Mystifizierung als historisches Urteil gerechtfertigt, Jesu Naherwartung der Gottesherrschaft zu einem Anwendungsfall apokalyptischer Vernunft zu erklären, der sonst biblisch wie außerbiblisch nicht vorkommt: sowohl in seiner (um es zwangsläufig in den sehr abstrakten Maßstäben meiner Analyse auszudrücken) begrifflichen und strukturellen Konzentration der Dialektik von Unheils- und Heilsprophetie seit dem alten Israel gleichsam in einem Spruch als auch in seiner Realisierungs-Intensität des Verkündeten, die einfach und anschaulich lebt und darstellt, was bisher als radikales Jenseits für die Noch-Erwartenden galt. Eine der stilistischen Eigentümlichkeiten der Verkündigung Jesu besteht in einer atemberaubend einfachen Verknüpfung apokalyptischer und weisheitlicher Redeweise, deren theologische Pointe noch dem modernen nicht-exegetischen Leser aufgeht, wenn er ein Ohr für sie hat: „Er nennt das Reich Gottes gegenwärtig; verhüllt noch, aber real und in ihm selbst vorhanden. Verheißung und Schöpfung, die Parallelen, die nie zusammenkommen wollten, sind dabei, sich zu finden."[72]

Findet in der Prophetie Jesu die prophetische Theologie des Ersten Testaments ihre Erfüllung? Dies ist eine Frage, die sich so erst nach dem Tode Jesu stellte – und deren positive Beantwortung das Christentum auf den Weg brachte. Im Blick auf den historischen Jesus und im methodischen Rahmen dieser Analyse möchte ich in einem Antwortversuch den Sinn dieser Frage gewissermaßen umdrehen: Tatsächlich hat Jesus mit seiner basileia-Botschaft den ganzen Raum alttestamentlicher Eschatologie er-füllt, d. h. ausgefüllt, aufgenommen. Mit der Übernahme des letzten, ultimativen Bußrufes Johannes des Täufers hat er die eschatologische Situierung Israels vor einer nicht mehr übersteigbaren Wand des drohenden Unheils wiederhergestellt, wie sie die frühen Propheten der späten Königszeit aufrichteten.

Diese Situierung besagt modern gesprochen: Wenn sich nichts ändert, ist alles zu Ende; die Fortsetzung des jetzigen Zustandes der Menschen und ihres Standes in den Augen Gottes kann nur in der Katastrophe enden. Jesus aktualisiert – heute durch eine „vom Heil erfüllten und besessenen Christenheit" vielfach übersehen –

[71] Merklein, Botschaft 24 f. Ich zitiere hier ausnahmsweise den ganze gelehrten Stellenapparat mit, um die breite alt- und zwischentestamentliche Kontinuität dieses Befundes zu illustrieren.

[72] Amery, Ende 40 f.

„die alttestamentliche Gerichtsbotschaft“ vollständig.[73] Er hat an dieser Botschaft nichts zu „erfüllen“ im Sinne einer Ergänzung oder Abrundung, denn diese Botschaft war in sich stets vollständig, klar und eindeutig. Jesus nimmt allerdings mit ihr auch ihre „Beschleunigung“, ihre Radikalisierung und Universalisierung durch die viel spätere Apokalyptik auf: Nicht mehr ein Eroberervolk oder ein Exil, nicht mehr das Ende des jetzigen Friedens und Wohlergehens wird angedroht, sondern das Ende der jetzigen Lebensverhältnisse insgesamt, das Ende aller Möglichkeiten, sich noch sorgen und sichern zu können – und dann das Gericht Gottes in seiner ganzen nackten Abstraktheit. Diese Erfüllung der alttestamentlichen Traditionsgeschichte, welche einen Kurzschluss zwischen Amos und Daniel, zwischen der Einfachheit alter Unheilsprophetie und der radikalen Eschatologie der Apokalyptik (unter Abstreifung deren weltgeschichtlicher und Katastrophen-Spekulation!) herstellt, ist wohl schon dem Täufer zuzuschreiben; darin liegt wohl die historische Wahrheit seiner späteren christlichen Bezeichnung als letztem und größtem Propheten des Alten Testaments.

„Aber der Kleinste im Himmelreich ist größer als er“, sagt Jesus dazu (Mt 11,11), – und mit der Verkündigung dieses Himmelreiches ruft Jesus nun die gesamte Dialektik der prophetischen Ansage von Heil durch das Gericht an, wie sie zuerst in der Integration der Unheils-Prophetie in die exilischen Trost- und Neuanfangs-Botschaften zum „Prinzip“ prophetischer Theologie (und prophetischer Bücher) und zuletzt durch die apokalyptische Hoffnung auf die Rettung in der Katastrophe auf die Spitze getrieben wurde. Jesu Verkündigung bindet auch diese Traditionsgeschichte in die Einfachheit seiner Ankündigung zusammen. Diese Ur-Dialektik alttestamentlicher Theologie war in sich ebenfalls ganz und vollständig, kein fremder Erfüllung harrender Torso – und bei Jesus ist sie so ganz aufgenommen und präsent, über-erfüllt einzig im Anspruch, dass diese vollständige Beschreibung der Situation Israels vor Gott jetzt, in den Tagen seines Wirkens und „angesichts“ dieses Wirkens sich verifiziere, dass also aus Eschato-logie, letzten Worten, Eschata, die letzten Dinge, würden.

An dieser Stelle aber kippt die Frage nach der Erfüllung der Prophetie Jesu nun doch in ihre andere Bedeutung um: Steht die Präsenz der Ganzheit alttestamentlicher eschatologischer Erwartung in Jesu Verkündigung nicht in schrecklichem Gegensatz zur realgeschichtlichen Nichtigkeit seines Auftretens? „Ist Gottes Kommen zum Ziel gelangt? Dieses Ziel müsste – den alttestamentlichen Erwartungen entsprechend – die Theophanie vor den Völkern sein ... Sind die alttestamentlichen Verheißungen und Erwartungen erfüllt worden?“[74] Wo blieb sie Selbst-Verifikation Gottes in Israel vor den Augen der Welt? Sie ging sozusagen ein in den Anspruch Jesu, in seinen so wunderbaren, so doch auch unscheinbaren Worten und Handlungen diese Verifikation Gottes voraus zu repräsentieren. Wie messianisch in einem bestimmten Sinn Jesu Selbstverständnis auch immer gewesen sein mag: In dieser

[73] Kraus, Theologie 195.
[74] Kraus, Theologie 340.

Verknüpfung der basileia-Ankündigung mit dem Sinn seines eigenen Auftretens hat er die Heilbringer-Erwartungen, die messianische Ungeduld auf sich selbst gelenkt.

„Jesus hat sich als derjenige verstanden, der durch seine Handlungen und Worte das Reich Gottes in die Welt einführt. ... Jesus hat sich als Initiator der Endzeit vorgestellt, als Verkünder eines letzten Mahnrufes. Er gab denjenigen, die begreifen wollten, zu verstehen, dass er der entscheidende Handlungsträger der Endzeit ist."[75] Aber damit findet auch eine eigenartige Reduktion des Apokalyptischen statt: „Die Ankündigung der Theophanie Gottes, die Johannes der Täufer in seiner das Eschaton ankündigenden Botschaft übermittelt ..., geht ein in die Verborgenheit des Menschen Jesus von Nazareth."[76] Und hier verbirgt sie sich schließlich vollständig: im Scheitern. Dieses Scheitern gehört zunächst nicht zum „Programm" der Verkündigung Jesu. Vielmehr ist anzunehmen, „dass Jesu Weg nach Jerusalem vor allem den Sinn hatte, das Volk hier in der heiligen Stadt vor die Botschaft vom Reiche Gottes zu stellen und in letzter Stunde zur Entscheidung zu rufen."[77] Die in Jerusalem gesuchte Entscheidung zu seinem Anspruch endet aber in der Ablehnung durch die am religiösen status quo interessierte Tempel-Obrigkeit, die er offensichtlich durch seine Gerichts- und Endzeit-Prophetie „vor Ort" herausforderte, und in seiner Hinrichtung durch die politische Obrigkeit der Römer, die schon zuvor und danach alle Anführer messianischer Bewegungen beseitigte, egal wie ihre Botschaft im Einzelnen lautete.[78]

Damit müsste seine Geschichte eigentlich wie die mancher anderer messianischer Boten zu Ende sein – von einigem ehrenden Andenken und den begrenzten Versuchen mancher Jünger, das Feuer noch eine Zeit lang lodernd zu erhalten, einmal abgesehen. Denn das ist alles, was sich von den möglichen „Parallel-Gestalten" Jesu heute noch sagen lässt. Wir wissen, dass es bei ihm ganz anders kam. Zu fragen bleibt, ob diese ganz andere Nachgeschichte eben eine andere Geschichte ist, die Entstehungsgeschichte eines Mythos oder einer neuen Religion, deren Karriere sich von der Person des gescheiterten Propheten Jesus eigentlich unabhängig entwickelt – oder ob diese neue Geschichte nach seinem Tod die paradoxe Erfüllung seiner Weissagung bedeutet. Für die christliche Theologie ist dies die apologetische Lebensfrage schlechthin. Für die Analyse apokalyptischer Vernunft stellt sie sich begrenzter als die Frage nach dem strukturellen Zusammenhang von Jesu eigener und der christlichen Eschatologie: Wenn Jesu Verkündigung die alttestamentliche Eschatologie gänzlich erfüllte, erfüllt sie dann auch noch die neutestamentliche Eschatologie im Namen Jesu Christi? Wenn die apokalyptische Vernunft im Glau-

[75] D. Marguerat in: Geschichte des Christentums 1, 50 f.

[76] Kraus, Theologie. Vgl. auch ebd. 385, wo die Linie schon zur Verhüllung des angesagten Reiches Gottes im Leiden Jesu, zur Übertragung der eschatologischen auf die Kreuzes-Situation ausgezogen wird, mit der christlichen Konsequenz: „Es steht in dem Einen das Schicksal aller Menschen zur Entscheidung." Inwiefern diese Verknüpfung sinnvoll ist, soll das nächste Kapitel klären.

[77] Bornkamm, Jesus 136.

[78] Vgl. dazu die in diesem Kern doch konvergierenden Darstellungen bei Bultmann, Jesus 23 f. und 26 und Merklein 131-134.

ben an Jesus offensichtlich in einen neuen Aggregatzustand eintritt, wie hängt dieser strukturell mit dem Aggregatzustand zusammen, in den diese Vernunft durch Jesu Botschaft von der Gottesherrschaft selbst schon eingetreten war?

Kapitel 6: Eine Geschichte für alle Geschichte. Das Pascha Jesu

Auf Jesus zurückkommen

Das Neue Testament ist deshalb keine zuverlässige Quelle über den historischen Jesus, weil es insgesamt aus der Perspektive des Glaubens an Jesus als den auferstandenen Herrn und Messias geschrieben ist, ja weil schon seine schriftlichen und mündlichen Überlieferungs-Quellen aus dieser „nachösterlichen" Perspektive entstanden sind. Die neutestamentlichen Zeugen der Geburtsstunden des späteren Christentums deuteten im Licht ihres Glaubens an den Auferstandenen *alles* „Jesuanische" neu. Den Schlüssel zu dieser Deutung lieferten dabei gerade nicht die Verkündigung und die Taten Jesu – so wichtig sie blieben –, sondern die Bedeutung seines Todes und seiner Auferweckung. Erst von da ab tastete man sich rückwärts – wie wir wissen, tatsächlich erst zuletzt zu seiner Kindheit und Herkunft.

Schon diese nachweisbare Rückwärts-Entstehung insbesondere der Evangelien macht es auch historisch unwahrscheinlich, die neutestamentlichen Autoren als verzweifelte Verwalter einer uneingelösten Hoffnung, als Umgestalter einer Erinnerung in einen neuen Mythos abzutun. Das scheint zwar eine nahe liegende Plausibilitätserklärung, aber „die neutestamentlichen Quellen sagen zu ihr Nein, und nicht nur der Glaubende, auch der Historiker wird hier erkennen müssen, wie wenig die Quellen, an die er gewiesen ist, solche Gedanken bestätigen."[1] Denn diese Quellen kommen offensichtlich von etwas Neuem her auf Jesus zurück. Gerade am Ende seines Lebens steht ein Offenbarungsereignis, von dem her alles Bisherige in neuem Licht erscheint: So wollen nicht nur die Zeugen ihre Botschaft verstanden wissen, auch ihre Zeugnisse sind ohne diese Voraussetzung historisch und hermeneutisch kaum sinnvoll erklärbar.

Das deutlichste Beispiel dafür sind die Schriften des Paulus: Seine Briefe sind die ältesten Texte des Neuen Testaments und präsentieren den Christus-Glauben eines Zeugen des Auferstandenen, der den irdischen Jesus gar nicht gekannt hat und sich mit den Überlieferungen aus seinem Leben auch kaum befasst – jedenfalls kommen sie in seinen breiten theologischen Ausführungen nur in winzigen Spuren vor. In den ersten Jahrzehnten der Ausbreitung christlicher Gemeinden interessierte sich dieser Apostel – als der anerkannt zu sein er mit seinem Offenbarungserlebnis, mit einer Erscheinung Jesu begründet – fast ausschließlich für die eschatologische Bedeutung des Todes und der Auferweckung Jesu für alle Menschen. „Der Apostel übermittelt keine Geschichten vom irdischen Jesus vergangener Zeiten, auch konstruiert er kein elaboriertes Schema der Heilsgeschichte, sondern er legt vielmehr

[1] Bornkamm, Jesus 159.

Zeugnis ab von der explosiven Kraft des Auferstandenen und seiner eschatologischen Bedeutung für die Vergangenheit, die Gegenwart und die Zukunft."[2] Diese erkannt zu haben, darin besteht die Initial-Zündung der christlichen Mission. Ohne die Bezeugung dieser Initial-Offenbarung ernst zu nehmen, wird sich die Entstehung der „christlichen Variante" apokalyptischer Vernunft kaum ohne eine gewaltsame Konstruktion oder Reduktion rekonstruieren lassen.

Es geht dabei nicht um die Glaubwürdigkeit oder Beweisbarkeit des Glaubens an Jesu Auferstehung. Dieser Glaube ist ja nur indirekt, nur durch seine Bezeugung zugänglich. Glaubender Christ kann man also nur werden, indem man diesen Zeugen Glauben schenkt. Tatsächlich stehen wir angesichts der Auferweckung Jesu direkt vor der Zentralfrage des christlichen Glaubens als Glaube. Aber den Schritt von der Analyse zur Entscheidung, von der Phänomenologie zum Bekenntnis kann diese Rekonstruktion nicht tun. Wohl kann sie das hermeneutische Gewicht feststellen, welches im Neuen Testament auf der Auferweckung Jesu liegt. Anders gesagt: Ostern als Offenbarungs-Widerfahrnis ist ihr analytisch genommen ein Faktum, ohne das sich die Transformation apokalyptischer Vernunft in diesem religionsgeschichtlichen Augenblick weniger Jahrzehnte nicht darstellen lässt. Es ist auch nicht sinnvoll möglich, den Auferweckungsglauben umgekehrt als Ergebnis bestimmter religionsgeschichtlicher Entwicklungen zu „synthetisieren". Ein solches Verfahren müsste genauso apologetisch wirken wie der Versuch, die Auferweckung zu „beweisen": Denn es gliche dem Bemühen, das, wovon die Zeugen ständig als Grund, Anstoß und Beginn, als „Objektives" ihrer Überzeugungen sprechen, gewaltsam aus der „Peripherie" dieser Überzeugungen herzuleiten, nur um sich in der Analyse um jene „Leerstelle" in der Mitte drücken zu können, die uns nun einmal nicht „gegenständlich" zugänglich sein kann (und dies, gerade *weil* es sich hier um etwas „Objektives", um das *Be*zeugte, und nicht um Zeugnisse handelt, die allein als sein Niederschlag historisch sichtbar sind).

Für die neutestamentlichen Zeugen sind das Ereignis der Auferweckung Jesu, seine Gegenwart als lebendiger und erhöhter Herr, seine Erscheinungen offensichtlich ein unerwartetes, kontingentes Widerfahrnis gewesen, das sie im Nachhinein in den ihnen zugänglichen theologischen Kategorien zu deuten suchen. Diese Kategorien bezogen sie selbstverständlich aus ihren heiligen, z. T. schon „kanonischen", aber auch aus theologisch maßgeblichen neueren Schriften, also aus den Überlieferungen im Umkreis des Ersten Testaments. „Die jüdischen Schriften lieferten den einzigen autoritativen Kontext, durch den die wunderbaren, und doch so verwirrenden Osterereignisse verstanden werden konnten und aus dessen Perspektive auch das irdische Leben Jesu erfasst werden konnte."[3] So fanden „die ersten Formulierungen über den Glauben an Jesus ihre geistesgeschichtliche Matrix in der jüdischen Apokalyptik als Auffangbecken messianischer Hoffnungen".[4]

2 Childs, Theologie 1, 278.
3 Ebd. 268.
4 D. Marguerat in: Geschichte des Christentums 1, 50.

Hier kommt das hermeneutische Gefälle von der neuen Erfahrung zu ihrer Interpretation in theologisch bekannten „Schemata“ (die sich durch diese Anwendung natürlich auch ändern) besonders deutlich zum Ausdruck: Denn es ist nicht etwa die „apokalyptische Erregung“ die Ursache dafür, Jesus als Auferstandenen zu bekennen, vielmehr läuft das Schlussverfahren umgekehrt von der Erfahrung der Auferweckung dieses Einen zu der Deutung dieses Ereignisses als dem Auftakt der endzeitlichen Ereignisse. Das bedeutet, „dass die ältesten Christen die apokalyptische Weltanschauung des Frühjudentums als unverzichtbare und selbstverständliche Voraussetzung ihres Wissens und vor allem auch ihrer Erfahrung mit dem Geschick Jesu von Nazareth betrachteten. Die ersten Christen, die uns also sagen, dass sie den ‚aus den Toten Erweckten‘ – wie auch immer – erfahren haben, hatten offensichtlich gar keine andere Wahl, als ihn, so wie sie ihn erfuhren, in den Horizont des apokalyptischen Glaubens an das von Gott heraufzuführende ‚Ende‘ aller Tage einzuzeichnen.“[5] Anders lässt sich kaum erklären, warum die jungen Gemeinden offensichtlich eine direktere, auch „terminlich“ fixiertere Naherwartung hatten, als sie die Worte des historischen Jesu nahelegen. „Die apokalyptische Vorstellung von der allgemeinen Totenerweckung, die man zur Deutung der Ostererfahrung auf Jesus übertragen hatte, musste es geradezu nahelegen, Jesu Auferstehung als Auftakt des nun unmittelbar bevorstehenden Endes zu verstehen.“[6]

In den vergleichsweise späten Ostererzählungen der Evangelien scheint dieser ältere Zusammenhang durchaus noch durch: „Das, wovon die Auferweckungserzählungen berichten, ist – theologisch abstrakt gesagt – das ‚eschatologische Ereignis‘ schlechthin.“[7] Auch wenn es in diesen Erzählungen um bestimmte Nachweisanliegen einer schon späteren Zeit der Gemeinde geht (um seine Leiblichkeit etwa, um den Missionsauftrag an die Völker, um die Rolle des Petrus), so bleibt der apokalyptische Zitierrahmen doch erhalten. So ist etwa der „Oster-Engel eine in sich selbst apokalyptische Erscheinung.“[8] Argumentationslogisch dient also nicht – wie es uns heute in der Verkündigung eines „Lebens nach dem Tode“ eher geläufig ist – die Auferweckung Jesu als Beweisgrund für eine allgemein erhoffbare Auferweckung der Toten, sondern das Ostern Jesu wird wie ein Belegwunder, wie ein Zeichen herangezogen, dass es nun mit der endzeitlichen Totenauferweckung und damit mit dem nahe hereinbrechenden Reich Gottes soweit sei. Jesu Auferweckung ist weder ein Ereignis ohne Kontext, auf das man nun blindlings alles Weitere aufbaut, noch ist es ein zu beweisender Glaubenssatz, sondern es ist eine bezeugte wunderbare „Erfahrungs-Tatsache“, welche die basileia-Erwartung apokalyptisch bestätigt und dadurch radikalisiert. In der Bezeichnung Jesu als „Erstling der Entschlafenen“

[5] Müller, Das Weltbild der jüdischen Apokalyptik und die Rede von Jesu Auferstehung, in: Bibel und Kirche 1/1997, 17. So auch: ders. In: Jahrbuch Politische Theologie 3, 33.

[6] Merklein, Botschaft 55.

[7] Marquardt, Was dürfen wir hoffen 1, 361.

[8] Ebd. 374.

(1 Kor 15,20; Apg 26,23; Kol 1,18)[9] und in der ganzen paulinischen Argumentation für den inneren Glaubwürdigkeitszusammenhang von Jesu Auferweckung mit der allgemeinen Totenauferweckung (1 Kor 15,12-28) klingt diese ursprüngliche Argumentationskette noch deutlicher als in den Evangelien an. Auch wenn die sich dehnende Zeit der Gemeinde und der sich wandelnde Traditionskontext (je mehr in den hellenistischen Bereich hinein missioniert wird) diese bald verändert, bleibt sie doch für das ganze Neue Testament gültig: Der Glaube an den auferstandenen Messias Jesus ersetzt und erledigt keineswegs dessen eschatologische Hoffnung. Die Osteroffenbarung entfacht diese Hoffnung vielmehr neu, zunächst in einer sehr akuten Naherwartung, dann zunehmend zentriert auf seine baldige Wiederkunft als Abschluss und Verifizierung dessen, was mit ihm, mit seinem Leben und seinem Tod begann.

Paradoxe Verifikation

Nun ist trotz Jesu Anspruch, in seinen Taten die Gottesherrschaft schon zu repräsentieren, diese Verifikation des Planes Gottes an ihm selbst eine völlig unerwartete Wendung: So, im Scheitern der ersten Jesus-Bewegung, hatte man sich die „letzten Dinge“ keineswegs vorgestellt. Auch das verschweigen die späteren Reflexionen – wie etwa die Geschichte von den Emmaus-Jüngern bei Lukas (Lk 24,13-35) – keineswegs. Das Christentum entsteht geradezu aus der Aufgabe, diese völlig unerwartete Weise der Verifikation von Gottes Herrschaft in Jesus selbst zu deuten. Dies umfasst zunächst die Frage, wer Jesus angesichts seines Endes und der österlichen Wende eigentlich war, also theologisch die Christologie. Zugleich aber stellt sich die Frage, worin das von ihm angesagte Heil besteht, wenn die basileia sich nicht durch seinen triumphalen Einzug in Jerusalem, sondern durch sein dortiges Sterben und durch seine Auferweckung hindurch verwirklicht, also die Frage der Soteriologie.

Um zu zeigen, wie das Christentum aus der Beantwortung dieser Fragen entsteht, müsste die gesamte neutestamentliche Theologie nachgezeichnet werden. Es würde sich dabei vor allem zeigen, dass die Zeugen zwar im bezeugten Ereignis und seiner eschatologischen Bedeutung einig waren, in deren theologischer Deutung jedoch recht unterschiedliche Wege gingen: Ob man Jesus mit Matthäus als Erfüller der messianischen Dynamik der Tora begreift oder ihn mit Lukas als Friedens-Heiland der Welt schildert, dessen Werk sich nun in der Gemeinde universalisiert, ob man mit Paulus in der Dialektik von Tod und Auferweckung das Problem von Gnade und Sünde endgültig aufgehoben findet, ob man das Geschehen mit Johannes in den Kategorien einer dualistischen Theologie von Licht und Finsternis, Logos und Welt deutet oder mit dem Hebräerbrief in denen der kultischen Sühnetheologie – jedesmal tritt man in unterschiedliche Denkgebäude, auch religiöse Mentalitäten ein, die

[9] Vgl. dazu Müller, Das Weltbild der jüdischen Apokalyptik und die Rede von Jesu Auferstehung, in: Bibel und Kirche 1/1997, 12.

gar nicht so leicht zur Deckung, ja nicht einmal in ein einfaches Schema von Widerspruch oder Übereinstimmung zu bringen sind. Zugleich liest man mit jedem dieser Ansätze das Erste Testament – verknüpft mit anderen zeitgenössischen Einflüssen – neu, sucht also den Sinn der Geschichte Jesu in den gleichen Schriften, aber in unterschiedlichen Exegesen.

Das kann hier unmöglich auch nur skizziert werden. Der nur angedeutete Befund macht aber deutlich, dass die eschatologische Bedeutung von Tod und Auferweckung Jesu und deren Deutbarkeit im Licht der Offenbarungsgeschichte Israels sozusagen das Axiom der entstehenden christlichen Theologie darstellt, während dessen Ausführung und Konkretisierung damit noch nicht mitgegeben ist. Einheit und Vielfalt des Neuen Testaments – und zwar gerade dadurch, worin man einig ist und worin man unterschiedlich denkt – spiegeln wieder, dass hier Offenbarungsereignis, geschichtliche Vor-Gabe, das zu bewältigende Neue einerseits und die Theoriebildung, die religionsgeschichtliche Bewältigung, die Formulierung und Formierung des Neuen andererseits zwei Seiten bilden, aufeinander bezogen, aber unterscheidbar. Damit ist hier die Grundsituation apokalyptischer Vernunft erneut gegeben, die ihre eigenen Kategorien entlang der geschichtlichen Ereignisse transformiert, oft radikalisiert, wenn anders die prophetische Offenbarung, von der man herkommt, sonst nur noch als überholt erscheinen müsste.

Wie die Kategorien der apokalyptischen Vernunft in der Deutung der Ereignisse um Jesus neu formiert werden, soll hier in wenigen Zügen skizziert sein, in Zügen, die sich bewusst nicht auf einzelne Theologien des Neuen Testaments beziehen, sondern in unterschiedlicher Gewichtung quer durch sie hindurch verlaufen. In drei solchen Grundzügen sehe ich die prophetische Theologie des Ersten Testaments in den Deutungen des Pascha Jesu zugleich angewandt und dadurch erneut universalisiert und eschatologisiert.

Eine Geschichte als großes Welttheater

Zunächst einmal deutet das Neue Testament Jesu Tod als ein universal bedeutsames und eschatologisches Ereignis, indem es das Geschehen selbst als Offenbarungsgeschehen erzählt, als in seiner Partikularität und Konkretheit durchsichtig für das Handeln Gottes an der Welt, das sich in ihm ereignet. Diese narrative Deutung findet sich vor allem in den Passionsgeschichten der Evangelien, aber auch andere Schriften nehmen auf diese Ebene – gewissermaßen auf die Symbolebene, wo die Einzelheiten für sich und über sich hinaus sprechen – immer wieder Bezug. Nichts von Jesu Leben wird so ausführlich, so linear und so detailliert geschildert wie seine letzten beiden Tage in Jerusalem – die barocken Passionsoratorien und die modernen Jesusfilme spiegeln noch diese literarische Einzigartigkeit der letzten Kapitel aller vier Evangelien wider.

Könnte das Perikopen-Material über Jesu Wirken zuvor noch als Einkleidung von Lehre in Geschichten, als Weisheit in narrativer Form begriffen werden: Hier am Ende wird das Geschehen selbst verkündet, nicht etwa nur das, was Jesus dabei tut und sagt; dieses Stück Geschichte wird in all seinen Facetten auf seinen „Sinn" hin überprüft. Dabei geht es um einen Sinn, der nicht einfach erkannt und betrachtet werden kann, sondern der den Hörer oder Leser aus seiner Neutralität reißen, ihn in die Geschichte selbst verwickeln will. Diese Erzählung will den Sinn des Erzählten so vergegenwärtigen, dass sein unmittelbarer Appell, ihn selbst zu realisieren, in eigener Antwort, mit vermittelt wird. „In seinem Leiden begann der Einbruchsprozess des Reiches Gottes in die menschliche Gesellschaft, des Lebens, das den Tod überwindet", sagt diese Deutung. „Darum ist die Leidensgeschichte so reich von Zeichen des neuen Lebens begleitet. Sie geben der Passion Jesu den Gehalt wahrer Eschatologie, nämlich: zu lebender, in Werken zu bewährender Zukunft."[10]

Um dies zu erreichen, bedarf es erstaunlich wenig reflektierender Worte „darüber": Selbst im sonst so „redseligen" Johannes-Evangelium brechen die großen Reden Jesu am Vorabend seiner Verhaftung ab; danach wird erzählt, theologisch aufgeladen und durchkomponiert zwar, aber auch faktenreich, manchmal kurz angebunden und geradezu nüchtern. Der Sinn des Geschehens steht (von einzelnen auktorial eingreifenden Notizen abgesehen) nicht im Kommentar, sondern in der Erzählung selbst. Dies gelingt, indem die „kleine" Geschichte des Prozesses und Justizmordes an einem messianischen Propheten vor uns abläuft wie das große Welttheater – gipfelnd in seiner Todesstunde, in der dann überdeutlich schreckliche Begleiterscheinungen diesem „Einzelfall" eine apokalyptische Dimension geben.[11]

Die handelnden Personen in diesem Drama bieten so etwas wie seine Grund-Rollen dar: Da gibt es den Verräter am eigenen Idol und die angstvollen, fliehenden, inkonsequenten Anhänger. Da wirken die Selbsterhaltung und Selbstgerechtigkeit der religiösen und der Nihilismus der politischen Obrigkeit zusammen. Da stehen die Wankelmütigkeit der anonymen Menge, der Zuschauer und der ohnmächtige Mut der wirklich Liebenden, der Frauen vor allem, neben einander. Da gibt es den Sadismus der kleinen Mittäter, der Soldaten und Spötter, und jene Nebenrollen, die durch Zufall in das Geschehen hineingezogen werden, die unter das Kreuz geraten, obwohl sie nur auf dem Weg vom Feld nach Hause waren. All diese Personen erhalten ihre Bedeutung plötzlich von ihrer Stellung zu dem, der im Mittelpunkt steht, um den sich alles dreht, der aber im Lauf der Ereignisse vom agierenden Provokateur immer mehr zum stummen Opfer wird: Jesus.

Obwohl er entscheidende Sätze über sich und die anderen, wichtige Deuteworte wie Haltepunkte in die abrollende Tragödie hineinspricht, sind sein Schweigen und Dulden doch auffälliger. Die Bedeutung des Geschehens übersteigt auch, was Jesus zu ihm sagt – denn sie liegt in dem, was er in ihm ist und was die anderen in Bezug auf ihn sind oder erst werden. Jesus wird in diesem Todesspiel gezeigt wie Gott in der Welt – oder umgekehrt: In diesem Prozess verhält sich seine Umgebung zu Jesus in den Möglichkeiten, in denen sich die Welt zu Gott verhält. Die Leser dieser Geschichte sollen sehen: Während Gott liebt, verheißt, mahnt und schließlich duldet, aushält, regen die Menschen sich auf, verhärten sich, verraten, verurteilen, oder

[10] Marquardt, Was dürfen wir hoffen 1, 463.
[11] Vgl. dazu ebd. 373.

aber sie zweifeln, fliehen, verleugnen, oder sie bleiben ohnmächtig trauernd dabei. In den letzen Tagen Jesu wird offenbar, wie er in seiner Verkündigung des Reiches Gottes diesen Gott sich zur Welt verhalten sieht. Stärker noch als seine Gleichnisse legt Jesu Leidensgeschichte die Konsequenz aus, in die sich Gott begibt, wenn er der Welt vorgängig zum Gericht (wie es der Täufer erwartete) für einen völlig neuen Anfang entgegenkommt: Er wird zum Opfer. Und mit diesem Opfer identifiziert sich Gott, was konkret eine ungeheure Provokation bedeutet, denn in der Erzählung von diesem unvergleichlichen Einzelfall schwingt ja immer mit, wofür es weltgeschichtlich steht, worauf sich Gott hier bezieht: Das „Kreuz des Christus" steht „mitten in den Folterungen und Schmerzen, Verbrechen und Justizmorden unserer Welt ... mitten in der brutalen Wirklichkeit menschlicher Geschichte"[12].

Die Passions-Geschichte will davon nicht abgehoben gehört werden, denn dies ist der Bezugspunkt, auf den hin göttliche Unterscheidung, Gericht und Rettung, geschieht. Gott „identifiziert sich mit dem Gekreuzigten, gegen die Täter von Hohem Rat und römischer Administration, deren Unrecht gleichzeitig aufgedeckt wird."[13] In Jesu letzten Tagen wird damit zugleich offenbar, wie diese Welt sich zum Entgegenkommen Gottes verhält: Sie fühlt sich in ihrem Bestand gefährdet, sie bangt um die eigene Macht, die religiöse Deutungsmacht und die politische Herrschaft, oder auch einfach um ihre Freiheit, sich gleichgültig zu verhalten. Und deshalb schafft sie diesen Angriff Gottes auf ihren status quo aus der Welt – und selbst diejenigen, die es anders wollten, kommen dabei unter die Räder, unter die der Macht und die ihrer eigenen Schwäche.

In diesem Erzählen der Passion als Offenbarwerden der wahren Verhältnisse zwischen Gott und den Menschen liegt m. E. die Ursprungsperspektive für alle weiteren neutestamentlichen Deutungen Jesu und seines Todes, also für Christologie und Soteriologie. Diese entstehen aus der „revolutionierenden Erfahrung …, dass Gott in der Welt siegt, indem er verliert, … dass der Sieg Gottes gegenüber der Welt, seine endgültige Selbstdurchsetzung darin besteht, dass er auf diese Selbstdurchsetzung verzichtet. … Die Jesus-Offenbarung revolutioniert das apokalyptische Gerichtsverständnis: Gott setzt sich im Gericht gegen die gegen ihn stehende Welt durch … paradoxerweise im Durchleiden des eigenen Unterworfenseins unter die illegitime Gewalt."[14]

Ostern, der Auferstehungsglaube, ermöglichte es offensichtlich, dieses Geschehen so zu sehen und von da aus nun rückwärts die Geschichte Jesu und dann auch die Geschichte Israels mit diesem hermeneutischen Schlüssel aufzuschließen: In der Passion Jesu selbst ereignete sich das Gericht, das Johannes erwartet, und das Anbrechen des Reiches Gottes, das Jesus verkündet hatte. Beides kommt ganz anders, als es beide nahegelegt hatten, anders deshalb auch, als es die frühere Prophetie erwarten ließ, aber doch so, dass die Grunddialektik des Ersten Testaments, wie sie

12 Kraus, Theologie 420 f.

13 Peters, Biblische Apokalyptik und Politische Theologie, in: Jahrbuch Politische Theologie 3 (1999), 67.

14 Miggelbrink, Der zornige Gott 154.

in dem Zueinander von Johannes und Jesus nochmals auf den Punkt gebracht wurde, sich gerade „erfüllt". Wer in die Passionsgeschichte gerät, der erfährt in seinem Zusammensein mit dem, der sie erlebt, sein Gericht, und deshalb wenn, dann auch mit ihm seine Rettung. „Die Zukunft der ganzen Welt spielt schon ereignishaft im Leben Jesu mit: in seinem Tod, in seiner Auferweckung."[15]

Gottes Verheißung in Jesus

Damit bin ich bei der zweiten neutestamentlichen Deutungsebene: Das Pascha Jesu, sein Durchgang in den Tod hinein und durch ihn hindurch in die Auferstehung, ist für die Glaubenden geheimnisvoller „Vorübergang" der Gottesherrschaft selbst. Das ist nur deshalb möglich, weil die Geschichte Jesu als Handeln Gottes begriffen wird, der sich in ihr identifiziert und doch Gott bleibt, der in ihr nicht „aufgeht", sondern sich offenbart, sich verifiziert. Nur so kann Jesu Scheitern sein Sieg sein, der auch Jesus auferweckt.

Die Osteroffenbarung über das Passionsgeschehen bedeutet für die glaubenden Zeugen, dass Gott in diesem Geschehen der „Ich bin – für Euch – Da" der Dornbusch-Offenbarung blieb: „er war da, zielgerichtet auf sich selbst und auf uns bedacht, Gott über allen Dingen, so über allen, dass wir in der Ohnmacht Jesu mit der wahren Allmacht Gottes zu tun bekommen, mit seiner überlegenen Göttlichkeit. Gerade darin und nur darin konnte er uns helfen ... Nur als die Geschichte seiner Wahl, seines Willens und seiner Ziele lässt sich ein Zusammenhang von Gott und Tod denken ..., nur als eine Geschichte, also als etwas Kontingentes, Einmaliges, Kommendes und Gehendes, das einmal geschieht und dann für immer geschehen ist, unwiederholbar. In Jesu Leiden und Sterben verfügte Gott über den Tod und der Tod musste sich Gott fügen; das hat Jesus in seinem Gehorsam ihm möglich gemacht."[16] Die neutestamentlichen Texte drücken diesen Zusammenhang immer wieder durch die Formulierung aus, dass sich alles so ereignen „musste", dass Jesus dies alles leiden „musste". In diesem Muss steckt die Realbedeutung dieser einen Geschichte für die Geschichte insgesamt.

Was man apokalyptisch-weltgeschichtlich erhofft hatte – und auch immer noch und neu erhofft – ereignet sich hier „mikroskopisch", in seinem intensivsten Punkt an Jesus selbst – und von daher entsteht der Glaube, dass es sich makroskopisch in

[15] Marquardt, Was dürfen wir hoffen 1, 374.

[16] Marquardt, Was dürfen wir hoffen 2, 126 f. Ich zitiere hier so ausführlich, weil in diesem dichten Text die gesamte spätere dogmengeschichtliche Entfaltung dieses Problems des Zusammenwirkens Gottes und Jesu in der Trinitätstheologie und der Zwei-Naturen/Willen-Lehre schon angelegt ist. Dadurch wird der apokalyptisch-geschichtstheologische Kern dieser späteren theologisch-spekulativen Entfaltung deutlich: Die scheinbar so unbiblische Spekulation soll eigentlich den apokalyptischen Realitätsgehalt sichern, dass in diesem Geschehen des Todes Jesu Gott wirklich seine Verheißung verifiziert, wofür diese Geschichte göttliche Selbstbestimmung und weltliches Ereignis zugleich sein muss. (Vgl. dazu auch die zusammenfassenden Punkte Marquardts ebd. 131.)

unserem Einbezug, schließlich im Einbezug der ganzen Welt in sein Schicksal ereignen wird. Im Osterbekenntnis erscheint „Jesu eigene Botschaft vom kommenden Gottesreich wieder …, nur dass er selbst mit seinem Sterben und Auferstehen nun in diese Botschaft eingegangen und ihre Mitte geworden ist.“[17] So ist Jesus Vorgänger und Stellvertreter: Die israelitische Dialektik vom Heil, das durch das Gericht kommt, von der Erlösung, die erst in der Stunde null wieder sichtbar wird, von der Heilung durch Gott, die erst durchgreift, wenn die Lüge der Welt sich aus-gewirkt hat, wird an Jesus selbst vollzogen. Deshalb kann die materialiter doch viel größere, auch Größeres erwartende Verheißungsgeschichte Israels an diesem „kleinen“ Ereignis in ihrer Mitte neu realisiert erscheinen: im „Messias Jesus von Nazareth, in dem der kommende Gott sich mit dem Todesschicksal seiner Menschen solidarisiert und identifiziert, um in der Verborgenheit dieser seiner Liebe die im Alten Testament gegebenen Verheißungen zu bestätigen.“[18]

Dabei erneuert diese Bestätigung auch die paradoxe Struktur der Verheißungsgeschichte: Wieder gibt es die neue Hoffnung auf das, worauf man doch die ganze Zeit gehofft hatte, erst nachdem die alte eigene Hoffnung zunichtewurde. Wieder gewinnt man das verheißene Land erst, nachdem es verloren schien. Wahrheit schält sich erst aus der Negation ihrer Missverständnisse und Misshandlungen durch ihre eigenen Anhänger. Diese Entdeckung Israels über das Verhältnis Gottes zu seiner Geschichte im Land machen seine Jünger in der Erfahrung seines Lebens aus dem Tod noch einmal. Deshalb zieht seine Gestalt nun die Deutungsgestalten Israels an, die des Messias, des Menschensohns, des Gottesknechts, d. h. doch: die des Königtums Gottes, das erhofft wurde, seit Davids Königtum unterging; die des im Himmel erhöhten Doppelgängers eines auf Erden verfolgten Israels; die des in seinem Leiden und Selbstopfer verkannten, aber von Gott beglaubigten Propheten. All dies sind Gestalten, in denen Gott gegen den Augenschein und auch entgegen den Mustern der bisherigen Erwartungen seine Verheißungen schließlich doch verifiziert, seine Treue durchhält. Der Osterglaube verkündigt nun, dies sei an und in Jesus endgültig – so endgültig, wie Jesus eben die basileia kommen sah – geschehen. So sind sein Tod und seine Auferweckung eschatologisches Ereignis. So ist „die Geschichte Jesu das Ereignis, ‚quo majus nil fieri potest‘“[19]: Sie ist zwar nicht alles, aber sie lässt nun alles erwarten, sie bringt gewissermaßen alles mit.

[17] Bornkamm, Jesus 162.

[18] Kraus, Systematische Theologie 339.

[19] So G. Essen, Art. „Geschichtstheologie“ in LThK[4] (1995) 567, einen Ausdruck Schellings zitierend. Dieser greift deutlich die Gottesbezeichnung in Anselm von Canterburys „Proslogion“ auf. Damit sei hier gekennzeichnet, dass im Osterereignis für die christliche apokalyptische Vernunft sich jener Gott mitten in der Welt verifiziert, der allein unserem Denken denk-notwendig ist, weil er größer ist als alles, was gedacht werden kann: Im Osterereignis fallen das Spekulativste und das Konkreteste apokalyptischer Vernunft zusammen.

Jesu Geschichte für uns

Damit bin ich bei der dritten Deutungsebene angelangt: Was an und mit Jesus von Gott aus geschehen ist, ist in dieser Deutung *für uns* geschehen. Ob dies in den neutestamentlichen Schriften nun in „juristischen" Kategorien einer Verurteilung und eines Freispruchs aller in seiner Person, in kultischen Kategorien stellvertretenden Opfers oder in nahezu gnostisch-mythischen Kategorien einer Hineinnahme der Welt in das Schicksal des göttlichen Logos entwickelt wird – stets geht es darum, Jesu Geschichte theo-logisch nicht als Privatereignis, als Einzelfall, sondern als Geschehen der von ihm verkündigten basileia selbst, als deren Vollzug an uns, darzustellen.

Alle Konsequenzen, in deren Vollzug erst, und zunächst eher zögerlich, Christentum sich als eine „neue Religion" formiert, folgen aus diesem Axiom: Dass und wie die Tora nun erfüllt sei, dass und wie nun die Völker zum Glauben und Bund Israels hinzukommen können, dass und wie der Anbruch der basileia in Jesus in einer neuen Gemeinde geglaubt, verkündigt und gelebt werden kann, soll hier nicht nachgezeichnet werden. Es muss aber insgesamt verstanden werden als „Schlussfolgerung" apokalyptischer Vernunft vom Einen auf Alle, von Jesus auf die Welt, von seinem Pascha auf die Geschichte Gottes mit den Menschen. Diese Konsequenzen, die das „Neue Testament" aus dieser Grund-Schlussfolgerung zieht, sind schwierige, umstrittene und keineswegs immer einheitliche Konsequenzen, und sie werden das Christentum von seinen Anfängen an sehr bald in das Problem unterschiedlicher „Konfessionen" treiben. Aber sie sind zugleich Versuche, praktisch und lebendig das eschatologisch Neue des Pascha Jesu für uns zu verifizieren.

Ostern ist deshalb das erste und eigentliche Fest der Christen. Es hält aber – und mit ihm alle Verifikationen des Glaubens an Jesus in Theologie, Gottesdienst, Diakonie und Mission der Gemeinde – daran fest, dass die eigentliche Verifikation des Neuen vor allen und für alle noch aussteht. Die Gemeinde erwartet die Verifikation ihres Osterglaubens in der Geschichte, vorläufig und zeichenhaft („sakramental") in jener der Christen, endgültig und wirklich in der Vollendung der Geschichte, in ihrer „Zielführung" durch Gott, oder anders gesagt: Die „Verwirklichung des Reiches Gottes" seit Jesus ereignet sich einerseits in „der ‚punktuell-situativen' Verwirklichung hier und heute in Wahrnehmung des Angebots Gottes", aber andererseits doch erst in „der durch Gott allein herbeigeführten Volloffenbarung."[20] Deshalb geht die neue Eschatologie der Christen nicht einfach in der christologischen Soteriologie auf. Wohl kann man sagen: „Jesu Tun, sein Wort, sein Leiden bricht die Herrschaft der Entfremdung, die über dem Menschen liegt und macht ihn frei, d. h. richtet Herrschaft Gottes auf. Er ist Reich Gottes, weil durch ihn der Geist Gottes handelt in der Welt."[21] Aber damit sind die eschatologischen Erwartungen doch

[20] Vorgrimler, Hoffnung 81.
[21] Ratzinger, Eschatologie 41.

nicht auf die Erfahrungen der Einzelnen und der Gemeinde mit Jesu Wirkungen reduziert.

Das mit Jesus aufgebrochene Eschaton lässt mehr erwarten als die Gnadengaben der Kirche, die selber wieder Erwartungs-Sakramente sind für alles, was Jesus mit den Propheten Israels für die Welt erwartete. Also hat diese Transformation apokalyptischer Vernunft in die weltweite Verkündigung Jesus des Christus deren eschatologische Ur-Spannung keineswegs aufgehoben. Eher im Gegenteil: In ihrer christlichen Transformation ist diese Grundspannung apokalyptischer Vernunft zwischen Offenbarung und Verifikation so sehr auf einen letzten Punkt gebracht, dass Welt und Geschichte nun universal wie nie zuvor in einen Zwischen(zu)stand geraten, in ein prekäres Exil eines Glaubens nach seinem Ursprung und vor seiner Verwirklichung. Die Geschichte des Christentums ist Wirkungsgeschichte dieser prophetischen Theologie, ihrer eschatologischen Qualifizierung der geschichtlichen Situation – jedenfalls ist sie die Geschichte des Umgangs mit ihr.

Kapitel 7: Endzeitliche Exegese. Apokalyptische Vernunft im Urchristentum

Ich habe in Kapitel 6 versucht, die Entstehung des Neuen Testaments, der Gründungsurkunde des Christentums, zu begreifen als eine Verarbeitung neuer, als Offenbarungsgeschehen erfahrener Ereignisse mit und um Jesus von Nazareth mit Hilfe der Grundkategorien apokalyptischer Vernunft, wie sie den Zeugen durch die Überlieferungen der Glaubensgeschichte Israels zur Verfügung standen. Das Neue Testament erhebt damit den Anspruch, eschatologische – durch als letzt-gültig begriffene neue Offenbarungs-Ereignisse angestoßene – Exegese des Ersten Testaments zu sein. Die Einheit der beiden Teile der christlichen Bibel besteht demnach darin, dass der Boden der bisher normativen Überlieferungen nicht verlassen wird, was aber inhaltlich bedeutet: dass der Gott Israels auch als Gott Jesu Christi weiter in den Kategorien apokalyptischer Vernunft begriffen wird.

Das Neue Testament ist ein weiterer, die bisherige Auslegungsoffenheit der Schriften Israels allerdings verändernder Schritt prophetischer Theologie. Es behauptet, eine ganz bestimmte eschatologische Zukunft als Erfüllung der alten Verheißungen, eine ganz bestimmte Verifikation Gottes proklamieren zu können. Es behauptet dies aber in den Begründungszusammenhängen der alten prophetischen und apokalyptischen Theologie.[1]

Folien-Hermeneutik

Das Neue Testament als neue Exegese der apokalyptischen Vernunft im Licht neuer Erfahrungen zu verstehen, stützt sich keineswegs primär auf den ausdrücklichen Gebrauch des Ersten im Neuen Testament, auf direkte Auslegungen oder Zitate oder theologische Wertungen des Alten; obwohl es all das ja gibt, lässt „der neutestamentliche Gebrauch des Alten Testaments ... keine zentralen Kategorien biblischer Theologie begründen“.[2]

[1] Daran ändern auch neue, etwa hellenistische und römische Einflüsse auf die Deutungskategorien des Neuen Testaments grundsätzlich nichts. Schließlich zeigen auch die Schriften des Ersten Testaments je nach Entstehungskontext die Aufnahme immer neuer „Fremdeinflüsse“. Die apokalyptische Vernunft ist kein religionsgeschichtlich sauber abgrenzbares Phänomen, sondern das einer in sich konsistenten theo-logischen Verarbeitung der eigenen Geschichte. In einer Analytik apokalyptischer *Vernunft* liegen die religionsgeschichtlichen Bilder, Symbole und Vorstellungsmuster gewissermaßen auf der Ebene der durch sie geordneten *Verstandes*-Schemata.

[2] Childs, Theologie 1, 100.

Dies funktioniert zum einen deshalb nicht, weil die Auslegungsmethoden der neutestamentlichen Schriftsteller (in rabbinischer und jüdisch-hellenistischer Tradition) unseren modernen historisch-kritischen Methoden so fremd sind, dass sich zwischen unserer und der frühchristlichen Deutung alttestamentlicher Stellen nur schwer vermitteln lässt. Deshalb ist mit einer solchen innerbiblischen Anknüpfung für uns noch nicht erwiesen, dass die neutestamentliche Botschaft sich tatsächlich (d. h. historisch und theologisch zu Recht) auf die Schriften beruft.

Zum anderen ist unsere Fragestellung nach der Einheit der Bibel auf dem Boden der apokalyptischen Vernunft eine *von außen* (von unserem Standpunkt „gegenüber" oder auch „danach") an deren Gesamt herangetragene Frage – und gerade deshalb kann sie nicht *inner*textlich, aufgrund interner Verweise in den Dokumenten, sondern nur strukturell, durch ein Urteil über einen gemeinsamen Sachbezug und eine gemeinsame Theo-Logik der Texte beantwortet werden. „Das Alte Testament im Lichte der vollen Wirklichkeit des Evangeliums zu lesen" – also von seiner christlichen Exegese her – „dient nicht dazu, eine zerbrechliche allegorische Korrespondenz zwischen den Texten herzustellen, sondern auf die von beiden geteilte, eine Wirklichkeit zu verweisen."[3] Dies gelingt aber wiederum nicht ungeschichtlich, indem man einfach eine sachlich-systematische Übereinstimmung aller biblischen Schriften etwa in bestimmten Grundpositionen aufweisen würde. Es gelingt m. E. nur analytisch-geschichtlich, indem man die verschiedenen Schichten (also den Wachstumsprozess der biblischen Theologie) jeweils aus ihrem historischen, d. h. aber für diese: aus ihrem Offenbarungs-Ereignis-Kontext heraus in ihrer spezifisch übereinstimmenden bzw. aneinander weitergegebenen, sich weiter steigernden Reaktions- und Verarbeitungsweise beobachtet. Die darin sich auswirkende, diese Verarbeitungsweise steuernde Denkform nenne ich apokalyptische Vernunft.

Man kann sich den hermeneutischen Vorgang, die Übereinstimmung dieser Schichten schrittweise nachzuvollziehen, bildlich vorstellen wie die allmählich sich vervollständigende Kartographie auf einem Overhead-Projektor[4]: Ich habe verschiedene Folien, die jeweils dieselbe Landschaft zeigen, wobei aber jede Folie neue Aspekte, vielleicht eine neue Betrachtungsebene dieser Landschaft bietet. Lege ich nun nacheinander die Folien auf den Projektor, entsteht ein immer komplexeres Bild auf den stets beibehaltenen Grundmustern. Dieses Bild fängt allerdings den wirkungsgeschichtlichen Realzusammenhang zwischen den einzelnen Schichten nur ungenügend ein – so wie ein Kartenwerk auch die Kausalzusammenhänge zwischen verschiedenen geographischen Aspekten (etwa Klima, Verkehrswege, Wirtschaft) nur sehr indirekt wiederzugeben vermag. Dafür gibt dieses Modell m. E. recht präzise die hermeneutische Aufgabe an, vor welche eine gesamtbiblische Theologie heute gestellt ist. Ihre einzelnen Kapitel müssten historisch-

[3] Ebd. 403 f.

[4] Zugegebenerweise ist das mittlerweile, im Zeitalter der Beamer, ein schon veraltetes Bild. Wer mag, kann sich die schrittweise Vervollständigung einer Power-Point-Folie (wie wir immer noch sagen!) vorstellen – aber das ist weit weniger sinnlich einleuchtend.

kritisch den Wachstumsprozess biblischen Denkens nachzeichnen, dies aber im steten Blick auf die dem Gesamtkanon gemeinsame Sache, den Gegenstand ihres Offenbarungsglaubens, so dass jedes Kapitel den gleich gebliebenen Grundriss und eine neue „Überzeichnung" wiedergeben würde. Die Einheit der Schrift würde so durchsichtig – so wie die Durchsichtigkeit der Folien in der Projektion die Entstehung eines Bildes aus ihren addierten Schichten ermöglicht – ohne dass man diese Einheit in einer materialiter festzulegenden „Mitte" oder einer theologischen Systematik der Bibel festmachen könnte.

Im Rückblick lässt sich der Weg meiner Analyse als ein solches Übereinanderlegen von Folien biblischer Vernunft-Topographie nachzeichnen: Als erste Folie lag die nur noch schwer rekonstruierbare Schicht altisraelitischer, d. h. vor-exilischer JHWH-Geschichtstheologie etwa im Werk des sog. „JHWHsten" und im sog. „Ur-Deuteronomium" auf. Diese Folie zeigte die frühesten erschließbaren Grundlinien apokalyptischer Vernunft in der späteren Königszeit, die schon damals – wahrscheinlich gegen den Mainstream der herrschenden Staatsreligion, aber doch deren eigene Offenbarungs-Quellen beim Wort nehmend – Gottes Willen dialektisch-kritisch gegen das Bestehende wendeten. Sie die Geschichte zwischen Gott und Israel vom Garten Eden und vom Sinai her davon bestimmt, dass sich Heil erst durch Gericht, erst im Wider-Spruch Gottes verwirklicht. Darauf legt sich dann die – ebenfalls nur noch hypothetisch aus den späteren Prophetenbüchern rekonstruierbare – Prophetie der frühen vorexilischen bis exilischen Propheten Israels, welche Heil z. T. nur noch in Form des bevorstehenden Unheils beschwören können und deren Tätigkeit den Ursprung eigentlich apokalyptischer Theologie hervorbringt, welche die Rede von Gott zur Qualifikation geschichtlicher Gegenwart und Zukunft wendet und die so ergehende Stellungnahme als nicht überspringbares letztes Wort hinstellt.

Als dritte, schon deutlicher durch die schriftlichen Quellen bedeckte Folie legte ich die prophetische Theologie der exilischen und vor allem nach-exilischen Zeit auf, deren Geschichtstheologie nun quasi systematisch den paradoxen Weg der Verheißungen Gottes durch deren Scheitern an den Menschen bis zu ihrer Erfüllung aus der Stunde des tiefsten Falls heraus nacherzählt. Dieses Geschichts- und Gottesbild etabliert sich nun mikroskopisch in den Kompositionen etwa zur Urgeschichte, zu Exodus und Wüstenzeit, zur Richterepoche, zur Geschichte Davids und der späteren Könige, und makroskopisch in den großen Bögen vom Garten Eden zur Sintflut, von Abraham bis zu Josua, von Jerusalem nach Babel und wieder nach Jerusalem. In diesen ineinander geschachtelten kleinen und großen Bögen ist das Erzählziel stets jene jetzt zu ergreifende Zukunft mit dem Gott Israels, welche die entstehenden Prophetenbücher erhoffen.

Nach der langen Wachstumsphase dieser Folie durch die persische Zeit hindurch schreiben die groben, harten Linien der fünften Folie störend quer zu dem so schön stimmigen Bild: Die Apokalyptik der hellenistischen Epoche verneint zunächst oder dekonstruiert zumindest diese Systematik geschichtlicher Hoffnungsgründe durch eine Geschichtstheologie schwarz in schwarz. Aber bei genauerem Hinsehen rettet sie damit in ihrer Verzweiflung doch wieder die alte dialektische Grundlinie vom

Dennoch der Verifikation Gottes dort, wo er nicht mehr zu erwarten ist, – so dass man die Liniengebung ausdrücklicher Apokalyptik auf unserem Projektorbild in überraschender Übereinstimmung mit denen älterer Gerichtsprophetie sehen kann. Die Grundfigur wurde radikalisiert und universalisiert, aber nicht verlassen. Und eben so radikal und universal begegnet sie uns wieder an der Schwelle zwischen den beiden Teilen der Bibel und den beiden mit ihr arbeitenden Glaubenswegen der Juden und der Christen: Nämlich bei der (in meiner Zählung nun fünften) Folie Johannes des Täufers und Jesu von Nazareth, welche in ihrer Übereinstimmung und ihrem Widerspruch, was die theologische Zeitansage angeht, gemeinsam die israelitische Grunddialektik einer Eschatologie des Heils durch die Eschatologie des Gerichts hindurch auf den Punkt, in eine höchste Zuspitzung bringen.

Darüber legen die Autoren des Neuen Testaments nun ihre (sechste und in meinem Analysegang letzte) Folie, ausgehend von ihrer Zentralerfahrung, nach der das Schicksal Jesu die „Exilsdialektik" Israels in persona durchmachen muss, indem gekreuzigt wird, der doch die Rettung verhieß, und diese Rettung erneut verifiziert wird in der Auferweckung ihres Verkündigers. Diese Folie nimmt die Linien aller darunter liegenden Folien deshalb in der Weise auf, dass sie die eschatologische Verkündigung Jesu festhält, indem sie ihn selbst, sein Schicksal, als eschatologische Wende verkündigt, indem sie die Geschichtstheologie apokalyptischer Vernunft personifiziert, jedoch in dieser Konkretion und Engführung das universalste, alle Welt einbeziehende Offenbarungsgeschehen behauptet.

Diese Skizze einer „Folien-Hermeneutik" bleibt natürlich ein grobes Modell oder Schema, welches eine gesamt-biblische Theologie in Bezugnahme zur historischen und exegetischen Forschung zu modifizieren und auszufüllen hätte. Die These der Analyse apokalyptischer Vernunft zu deren Strukturfindung steht und fällt nicht mit der Zahl und genaueren Ausmalung dieser Folien, wohl aber mit dem Nachweis der Existenz dieses strukturgebenden roten Fadens biblischen Offenbarungsdenkens, der solche steuernde Kraft hat, dass er im Laufe der Traditionsgeschichte sich selbst stets weiter radikalisiert und universalisiert, sozusagen „zu sich selber kommt". Das habe ich im Durchgang der letzen Abschnitte zu zeigen versucht.

Die stärksten Gegenargumente gegen diese Analyse dürften sich in Gegenrechnungen finden lassen, welche Traditionslinien aufmachen, die anscheinend abseits des apokalyptisch-geschichtstheologischen Weges sich bewegen und dennoch den Glauben von Juden und Christen (und später Muslimen) mindestens genauso geprägt haben. Dass es solche Linien gibt, bestreite ich genauso wenig, wie ich eine einfache Identität apokalyptischer Vernunft mit den biblischen Religionen insgesamt behaupte. Um das Verhältnis apokalyptischer Vernunft zum biblischen „Material" insgesamt näher zu bestimmen, muss man die vornehmlich diachrone Verfahrensweise der Analytik mit einer synchronen Typologie biblischer Denk- und Glaubensweisen verknüpfen. Dann erscheint die apokalyptische Vernunft gewissermaßen als eine „treibende Kraft" in ihrer näheren und weiteren Umgebung. Ich habe diese Gegenprobe meiner Analyse bezüglich des Alten Testaments zumindest angedeutet, indem ich die apokalyptische Vernunft ins Verhältnis gesetzt habe zu Grundtypen biblischer Denkweise, die ich „deuteronomistisch", ausdrücklich „apokalyptisch“ und „weisheitlich“ genannt habe. Ich möchte diese Gegenprobe hier erneut aufgreifen, indem ich die These von der neutestamentlichen Weiterentwicklung apokalyptischer Vernunft anhand der Weiterführung dieser Typologie überprüfe.

So wie es die prophetische Theologie des Ersten Testamentes nicht in einer destillierten Reinform gibt (was Strukturanalytik immer leicht suggeriert), sondern innerhalb der ethischen, politischen und religiösen Orientierung des Gemeinwesens Israels, so gibt es auch die neutestamentliche Eschatologie nur innerhalb der ethischen, sozialen und theologischen Herausbildung der frühen christlichen Gemeinden. Die treibende Kraft apokalyptischer Vernunft verbirgt sich gewissermaßen in diesem Gemeindeleben, das eben – lebbar sein muss. Dass dadurch die Grundtypen biblischer Wirklichkeits- und Lebensbewältigung auch im christlichen Milieu weiterleben (so wie sie sich auch im jüdischen Milieu fortgepflanzt haben[5]), sei deshalb im Folgenden durch einige Hinweise belegt.

Neutestamentliche Deuteronomistik

In der ausdrücklich geschichtsbezogenen Theologie ist im Neuen Testament die Deuteronomistik – im übertragenen, typologischen Sinn verstanden – genauso dominierend wie im Alten Testament in Geschichtsschreibung und -reflexion. „Deuterononomistik“ entsteht hier wie dort, indem die neue Ansage der Prophetie in ihren Konsequenzen für längere Strecken der Vergangenheit auf die Gegenwart hin ausgewertet wird. Neutestamentlich geht es zunächst also um „die Vereinbarkeit der apokalyptisch-eschatologischen (Nah-)Erwartung Jesu und einer erneuten Hinwendung zur Geschichtstheologie“.[6]

Der Terminus „Heilsgeschichte“ ist dabei auch für das Neue Testament nur mit Vorsicht zu verwenden: Die neutestamentlichen Autoren zitieren die biblischen Texte direkt als für sie aufbewahrte Wahrheit, ohne unser historisches Bewusstsein von deren Entstehungsgeschichte, sie beziehen sich eher auf Erzählungen von Gottes Handeln denn auf eine „‚Heilsgeschichte‘ ... in den Ereignissen *hinter* den biblischen Texten.“[7] Deshalb entwickeln sie auch keine einheitliche geschichtstheologische Systematik des Verhältnisses eines Alten und eines Neuen Bundes, einer Zeit nur der Verheißungen und einer von deren Erfüllung.[8] Das sind spätere Konstruktionen, welche einzelne neutestamentliche Aussagen zum Sprungbrett dogma-tischer

[5] Andeutend gesagt: Die Deuteronomistik im rabbinisch-talmudischen, die Apokalyptik im messianischen und die Weisheit im rabbinischen und insbesondere im mystischen Judentum. Als christlicher Theologe sehe ich mich nicht als kompetent an, diese Linie parallel auszuzeichnen. In der Beschränkung auf „meinen“ Standort behaupte ich aber keineswegs, die apokalyptische Vernunft sei genuin nur in ihrer christlichen Linie weiter zu verfolgen.

[6] So: B.E. Koziel, Die Fundamentalismusdebatte und die Apokalyptik, in: Zeitschrift f. kath. Theol 131 (2009/3) 331.

[7] Childs, Theologie 1, 36.

[8] Dagegen vgl. Kraus, Theologie 66.

Schemata genutzt haben. Die neutestamentliche Deuteronomistik enthält keine einheitliche christliche Geschichtstheologie, sondern eine Pluralität unterschiedlicher Ansätze, die durch einige Charakteristika zusammengehalten und dadurch mit dem alttestamentlichen Vorbild vergleichbar werden. Auf diese Charakteristika möchte ich hier hinweisen.

Deuteronomistik bedeutet hier zunächst, das punktuelle Ereignis der Verkündigung und Auferweckung Jesu ins theologische Verhältnis zu setzen zur früheren Geschichte des Handelns Gottes an Israel. Greifbar werden diese Versuche vor allem in der Evangelienredaktion des Matthäus und in dem Doppelwerk des Lukas. Bei Matthäus verknüpft der Stammbaum Jesu dessen Auftreten mit der gesamten Verheißungsgeschichte seit Erschaffung der Welt. Das Auftreten des Täufers markiert die Wende zur messianischen Zeit, mit der die Geschichte aber durchaus nicht abbricht. Matthäus kann in seinem Glauben an den schon gekommenen Messias ebenso wie übrigens die rabbinische Theologie in dessen Erwartung „eine auf den Messias folgende Epoche auf die Vollerfüllung hin" denken: „Der Messias legt den Grundstein für das vom Geist Gottes durchpulste Geschehen auf das volle Ende hin. In dieses Ende sind Israel und die Völker einbezogen."[9] Noch weitaus ausdrücklicher nimmt Lukas (insbesondere in den Predigten des Stephanus, des Petrus und Paulus) alttestamentliche deuteronomistische Geschichtstheologie auf: „Lukas geht auf die deuteronomisch-deuteronomistische Theologie zurück, die mit der Fähigkeit zu radikaler Selbstkritik die Höhen und Tiefen der Geschichte Israels aus der Schuld der Menschen und der unverbrüchlichen Bundestreue Gottes versteht, der durch das Gericht hindurch das Heil seines Volkes (und aller Völker) wirkt. Lukas funktionalisiert die Geschichte Israels nicht als ‚Vorgeschichte' der Kirchengeschichte. Es entspricht auch keineswegs seiner Geschichtstheologie, dass die Zeit Israels (resp. ‚der Juden') abgelaufen ist, nachdem die ‚Zeit Jesu' begonnen hat. Vielmehr bildet die Geschichte Israels, die von vornherein im Kontext der adamitischen Weltgeschichte steht …, den Horizont, in dem die Geschichte Jesu wie der ersten Christen abläuft ... Worin diese Kontinuität besteht, lässt sich schon an der Geschichte Abrahams, Josephs und Moses ablesen, endgültig aber an der Geschichte Jesu: dass Gott die Israeliten durch ihre Gottlosigkeit und Halsstarrigkeit, durch ihre Verstockung hindurch zum Heil führt"[10].

Diese Geschichtsreflexion dient also der Orientierung der christlichen Gemeinde in der für sie verwirrenden Erfahrung einer nach Jesus doch weiterlaufenden Geschichte und insbesondere in den Konflikten mit den ihr in der Mehrheit nicht folgenden Juden. Das deuteronomistische Schema des Lukas hat hier eine ähnliche Funktion wie die Dialektik von Verstockung und Rettung bei Paulus in Röm. 9-11: Man ist hier gerade nicht mit den Juden fertig, die man nur noch „widerlegen" muss, sondern man ringt mit dem Problem einer gemeinsamen Verheißungsgeschichte, über deren Deutung man sich angesichts der neuen Offenbarungs-Erfahrungen doch entzweit hat. Auch die paulinische Rechtfertigungstheologie

[9] Thoma, Messiasprojekt 139.
[10] Th. Söding, Erfüllte Zeit, in: Jahrbuch Politische Theologie 3, 44 f.

bietet eine Transformation des deuteronomistischen Schemas auf das Verhältnis von Juden und Heiden in der christlichen Mission hin: Der Ungehorsam und Unglaube beider ist der paradoxe Weg Gottes, sich aller zu erbarmen; der Erkenntnismoment der Gerichtsverfallenheit aller (gewissermaßen die paulinische Aufnahme Johannes des Täufers) fällt mit dem Moment der in Jesus verkündigten Rettung aller zusammen.[11]

Tod und Auferweckung Jesu haben für diese neutestamentliche Deuteronomistik die gleiche „Funktion" wie der Zusammenbruch des Staates, Exil und Neuaufbruch bzw. Verheißung der Neubeheimatung für die des Ersten Testaments: Ein eschatologisches Ereignis mitten in der Gegenwart zwingt zur Neudeutung der Vergangenheit. „Die lukanische Geschichtstheologie ... erschließt ... die geschichtlichen Dimensionen des eschatologischen Heils, dessen Vollendung an das kommende Reich Gottes gebunden bleibt." „Da er Jesus eschatologische Heilsbedeutung zumisst, rekonstruiert er von ihm her die Geschichte Israels und der ganzen Welt: dass Gott sie lenkt, indem er sie auf die endgültige Erlösung hinordnet"[12]. Die neutestamentliche Deuteronomistik dient also nicht der Temperierung oder gar Aufhebung der eschatologischen Hoffnung, sondern ihrer Fundierung in der Vergangenheit der Taten Gottes. „Hoffen, das aus Perfekta lebt", hat dies F.-W. Marquardt genannt[13] und abgegrenzt von einem verzweifelten und fanatischen Hoffen, dass ohne Anhaltspunkte alles auf eine Karte setzt. Die biblische Hoffnung gerade in ihrem deuteronomistischen Typus ist geschichtlich gesättigt: „Hoffen ist nicht im Futurum, sondern in den Perfekta des Heilshandeln Gottes begründet."[14]

Dadurch eröffnet sie realistische Handlungsoptionen in der Gegenwart. Die alttestamentliche Deuteronomistik war verknüpft mit einer konkreten, innerweltlichen Prophetie, die sich auf den Aufbruch aus dem Exil, die Wiederaufrichtung einer JHWH-Gemeinde in Israel und – jedenfalls beim „enthusiastischeren" Flügel dieser Bewegung – am Horizont auf eine große Heilszeit der Sammlung Israels und der Wallfahrt der Völker zum Zion bezog. Eine solche „deuterojesajanische" Stimmung prägt die neutestamentliche Gegenwartsbestimmung. „Wie der vorösterliche Jesus, in dessen Person und Wirken das Reich Gottes anfanghaft präsent wird, seine Jünger bevollmächtigt und befähigt, es ihm an den Orten ihrer jeweiligen Verkündigung gleichzutun, so sollte es sich nach Ostern analog mit dem Tun der Kirche verhalten."[15] Für sie ist die Zeit zwischen Ostern und der Wiederkunft Christi keineswegs leere, sinnlos sich dehnende Zeit, sondern geschenkte Heilszeit, die zur Sammlung der Menschen genutzt werden muss, Vorbereitungszeit für die Ernte und damit – wie schon für die Deuteronomisten und die Prophetie

[11] Zum deuteronomistischen Verständnis des Verhältnisses von Gericht und Heil bei Paulus vgl. Lona in: Handbuch der Dogmengeschichte IV, 7a, 58, außerdem meine Darstellung in: Taxacher, Christus 41-51.

[12] Söding, Erfüllte Zeit, in: Jahrbuch Politische Theologie 3, 46.

[13] Marquardt, Was dürfen wir hoffen 1, 93.

[14] Ebd. 94.

[15] Koziel, Die Fundamentalismusdebatte und die Apokalyptik, in: Zeitschrift f. kath. Theol 131 (2009/3) 331.

ihrer Epoche – vor allem Entscheidungszeit.[16] So wie sich im Ersten Testament Geschichtstheologie und Tora im Pentateuch miteinander verbinden („Evangelium und Gesetz“ also, am dichtesten im Buch Deuteronomium), so ist für die neutestamentliche Literatur (insbesondere die Briefe) die Zusammenstellung christologischer und eschatologischer Verkündigung mit ethischer Unterweisung der Gemeinden („Indikativ und Imperativ“) typisch.

Strukturell stimmt das Verhältnis von Geschichtstheologie und Handlungsanweisung, Prophetie und Tora in beiden „Testamenten“ also gerade überein. Die christliche Theologie ging in die Irre, wenn sie Gesetz und Evangelium auseinander riss und dann auch noch alternativ auf beide Testamente verteilte. Für die „deuteronomistische Richtung“ der neutestamentlichen Autoren – zu denen hier vor allem und bei allen Differenzen zwischen ihnen Matthäus, Lukas, Paulus und (!) Jakobus zu zählen sind – ist die Gegenwart keine Düsternis zum Warten und Ausharren, weil nach dem eschatologischen Ereignis Jesus nichts Wesentliches mehr kommen könnte. „Welt und Geschichte sind daher christlicherseits nicht schlechthin nur das Aufzugebende und zu Überwindende, sondern auch das den Jüngern Christi Aufgegebene, von ihnen zu Gestaltende und mit Hilfe des Geistes Gottes in Richtung auf eine Vollendung Weiterzuführende.“[17] Das „Ein-für-alle-Mal“, die Letztgültigkeit von Ostern bedeutet gerade „die Eröffnung der Möglichkeit zu furchtlosem geschichtlichem Handeln“[18]: „Bis zum Ende hat noch etwas zu geschehen[19]„.

Neutestamentliche Apokalyptik

Man sollte sich davor hüten, die frühchristliche Glaubensgeschichte nach dem Muster einer durchgehend abflauenden Anfangsemphase und damit als einen eindeutigen Bogen abnehmender apokalyptischer Erregung und Naherwartung vorzustellen. Die geschichtsbezogene Vernünftigkeit der in den neutestamentlichen Schriften dominierenden Deuteronomistik mag dazu verleiten. Tatsächlich hat das Osterereignis zunächst offensichtlich eine akute Naherwartung freigesetzt, die (falls die darauf bezogene Literarkritik Recht hat[20]) im Drang nach zeitlicher Limitierung der Endereignisse sogar „unvorsichtiger“ gewesen ist als die Verkündigung Jesu selbst.

Der neutestamentliche Kanon und damit die ganze christliche Bibel schließt mit einer direkten Apokalypse, die auch von ihrer Entstehungszeit her eine späte Schrift des Neuen Testaments darstellt. „Verheißung eines Kommens Jesu ist überhaupt das letzte Wort der christlichen Bibel: ‚Ja, ich komme bald. Amen. Komm, Herr Jesu! ‘ (Offb 22,20), und es scheint, da wir immer noch keine rechte Theologie der

[16] Vgl. dazu Thoma, Messiasprojekt 168.
[17] Koziel, Die Fundamentalismusdebatte und die Apokalyptik, in: Zeitschrift f. kath. Theol 131 (2009/3) 332.
[18] Reck, Angesicht 73.
[19] Ebd. 71.
[20] Vgl. dazu etwa Merklein, Botschaft 53-55.

Bibeleinheit besitzen, noch nie hinlänglich bedacht, was es bedeutet, dass die, die dem christlichen Bibelkanon seine heutige Form gaben, doch offenbar mit Bedacht das große Hoffnungs- und Zukunftsbuch des Johannes ans Ende der Bibel gesetzt haben. Damit ließen sie alles, was sie zuvor angeordnet hatten, gipfeln in einem fundamentalen Zukunftsbezug und prägten dadurch alles zuvor Gesammelte als zukunftgerichtete Erzählung und Weisung."[21] Und dieses letzte Buch des Kanons ist nun durchaus als Hoffnungs- doch auch „das Gerichtsbuch des Neuen Testaments. Es entfaltet die auch zur Reich-Gottes-Botschaft unlösbar zugehörige Vorstellung, dass der Anbruch der Herrschaft Gottes verbunden ist mit dem Verderben für ‚alle, die die Erde verderben' (Offb 11,18)."[22] Damit hält die Apokalypse fest, dass auch zur christlichen Einsicht von Gottes Kommen in der Ohnmacht des Kreuzes, auch zur johanneischen Rede vom Gericht schon im Kommen Jesu selbst, der Ausblick auf eine öffentliche, Welt und Menschheit einbeziehende Verifikation Gottes gehört. Die Stellung der „Geheimen Offenbarung" am Schluss des christlichen Gesamtkanons beabsichtigt offensichtlich, im „Abschluss der Alten und Neuen Schrift ... eine letzte Überhöhung der Form alt- und neutestamentlicher Prophetie" zu präsentieren[23]: „Die apokalyptische Schau bietet die Gewissheit, dass Geschichte als Geschichte (und keineswegs nur als Summierung der Einzelleben) vor Gott restlos klaren und überwältigend großartigen Sinn hat."[24] „Die Hoffnung auf ein sich erst in der Zukunft vollends und universal realisierendes Kommen Gottes, das wirklich ‚alles neu' macht und die ‚Wunden der Schöpfung' tatsächlich von Grund auf heilt, bildet den unaufgebbaren apokalyptischen Rahmen der gesamten christlichen Botschaft."[25]

Dieser Schlussakkord wird vorbereitet durch die apokalyptischen Stücke bei den Synoptikern[26]: Sie sind redaktionelle Kapitel, keine stehen gebliebenen Reste einer frühen Schicht. Auch in den paulinischen Briefen finden sich apokalyptische Szenarien. Apokalyptik im engeren Sinn eines bestimmten Typs von Eschatologie ist nicht einfach der abnehmende Mond am Sternenhimmel neutestamentlicher Theologien. Eher scheint es in der Frühzeit schon so gewesen zu sein wie auch in späteren Jahrhunderten der Kirchengeschichte: Es gibt eine Wellenbewegung zwischen

[21] Marquardt, Was dürfen wir hoffen 1, 157.

[22] Miggelbrink, Der zornige Gott 101.

[23] Von Balthasar, Fragment 169. Das wird durch den literarischen Charakter der Johannes-Offenbarung unterstrichen, durch ihren „singulären Charakter als apokalyptisch gefärbte Prophetie in Briefform" (so K. Huber in: WUB 52 (2/2009) 11): Diese Apokalypse kommt zugleich wie ein christlicher Gemeindebrief daher, und obwohl sie sich als mystische Schau darstellt, ist sie über weite Strecken doch geradezu ein Florilegium alttestamentlicher Propheten-Zitate. Diese Apokalypse – im Unterschied zu den meisten sonst von einem genannten aktuellen Verfasser gezeichnet und nicht als Schrift der Vorzeit ausgegeben – will eben nicht eine „Privatoffenbarung" sein, sondern eine christliche Deutung der prophetischen und apokalyptischen Tradition vor ihr.

[24] Von Balthasar, Fragment 169.

[25] Koziel, Die Fundamentalismusdebatte und die Apokalyptik, in: Zeitschrift f. kath. Theol 131 (2009/3) 333.

[26] Mk 13, Mt 24, Lk 21. Vgl. dazu Marquardt, Was dürfen wir hoffen 1, 374 f.

apokalyptischen Aufbrüchen und gegenwartsbezogener Vertagung des Endes.[27] Offensichtlich gibt es auch Konjunkturen für Apokalyptiker, insbesondere in Zeiten innerer Krisen oder äußerer Bedrohung, in Zeiten von Krieg, Vertreibung und Glaubens-Verfolgung. Der römisch-jüdische Krieg und die Zerstörung des Tempels 70. n. Chr. sowie die ersten römischen Christenverfolgungen sind solche Anlässe zur Katastrophenstimmung in neutestamentlicher Zeit gewesen. „Die christlichen Gemeinden Kleinasiens am Ende des 1. Jh. sind mit Prüfungen und Herausforderungen ähnlich denen konfrontiert, welche die Juden mit dem Schock des Exils und der babylonischen Eroberung sowie der Krise durch die Hellenisierung Jerusalems und die Schändung des Tempels zur Zeit des Antiochus Epiphanes (um 167 v. Chr.) erleben mussten.“[28]

Unterhalb dieser aktuellen Anlässe nährt sich die christliche Apokalyptik aber von dem, was alle deuteronomistische Geschichtstheologie nicht vergessen zu lassen vermag: dass die Fülle der Verheißungen nicht eingelöst ist. Den Überschuss der Hoffnung gegenüber auch der neuen christlichen Gegenwart aufzugeben, hieße die alttestamentlichen Verheißungen als Bezugsrahmen und Erbe urchristlicher Eschatologie zu verraten. „Ist Gottes Kommen zum Ziel gelangt? Dieses Ziel müsste – den alttestamentlichen Erwartungen entsprechend – die Theophanie vor den Völkern sein. Sind die alttestamentlichen Verheißungen und Erwartungen erfüllt worden?“[29] Die neutestamentliche Apokalyptik ist im Kern eine Mahnwache für dieses Erbe. Ihre hier zu skizzierende Charakteristik erklärt sich mehr aus dieser Funktion als aus bestimmten, vergleichsweise schnell wieder vergehenden Aufregungen.

Die apokalyptische Färbung gehört notwendig zur christlichen Eschatologie – unter diesem Aspekt sogar zwingender als zur jüdischen Heilserwartung –, weil mit der Auferstehung des Messias Jesus für seine Anhänger die messianische Zeit, die letzte Zeit vor der Vollendung angebrochen ist.[30] „Der Auferstandene ist der *in Kür-*

[27] Zur „Apokalyptisierung der christlichen Botschaft“ zunächst nach Ostern, dann um 70. n. Chr. sowie zur folgenden „Preisgabe der Naherwartung“ vgl. zusammenfassend Lona in: Handbuch der Dogmengeschichte IV, 7a, 80 f.

[28] J-P. Prévost in: WUB 34 (4/2004) 53. Prévost motiviert so zeitgeschichtlich die etwa 180 Anspielungen der Offenbarung des Johannes auf Prophetentexte der genannten beiden Krisenzeiten.

[29] Kraus, Theologie 340.

[30] Deshalb kann ich nicht das Urteil von Frankemölle teilen, man könne in der Apokalyptik „keine Faktoren zur späteren Trennung von Judentum und Christentum“ finden (Frankemölle, Frühjudentum 100). Allerdings stimmen jüdische und christliche Apokalyptik in ihren Deutungskategorien der Geschichte völlig überein. Strittig ist aber deren Anwendung auf das Christus-Ereignis. Nicht die Lehre, sondern sozusagen ihre „quaestio facti“ steht zur Debatte. Tatsächlich hat das rabbinische Judentum unter dem Eindruck der gescheiterten, apokalyptisch aufgeladenen Aufstände gegen Rom, aber auch in Absetzung gegen den Messianismus der Christen die Apokalyptik ähnlich an den Rand gedrängt, wie es später die christliche Reichskirche getan hat. Es ist kein Zufall, dass zahlreiche jüdische außerbiblische Apokalypsen nur durch ihre bearbeitete, christliche Überlieferung erhalten geblieben sind (Vgl.dazu H. Weinel in: Hennecke, Apokalypsen 23). Ähnlich wie in der späteren christli-

ze Kommende. Hat er durch die Auferstehung den Tod überwunden, so auch Zeit und Stunde der Todesgeschichte unserer Welt. ‚Der Herr ist nahe!' (Phil 4,5)."[31] Der Glaube an Jesus Christus ist die nachösterliche Transformation der Verkündigung anbrechender Gottesherrschaft durch Jesus selbst. Deshalb kann es ab jetzt, „dazwischen" eigentlich keine weitere Periodisierung der Geschichte mehr geben, jedenfalls keine theologisch wesentliche.

Die neutestamentliche Deuteronomistik reflektiert die Geschichte vorher, sie unterfüttert die Hoffnung mit Vergangenheit, kann aber, was die Zukunft angeht, letztlich auch nur „apokalyptisch" denken. Was immer jetzt auch noch geschehen mag: „Das ‚Laufwerk' der Zukunft ist nicht das der chronologischen Abfolge, sondern: Die Geschichte Israels ... läuft, sei es denn: auch durch Menschheitskatastrophen, auf Ende und Anfang zu, hat Zukunft."[32] Das glaubt man in stürmischen Zeiten ebenso wie in ruhigeren, d. h. man denkt letztlich apokalyptisch, ob nun mit einem eher erweckenden oder eher tröstenden Unterton. Deshalb wird „das geschichtliche Evangelium mit apokalyptischer Spitze die einzige dem Christentum eigentümliche Gattung."[33] Das Christentum agiert damit – wie sehr es terminierende Naherwartungen auch überwinden mag – notwendig in einer apokalyptischen Rahmenbestimmung seiner eigenen Geschichtszeit, in der Endzeit vor dem letzten Kommen Gottes nämlich. In diesem Sinne ist „Naherwartung" ein Grundaxiom der neutestamentlichen Botschaft: „In ihrem Horizont hat Jesus gelebt und gelitten, und unter ihrem Zeitverständnis hat Paulus seine Christologie formuliert und seine Mission praktiziert."[34]

Die besondere frühchristliche Apokalyptik übernimmt in dieser Zeitbestimmung aber auch eine besondere Funktion: Sie besteht auf dem universalen und weltlichen Charakter der Eschatologie gegen deren Individualisierung und Spiritualisierung.

chen Individualisierung und Spiritualisierung der Eschatologie (s.u. Kapitel 8) hat auch die jüdische orthodoxe Frömmigkeit die apokalyptische Erwartung entschärft – wenn z.B. in der Liturgie des Neujahrsfestes aus dem End-Gericht das jährliche oder tägliche Buß-Gericht wird. (Vgl. I. Yuval, Gedichte und Geschichte als Weltgericht, in: Kalonymos, Beiträge zur deutsch-jüdischen Geschichte aus dem Salomon Ludwig Steinheim-Institut Duisburg, 2005/4, 2.)

31 Kraus, Theologie 424. Deshalb halte ich G. Agambens Entgegensetzung messianischer Zeit und apokalyptischer Zeit in seiner Paulus-Auslegung nicht für sachgemäß. Gewiss: „Die Zeit ..., die der Apostel erlebt, ist nicht das éschaton, ist nicht das Ende der Zeit ... sondern die Zeit, die zusammengedrängt ist und zu enden beginnt." (Agamben, Zeit 75) Aber genau das ist auch schon die Zeit des Apokalyptikers. Der Unterschied zwischen ihm und dem Apostel Jesu Christi besteht darin, dass nach Ostern das Ende der Zeit nicht mehr reine Zukunft ist, sondern die Endzeit schon angebrochen ist, auch wenn sie sich noch – zusammengedrängt – dehnt. Messianische ist also sogar akute apokalyptische Zeit, die diese aus ihrer reinen Zukünftigkeit herausholt. Vgl. dazu weiter: G. Taxacher, Messianische Geschichte – Kairos und Chronos. Giorgio Agambens Paulus-Auslegung weiter gedacht, in: Ev. Th. 70 (3/2010) 218-234.

32 Marquardt, Was dürfen wir hoffen 2, 154.

33 So Hans v. Soden 1919, zitiert nach. Marquardt, Was dürfen wir hoffen 1, 380.

34 Metz, Memoria 129. Zum paulinischen Zeitverständnis meine Darstellung: Taxacher, Christus 20 und 24-40.

Die Apokalyptik ist Anwältin des Weltgehaltes der basileia-Botschaft Jesu, wie sie ausgerechnet der als unapokalyptisch geltende Evangelist Lukas in Marias Lobpreis vor der Geburt Jesu (Lk 1, 46-55), in dessen Weherufen gegenüber den Seligpreisungen (Lk 6, 24-26) und in der Verheißung der Umkehrung der Herrschaftsverhältnisse am Abend vor seiner Verhaftung (Lk 22, 28-30) festhält: Stets geht es hier um eine echte Revolution, in der nicht nur die Messianität Jesu offenbar und durchgesetzt wird, sondern auch die jetzigen Ordnungen von Arm und Reich, von Gewinnern und Verlierern revidiert werden. Das alles ist aber mit der Konstitution einer Jesus-Glaubensgemeinschaft nach Ostern keineswegs eingelöst. Die Apokalyptik nach Ostern verwahrt sich gegen den Irrtum, es könne sozusagen einen Kompromiss zwischen dem Christusglauben und dem einfachen Erhalt des Bestehenden geben. Modern gesprochen: „Alle Verschiebung der Wahrheitssuche in das Gebiet des Intellektuellen oder Religiösen, alle Partikularisierung und Transzendentalisierung, ist nur ein Symptom des Widerstandes gegen die Apokalypse des Bestehenden durch das Kommende.“[35] Dagegen hält die Apokalyptik – ihrem frühjüdischen Ursprung treu, wo sie genau diese Position einnahm! – den oppositionellen Charakter der christlichen Eschatologie fest, sie bestimmt „die Aufgabe der christlichen Eschatologie ... als christliche *Lehre von der Weltrevolution.*“[36]

Deshalb findet sich in den synoptischen Apokalypsen wie in der johanneischen Geheimen Offenbarung stets die „Vereinigung des Gedankens der Naturkatastrophe mit dem der gesellschaftlichen und politischen Verwandlung“[37]. Das bedeutet, „dass die Apokalypsen etwas anderes als eine mythologisch-kosmologische Schau vermitteln: nämlich eine *real-weltgeschichtliche*“: Ihr zentrales Anliegen möchte „*Jesus in weltgeschichtlichen Horizont* stellen.“[38] In gewissem Sinn kann man die neutestamentliche Apokalyptik als eine universalistische Deutung der Passionsgeschichte Jesu bezeichnen[39]: Sie macht ernst damit, den tödlichen Konflikt Jesu mit den Mächtigen dieser Welt – mit der Besatzungsmacht und ihren Profiteuren im eigenen Volk – und seinen Todeskampf, aber auch seine Auferweckung und Erhöhung durch Gott als Ur-Sprung und Muster des Kommenden zu glauben. Deshalb rechnen die Apokalypsen auch im Neuen Testament damit, dass das nahende Ende ein Katastrophales sein und mit Schrecken einhergehen wird. Sie verwechseln diese Katastrophen nicht mit dem Ende selbst[40], so wenig wie die Verfinsterung zur neunten Stunde über Golgota den eigentlichen Verkündigungsgehalt der Kreuzesbotschaft ausmachen würde. Aber es wird, wie für das Leben Jesu, so auch für die Geschichte der Welt gelten: „Wenn Gott sich als der unbegreiflich Erwählende in

[35] Kraus, Theologie 471.
[36] Marquardt, Was dürfen wir hoffen 1, 19.
[37] Ebd.
[38] Ebd. 379.
[39] Die ja auch in den Evangelien implizit schon so gelesen werden will; s.o. Kapitel 6.
[40] Vgl. dazu Marquardt, Was dürfen wir hoffen 2, 171.

die Menschheit einlässt ..., dann ist es unmöglich, dass die Weltgeschichte sich anders als in ungeheurer, und zwar steigender Dramatik entwickle."[41]

Am Ende aber wird diese Geschichte so wie die Geschichte Jesu die einer plötzlichen Wende, die des letzten Eingreifens Gottes sein. Deshalb wird Jesus in der Apokalypse des Johannes vom Lamm zum Löwen im Kampf für die Unterdrückten der Weltmacht Babylon (= Rom): Es ist dies der „weltgeschichtlich sichtbar gemachte Vollzug des pro nobis, unter dem die Auferweckung Jesu verkündigt wurde."[42] Für die neutestamentliche Apokalyptik genügt es nicht, aus der Kreuzesbotschaft (paulinisch) die Umkehrung aller Verhältnisse für den einzelnen Sünder – und sei es für alle einzelnen Sünder – herauszulesen, genügt es nicht, das Kreuz als existentielle Wende zu begreifen. Die Apokalyptik protestiert gerade angesichts des Kreuzes Christi dagegen, alle großen prophetischen Bilder der Erlösung von Jesaja an leichtfertig als Metaphern für innere, „religiöse" Vorgänge zu verschenken. Sie protestiert dagegen im Namen der Opfer der Weltgeschichte und im Namen der Auferweckung Jesu als Bestätigung seiner Vision der Gottesherrschaft: „In seiner apokalyptischen Universaldimension zieht der getötete Jesus das Leiden aller Opfer der Weltgeschichte an sich".[43]

Allerdings sagt die christliche Apokalyptik dies alles in Bildern: „Menschensohn, Weltgericht, Auferweckung der Toten gehören zum apokalyptischen Gedankenkreis. Ihm eigentümlich ist, dass hier nächtliche Seher Bilder von Zukunft empfangen, wie sie im Medium der Weltgeschichte erscheinen soll: Was den Einzelne bevorsteht, berührt sie nicht als Seelen, sondern als Menschen, die Mitgefangene und Mitgehangene der Menschheitsgeschichte und ihres Prozesses sind ... Wie sollte davon anders als in Bildern geredet werden können? Sie sind die allein angemessene Weise, Zukunft sich denken zu können."[44] Ihre Autoren haben ja nichts anderes zur Verfügung, da sie nirgends den Anspruch erheben, sozusagen über esoterisches Wissen um den genauen Ablauf, um das Drehbuch der Eschata zu verfügen. Zwar ist Apokalyptik später oft in diesem Sinne missverstanden und „ausgeschlachtet" worden.[45] Die Texte selbst aber treten aus ihrem Bild- und Bedeutungskontext

[41] Von Balthasar, Fragment 215.
[42] Marquardt, Was dürfen wir hoffen 1, 387.
[43] Ebd.
[44] Marquardt, Was dürfen wir hoffen 3, 144.
[45] Wie anders eine Zusammenfassung apokalyptischer Bilder zu einer Art eschatologischer Dogmatik später klingt, kann man etwa bei Augustinus nachlesen. Hier sind die virulenten Metaphern der Hoffnung zu einem Bestand an Glaubenstatsachen über die Zukunft geronnen. Zwar macht auch Augustinus – gegenüber jeder Apokalyptik eher zurückhaltend – die einschränkende Vorbemerkung: „Auf welche Weise freilich und in welcher Reihenfolge es kommt, werden wir dereinst eher durch Erfahrung lernen, als dass uns menschliche Einsicht jetzt schon dazu brächte, es bis an sein Ende auszudenken." Dennoch ist er der „Meinung, dass sich diese Dinge in der Ordnung … ereignen werden", nämlich: „Bei jenem Gericht oder ungefähr zur Zeit des Gerichts wird sich ... folgendes ereignen: die Ankunft des Thesbiten Elias, die Annahme des Glaubens durch die Juden, die Verfolgung durch den Antichrist, die Gerichtsverhandlung Christi, die Auferstehung der Toten, die Scheidung zwischen Guten und Bösen, der Weltenbrand und die Welterneuerung." (Augustinus, Got-

nie hinaus; sie versuchen etwa nie im Sinne eines übertragbaren Fahrplans eine systematische Verknüpfung ihrer Visionen mit den realgeschichtlichen Vorgängen (auf die sie durchaus anspielen). Die metaphorische Verkleidung der Apokalyptik ist also kein Versteckspiel, mit dem man etwas eigentlich eindeutig Entschlüsselbares verbirgt, sondern der Sache allein angemessen. Denn es geht ja um eine noch ausständige, niemandem zugängliche erhoffte Zukunft, die gleichzeitig konkret, anschaulich gefasst sein muss, um nicht ihre Brisanz für die Gegenwart zu verlieren. Die Bilder ermöglichen es, ein gänzliches Noch-Nicht so zu schildern, dass es nicht mit einer harmlosen Nicht-Welt, einem spirituellen Wolkenkuckucksheim verwechselt werden kann.

Apokalyptik lebt aus der Kraft von Visionen des Eschatologischen, vom Ausmalen dessen, was kein Auge gesehen hat. „Die Bilder der Hoffnung geben uns, worauf mit unseren Seelen auch unsere Gedanken zielen sollen und können.“[46] Sie sind „Werkzeuge und Kriterien für eine prophetische Unterscheidung der Geschichte, ... eine Rekonstruktion, eine Wiederentdeckung und Erneuerung des Exodus im Herzen des römischen Imperiums.“[47] Deshalb sind die Bildinhalte nicht beliebig, sondern folgen der Verheißung an Israel, dem offenbaren Willen Gottes und damit der Hoffnungsrichtung der Glaubensgemeinschaft. Man könnte diese Visionen – vom Sturz des Widersachers, von der Erhöhung der jetzt leidenden Gerechten, vom Neuen Jerusalem u. Ä. – nochmals bildlich als „Negative des Ungenügens“ bezeichnen: So wie ein Negativ hell widergibt, was in der Realität dunkel ist, so kehren diese Bilder die Farben der bedrückenden Realität um, lassen Jubel sein, wo jetzt Tränen fließen und das Recht herrschen, wo jetzt Unrecht regiert.

Die schärfste Form des Ungenügens bricht auf in der Konfrontation mit dem Tod – nicht unbedingt mit dem natürlichen Tod, wohl aber mit dem ungerechten Sterben der Gerechten, mit den Gemordeten, den Opfern, den unter die Räder Gekommenen der Geschichte. So brach ja schon die Auferstehungshoffnung der frühjüdischen Apokalyptik angesichts der Verfolgung und des massenhaften Martyriums auf.[48] Jesu Tod, mit dem Gott sich nicht abfindet, gehört auch in diese Reihe. Deshalb kann „der Gedanke der Gerechtigkeit für die vielfältigen Opfer der Geschichte nicht verhandelbar sein in einer Religion, deren zentrale Gestalt und Sinnmitte den Machenschaften dieser Welt zum Opfer fiel.“[49] Und so steigt der tote Jesus nach einer neutestamentlichen apokalyptischen Vorstellung zu den anderen Toten hinab, um auch in ihrem Schattenreich den Anbruch der basileia zu proklamieren (1 Petr 4).

tesstaat, XX 30 – 641). In dieser Kompilation unterschiedlicher neutestamentlicher Apokalypse-Bilder geht es um eine Art Tatsachen-Wissen der Zukunft. Dabei hat man den Eindruck, dass in dieser Transformation die ursprüngliche Sprengkraft, die eigentliche Bedeutung dieser Bilder auf der Strecke geblieben ist. Gerade in dem man sie beim Wort genommen hat, wörtlich genommen, hat man sie ihres metaphorischen Sinnes beraubt.

46 Marquardt, Was dürfen wir hoffen 1, 127.

47 P. Richard, Eschatologie und Politik, in: Jahrbuch politische Theologie 3, 53.

48 S.o. bei Kapitel 4.

49 So Koziel, Die Fundamentalismusdebatte und die Apokalyptik, in: Zeitschrift f. kath. Theol 131 (2009/3) 333.

Paulus zitiert ein apokalyptisches Szenario, nach dem bei der Wiederkunft Christi zuerst die Toten der Gemeinde erweckt werden, um mit den Lebenden die Ankunft des Heils zu erleben (1 Thess 4).[50]

Für die Apokalyptiker muss auch die Vergangenheit erlöst, müssen auch die Vergangenen gerettet werden. Dieses Beharren auf der erlösten Vergangenheit unterscheidet sie von jeder utopisch nach vorn drängenden Hoffnung, die sich nicht mehr um jene schert, welche vor dem letzten Gefecht untergingen. Das für die Apokalyptik so zentrale Auferweckungsthema darf nicht als isolierte theologische Lehre missverstanden werden, sondern ist ein integraler Aspekt ihres „unerhört radikalen und umfassenden Geschichtsdenkens. Zu jeder Geschichte gehören ihre Toten ... nicht nur als Vorläufer für die Späteren, sondern als ‚lebhaft' Beteiligte am Fortgang der Geschichte." „Denn der Schmerz am Fragmentarischen ihres Lebens war nicht so sehr, dass ihre Blütenträume nicht reiften, vielmehr, dass sie an der Verlässlichkeit der Versprechungen Gottes irrewerden konnten und in einer Wirrnis darüber ins Grab mussten ... Gott hat sich selbst nicht vergessen, und ihre Kinder nicht und darum und darin auch sie nicht, die Toten."[51]

Deshalb ist eine entscheidende Kategorie der Apokalyptik die des „Neuen": Neuer Himmel, Neue Erde, Neues Jerusalem – also nicht etwas unvorstellbar und beliebig Anderes, sondern die hiesige Welt ohne ihre jetzige Verkehrtheit: „‚neu' heißt ...: der alten, uns bekannten, von uns schon gelebten Wirklichkeit ... sub contrario" entgegensehen: „Dasselbe Leben wird von anderer Qualität sein ohne den Tod".[52] Die Apokalyptiker haben nichts anderes in Händen als ihre Unfähigkeit, sich mit dem Gegebenen einfach abzufinden, und ihr Vertrauen in den Willen Gottes, sein Reich durchzusetzen. Daraus machen sie ihre Bilder, die erst durch das gänzlich unkalkulierbare und doch verlässliche Handeln Gottes „entwickelt", nochmals „umgedreht" in ein ansehbares Positiv verwandelt werden können.

Neutestamentliche Weisheit

Weisheit als Grundströmung in den Schriften des Ersten Testaments habe ich als Versuch charakterisiert[53], in der deuteronomistisch oder apokalyptisch qualifizierten

[50] Frankemölle hat gezeigt, dass die christliche Auferstehungshoffnung im jüdisch-hellenistischen Auferstehungsglauben wurzelt und diesen aufnimmt. (Vgl. Frankemölle, Frühjudentum 212-220.) Dass damit die apokalyptische Wurzel dieses Glaubens nur eine marginale Rolle spiele, bestreite ich allerdings. Zum einen ist eine Abgrenzung eines quasi in sich geschlossenen apokalyptischen Systems von anderen religiösen Ausdrucksformen viel zu schematisch. Zum anderen ist aber konkret etwa die paulinische Auferstehungs-Predigt eindeutig apokalyptisch aufgeladen – wenn man nicht (wie in der Literatur immer noch häufig) apokalyptisches Denken fälschlich mit „Apokalypsen", also der Eigenart apokalyptischer Literatur identifiziert.

[51] Marquardt, Was dürfen wir hoffen 3, 126 und 128.

[52] Marquardt, Was dürfen wir hoffen 1, 128.

[53] S.o. Kapitel 4.

Gegenwart nun auch zu *leben*, und dies mitunter auch dadurch, dass man diese Qualifikation unterläuft. Weisheit wird so mitten in der biblischen Überlieferung zu einer Theologie abseits der Prophetie. Dazu gibt es im Neuen Testament keine direkte Parallele, d. h. wir finden dort keine Theologie abseits der eschatologischen Qualifikation der Gegenwart durch die Christusverkündigung, durch die Prophetie von Ostern. Das hängt zunächst einmal einfach mit dem vergleichsweise kurzen Zeitraum zusammen, den das Neue Testament dokumentiert, eine Momentaufnahme nur gegenüber den Überlieferungsstrecken des Schrifttums Israels. Die Notwendigkeit, mit der christlichen Prophetie und deshalb mitunter auch abseits von ihr zu *leben*, wird viel massiver die spätere Kirchengeschichte prägen.

Dennoch gibt es schon im Neuen Testament zumindest zwei theologische Linienführungen, die auf unterschiedliche Weise weisheitlich genannt werden können und denen eine große Wirkungsgeschichte beschieden sein wird. Auf sie sei hier – gewissermaßen im Übergang zu meinem Resümee zum Stand der apokalyptischen Vernunft mit Beginn der Geschichte des Christentums[54] – wenigstens noch hingewiesen.

Diese weisheitliche Linienführung hat ihren Anhaltspunkt durchaus schon in der Verkündigung Jesu selbst: Es fiel ja schon auf[55], dass Jesus über weite Strecken seiner ethischen und gleichnishaften Predigt einer weisheitlich-rabbinischen Tradition verpflichtet ist, die gar nicht unbedingt mit Eschatologie und Apokalyptik verknüpft sein musste. Es ist – wenn auch m. E. nur durch eine die Inhalte der Jesus-Verkündigung verfälschende Entkoppelung – durchaus möglich, diese Predigt Jesu ganz unmessianisch als eine einfache Theologie des Lebens vor dem gütigen Vater im Himmel, als ein Evangelium der Sorglosigkeit der Kinder Gottes zu lesen. Ein solches ganz die Gegenwart erfüllendes und in der Gegenwart schon erfülltes Evangelium als mögliche Lesart der Verkündigung Jesu ist gewissermaßen der erste Anknüpfungspunkt für ein weisheitlich ausgerichtetes Christentum – wenn nicht historisch, so doch der Sache nach.

Die erste weisheitliche Traditionslinie des Neuen Testaments findet sich insbesondere im Johannesevangelium und in den ersten beiden Johannesbriefen. Zentrum dieser Theologie ist die präsentische Tendenz der Eschatologie: Betont wird das Jetzt des angebrochenen Heils, teilweise so radikal, dass ursprünglich eschatologisch-futurische Größen wie Gericht, Neues Leben, Todesüberwindung schon der gegenwärtigen Existenz der Glaubenden, der aktuellen Erlösungswirkung Jesu zugeschrieben werden. Die anbrechende Gottesherrschaft scheint transformiert in die bruderschaftliche Liebesgemeinschaft der Gemeinde, in der alle in mystischer Einheit mit Christus geistlich leben. In einer solchen Theologie mag es eine eschatologische Erwartung noch geben – z. T. wird sie gegen allzu präsentische Aussagen auch wieder betont –, aber sie erscheint doch nur noch als Abrundung und Dreingabe für das jetzt schon gelebte neue Leben. Solch johanneisches Christentum wirkt sozusagen „post-messianisch", es lässt die apokalyptische Aufgeregtheit hinter sich,

[54] S.u. Kapitel 8.
[55] S.o. Kapitel 5. Zur Weisheit bei Jesus vgl. auch Frankemölle, Frühjudentum 183 f.

es überhöht sie in einer zugleich universalistischen (die „Welt" meinenden) und genügsamen (praktisch auf die Gemeinde konzentrierten) Spiritualität, in die hinein auch die politischen und sozialen Komponenten jesuanischer Verknüpfung von Gottesreich und Nächstenliebe „verinnerlicht" werden.

Traditionsgeschichtlich ist diese weisheitliche Linie des Neuen Testaments nicht leicht örtlich und zeitlich einzuordnen und gegenüber ähnlichen Strömungen und deren Herkünften abzugrenzen. In jedem Fall dürfte sie aber eng verbunden sein mit den „Veränderungen, die das biblische Denken beim Übergang von der Welt des jüdischen Palästina in die Weltkultur des Hellenismus durchgemacht hat"[56]. Phänomene dieses Übergangs gibt es auch schon im Diaspora-Judentum (wie ja schon die spät-alttestamentliche Weisheit deutlich hellenisierende Tendenzen zeigt), und umgekehrt bedeutet Hellenisierung auch in den christlichen Gemeinden nicht einfach den Abschied von den jüdischen Quellen. „Natürlich sind die meisten Schriften des Neuen Testaments hellenistisch-*jüdisch* geprägt, aber eben doch schon jüdisch-*hellenistisch*, und dies ist Folge der Mission und Ausbreitung des Christentums. Die Assimilation der christlichen Predigt an die hellenistische Kultur hat folgenschwere Rückwirkungen für die Art der Hoffnung."[57]

Die brisanteste Transformation des christlichen Evangeliums in hellenistische Kategorien hinein hat offensichtlich schon in der Frühzeit zu einer synkretistischen Theologie weisheitlicher Aneignung des Heils geführt, welche die Gemeinden als häretisch empfanden und die unter dem schillernden Namen Gnosis berühmt wurde. Ohne diesem Thema hier nachgehen zu können, möchte ich doch die These formulieren, dass aus der Sicht meiner Analyse die (christliche) Gnosis zu beschreiben sein würde als ein Versuch des hellenistischen Geistes, sich das biblische Evangelium außerhalb der apokalyptischen Vernunft, tatsächlich jenseits von dessen offenbarungs-geschichtlichen Grundkategorien anzueignen.[58]

Nun besteht in der Forschung – bei allen offenen Einzelfragen – Konsens darüber, dass insbesondere das johanneische Schrifttum in Auseinandersetzung mit früher Gnosis entstanden ist, also gewissermaßen im Versuch, diesen Ausbruch aus der apokalyptischen Vernunft kritisch wieder einzufangen. Diese Linie neutestamentlicher Weisheit dokumentiert also den Beginn des in den späteren Jahrhunderten geradezu dominierenden Projekts, das christliche Evangelium hellenistisch-weisheitlich zu interpretieren, ohne doch den Boden biblischer Prophetie einfach preiszugeben, ohne also in die Gnosis, in die radikale Ersetzung der geschichtlichen Offenbarung durch Philosophie und neuen Mythos abzugleiten. Dieses komplexe Geschehen kann hier im Grunde nur genannt werden, um zu verdeutlichen, dass diese

[56] Marquardt, Was dürfen wir hoffen 1, 23.

[57] Ebd.

[58] Gnosis ist eine religiöse Erlösungsphilosophie; ihre esoterisch-mythische Ausdrucksweise nur deren Oberfläche: „Gnostisches Denken ist also nicht originär mythisch, sondern 'remythisiert'". (C. Scholten, Art. Gnosis in: LThK[4] 4, 803) Die mythische Form eines weisheitlichen Inhalts betont gerade das immer gleich Wahre; nicht umsonst gilt die kirchliche Abwehr der Gnosis vor allem der „Entgeschichtlichung von Inkarnation, Kreuz und Erlösung." (Ebd. 808 f.)

weisheitliche Gradwanderung, das Evangelium aus seiner biblischen Ursprungs-Geschichte heraus zu empfangen, zu bewahren und dennoch unapokalyptisch zu lesen und zu leben, schon in das Grunddokument des Christentums hinein gehört.

Die zweite weisheitliche Traditionslinie im Neuen Testament hängt mit den Rahmenbedingungen der ersten eng zusammen, atmet aber einen anderen, wesentlich nüchterneren Geist. Man könnte sie gewissermaßen die „römische" gegenüber der „griechischen" christlichen Weisheit nennen. Statt in präsentische Innerlichkeit wird die Eschatologie hier eher in den Institutionalismus der frühen Kirche hinein aufgehoben. Deshalb kommt es hier auch zu einer ausdrücklichen Absetzbewegung von jedem apokalyptischen Enthusiasmus, nicht zu dessen „gnostischer" Spiritualisierung. „Die Preisgabe der Naherwartung liegt implizit in den Pastoralbriefen vor ... und in der jüngsten Schrift des NT, im zweiten Petrusbrief, wo sie paradoxerweise zudem noch als kirchliche Lehre verteidigt wird."[59]

Tatsächlich bietet dieser kurze Brief einen komprimierten Einblick in jene Veränderung des Urchristentums, welche auch in den späten Deuteropaulinen dokumentiert ist: Es gibt nun schon einen festen Lehr-Bestand christlicher Überlieferung, ein kollektives Glaubensbekenntnis, dass man aus zweiter Hand empfängt und vor dessen eigenmächtiger Auslegung deshalb gewarnt werden muss (2 Petr 1). Diese Warnung äußert sich in der Polemik gegen Irrlehrer, welche den Kern des Briefes bildet, wobei diese innerchristliche Auseinandersetzung nicht mehr (wie etwa in den echten Paulusbriefen) in heftiger inhaltlicher Argumentation geführt wird, sondern in ebenso heftiger Beschimpfung und moralischer Diskreditierung: Offensichtlich geht es um eindeutige Grenzziehung zwischen Autorität und Häresie, um den Erhalt einer Institution also (2 Petr 2). Am Ende wird dann inhaltlich tatsächlich die eschatologische Erwartung gegen jene verteidigt, die aufgrund der sich dehnenden Zeit der Skepsis verfallen und „höhnisch sagen: Wo bleibt denn seine verheißene Ankunft? Seit die Väter entschlafen sind, ist alles geblieben, wie es seit Anfang der Schöpfung war." (2 Petr 3, 4) Gegen diese tödliche Infragestellung der Herzmitte christlicher Verkündigung stellt der Brief die theologische Relativierung jeder zeitlichen Verzögerung („dass beim Herrn ein Tag wie tausend Jahre und tausend Jahre wie ein Tag sind", 3, 8) und eine sozusagen schon orthodox gewordene Schilderung der Hoffnungsinhalte Gericht, Weltenbrand, Wiederkunft, neuer Himmel und neue Erde. Die Aufzählung wirkt aber nur in Verbindung mit der moralischen Mahnung, so zu leben, als könne man damit dieses Ende beschleunigen (3,11), – für sich allein genommen bleibt sie eine eher blasse Aufzählung. Eschatologie ist hier tatsächlich als letztes Wort ins Schlusskapitel gerückt.

Bezeichnenderweise folgt dann noch eine milde und doch distanzierte Würdigung der echten Paulusbriefe, deren ungeschützte Lektüre offensichtlich als gefährlich eingeschätzt wird: „In ihnen ist manches schwer zu verstehen, und die Unwissenden, die noch nicht gefestigt sind, verdrehen diese Stellen ebenso wie die übrigen Schriften zu ihrem eigenen Verderben." (3, 16) Es liegt schon eine weite Entwicklung zwischen diesem Rückblick und den Paulusbriefen selbst, in denen das

[59] Lona in: Handbuch der Dogmengeschichte IV, 7 a, 81.

Neuheitserlebnis der christlichen Endzeitereignisse noch seinen radikalen theologischen Ausdruck, sein Neu-Denken von allem, sucht. Diese Entwicklung geschieht also noch innerhalb des knappen Jahrhunderts neutestamentlicher Textentwicklung. Am Ende beginnt sich die autoritäre Weisheit einer Glaubensinstitution zu melden, welche die eschatologische Zeitansage über die Zeit zu retten antritt und dafür den Preis zu zahlen bereit ist, die Eschatologie als prophetische Kraft in eine stabilisierende Lehre von den Letzten Dingen am Ende der Zeiten zu verwandeln. Sie tut dies im Namen der reinen christlichen Lehre, in einer existentiellen Bedrohung durch deren eigenmächtige Auslegung durch Einzelne oder einzelne Gruppen, die in dieser Zeit wohl tatsächlich beginnen, das Evangelium in unterschiedliche Richtungen hin zu adaptieren. Verwirrend wirkt dabei aber, dass die Verteidigung der Lehre mit dem Abschied von deren apokalyptischer oder radikal prophetisch-geschichtstheologischer Formulierung einhergeht, die doch am Anfang dieser Lehre stand. Es ist, als seien die Wurzeln des zu verteidigenden Inhalts selbst eine Gefahr für dessen Beständigkeit, eine – wie die Paulusbriefe für den Verfasser des Petrusbriefes – nur mit Vorsicht zu genießende schwierige Sache.

Könnte es sein, dass sich hier eine Geistigkeit ankündigt, welche die Ergebnisse des bisherigen Gangs apokalyptischer Vernunft festhalten möchte, dabei aber die Virulenz dieser Vernunft gewissermaßen dämpfen möchte? Fürchtet sich die entstehende christliche Kirche vor der Unsicherheit der Verifikationskriterien apokalyptischer Vernunft, welche stets forderten, die Wahrheit Gottes, seiner Verheißungen, an der Gegenwart und der Geschichte zu messen, und welche so, mindestens seit dem Exil in Babel, zu ständigen Umstürzen und Neuformierungen der Glaubensweise führten, eben um diese am Leben zu erhalten? Wenn dem so ist, dann lässt sich die beginnende Geschichte der christlichen Kirche begreifen als die Anstrengung, auf dem Boden der apokalyptischen Vernunft doch – um Christi und des Osterglaubens willen – an einem Schlusspunkt angelangt sein zu wollen. Der Streit um das rechte Verständnis der apokalyptischen Vernunft wird deshalb eine ständige interne Zerreißprobe des Christentums werden und die Frage nach Orthodoxie und Häresie zu einer Frage auf Leben und Tod, wie sie es nie zuvor in der Konstitutionsphase dieser Vernunft gewesen ist.

Weil meine Analyse der apokalyptischen Vernunft die weitere Geschichte und unseren gegenwärtigen Standpunkt eben an den Kriterien dieser Vernunft messen möchte, muss ich zum Schluss des Durchgangs durch diese Konstitutionsphase konzentriert fragen, welches Messkriterium für den Umgang mit Gottes Evangelium in der Geschichte diese Vernunft am Ende der Entstehung des biblischen Kanons an uns weitergibt. Wie will die sich so selbst fassende apokalyptische Vernunft verwendet werden?

Kapitel 8: Verdrängte Apokalyptik. Geschichte und Endzeit im Christentum

Die Frage, wie man die „kanonische" apokalyptische Vernunft zum Maßstab für ihre weitere Wirkungsgeschichte nehmen könne, führt in ein unerwartetes Paradox hinein – das alle bisherigen Versuche einer Unterscheidung der Geister ihrer Geschichte durch den Rückgriff auf ihre Ursprünge stets noch eingeholt hat.[1] Die Analytik hat den eschatologisch-apokalyptischen Charakter einer Vernunft herausgestellt, die seit den frühen JHWH-Gläubigen und Propheten Gott nur als Eschaton der Geschichte aus dem Blickwinkel ihrer eigenen Gegenwart zu denken vermag und sich alle übrige Wirklichkeit von diesem intensivsten Punkt her erschließt. Dies erreicht (jedenfalls in der Perspektive des Christentums) seine letzte kanonische Ausprägung in der Reich-Gottes-Ansage Jesu und in der Verkündigung der letzten Zeit der Erlösung durch die Apostel des Neuen Testaments.

Von daher haben alle christlichen Selbstkritiken von den Ursprüngen her in unterschiedlicherweise dieses eschatologische Gott-Denken zum Kriterium für die weitere Entwicklung, für die Unterscheidung zwischen Weg und Abweg genommen. Aber gerade dadurch haben sie sich meist in einen mehr oder minder heftigen Widerspruch zum Mainstream des Christentums ihrer jeweiligen Zeit gebracht. Denn dies ist schon bald nach der neutestamentlichen Zeit durchaus keine apokalyptisch gestimmte und zentrierte Religion mehr – kein Religionswissenschaftler, Historiker oder Soziologe könnte sie in diesem Typ fassen. Apokalyptiker, Naherwartungs-Eschatologen, messianisch argumentierende Geschichtskritiker und Gegenwarts-Propheten sind eher Außenseiter der christlichen Kirchen- und Theologie-Geschichte. Oft sind sie ausdrücklich als Häretiker Ausgeschlossene, die ihrerseits der Großkirche Verrat an der ursprünglichen Offenbarung vorwerfen. Ist es also deren subversive Perspektive, in die sich eine Analyse der apokalyptischen Vernunft in der Betrachtung des nachbiblischen Christentums zwangsläufig begibt? Ist dann aber der Anspruch, in der apokalyptischen Vernunft das Bewegungszentrum

[1] Ich meine mit dieser Wirkungsgeschichte als Gegenstand des kritischen Unterscheidungsversuches ab jetzt die Geschichte des Christentums. Denn in der nachkanonischen Zeit trennen sich die Wege von Juden und Christen, von ersten und zweiten Erben der apokalyptischen Vernunft. (Später wird sich der Islam als ein dritter religionsgeschichtlicher Erbe noch einstiften). Diese Beschränkung erfolgt zum einen, weil ich die Kritik nur von meinem (christlichen) Standort heute kompetent durchführen kann, also nicht stellvertretend für einen jüdischen (oder islamischen) Parallelversuch. Zum anderen entspricht sie der geschichtlichen Wirk-Mächtigkeit des Christentums, seiner weltgeschichtlichen Folgen und Verantwortlichkeit. Das Judentum wird in den Blick kommen, wo es an dieser Wirkungsgeschichte beteiligt war, mit eigenen Impulsen oder einbezogen, als Opfer. Nicht systematisch diskutieren kann ich also die Stellung des Judentums zu seiner eigenen apokalyptischen Vernunft.

für entscheidende Weichenstellungen bis in unsere Gegenwart hinein identifizieren zu wollen, obsolet? Denn es mag prophetischen Dissidenten genügen, an den vergessenen Ursprung gegen eine insgesamt falsche Geschichte zu appellieren, – es genügt aber nicht einer theologischen Geschichtsanalyse, welche die Dialektik dieser apokalyptischen Vernunft nachzeichnen möchte: Wäre deren Kanonisierung in Wahrheit schon mit ihrer Verabschiedung gleichzusetzen, könnte von Dialektik nur für diesen Umschlag, nicht aber für die Epochen danach die Rede sein.

Deshalb ist an dieser Stelle die Frage so wichtig, ob das nachbiblische Christentum überhaupt an den bisher erarbeiteten Kategorien apokalyptischer Vernunft gemessen werden will – und von daher auch kann.

Alfred Loisys berühmte Formulierung, nach der Jesus das Reich Gottes verkündete, nach ihm jedoch die Kirche kam, stößt tatsächlich in die Mitte des Paradoxes von Ursprung und Wirkungsgeschichte apokalyptischer Vernunft. So nimmt es nicht Wunder, dass Loisy als Haupt des so genannten „Modernismus" verurteilt und exkommuniziert wurde, obwohl er die kirchliche Transformation des neutestamentlichen Evangeliums gerade verteidigen wollte (etwa gegen A. von Harnack). Es genügte, dass er die Problemanzeige nicht umging. Gemeinhin nämlich versucht die kirchliche, insbesondere die katholische Lesart der Geschichte des Christentums, die Frage nach ihrem Ursprung als kritischer Referenzgröße für ihre Geschichte und Gegenwart dadurch loszuwerden, dass sie sich selbst, ihre kirchliche Identität und Tradition zum Unterscheidungskriterium zwischen Offenbarung und Häresie erklärt. „Die Einheit des Glaubens ... beruht auf der Einheit des glaubendes Subjekts Kirche, das die verschiedenen Erfahrungen mit dem einen Wort verantwortet und zusammenhält", heißt es bei J. Ratzinger ausgerechnet in seiner Diskussion des „eschatologischen Problems".[2] Nimmt man dies als hermeneutisches Axiom, kann es sozusagen per definitionem zu keinem Bruch zwischen dem „Wort" (Ursprung und Offenbarung) und der kirchlichen Wirkungsgeschichte kommen, da in ihr selbst die Auslegung des Wortes verantwortet und zusammengehalten wird. „Die Geschichte der Kirche führt in gewisser Hinsicht damit fort, was grundlegend in der Zeit Jesu selbst geschehen ist."[3] Dem gegenüber muss jede kritische Kriteriologie der Entsprechung von Ursprung und Fortführung als eine von außen herangetragene, „historistische", tendenziell häretische Konstruktion erscheinen.

Dass es im Streit mit Loisy um die Reich-Gottes-Botschaft ging und dass Ratzinger die kirchliche Hermeneutik angesichts der Eschatologie einschärft, ist deshalb kein Zufall: Nur die eschatologische Botschaft des Neuen Testaments als Gipfel-Mitte biblischer Prophetie könnte überhaupt der Hebel von „außerhalb", von „vor" der Kirche sein, der ihr ein kritisches Maß vorgibt. In Ratzingers Eschatologie wird deshalb auch konsequent die basileia-Verkündigung Jesu mit der christologischen Verkündigung des Heils durch Christus und deren kirchlich-sakramentaler Vermittlung identifiziert, sie geht in ihr auf, legt alle neutestamentlichen

2 Ratzinger, Eschatologie 48.
3 Ebd.

Verheißungen vollständig aus.[4] In einer Art Zirkel-Identitäts-Hermeneutik ist an der ursprünglichen biblischen Eschatologie nur wirklich bleibend und interessant, was die kirchliche Tradition daraus weiterführte, wohingegen jede historische Differenz-Hermeneutik nur Ausdruck einzelner Forscher-Meinungen sei, bei denen vor allem die mögliche Politisierung biblischer Verheißungen abzuwehren ist. Demgegenüber ärgert eben diese Differenz-Hermeneutiker die kirchliche Vereinnahmung des biblischen „Hoffnungsmaterials“: Denn auch die christliche Apokalyptik – insbesondere im apokalyptischen Buch am Ende des Kanons – zielt in ihrer Erwartung über die Kirche hinaus, gewissermaßen sogar an ihr vorbei. „Es gibt zahlreiche, für jüdischen und christlichen Glauben außerordentlich wichtige unerfüllte Verheißungen im NT. Sie sind theologisch viel dominanter, als Christen (und Juden) in der Regel wahrhaben wollen.“[5] Eine Jahrtausende währende Kirchengeschichte muss demgegenüber geradezu als das erscheinen, was kam, ohne erwartet zu werden. Und umgekehrt: Die kirchliche Hermeneutik apokalyptischer Vernunft muss deshalb eine anti-apokalyptische Spitze haben.

Verewigtes Ende

Man kann dies schon relativ früh bewusst ausgesprochen finden im Umgang des Augustinus in seiner Geschichtstheologie „De Civitate Dei“ mit der Apokalyptik. Augustinus polemisiert dort gegen die Chiliasten, die „Tausendjährler“[6], also offensichtlich gegen solche, welche die apokalyptische Verheißung eines tausendjährigen messianischen Reiches der Apokalypse des Johannes (Offb 20) wörtlich nehmen und als ein Ereignis der unmittelbaren Zukunft, noch vor dem letzten Weltende erwarten. Augustinus, der zugibt, eine solche Auslegung, wie der Text sie ja nahelegt, selbst einmal vertreten zu haben, hält sie nun deshalb für falsch, weil eine solche Verheißung einschließlich der „ganz maßlosen Tafelfreuden“ allzu materiell und sinnlich daher kommt. Christlich zu erwarten seien aber allemal nur „irgendwelche geistige Freuden für die Heiligen“.

Schon diese Argumentation ist im Vergleich zu biblischer Prophetie und auch zu Jesu Gleichnissen bemerkenswert, verweist sie doch alle irdisch-leiblichen, alle greifbaren eschatologischen Verheißungen in den Bereich der Bilder, ins Uneigentliche. Eschatologietauglich ist nur das Geistige oder Geistliche. Noch bemerkenswerter ist jedoch die augustinische Lösung des Problems der angekündigten messianischen Zwischenzeit: Er verlegt diese Zeit nämlich in die Gegenwart: „In der Zwischenzeit, während der Teufel tausend Jahre gebunden ist, herrschen die Heiligen mit Christus ebenfalls tausend Jahre lang. Darunter sind … zweifellos dieselben

4 Vgl. Ratzinger, Eschatologie 34-42 und 59-64, dazu die gute Kritik an Ratzingers Argumentation zum Reich Gottes bei Vorgrimler, Hoffnung 77.
5 Frankemölle, Frühjudentum 420.
6 Augustinus, Gottesstaat XX 7.

Jahre zu verstehen, also die gegenwärtige Zeit der ersten Ankunft Christi."[7] Mit dieser Deutung nimmt Augustinus nicht nur den christlichen Chiliasten ihre Naherwartung einer Veränderung der gegenwärtigen Verhältnisse, er identifiziert zugleich die kirchliche Gegenwart mit der quasi-linearen Fortführung des Anbruches der basileia bei Jesus. „Die Bindung des Teufels begann in der Zeit, als die Kirche anfing, sich aus dem Lande Judäa über andere und wieder andere Völkerschaften auszubreiten, aber sie hält auch jetzt noch an und wird fortdauern bis zum Ende der Weltzeit, wenn er freigelassen werden soll."[8] Die Kirche ist hier das in ihrer Selbstverwirklichung die Offenbarung auslegende übergreifende Glaubenssubjekt, von dem auch J. Ratzinger spricht.

Diese Auslegung richtet sich gegen eine christliche Apokalyptik, die – von biblischen Verheißungen gespeist – zwischen Jesus und dem Ende aller Tage noch etwas anderes erwartet als eben die Kirche, die auf einer Differenz zwischen Verheißungen und Gegenwart beharrt, einer Differenz, die sich nicht in den abstrakten Gegensatz zwischen Erde und Himmel auflösen lässt. Genau diese Auflösung betreibt Augustinus gegenüber den christlichen „Tausendjährlern": Die Gegenwart ist schon die Erfüllung der biblischen Verheißung, abgesehen vom letzten Ende jenseits der Welt. Zugleich verschafft er der Kirche damit Zeit: Sie füllt die tausend Jahre, sie selbst verwirklicht die messianische Ära und ist dadurch immun gegenüber jedem kritischen Vergleich zwischen dem Verheißenen und dem Gekommenen. Augustinus stellt den Chiliasten einen „Ekklesio-Chiliasmus" entgegen!

Nehmen wir die beiden augustinischen Argumentationsfiguren zusammen, nämlich die Polemik gegen eine allzu materielle Erwartung und die Identifikation prophetischer Erwartungen mit der Zeit der Kirche, so haben wir eine Grundfigur der christlich-kirchlichen Aneignung biblisch-apokalyptischer Vernunft gefunden: Sie besteht in der gleichzeitigen *Entweltlichung* eschatologischer Verheißungen und der *Verweltlichung* des Trägers dieser Verheißungen. Mit dieser Operation löst die christliche Kirche ihr ursprüngliches Existenzproblem, dass ich als Dilemma am Ende des Durchgangs durch die neutestamentliche Entwicklung feststellte: Dass hier nämlich die verwirklichte Geschichtsprophetie, die gegenwärtige Verifikation der Offenbarung Gottes so sehr auf die Spitze getrieben wurde, dass danach eigentlich weder etwas wirklich Neues noch ein einfaches Weitergehen mehr möglich ist. Damit ist nicht einfach die so genannte „Parusieverzögerung", also die Enttäuschung der Naherwartung gemeint, sofern diese ein Problem der Zeitdauer ist. Tiefer als die Frage nach dem „Wann" bohrt die Frage nach dem „Warum" – „Warum kommt er nicht?"[9] – und nach dem „Was": Was kann die Geschichte jetzt noch sein, wenn Ostern war, wenn die Glaubenden nur noch erwarten, dass an ihnen offenbar werde, sich wirklich ereigne, was schon entschieden, angebrochen, zugesagt ist?

In dieser Situation lebt die Gemeinde der so Glaubenden in dem Maße „entweltlicht", in dem ihre eschatologische Erwartung direkt und konkret ist. Und um-

7 Ebd. XX 9.
8 Ebd. XX 8.
9 Metz, Memoria 11.

gekehrt: Sie kann sich weltlich nur etablieren, mit ihrem „Weitermachen“ fertig werden, in dem sie diese ihre Erwartung transformiert. Man kann diesen Zusammenhang schon innerhalb der Neuen Testaments nachvollziehen, etwa auf der Strecke der frühen Paulus-Briefe (1 Thess) bis zu den späten Deutero-Paulinen („Pastoralbriefen“): Die frühe Vorstellung eines Lebens in der Welt ohne Bindung an sie, ohne Einrichtung in ihr, verbunden mit der akuten Erwartung, der Vollendung kollektiv entgegenzusehen, verblasst zu einer „ans Ende“ geschobenen Eschatologie, verbunden mit der Ausgestaltung kirchlicher Ämter und einer Stände-Ethik des Lebens in Beruf und Familie. Es ist schon so: „Die Naherwartung negiert jeden Dauerzustand, nicht nur den der Welt, sondern auch ihren eigenen, in dem sie sich selbst widerlegen würde. Übersteht sie diese Selbstwiderlegung durch unvermerkte Wiederherstellung der Fernerwartung, der langfristigen Unbestimmtheit, so wird ihre spezifische Unweltlichkeit zerstört.“[10]

Die Verweltlichung der ursprünglich apokalyptisch gestimmten Glaubensgemeinde geschieht in einem Prozess durch die ersten Jahrhunderte hindurch und wird besiegelt durch ihre staatstragende Rolle seit der so genannten Konstantinischen Wende. „Um sich der bedrängenden, aber auch selbst bedrängten Umwelt als gemeinnützig zu erweisen, verweltlicht sich die alte Kirche zum stabilisierenden Faktor. Zugleich damit ‚organisiert‘ sie ihre Weltlichkeit nach innen“, also ihre kirchliche Institutionalisierung.[11] Diesem Prozess parallel läuft die Entweltlichung ihres Erbes biblischer Eschatologie. Das äußere Kennzeichen dieser Entweltlichung ist die „Spaltung“ biblischen Verheißungsgutes in „eine *kosmische* und eine *individuelle* Eschatologie“[12]: Was der Welt insgesamt und was der Seele des Einzelnen gilt, lässt sich nicht mehr in eins fassen. Dahinter steht ein tieferer Vorgang: Eschatologische Zukunft wird transformiert in „Jenseits“ oder „Ewigkeit“, in „Unweltlichkeit vom Typus ‚Transzendenz‘“[13], und in einer dieser Transformation folgenden konsequenten Übersetzung gelingt es, „die biblischen Zeugnisse der Enderwartung allegorisch zu entschärfen, in großräumige und langfristige Spekulationen umzusetzen und die Aussagen vom hereinbrechenden Heil umzuprägen in eine Systematik der Innerlichkeit des schon bewirkten und verbürgten, der Kirche als unerschöpflicher Gnadenschatz zur Verwaltung überlassenen Heilsgutes.“[14]

Nimmt man beide Vorgänge aus der Perspektive meiner Analyse nochmals zusammen, kann man die christliche Kirche als eine Gestalt der Verweltlichung apokalyptischer Vernunft betrachten. Sie etabliert sich selbst als Verwirklichungs- und

[10] Blumenberg, Legitimität 52. Blumenberg spricht dann (ebd. 55) von „Verweltlichung durch Eschatologie“, was gegenüber der von ihm genannten Alternative („Verweltlichung der Eschatologie“) allerdings richtig, im Zusammenhang seiner eigenen Darstellung aber zumindest missverständlich ist: Nicht einfach durch Eschatologie verweltlicht sich die Kirche, sondern gerade durch deren Entweltlichung, nämlich Spiritualisierung und Individualisierung.

[11] Ebd. 55.

[12] Ebd. 56.

[13] Ebd. 52.

[14] Ebd. 56.

Verwaltungs-Gestalt apokalyptischer Glaubensweise, indem sie deren unentwegte Hoffnung auf die Selbstverifikation der Offenbarung Gottes in der Welt gleichzeitig auf sich selbst bezieht und „verewigt". Durch diese Verewigung der Kategorien apokalyptischer Vernunft gewinnt sie selbst Zeit, Zeit für ihre Geschichte.[15]

Hoffnung nur für Tote

Die hinter dieser These stehenden kirchen- und theologiegeschichtlichen Beobachtungen können hier unmöglich ausgebreitet werden. Einige Illustrationen müssen genügen:

Manifest wird die Transformation der neutestamentlichen Reich-Gottes-Erwartung in eine zentrale individuelle und eine in ferne Zukunft gerückte, gewissermaßen angehängte kollektive Eschatologie, beides zentriert um die Gegenwart der Kirche, im dritten christlichen Jahrhundert, also parallel zur „Konstantinischen Wende" – obwohl sich diese Tendenz schon seit spät-neutestamentlicher Zeit andeutete. Also schon eineinhalb Jahrhunderte vor Augustinus wird die heilsgeschichtliche Spannung der letzten Zeit seit Ostern „von einer Eschatologie ersetzt, die um ihrer selbst willen gepredigt wurde und biblische Bilder und überliefertes Volkswissen zu einer systematischen Lehre des Lebens nach dem Tod organisierte."[16] Man muss sich vor Augen halten, dass diese Feststellung im Prinzip für die kirchliche eschatologische Predigt bis in die Moderne Gültigkeit hat, um die historische Bedeutung dieser Transformation zu ermessen.[17]

Ein für sich selbst sprechendes Beispiel für diese Transformation ist die Auslegung von 1 Thess 4, 13-18, dem eschatologischen Stück aus dem wahrscheinlich frühesten Paulusbrief und damit einem der ältesten Belege christlicher Eschatologie überhaupt. Der Text behandelt im Kontext akuter Naherwartung das Problem erster Todesfälle in der Gemeinde, d. h. die Sorge der Thessalonicher gilt ihren verstorbenen Angehörigen und deren Schicksal, angesichts der Wiederkunft Christi, welche die Gläubigen offensichtlich zu ihren Lebzeiten erwarten. Paulus spricht ihnen Trost zu durch eine Argumentationskette, welche durch und durch von frühjüdischer Apokalyptik geprägt ist.[18]

[15] Muss eigens angemerkt werden, dass sich die Existenz der Kirche als Gemeinde der Glaubenden nicht in dieser Stillstellung der Apokalyptik erschöpft? Die hier vorgetragene Kritik hebt einen wesentlichen Zug der Institutionalisierung des Christentums hervor, ohne die Institution als ganze und als solche mit ihm zu identifizieren. Kirche ist auch, wie noch zu zeigen sein wird, „Gefäß" apokalyptischer Vernunft.

[16] So B. Daley in: Handbuch der Dogmengeschichte IV, 7a, 110.

[17] Sie geht so tief, dass sogar von den apokalyptischen Schriften der östlichen Patristik gesagt wird, „sie interessierten sich vornehmlich für das Schicksal des Einzelnen bei und nach dem Tode und weniger für das kommende Ende des gesamten Kosmos" (ebd. 183) – eine literarische Apokalyptik also ohne apokalyptische Theologie im ursprünglichen Sinn!

[18] Vgl. Taxacher, Christus 34-41.

Die Logik seiner Schlussfolgerung lautet schematisiert: 1. Weil Jesus auferstanden ist, werden auch Tote auferweckt werden. Im Hintergrund steht also die Vorstellung von Jesus als dem „Erstling der Entschlafenen", von Ostern als Anbruch der erwarteten apokalyptischen Endereignisse, zu denen eben auch die Erweckung von Toten gehört. 2. Deshalb werden wir, die Lebenden, den Verstorbenen nichts voraus haben. (Paulus zitiert hier ein in den Evangelien unbekanntes Jesus-Wort, wahrscheinlich ein Wort des erhöhten Christus aus dem Himmel, das er selbst als Prophet gesagt bekam.) Wir müssen uns um die Verstorbenen also keine Sorgen machen. 3. Bei den Endereignissen werden die Verstorbenen zuerst erweckt, dann werden wir alle zusammen, die Erweckten und die Lebenden, zum Reich Gottes entrückt werden. D. h. also: Die erwartete Totenerweckung ist eine in dieses irdische Leben hinein, damit die Verstorbenen wieder den Status haben, in dem wir, die Überlebenden, in das Reich eingehen. Noch schärfer formuliert: Der Tod ist für den frühen Paulus[19] nicht etwa das Tor, der Durchgang in den Himmel, sondern ein Hindernis, der letzte Feind. Er wird zuerst beseitigt, damit auch die Toten an den apokalyptischen Ereignissen teilnehmen können, die wir Lebenden in Kürze erwarten. Das Reich Gottes ist etwas, was aus der Zukunft auf uns zu kommt und uns dann in sich aufnimmt, nicht aber ein ewig existierendes Jenseits, in das wir durch den Tod hinüber gehen.

Ausgerechnet diesen Paulustext zitiert Augustinus in „De Civitate Dei" vollständig, also durchaus nicht in einem aus dem Zusammenhang gerissenen Einzelvers. Augustinus situiert die paulinische Beschreibung am Ende der Zeiten, bei der Wiederkunft Christi und dem allgemeinen Gericht. Trotzdem ist er so durch die inzwischen verschobenen Vorstellungshintergründe zur Auferstehung gefangen (negativ: vom Vergessen der ursprünglichen apokalyptischen Kategorien), dass er an der entscheidenden Stelle die Aussage des Paulus geradezu umdreht: „Der Apostel scheint uns aber selbst zu der Auffassung hinzuleiten, dass auch jene, die der Herr hier lebend antreffen wird, in dem kurzen Zeitraum sowohl den Tod durchmachen als auch die Unsterblichkeit erlangen werden".[20] Bei Paulus müssen die Toten erst erweckt werden, um mit den Lebenden ins Himmelreich einzugehen – bei Augustinus müssen die Lebenden erst noch schnell sterben, um dann mit den Toten gemeinsam auferweckt zu werden!

Die Stelle ist ein Kabinettstückchen interpretierender „Verlesung" eines in sich völlig klaren Textes, wenn die Deutekategorien für die angezielte Sache sich verschoben haben.[21] Unter Zuhilfenahme von 1 Kor 15 (wo Paulus tatsächlich über den

[19] Das sieht schon zur Zeit der Konrinther-Briefe etwas differenzierter aus! Hier denkt Paulus über die verwandelte, nicht mehr irdische Existenz der Auferstandenen nach. Aber auch dabei hat er weder die Naherwartung aufgegeben noch den Tod zum entscheidenden Eintritts-Tor in das Reich Gottes erklärt.

[20] Augustinus, Gottesstaat XX, 20.

[21] Marquardt macht (in: Was dürfen wir hoffen 3, 121) auf die entsprechende Umkehrung der Reihenfolge gegenüber Paulus schon im Apostolischen Glaubensbekenntnis aufmerksam: „Zu richten die Lebenden und die Toten." Schon hier scheint vorausgesetzt, dass die zu richtenden lebenden Zeugen des Endes nur ein kleiner Rest sein werden, vorwegzu-

Tod als Durchgang zum Leben nachdenkt) macht Augustinus dann die axiomatische Voraussetzung seiner Deutung klar: Dass nämlich die bei der Wiederkunft Christi noch Lebenden „nicht durch die Unsterblichkeit zum Leben kommen, wenn sie nicht, wenn auch nur für kurze Zeit, trotzdem vorher gestorben sind.“[22] Für Paulus ist in 1 Thess wie auch noch in 1 Kor der Tod das Problem angesichts der erwarteten Wiederkunft Christi für alle. Für Augustinus ist die neutestamentliche Vorstellung des plötzlichen Eingehens der Lebenden in das Kommen Christi ein interpretatorisches Problem angesichts einer für alle durch den Tod hindurch erwarteten Unsterblichkeit. Das heißt aber zu einem Umkehrschluss zugespitzt: Die paulinische Enderwartung brauchte den Tod streng genommen, eschatologisch, nicht, wenn er sich ihr nicht als Faktum stellen würde. Im Neuen Testament geht es zentral nicht um den Tod, sondern um das Leben und die Welt und deren Zukunft, in deren Zuge auch der Tod überwunden wird. Dafür bürgt das Faktum der Auferweckung Jesu. Augustinus umgekehrt braucht für seine Eschatologie streng genommen die kollektiven Endereignisse gar nicht, da ja alle, die Gott retten will, durch den Tod in die Ewigkeit gelangen könnten. Das allgemeine Gericht muss er interpretatorisch bewältigen, weil es faktisch im Neuen Testament gelehrt wird.

Fast noch stärker geht es bei den späteren Kirchenvätern in der Eschatologie ständig darum, dass der Himmel die materielle Unvollkommenheit des irdischen Leibes aufhebt: Es geht um Vollkommenheit, Geistigkeit, Schönheit. Dass es biblisch einmal darum ging, dass Arme gesättigt, Trauernde getröstet, Gefangene befreit werden, kommt entweder nur noch metaphorisch oder in der Volksfrömmigkeit vor. Im Wunderglauben erscheinen die irdischen Verheißungen wie durch die Hintertür. So werden die eschatologischen Wunder Jesu bei Gregor I. nun als Wunder, die von den Gräbern der Märtyrer ausgehen, als Beweise für das Eigentliche, nämlich für die Unsterblichkeit der Seelen genommen. Das bewiesen eben die Wunderkräfte der Heiligen: „Denn zu ihren entseelten Leibern kommen Kranke und werden gesund, … da kommen Besessene und werden befreit, kommen Aussätzige und werden rein, dahin bringt man Tote und sie werden erweckt.“[23]

In der mittelalterlichen Scholastik, welche darin auf die in der Patristik geleistete Transformation aufbaut, wird die Zentrierung auf das Todesschicksal des Einzelnen zum festen Lehrbestand. In den frühscholastischen Schemata der Endereignisse „werden die Lebenden sterben, um mit den Toten aufzuerstehen“[24], als läse man es

nehmen vor dem eigentlichen Gericht, das eben an Toten sich vollzieht. Allerdings sehe ich im Apostolikum im Gegensatz zu Augustinus den Gedanken der lebenden Zeugen der Parusie noch festgehalten. Dass die Toten sich nach Generationen verstorbener Christen in den Vordergrund drängen, ist verständlich. (Und Marquardts Interpretation, als sei durch die Umkehrung eine Bevorzugung der Lebenden ausgesprochen, halte ich für falsch.) In gewissem Sinn hat sich in unser Glaubensbekenntnis gegen die Individualisierung der Auferstehung durch den eigenen Tod also noch das apokalyptische Szenario des Paulus hinüber gerettet.

[22] Augustinus, Gottesstaat XX, 20.

[23] Aus Gregor I. Dialogen, zitiert nach: Vorgrimler, Geschichte des Paradieses 157.

[24] Ott, Handbuch der Dogmengeschichte IV 7b, 30.

bei Paulus nicht genau umgekehrt. Dabei geht es aber um mehr als um eine anachronistische Bibelhermeneutik oder eine Veränderung spezieller theologischer Inhalte. Vielmehr ist diese spezielle Verschiebung nur ein Symptom für das im Mittelalter regelrecht hinter der Christenheit liegende Vergessen der Welt- und Zukunftszentriertheit biblischer Eschatologie. Der Christ erwartet nun nicht mehr aus der Zukunft etwas für die Welt, sondern er erwartet seine Zukunft außerhalb der Welt. „Die eschatologische Perspektive, wonach sich das Reich Gottes in historischer Zeit auf der Erde realisiert, wurde vom Mönchtum des Frühmittelalters" – also von den entscheidenden Tradenten des antiken Christentums an die neuchristlichen Völker des Mittelalters, insbesondere nach Nord- und Mittel-Europa! – „vernachlässigt zugunsten einer Sichtweise, die die Erde ausschließlich als die Domäne des Bösen verstand und den Himmel als ein Refugium und eine Belohnung für die Seelen jener christlichen Elite, die auf der Erde wie Engel zu leben vermocht hatte."[25]

Damit hat die aus dem frühen Christentum in heftigen Kämpfen ausgestoßene Gnosis einen indirekten späten Sieg errungen, denn „das gnostische Axiom von der Zeitlosigkeit des Heils und von der Heillosigkeit der Zeit"[26] prägte nun das christliche Bewusstsein. Aus diesem Vergessen der Wurzeln des eschatologischen Glaubens in biblischer Prophetie und Apokalyptik speist sich die mittelalterliche Lehre von den letzten Dingen auch jenseits der monastischen Engführung. Die bei Augustinus beobachtete Umkehrung der Plausibilitäten setzt sich konsequent fort. Thomas v. Aquin definiert die Auferstehung Christi als Ursache für unsere Auferstehung, mit der Begründung, weil er Gott und Mensch sei, könne er gleichermaßen den Tod überwinden und als Mensch auferstehen.[27] Auch hier ist übersehen, dass bei Paulus das Auferweckungshandeln Gottes an Christus das an den Glaubenden insgesamt beweist, also die Ursache beider ist. Das Nadelöhr des Todes schließt eine Rettung Lebender beim Kommen Christi aus: „Die Meinung, dass alle sterben und vom Tod auferstehen werden, ist sicherer und allgemeiner."[28]

Das wird von der Scholastik an die Neuscholastik und damit an die katholische Normaldogmatik bis ins 20. Jahrhundert weiter gereicht. Während in der Anfangszeit der Kirche das Problem darin bestand, neben dem universalen Gericht am Ende der Zeit ein persönliches Gericht direkt nach dem Tod einzuführen, musste Thomas im Mittelalter theologische Gründe dafür angeben, warum es überhaupt noch ein universales Gericht geben soll. Das Problem wird sogar in die individuelle Eschatologie eingetragen: Denn in der Logik der Lehre lässt sich nicht mehr wirklich plausibel machen, warum die unsterbliche Seele nicht beeinträchtigt, sondern bereichert wird, wenn am Ende, bei der Auferstehung des Fleisches, der Leib noch hinzukommt. Diese Lehre von der leiblichen Auferweckung erscheint nun wie ein peinli-

[25] Vauchez in: Geschichte des Christentums 4 (1994) 953.

[26] Metz, Memoria 12.

[27] So in der Quaestio 76, Artikel 1 (dem Supplement der Summa theologica, aus seinen früheren Sentenzenkommentaren von einem Schüler zusammengestellt).

[28] Ebd. Quaestio 78, Artikel 1.

cher Erdenrest, den die Dogmatik aber nicht los wird. „Der natürlich und übernatürlich vollendete Leib wird die Seligkeit nicht stören", verspricht der neuscholastische Dogmatiker Joseph Bautz 1881. Zwar sei der Leib „für die Seligkeit nicht notwendig, aber die Seligkeit gewinnt durch ihn einen ‚accidentellen Zuwachs'".[29] „In dieser Linie bewegen wir uns auch heute weithin noch."[30]

Die großen systematischen Entwürfe des 20. Jahrhunderts schließlich kommen darin überein, das allzu „Gegenständliche" und „Mythologische" der Bibel als deren Bildebene zu entschärfen und das Wesen des Eschatologischen im Vertrauen auf das Bleibende, Ewige, Gerettete alles Wesentlichen der Welt und des menschlichen Lebens bei Gott zu erblicken. Darin trifft sich auf unterschiedlichen Wegen das Bemühen etwa der existenzialen Interpretation Rudolf Bultmanns, der Identifikation von Offenbarung und Eschatologie bei Karl Barth, der transzendentalen Hermeneutik eschatologischer Aussagen bei Karl Rahner. Bei ihnen allen „zielt Glaube also auf Sinnverstehen und ist darum Hoffen darauf, dass uns aufgehen wird, was wir jetzt noch nicht begreifen."[31] Auf diese innere und wesentliche Dimension hin wird eine biblische Aussagewelt reduziert, deren gegenständliche Verheißungen man „der bildhaften Sprache einer vergangenen Epoche"[32] zurechnet.

[29] Zitiert nach: Vorgrimler, Geschichte des Paradieses 246 und 249.

[30] So M. Kehl in: Herderkorrespondenz 53 (1999) 451. Für die katholische Neuscholastik des 19. und (frühen) 20. Jahrhunderts gilt zusammenfassend: „Die Neuscholastik dokumentiert abermals die Inkonsequenzen der Eschatologie in der katholischen – und protestantischen – Theologie: Aus einem narrativen Diskurs, der prospektiv mit Hilfe der neutestamentlichen Quellen die der Weltgeschichte widerfahrenden Ereignisse schildert, macht sie für die eingeschobene Behandlung des individuellen Schicksals einen Traktat, der die Ereignisse bei Matthäus, in der Johannesoffenbarung, bei Paulus und im zweiten Petrusbrief systematisch als getrennte Blöcke organisiert und dabei die Belange des Individuums zu seinem ureigenen Anliegen erklärt." (Escribano-Alberca in: Handbuch der Dogmengeschichte IV, 7d, 214.) Dass in dieses Urteil auch der Protestantismus einbezogen werden kann, liegt an der erstaunlichen Parallelität zwischen dem katholischen metaphysischen Objektivismus und dem protestantischen pietistischen oder aufklärerischen Individualismus, jedenfalls im Ergebnis für die Eschatologie. So kann etwa die Überschrift ausgerechnet zur englischen, Geschichte und Apokalyptik sonst eher nahen protestantischen Theologie der Neuzeit lauten: „Eschatologie in der Reduktion auf die Unsterblichkeit der Seele." (So ebd. 93.)

[31] Marquardt, Was dürfen wir hoffen 1, 120. Er bezieht dies nur auf die genannten protestantischen Theologen. Es gilt aber m.E. auch für Rahner und später Greshake auf katholischer Seite fast mehr als für Barth, der immerhin die politische und „kollektive" Dimension biblischer Verheißungen stärker festhielt, allerdings nicht (mehr?) in seine (ungeschrieben gebliebene systematische) Eschatologie integrierte. Immerhin konnte der späte Barth ganz unvermittelt – und für moderne Theologie erstaunlich schwungvoll „naiv" – einkalkulieren, dass es am Ende auch die Erlösung noch Lebender geben könnte, die nicht gestorben sind. (Vgl. Kirchliche Dogmatik IV 3, 1061-1063.) Ich werde darauf in Kapitel 10 zurückkommen.

[32] So noch J. Kremer, Parusie und Weltgericht, in: Stimmen der Zeit 7 (1998) 492. Der Aufsatz liest sich wie eine knappe Zusammenfassung der hier genannten Tendenz. Interpretatorisches Ziel im Umgang mit biblischen eschatologischen Texten ist es offensichtlich, dem modernen Menschen keine Glaubensinhalte zuzumuten, die nicht in sein Weltbild passen. Was dann als Glaubensinhalt übrig bleibt, ist zum einen die Hoffnung auf Gott in der

Um den Christen eine naive Zukunftshoffnung a la „Zeugen Jehovas“ zu ersparen, wird die biblische Botschaft konsequent entapokalyptisiert. Damit droht sich aber alle christliche Eschatologie auf ein frommes letztes Wort zu reduzieren, nach dem eben jenseits von Leben und Geschichte Gott ist und auf uns wartet. „Denn nichts wird unter den akademischen und kirchlichen Theologen Europas für so selbstverständlich gehalten wie die Unbrauchbarkeit der gegenständlichen Hoffnungsinhalte des Neuen Testaments und erst recht des so genannten Alten Testaments für die Anlage und Entfaltung einer modernen Eschatologie.“[33] So gilt auch von „großen Teilen der modernen Theologie: … Sie überlässt die Weltzeit sich selbst und ihrem eigenen Schicksal und sucht nur die individuelle Lebenszeit in ein Verhältnis zu Gott zu bringen.“[34]

Dass es sich bei der Transformation der biblischen zur kirchlichen Eschatologie um mehr als um eine nur theologisch interessante Lehrentwicklung handelt, zeigt die vehemente Verurteilung apokalyptischer Tendenzen durch die Großkirche(n), weil diese geeignet waren, an die Widersprüche zwischen Dogmatik und biblischen Verheißungen zu erinnern.[35] Augustinus wandte sich gegen die wörtliche, „chiliastische“ Interpretation der Apokalypse des Johannes, weil ein irdisches, messianisches Reich seiner Spiritualisierung aller Zukunftshoffnung widersprach. Auch hierin folgt ihm die Scholastik und damit die katholische Tradition ebenso wie in der Umkehrung der paulinischen Auferstehungshoffnung. „Thomas weist mit Augustinus die häretische Ausdeutung der Chiliasten oder Millenarier zurück.“[36] Dass es dabei nicht nur um die Abweisung allzu „materialistischer“ Hoffnungen ging, sondern auch um die (kirchen-)politische Gefährlichkeit solcher „Häresien“, die doch auf einige gute Anhaltspunkte in der Bibel verweisen konnten, zeigt die Begründung dieser Ablehnung – ebenfalls in den Spuren Augustinus': „Unter dem Reich Gottes ist die Kirche gemeint ... Die Zahl Tausend bezeichnet ... die ganze jetzige Zeit, in der die Heiligen mit Christus herrschen.“[37]

Durch diese Lesart der Johannesapokalypse wird die Zukunft, welche die abgewehrten Häretiker – offensichtlich unzufrieden mit den gegenwärtigen Verhältnissen – herbeisehnen, weil sie sich durchaus nicht in einem Reich schon wirklich herrschenden Christentums fühlen, kurzerhand in die Gegenwart gezogen und mit der Kirche identifiziert. Dadurch gewinnt zugleich die Kirche jene (nur „symbolisch“ gemeinten, also potenziell unendlich langen) tausend Jahre als ihre eigene Zeit, in der etwas anderes, besseres auch gar nicht zu erwarten sei. Ein Rest schlechten Gewissens bei dieser Auslegung der christlichen Apokalypse scheint

eigenen Todesstunde und zum anderen ein Rechnen mit einem guten Ende der Schöpfung bei Gott, das aber in ein nebulöses „bleibendes Geheimnis Gottes selbst“ entrückt wird.

[33] Marquardt, Was dürfen wir hoffen 1, 121.

[34] Metz, Memoria 154.

[35] „Rom verdammte den Chiliasmus, die Lehre von einem tausendjährigen Reich Christi auf Erden vor allem Ende der Geschichte“ noch Mitte des 20. Jahrhunderts ausdrücklich. (E. Fouilloux in: Geschichte des Christentums 12, 238.)

[36] Ott, Handbuch der Dogmengeschichte IV, 7b, 138.

[37] Ebd.

allerdings geblieben zu sein und schlägt sich nieder in der Verdrängung und Geringschätzung dieses letzten Buches des Kanons selbst, weshalb „die Johannes-Apokalypse bis heute eher das Buch der Schwärmer und Sektierer gewesen ist als wirklich ein Offenbarungsbuch der Großkirche.“[38]

Diese Auseinandersetzung um die christliche Apokalypse nimmt – eine Bestätigung für die eben formulierte These – an Schärfe zu, wo der großkirchliche status quo offen in Frage gestellt wird und die Apokalyptik so zum religiösen Einfallstor offener Revolution zu werden droht. Dies war insbesondere in der Reformationszeit der Fall, als die reformatorische „Linke“ (Wiedertäufer, „Schwärmer“, Bauernkrieger u. Ä.) sich eschatologische Naherwartung und apokalyptische Prophetie zu eigen machten. Die Reformatoren, daran interessiert, mit Hilfe des Schriftprinzips eine neue kirchliche Kontinuität und Stabilität herzustellen, sind deshalb, ihrem bibel-nahen Ansatz zum Trotz, besondere Verächter der Apokalypse gewesen. „Martin Luther sprach das harte Urteil aus, dass in der Johannes-Offenbarung Christus ‚weder gelehrt noch erkannt wird ... ‘ Noch deutlicher äußert sich Zwingli in der Berner Disputation: ‚Von der Apokalypse nehme ich kein Zeugnis an, denn sie ist kein biblisches Buch. ‘ Und Calvin schließlich löste das Problem dadurch, dass er die Offenbarung des Johannes in seiner Bibelauslegung stillschweigend übergangen hat.“[39] So übersteht die augustinische Transformation biblischer Eschatologie ins Unapokalyptische auch die Kirchenspaltung der Neuzeit. Die abgespaltene eschatologische Erinnerung, welche die Reformationszeit mitprägte, wanderte auch in der Neuzeit weitgehend zu den „Häretikern“ innerhalb des Protestantismus aus.[40]

Aufs Ganze gesehen kann man sich des Eindrucks nicht erwehren: „Elemente der hellenistisch-spiritualistisch geprägten Eschatologie lieferten der Lehre der herrschenden Mehrheit den Stoff, während Elemente der biblisch-jüdischen, irdischen Eschatologie eher die Hoffnung der opponierenden Minderheiten, von Häretikern und Ketzern, beflügelten.“[41] Die Formulierung „Elemente“ ist dabei allerdings wichtig, um nicht in Simplifizierungen zu verfallen: Denn einerseits ist die orthodoxe kirchliche Eschatologie natürlich nicht ohne ihre biblischen Wurzeln zu verstehen, und auf der anderen Seite sind auch die christlichen Apokalyptiker in Patristik, Mittelalter und Neuzeit durch deren geistesgeschichtliche Transformationen hindurch gegangen, sind nicht einfach die getreuen Interpreten der biblischen Prophetie.

[38] K. Koch, Auch ein Problem der Zeit: Christliche Eschatologie im Kreuzfeuer der Apokalyptik, in: Communio 28, 492.

[39] Ebd. 493. Zu Luthers Abneigung gegenüber der Apokalypse und deren Folgen im Protestantismus vgl. auch Marquardt, Was dürfen wir hoffen 1, 159.

[40] „Es kann in diesem Zusammenhang nur darüber spekuliert werden, ob moderne millenaristische Gruppen innerhalb der Kirchen der Reformation – als theologische Subkultur – nicht den Ehrgeiz haben, die einzige effektive Vergegenwärtigung der Eschata unter dem Christenvolk zu vertreten.“ (Escribano-Alberca, Handbuch der Dogmengeschichte IV, 7 d, 113)

[41] Marquardt, Was dürfen wir hoffen 1, 25.

Aber es geht in meiner Fragestellung nicht um die Wege und Abwege der Eschatologie als solcher, sondern um Selbstverständnis und Verstehbarkeit des späteren Christentums im Verhältnis zu seiner Herkunft aus der apokalyptischen Vernunft. Und hier sieht es nun angesichts der Entwicklung der Eschatologie doch so aus, als hätten die Großkirchen recht entschieden eine Transformation ihrer Lehrinhalte aus den apokalyptischen Kategorien hinaus und hinein in ein dadurch erst entstehendes griechisch/lateinisch-christliches Kategoriensystem betrieben, das eben noch mit „Elementen", nicht aber mit der in den letzten Abschnitten erkundeten Struktur biblischen Denkens arbeitet. Zumindest ist dies eine starke, belegbare geistes- und mentalitätsgeschichtliche Tendenz, ohne deren Beachtung man über das Verhältnis von Bibel und Christentum nur naiv unhistorisch reden könnte. Und deshalb lässt sich über das kirchliche Christentum, über seine Entweltlichung der Eschatologie bei gleichzeitiger Verweltlichung der Gemeinde, urteilen: Wo es „immer beheimateter, immer erträglicher wird, wo es immer lebbarer wird und für viele zur symbolischen Überhöhung dessen gerät, was ohnehin geschieht und was so den Lauf der Welt bestimmt, ist seine messianische Zukunft schwach."[42]

Diese Schwäche verstand das Christentum jedoch meist als Stärke: Denn die Abspaltung der apokalyptischen Traditionsstränge ermöglichte die Immunisierung gegen die gefährliche jüdische Frage nach der Verifikation der Verheißungen, nach der wirklichen, weltlichen Erfüllung. Diese Frage wurde nun umgekehrt als jüdische Schwäche interpretiert, als Verhaftetsein einer veralteten Religion im Diesseitigen, Sichtbaren. Die immer wieder aufflammenden messianischen Bewegungen in der unterdrückten Religion Jesu wurden der Kirche zur Bestätigung dieses Urteils. In diesem Verdikt über das angeblich nie zur Ruhe kommende Judentum verdrängte man „die existenzielle Anspannung, die von der aufgeschobenen Parusie bewirkt wird" und die sehr wohl auch im Christentum einen „immer wieder aufflammenden akuten Messianismus im Sinn rebellisch-apokalyptischer Erhebungen" produziert.[43] Im Spott über die jüdische Messiaserwartung entgeht man dem eigenen „Widerspruch von Erlösungsanspruch und empirischer Nichtevidenz des Behaupteten"[44].

Um Missverständnissen vorzubeugen: Dies ist ein struktur-analytisches, historisches Urteil. Es vergleicht, wenn man so will, geistesgeschichtliche Phänotypen, Ausdrucksgestalten miteinander. Es besagt streng theologisch, von innen her gesehen, nichts über die Christlichkeit, über den Glauben der Menschen in den analysierten Jahrhunderten. In seiner Zeit kann ein jeder eben nur in seiner Zeit an die Ursprünge anknüpfen, welche ihm Offenbarung bedeuten und als solche auf ihn gekommen sind. Dass Augustinus nicht christlich dachte und glaubte, weil er Paulus nicht mehr wie Paulus zu verstehen vermochte, ist schon deshalb Unsinn, weil eine solche kontext-enthobene Christlichkeit eine fromme oder ideologische Fiktion ist. Allerdings ist der skizzierte Vorgang des allmählichen Selbstverlustes ursprüng-

[42] Metz, Memoria 144.

[43] So Petzel, Christ sein 182. Petzel bezieht diese Bemerkung auf den christlichen Umgang mit der gescheiterten jüdischen Messias-Bewegung um Sabbatai Zwi.

[44] So ebd. 181.

lich biblischer Glaubensweise gerade deshalb auch nicht harmlos, weil gerade diejenigen, die ihn in ihrer Orthodoxie bewusst mitvollzogen, selbst einer solchen Fiktion zeitenthobener Offenbarungstreue anhingen und andere von ihr ausschlossen. Angesichts dieser Ausgeschlossenen, der christlichen wie der jüdischen „Messianier“ stellt sich heute die Frage, „ob Christen bereit sind, ihrem sich bislang geschichtlich nur in Schwäche zeigenden, dem in seinem Kommen so lange zögernden Messias die Treue zu halten.“[45] Christen müssen heute wieder erkennen, dass sie Jesus selbst verleugnen, wenn sie ihn theologisch so „verinnerlichen“, dass seine Wiederkunft, seine Erwartung – und damit eigentlich seine geschichtliche Präsenz überhaupt – praktisch überflüssig wird. Denn ein solcher Christus ist austauschbar gegen jede andere Idee einer göttlichen Erlösung. Die Rückkehr zur biblischen eschatologischen Erwartung wird erst gelingen, „wenn messianische Enttäuschungen im Christentum als solche wahrgenommen, wenn die Not des Wartens ausgehalten wird, ohne dass Prozesse der Spiritualisierung einerseits, der Ressentimentbildung andererseits in Gang gesetzt werden“[46].

Wiederentdeckung materieller Hoffnung

Nun ist all das bisher über orthodoxe und apokalyptische Eschatologie Festgestellte allerdings doch nur eine Seite einer komplexeren Sachlage. Wäre damit schon alles gesagt, müsste man über die Geschichte der apokalyptischen Vernunft allerdings die Akten schließen. Dass dem offensichtlich nicht so ist, bestätigt schon mein gegenwärtiges (auch nicht „kontextlos“ zustande gekommenes) Bemühen um deren Auffindung. Objektiver ausgedrückt: Unser modernes Bewusstsein von der Diskrepanz zwischen biblischem und späterem christlichem Denken bestätigt selbst, dass diese Diskrepanz doch den Zusammenhang nicht einfach aufheben konnte. Denn unser heutiges Bewusstsein ist zwar ein „historisches“, aber es kommt nicht zustande, indem man die biblische Glaubensweise ausgräbt wie die verschütteten Trümmer des altpersischen Reiches, um so staunend eine Wurzel unserer Identität zu erkennen, die vergessen wurde. Gewiss: Manchmal erscheint die Geschichte historisch-kritischer Forschung wie eine solche Archäologie in den Texten. In Wahrheit sind ihre Fragerichtungen aber aus der christlichen Theologie der Neuzeit heraus motiviert, nicht nur aus deren Drang nach Wissenschaftlichkeit, sondern auch aus dem nach genuiner Christlichkeit. Und hier gilt nun doch ganz griechisch, dass man sich im Prinzip nur dessen wirklich wieder erinnern kann, woran man eben die Erinnerung nie ganz verloren hat.

Beginnen wir die Frage nach der verborgenen Weiterentwicklung der apokalyptischen Vernunft in der Transformation des biblischen zum kirchlichen Denken also von diesem anderen, uns nahen Ende her, von der eschatologischen Theologie der Gegenwart – so wie ich auf die kirchliche Immunisierung gegenüber der Apokalyp-

[45] Ebd. 183.
[46] Ebd.

tik zunächst in J. Ratzingers Lehrbuch stieß. Heute nämlich, verbunden mit historisch-kritischer Forschung, geistesgeschichtlich aber nicht einfach aus ihr ableitbar, vollzieht sich eine Umwertung, eine „Reform“ christlichen Selbstverständnisses, ohne die die Skizze der letzten Seiten nicht schreibbar wäre und die ein Licht zurück wirft auf eine tiefere Schicht der Geschichte des Christentums als die bisher bemerkte. Ich nenne einige Stichworte:

Unter „Häresie-“, nämlich Engführungs-Verdacht steht angesichts der Wiederentdeckung biblischer Denkweise und Glaubensintention (und eben nicht nur „Bilderwelt“) nun umgekehrt die christliche *Individualisierung* der Eschatologie: Unsere oft nahezu ausschließliche Konzentration auf die Frage nach dem „Leben nach dem Tod“ (für manche Zeitgenossen geradezu letzter Restbestand christlicher Kerninhalte!) erscheint als stillschweigende Aufgabe des universalen und öffentlichen Charakters urchristlicher Hoffnung. Der Glaube an die Auferweckung von Toten (und so auch Jesu!) ist ja, wie schon gezeigt, auf uns gekommen durch die frühjüdische Apokalyptik, welcher es zunächst um Gerechtigkeit für Märtyrer und Opfer der Unterdrückungsgeschichte ging, auf deren Ende insgesamt sie eigentlich hoffte. Die Geburt individueller Eschatologie auf dem Boden der apokalyptischen Vernunft ereignet sich also im Kontext der Gerechtigkeitsfrage, d. h. innerhalb kollektiver und politischer Erwartungen an ein letztes Gerichtshandeln Gottes. Und dieser Einbezug der individuellen Todesüberwindung in die größere Gesamtperspektive wird neutestamentlich durchgehalten in der Sicht von Jesu Auferweckung als Eröffnungswunder für das von ihm verheißene Reich Gottes bis hin zu Pauli Einbezug der schon Gestorbenen in die von uns allen erlebte Parusie Christi. Das ist allerdings ein historisch-kritischer Befund. Er nimmt aber zunächst einfach verdrängte, „verlesene“ Texte wieder ernst. Und von hier aus erscheint eine „Aufhebung“ und Transformation biblischer Endzeiterwartung in die individuelle Perspektive „ewigen Lebens“ als eine fatale Engführung, eine Schrumpfgestalt von Eschatologie.

Die basileia verwirklicht sich biblisch nicht in einer Summe von lauter Einzelrettungen, während Israel, Geschichte und Welt sozusagen als Bühne und Abfall zurückbleiben.[47] „Das Zusammendenken unserer Todesstunde mit dem ‚Kommen‘ Jesu ist eine existenziale Engführung. Wohl entspricht sie der Forderung, Jesu ‚Kommen‘ denken zu können, es denkbar zu machen im Zusammenhang dessen, was wir, von einer Anschauung ... gestützt, ‚denken‘ können. Aber mit den biblischen Aussagen des Hoffens verglichen, ist dies doch zu eng gedacht. Denn die Bibel verheißt Jesu Kommen als ein universales und öffentliches Ereignis. ... Sein Kommen ist nicht an eine Einzelerfahrung, auch nicht an eine zu denkende Summe aller Einzelerfahrungen zu heften.“[48] Die Hoffnung auf die Rettung der Einzelnen

[47] Hierin ist nun wiederum Ratzinger, Eschatologie 156 f. (etwa gegen das Aufgehen der Wiederkunft Christi und des Endgerichts in die individuelle Todesbegegnung mit ihm, wie bei Greshake) Recht zu geben. Denn der „Gedanke, dass am Ende ... das Ganze der Schöpfung ins Heil tritt, ist … so deutlich, dass jede reflektierende Systematisierung des biblischen Befundes ihm gerecht werden muss.“ (Ratzinger, Eschatologie 142)

[48] Marquardt, Was dürfen wir hoffen 3, 57.

dient scharf formuliert vielmehr dazu, dass in Gottes großem Geschichtshandeln, in der endgültigen Verifikation seines Willens, auch nichts Kleines verloren gehe. Individuelle Eschatologie entsteht im gemeinsamen Rückblick von der messianischen Verheißung her auf das, was sonst im Zuge der Geschehnisse unter die Räder käme. Wir Einzelne hoffen für jeden Einzelnen, dass er dabei sein werde. Aber der eigentliche, spannende Inhalt der Hoffnung bezieht sich auf das, bei dem wir dabei sein möchten!

Wir wissen anscheinend gar nicht mehr, woran wir nach biblischer Verheißungstradition Anteil gewinnen sollen, wo wir dabei sein werden! Verknüpft mit der Individualisierung kritisiert die Wiederentdeckung biblischer Eschatologie deren *Spiritualisierung* als Aufgabe der „materiellen“ Hoffnungen biblischer Prophetie. Die Propheten reden wirklich von der Aufrichtung des unterdrückten Bundesvolkes Israel, von der Völkerwallfahrt zum Zion, von internationalem Frieden. Maria bejubelt im Magnifikat (Lk 1, 46-55) wirklich die Revolution Gottes, welche Mächtige stürzt und Ohnmächtige aufwertet, und Jesus preist wirklich Arme und Hungernde selig. Christliche Eschatologie müsste in diesem Erbe „Lehre von Gottes Verheißungen“ sein, aber wir „wundern uns, wie wenig theologische Eschatologien dies bisher wahrgenommen haben. Kirchen und erst recht unsere Theologien leiden spürbar unter einem Mangel an materiellen Hoffnungen“.[49] Sie haben die materiellen Hoffnungen entweder als törichte und gefährliche irdische und politische Missverständnisse gebrandmarkt oder als bildhaft-mythologische Redeweise so lange destilliert, bis schließlich ein rein formales „endgültiges Ankommen in Gottes Geheimnis“ übrig blieb, dass mit den Lebenssehnsüchten der Menschen und den Bedrängnissen der Welt so wenig zu tun hat, dass sich kaum einer wirklich mit dieser Hoffnung zu identifizieren vermag und diese nebulöse Zukunft lieber – eben der Zukunft überlässt (wenn er sich nicht schon der Wiedergeburt als greifbarer und attraktiverer Perspektive zugewandt hat).

Nun wird sich der Kontakt zur biblischen Verheißungslinie heute nicht einfach durch einen Rückgang in deren Denk- und Erfahrungshorizont herstellen lassen, der nun einmal nicht mehr der unsere ist. Auch leugnen die Kritiker einer individualisierten und spiritualisierten Eschatologie nicht die Interpretationsbedürftigkeit biblischer Aussagen in moderner, nach-aufgeklärter Geistigkeit. Sie bestreiten aber, dass hier der Kern des Problems liegt. So formuliert schon der deutsche Synodenbeschluss „Unsere Hoffnung“ 1975: Die biblischen Bilder und Gleichnisse des Reiches Gottes „sind genau und unersetzbar. Wir könne sie nicht einfach ‚übersetzen‘, wir können sie eigentlich nur schützen, ihnen treu bleiben und ihrer Auflösung in die geheimnisleere Sprache unserer Begriffe und Argumentationen widerstehen.“[50] Schließlich hat die kirchliche Eschatologie, wie gezeigt, die biblische Apokalyptik nicht aufgrund moderner Verstehenshemmnisse aufgegeben, sondern schon in der Antike, weil sie die prophetisch-messianische Geschichtstheologie Israels verlor – und auch zugunsten „höherer“, weil eben spirituellerer Perspektiven

49 Marquardt, Was dürfen wir hoffen 1, 153.
50 Hier zitiert nach: Vorgrimler, Geschichte des Paradieses 293.

direkt verwarf. Hinter Individualisierung und Spiritualisierung steht eigentlich das Problem der *Partikularisierung* und *Isolation* der Eschatologie insgesamt: Aus der Bewegungsmitte biblischen Glaubens wurden Glaubensinhalte von den „letzten Dingen", von dem, was irgend einmal am Ende des eigenen Lebens und vielleicht auch am Ende der Weltgeschichte geschehen mag bzw. (in der Transformation ausgedrückt) „jenseits" von Welt und Leben in Gottes Ewigkeit mit uns geschieht.

In der Lehre von „Himmel, Hölle, Fegefeuer" ist die biblische Hoffnung auf die Erlösung Israels und auf das Reich Gottes kaum mehr herauszulesen. Die Mitte lebendigen Glaubens wanderte in das Präsentische: in die Suche nach der Zuwendung Gottes in den Sakramenten der Kirche, in der Vergegenwärtigung der vergangenen Heilsereignisse. Hier werden gerade wache Christen über die Jahrhunderte hinweg in unterschiedlichen Ausprägungen die Mitte ihres Glaubens gefunden haben – die eschatologischen Aussagen waren bestenfalls Konsequenzen, schlimmstenfalls erhoffter oder gefürchteter Anhang. „Die Erwartung einer in diesem Sinne isolierten Parusie und eines in diesem Sinne isolierten jüngsten Gerichts sind – durch diese Isolation – in dem Bewusstsein der meisten Christen von heute an den Rand gedrängt worden; sie werden in dieser Form nicht zu Unrecht als ‚so etwas Mythologisches' aufgenommen, so dass viele meinen, ‚damit nichts mehr anfangen zu können'. Dass darin Substanz christlichen Glaubens enthalten sein könnte, wird nicht mehr für möglich gehalten: selbst von vielen Theologen nicht. Die Traditionen theologischer Eschatologie sind meist nicht über die mythologische, d. h.: isolierte Form einzelner Zukunftserwartungen hinaus gekommen. Nicht zuletzt dies aber hat beigetragen zu einem an ihrer Identität zehrenden Hoffnungsverlust bei den Christen. Sie verlernten jeden inneren Zusammenhang ihres Lebens mit der Zukunft Jesu."[51] Wenn nun innerhalb dieser Horizontverschiebung moderne Theologie die eschatologischen Aussagen auch noch dadurch zu „retten" versucht, dass man ihre krude Gegenständlichkeit zugunsten einer existenzialen, sinnbildlichen Deutung aufhebt – anstatt ihren ursprünglichen Sinn in der Mitte christlichen, kaum mehr bewussten apokalyptischen Betens aufzuzeigen: „Dein Reich komme, wie im Himmel, so auf der Erde!" – dann verflüchtigt sich die Eschatologie völlig ins Gehaltlose.

Die theologische Wiederentdeckung biblischer Eschatologie stellt eigentlich erst ans Licht, wie sehr die Christenheit die Hoffnung als religiöse Grundspannung verloren hat. Schärfstes Indiz für all das, was Individualisierung, Spiritualisierung und Isolierung des Eschatologischen im Christentum bewirkt haben, ist in unserem Fragekontext die *Umwertung des Apokalyptischen*: Schon der Begriff weckt, im Grunde seit den „apokalyptischen Reitern" mittelalterlicher Ikonographie, ausschließlich Assoziationen des Schreckens: „Apokalypse now" ist Synonym für das Grauen – während das Wort einmal „Offenbarung" bedeutete, und zwar die eines herbeigesehnten, von Gott erflehten Endes – eines Endes mit Schrecken allerdings, aber eines jenseits dieser Schrecken und vor allem jenseits des Schreckens ohne Ende,

[51] Marquardt, Was dürfen wir hoffen 1, 353.

den unsere Geschichte sonst darstellt. Aber das Ende der Welt zu erhoffen, gilt gerade christlich heute entweder als verpönt oder als lächerlich. Ganz im Gegensatz zu den Apokalyptikern scheint den Heutigen, auch den Gläubigen – und das schon lange – jede Art individuellen und kollektiven Weitermachens und Weitergehens erstrebenswerter als die biblische Verheißung, nach der Gott am Ende seinen Willen durchsetzt.

„Es gibt keinen klareren Beweis für die völlige Verkehrung des ursprünglichen christlichen Lebensgefühls als den Vergleich zwischen dem Ruf der Urgemeinde: Komm, Herr Jesu! und den Strophen des Dies Irae, jener Sequenz der Totenmesse, die den Tag des Zornes und der Rache schildert."[52] Typischerweise hat sich in dieser Sequenz die Schreckensfärbung des Weltendes am Jüngsten Tag wiederum an die Situation des individuellen Todes angehängt, so dass unsere persönliche Todesangst zum eigentlich Gemeinten der apokalyptischen Endzeitschilderungen wird. Und so bleibt denn hier von der Erwartung des Reiches Gottes in Jesu Kommen – immerhin dem abschließenden Wort des Neuen Testaments, das Carl Amery zitiert – in der kirchlichen Totenliturgie der Appell an den Versöhner Christus übrig, angesichts eines Gottes, vor dem wir Angst haben. So wenig hat die Apokalyptik der Christen mit der Apokalypse des Johannes noch zu tun. Dies zu entdecken heißt aber, in der biblischen Apokalyptik nicht mehr eine düstere Schreckensliteratur aus einem vormodernen Weltbild, sondern zumindest auch eine verloren gegangene Weise einer Geschichtstheologie der Hoffnung zu sehen.

Die hier in vier Stichworte (Individualisierung, Spiritualisierung, Isolation, Umwertung) gefasste Fehl-Anzeige gegenüber der kirchlichen Eschatologie bedeutet eben positiv gewendet, für den Ort, an dem sie möglich wird, die Forderung nach einer Wiedergewinnung der Grundkategorien apokalyptischer Vernunft für die christliche Theologie. Denn wie anders könnten Gehalt und Stellenwert eschatologischer Hoffnung wieder in den Mittelpunkt christlichen Denkens treten, als indem man den Glauben an Gottes Offenbarung wieder als die Erwartung seiner geschichtlichen Selbstverifikation an und in seiner Schöpfung versteht: „Dein Reich komme, Dein Wille geschehe!" Das muss nun gar nicht remythisierend gemeint sein, im Gegenteil: Christlicher Theologie, die sich auf den Boden apokalyptischer Vernunft besinnt, geht gerade der Charakter all ihrer Sätze als eschatologischer Sätze auf. Sie verabschiedet sich von einem rückwärtsgewandten Objektivismus heilsgeschichtlicher Aussagen, die immerzu feststellen, was Gott getan hat, um dies dann mit den Mitteln der Theologie nachzuweisen gegen einen Zweifel, der sich doch letztlich daraus nährt, was Gott heute und morgen alles nicht tut. Demgegenüber sprach biblische Geschichtstheologie und Prophetie umgekehrt noch von der normativen Vergangenheit, von Gottes Offenbarungstaten „damals" im Modus der Hoffnung, in der Weise erzählender Erwartung, in Rekonstruktion ihrer Eschatologie.

Die Unverträglichkeit dieser beiden Weisen, theologisch zu sprechen und zu denken, zeigt sich in dem Missverständnis aufgeklärten Umgangs mit der Bibel, der

[52] Amery, Ende 61.

ständig fragt, ob und wie es sich denn mit Mose, mit dem Auszug aus Ägypten, mit dem Reich Davids usw. verhalten habe. Das Problem besteht nur oberflächlich zwischen einem unhistorisch und einem historisch denkenden Zeitalter. Mir scheint diese hermeneutische Fragestellung schon deshalb zweitrangig, weil sich der tiefere Gegensatz schon vor Aufklärung und Historismus beobachten lässt: Auch die antiken Griechen und Römer etwa schilderten, ohne „historisch-kritisch" zu sein, Geschichte mit einem anderen Interesse an dem, was und wie es gewesen war, als die biblischen Schriften. Und auch die vor-neuzeitlichen christlichen Ausleger gingen mit diesen Schriften – wo sie nicht völlig allegorisierten und spiritualisierten – wie mit Archiven um, lasen Heilsgeschichte als eine Sammlung von Beleg-Wundern. Im Kern handelt es sich um den Gegensatz zwischen einer Theologie, welche ihre Gegenstände „hinter sich", „im Rücken" hat, und der biblischen, welche sie – auch wenn sie von der Vergangenheit erzählt – „vor sich", „vor Augen" hat. Der einen geht es um Beweise dessen, was ist und gilt, der anderen um Visionen dessen, was kommt und sein soll, wenn es ihnen beiden um Gott geht.

Innerhalb des historischen Bewusstseins wird man der biblischen Denkweise erst ansichtig, wenn man ihre Geschichtstheologie – so wie in dieser Analytik versucht – stets im Kontext der Erzählerzeit, nicht in dem der erzählten Zeit interpretiert. Dann geht auf, dass sie auch im Erzählen mit der Zukunft befasst ist, dass auch ihre rückblickende, begründende Offenbarungstheologie auf eine erwartete Verifikation ausgerichtet ist, also eschato-logisch argumentiert.

Die Kritik eschatologischer Selbstvergessenheit der christlichen Tradition entdeckt nicht diese oder jene wichtige Einzellehre wieder, sondern sie entdeckt, „dass es sich in der christlichen Verkündigung und Lehre um eschatologische Hypothesis gehandelt hatte, eine, die nur Gott allein verifizieren kann, die er aber zu verifizieren auch willens ist und verheißen hat. Insofern können Christen von vornherein wissen, dass sie bis zum jüngsten Tag ‚nur' Hoffnungssätze bilden können, – dass sie darum wissenschaftlich ehrlich bleiben und ihre Sätze immer als reine Hoffnungssätze kenntlich machen sollen, – dass sie aber auch bekanntgeben sollen, in welchem Grund sie ihre Hoffnungssätze trotz allem begründet sehen: in der Verheißung"[53]. Diese Verheißung aber ist begründet in konkreter Geschichte, in Erinnerung, und hofft auf konkrete Geschichte hin. Damit geht es in dieser Theologie, welche wieder mit den Mitteln apokalyptischer Vernunft denkt, immer schon um mehr als nur um Theologie, wie es in der Fehl-Anzeige des Eschatologie-Verlustes auch um mehr geht als um eine Korrektur der Dogmengeschichte. Es geht um eine neue Einstellung der Christen zu ihrer Geschichte und damit zu Geschichte überhaupt.

[53] Marquardt, Was dürfen wir hoffen 3, 325.

Geschichtstheologie der Macht

Um es auf eine sicher etwas plakative Formel zu bringen: Die biblischen Schriften sind durchzogen von einer Geschichtstheologie der Hoffnung. Das Vergessen dieser Tradition im Christentum ging dagegen einher mit der Tendenz zu einer Geschichtstheologie der Macht. Paradoxerweise, bei näherem Hinsehen aber recht folgerichtig, entstand im Christentum eine solche politische Macht-Theologie gerade in dem Maße, in dem die Eschatologie spiritualisiert und die irdisch-politischen Konnotationen der Apokalyptik geächtet wurden. Denn diese Konnotationen waren die durchaus auch politischen und irdischen Hoffnungen von Verfolgten und Unterdrückten. Von ihnen trennte das Christentum sich zunächst, schon recht früh, in dem Bewusstsein, mit seiner die Welt überwindenden Versöhnungsbotschaft innerweltliche Veränderungen nicht mehr erhoffen zu müssen.

So trennte man sich etwa von den Leiden und Hoffnungen des jüdischen, seit 70 n. Chr. in mehreren Etappen seines Tempels und seiner Heimat beraubten Volkes. Unterdrückung und Freiheitskampf des Bundesvolkes, stets Thema biblischer Prophetie, schien für die christliche Botschaft nunmehr irrelevant – die alten Texte las sie in einer neuen, nicht wörtlichen Auslegung auf die eigene Gemeinde und das ewige Heil hin. Damit ist aber nicht nur (von außen betrachtet) die Trennung zu einer „Herkunftsreligion" vollzogen, vielmehr „vergisst" das Christentum so den ursprünglichen Kontext seiner Hoffnungsgründe; es ist, als würde man Gottes Zusagen und Erfüllungen für sich in Anspruch nehmen, ohne noch zurückzufragen, wie und für wen sie ursprünglich konkret gemeint waren. Theologisch scharf formuliert entwurzelt sich der christliche Messiasglaube damit selbst. „Dem Gott Israels wird damit der Weg seines Kommens abgeschnitten und der Christus wird zum mythologischen Kultgott einer in überzeitliche Dimensionen sich erhebenden christlichen Religion. ... Wer sich nicht mehr vom Kommen Gottes betroffen weiß, sondern seine endgültige Antwort feiert, der entfernt sich ... vom konkreten Messianismus."[54] Die gesamte Misere des christlichen Umgangs mit dem Judentum aus Hochmut und schlechtem Gewissen hebt hier an.

Mit der konstantinischen Wende begann eine im Mittelalter gipfelnde Entwicklung, in der sich das religiöse Bewusstsein des eigenen Angekommen-Seins auch in einer politischen Geschichtstheologie der Macht manifestierte. Sie wurde möglich, gerade indem die Botschaft vom Reich Gottes entpolitisiert und verinnerlicht, gleichzeitig aber ekklesial vereinnahmt wurde: Sein Reich war nicht von dieser Welt, aber die kirchliche Verkörperung seines Reiches und der ihr dienende Staat waren es sehr wohl. „Dass die Apokalypse in Vergessenheit geriet, hat auf lange Sicht die Integration der Kirche ins herrschende imperiale System und das Entstehen einer autoritären Christenheit möglich gemacht."[55] Der in Augustinus' Chilias-

[54] Kraus, Theologie 139.

[55] So P. Richard, Eschatologie und Politik, in: Jahrbuch Politische Theologie 3 (1999) 51.

muskritik entdeckte Mechanismus griff: Man verdammte die buchstäbliche Erwartung eines messianischen „tausendjährigen Reiches“, weil man die eigene Gegenwart als Schon-Erfüllung dieser Verheißung deutete; man betrachtete eine politisch-theologische Zukunftshoffnung als Häresie, während man selbst das gegenwärtige „tausendjährige Reich“ sehr wohl mit politisch-theologischer Macht ausgestaltete.

Für die Entstehung der mittelalterlichen Ordnung erscheint „die Parallelität zwischen der Stärkung des Cäsaropapismus und der Ausbreitung des Mönchtums … keineswegs zufällig: ... ‚Wenn sich die innerliche und individuelle Dimension der Botschaft des Evangeliums im Mönchtum und seiner Geschichtsenthobenheit verkörpert, so ist die historische und öffentliche Dimension der Eschatologie der politischen Macht überlassen.‘ In der Tat verstärkte sich der sakrale, fast schon göttliche Charakter des Kaisertums sowohl im Westen als auch im Osten seit dem 8. Jh. stetig.“[56] Hier wird m. E. mehr beobachtet als eine Art Arbeitsteilung (den „zwei Schwertern“ oder später „zwei Reichen“ entsprechend). Vielmehr füllen die politische Realität und die gegenwartsbezogene Geschichtstheologie der Macht das Vakuum, welches die Eschatologie-Vergessenheit und überwunden geglaubte zukunftsbezogene Geschichtstheologie der Hoffnung hinterlassen hat. Hier geschieht in der Terminologie Blumenbergs eine „Umbesetzung“. Das „tausendjährige Reich“, der gesamte Komplex des „Messianismus“ wird mit der Apokalyptik aus der Eschatologie entfernt, in der Ekklesiologie und Staats-Theologie jedoch wieder verwandelt eingesetzt.

Damit beginnt sich der Kreis meiner Ausgangsfrage zu schließen: Hat das Christentum die apokalyptische Vernunft einfach verabschiedet? Offensichtlich nicht. Und offensichtlich ist die zeitgenössische Wiederentdeckung biblischer Eschatologie für das Glaubensbewusstsein tatsächlich Erinnerung an etwas, was man nie wirklich los geworden ist. Die Kategorien apokalyptischer Vernunft sind in der abendländischen Christenheit gewissermaßen aus der Eschatologie abgewandert in Ekklesiologie und Politik; weniger schematisch gesagt: Auch das spätantike und mittelalterliche Christentum ist eine Religion auf dem Boden apokalyptischer Vernunft und ohne diesen nicht verstehbar, nämlich eine Religion der geschichtlichen Konkretion des Willens Gottes, seiner Offenbarungsverifikation in der Welt. Nur hat das Christentum diese Urstruktur aus der Eschatologie herausgelöst und diese zu einem Lehrstück am Rande und zur Trost- oder gar Droh-Botschaft für die Seelen der Einzelmenschen verkürzt. Der tiefere Grund dafür ist offensichtlich: Als Erbin einer Botschaft des anbrechenden Reiches, der erfüllten Verheißungen und zugleich auf die Schiene einer fortlaufenden Geschichte gesetzt, löste es das Dilemma, indem es eben diese seine eigene Geschichte als Erfüllungsgestalt begriff – und Zukunft nur noch als deren Nachspann oder göttliche Ratifikation vorstellte.

Christentum in dieser Gestalt ist religiöse und politische apokalyptische Vernunft, die in das Präsens gezwungen wurde. Man kann auch so formulieren: Die apokalyptische Vernunft „entstand“, wie wir gesehen haben, aus der permanenten

[56] Vauchez (unter Zitierung eines Satzes von C. Leonardi) in: Geschichte des Christentums 4 (1994) 954.

Opposition heraus, aus der von JHWH-Propheten im eigenen Staat, aus dem Scheitern eben dieses Staates, aus einer Glaubensgemeinschaft in Fremdvölkerunterdrückung. Das Projekt des Christentums besteht nun darin, die Hoffnungen dieser Tradition in den Modus ihrer Erfüllung durch und seit Jesus zu übersetzen, ursprünglich allerdings einer Erfüllung im Vollzug, eben angebrochen, morgen sich verwirklichend. Aber die Spannung dieses neutestamentlichen Jetzt ließ sich nicht durchhalten. Spätestens seit Konstantin ist das Christentum Projekt der Übersetzung einer ursprünglich gewissermaßen permanent chancenlosen Hoffnungs-Tradition in den Modus der Herrschaft, der Etablierung: Aus dem Welt-Geschichts-Bezug apokalyptischer Vernunft wird so das Welt-Geschichte-Machen. Die dessen Identität bis in die Moderne prägende Transformation apokalyptischer Vernunft im Christentum ereignet sich „in der Zeit, in der das Christentum gesellschaftlich durchgesetzt, politisch sogar an der Macht war wie vorher und hinterher nie wieder; da erst fand sie eine Sprache der Evidenz, der Allgemeingültigkeit ... weil die Kirche da eine Sprache der Allgemeingültigkeit durchgesetzt hatte ... Die Situation höchster Allgemeingültigkeit der Kirchensprache (in der mittelalterlichen Universität) führt aber zugleich zur größten Entfernung von der Welt und der Sprache der Bibel."[57] So ist es wohl auch kein Zufall, dass die Entdeckung dieser Differenz und die erneute Begeisterung für die im Christentum sozusagen nicht aufgegangenen Hoffnungs-Sprachen und -Welten der Bibel sich heute in einer Zeit ereignen, in der das Christentum zwar in unseren Breiten weder verfolgt noch oppositionell da steht, wohl aber seine Herrschaftsgestalt und Allgemeingültigkeit nahezu vollständig eingebüßt hat.[58]

Heilsgeschichte und Ungenügen

Einen weiteren Schritt in dieser Betrachtung des Verhältnisses von Christentum und apokalyptischer Vernunft müssen wir noch tun, ehe ich in Kapitel 9 das Schicksal der apokalyptischen Vernunft in der Neuzeit stichprobenhaft beleuchte und in Kapitel 10 Thesen für die Theologie der Gegenwart aufstelle. Die Skizze eines apokalyptischen Ursprungs und dessen Wiederentdeckung zumindest in einigen Theologenköpfen und kirchlichen Bewegungen nach zweitausend Jahren Vergessen und

[57] Marquardt, Was dürfen wir hoffen 1, 48.

[58] Ratzinger bringt „das plötzlich geschärfte Gehör für die eschatologischen Töne und Untertöne des Neuen Testaments zusammen … mit der heraufsteigenden Krise der europäischen Zivilisation, dem Untergangsbewusstsein, dass seit der Jahrhundertwende [gemeint: zum 20. Jh.; Anm. d.V.] wie das Vorgefühl eines nahenden weltgeschichtlichen Erdbebens immer mehr die Geister erfasst" (Ratzinger, Eschatologie 18 f.). Dieser weitere Kontext ist sicher wichtig, darf aber nicht ausblenden, dass solche Zivilisations- und Kulturkritik den theologischen Betrieb erst wirklich beeinflussen konnte, als und weil die kirchliche Position innerhalb dieser Zivilisation ebenfalls unsicher geworden war und die Position der „Kirche in der Welt" tendenziell wieder den Frühzeiten zumindest analoger erschien als dem Mittelalter.

Transformation wäre nun doch reichlich schematisch. Auch wenn es hier insgesamt um Struktur-Analyse in den groben Grundlinien geht und nicht um eine umfassende „historische Würdigung", sollen doch einige Andeutungen darauf hinweisen, dass und wie die Unfähigkeit des Christentums, den Boden der apokalyptischen Vernunft einfach zu verlassen, es innerlich auch weiter, sozusagen „unterhalb" seiner Herrschaftsgestalt geprägt hat – und das nicht nur in den schon erwähnten apokalyptischen Ketzern seiner Geschichte.

Grundsätzlich hat die kirchliche Transformation der Eschatologie die Rückfrage nach den ursprünglichen Triebfedern apokalyptischer Vernunft in der Christenheit und deren Theologie nie einfach zum Schweigen bringen können, weil das Christentum nie eine Religion werden konnte, die sich in ihren aktuellen religiösen Vollzügen genügte. Auch dies ist ein Erbe apokalyptischer Vernunft: Diese Religion will den Menschen auch immer ihren „Sinn" vermitteln, sie hat einen Zug zu religiöser Aufklärung und Rationalität, und sie kann diesen nur durch den Rückgang auf ihre Offenbarungsursprünge befriedigen. Die lebendige Weiterexistenz der Bibel in der Kirche, die Wort-Gebundenheit insgesamt (auch des Katholizismus – vergleicht man nur einmal mit Religionen außerhalb des „apokalyptischen Kontextes"), das Geschichtsinteresse (selbst in einer so „unhistorisch" denkenden Epoche wie dem Mittelalter) sind die zentralen Indizien dafür.

Die Geborgenheit in den gegebenen Zeichen und Vollzügen gegenwärtiger Heilsvermittlung hat die Christen nie zur Ruhe gebracht. Denn die „im kirchlichen Raum begegnenden vermittelnden Positivitäten ... bedürfen ... einer immerwährenden Reduktion auf die Ursprungslage der Kirche, so wie diese als ganze einzig in ebensolcher Reduktion auf Christus hin der Welt glaubhaft sein kann ... An der Reduktion hängt die ‚Verstehbarkeit' des Offenbarungsmysteriums."[59] Insbesondere die christliche Theologie und Verkündigung hat aufs Ganze gesehen an diesem Zwang festgehalten, „sich zu erklären"; und es zeigt die bleibende Fundierung durch apokalyptische Vernunft an, dass dieses Erklären bei aller griechisch-scholastischen Sprache der Allgemeingültigkeit nie eine rein philosophisch-spekulative Herleitung werden konnte. Dass die Selbsterklärung dieser Religion bleibend Erinnerung erfordert, hält die Möglichkeit „gefährlicher Erinnerung" (J. B. Metz) daran stets offen, dass ihre Verheißungen ursprünglich auf mehr und anderes gehen als auf ein sich selbst genügendes Funktionssystem religiöser Antworten und Versprechungen.

Wie diese bleibende Nicht-Geschlossenheit des Christentums auch zum Einfallstor produktiver Erinnerung an die ursprüngliche zentrale Bedeutung geschichtsbezogener Eschatologie wird, möchte ich an zwei Aspekten aufzeigen, die in die zuvor besprochenen „Vergessenheiten" zurückführen:

Der erste Aspekt ist der des „heilsgeschichtlichen" Denkens im Christentum. Da seine Theologie und Verkündigung nie einfach Philosophie oder Mystik allein werden konnte, hat es sich auch immer wieder in Form einer „großen Erzählung" er-

[59] Von Balthasar, Fragment 98.

klärt. Dabei ist diese systematisch-reflektierende Erzählung allerdings selbst schon eine Gestalt der Transformation biblischen Denkens in einen anderen Aggregatzustand: „Heilsgeschichte“ bedeutet Systematisierung, Rationalisierung, Schematisierung. Das war aber in bestimmter Weise schon bei den Deuteronomisten der Fall. So gefährlich heilsgeschichtliche Konzepte für die Wahrnehmung einzelner und differenter Erinnerungen sind, weil sie harmonisieren und einen bestimmten Zielzustand legitimieren wollen, so wichtig waren sie doch für die Anbindung aller christlich-theologischer Höhenflüge an die Kategorien apokalyptischer Vernunft. Und dies mit einer entscheidenden Folge: Wer erzählt, kann gewissermaßen nie ganz zum Stillstand kommen; er will wissen, wie es weiter geht! Sobald man die Erklärung des Christentums in die Gestalt der großen Erzählung bringt, kann man nicht wirklich bei der Gegenwart der Erzähler stehen bleiben, als sei diese die Erfüllung, die Epoche des „tausendjährigen Reiches“. Denn die Hörer erleben sie nie als solche, jedenfalls nie lückenlos. Deshalb ist heilsgeschichtliche Theologie und Verkündigung ein wichtiges Einfallstor für geschichtsbezogene eschatologische Fragen, für Zukunftsorientierung im Christentum.

Dies beginnt schon mit der Unmöglichkeit, die sich dehnende Zeit zwischen Christi Auferstehung und der Gegenwart, die jeweilige „Kirchengeschichte“ also, wie einen stillstehenden Moment zu beschreiben. Natürlich ist dieses Dilemma auch eine Einladung zu Triumphalismus und zu legitimatorischen Fortschrittsgeschichten. Aber die Frage liegt dann doch auf dem Tisch, welchen „Sinn“ die „Parusieverzögerung“ habe, ob und warum denn noch eine Heilsgeschichte nach Christus nötig sei, und damit auch: wohin sie denn noch laufe. Man kann eine heilsgeschichtliche Theologie nicht mit der Auskunft abschließen, dass wir es herrlich weit gebracht haben und nach dem Tod der Himmel auf uns wartet. Denn nun ist auch die „Bühne“, sind die fremden Mitspieler, sind alle der Heilsgeschichte so gar nicht entsprechenden „Verhältnisse“, auch die der Gegenwart, zumindest mitbenannt worden. So ist das heilsgeschichtliche Denken im Christentum nicht nur bleibender Hinweis auf dessen Gebundenheit an die Kategorien apokalyptischer Vernunft, ohne die es keinen wirklichen Begriff von sich gewinnen kann, es verhilft auch – wenn es gut geht – der Stimme biblischer prophetischer Theologie zu neuer Konkretion.

Der Stammvater großer heilsgeschichtlicher Theologie im Christentum ist ohne Zweifel Irenäus von Lyon. Bezeichnenderweise ist sein Werk der Abwehr der Gnosis gewidmet – also jener Transformation christlicher Glaubens- und Denkweise, die, wäre sie bestimmend geblieben, die junge Religion nun tatsächlich vom Boden biblischer apokalyptischer Vernunft losgekoppelt hätte. Gegen diese ungeschichtliche Mythologisierung der Offenbarung entwirft Irenäus sein Konzept der Heilsgeschichte als „des von der göttlichen Vorsehung gelenkten Reifungsprozesses des Menschengeschlechts.“[60] Natürlich überführt eine solche Sichtweise des Großen und Ganzen die prophetische Theologie von Gottes Bundeswillen und seinem Han-

[60] Daley, Handbuch der Dogmengeschichte IV 7 a, 107.

deln mit den Menschen in eine Schau des göttlichen „objektiven Geistes" der Geschichte. „Für Irenäus ist das Heil weniger das unerwartete Eingreifen in die Geschichte, um die ihm Treuen vor der Zerstörung zu retten, als vielmehr das gottgegebene Endstadium eines organischen Wachstumsprozesses, der von Anfang an das ‚Gesetz' der Schöpfung gewesen ist."[61] Gegenüber der prophetischen Theologie des Neuen Testaments ist Irenäus sozusagen ein „später Deuteronomist". Deshalb insistiert er gegen seine gnostischen Gegner auf der weltgeschichtlichen Realität und auf der konkreten Zukunftsbezogenheit des sich selbst verifizierenden Handelns Gottes. Irenäus ist ein konsequenter Systematiker des „Dein Reich komme ..."! Deshalb lässt sich bei ihm exemplarisch ablesen, wie heilsgeschichtliche Theologie geschichtstheologische Eschatologie bewahrt.

Zunächst geschieht dies einfach dadurch, dass Irenäus gezwungen ist, die Jetzt-Zeit theologisch einzuordnen. Hier versucht er, die neutestamentliche Zeitansage möglichst getreu zu reflektieren, – Irenäus zeigt dabei auch, dass ein christlicher „Apokalyptiker" kein „Fundamentalist" sein muss: So nimmt er die apokalyptische Symbolzahl des Weltendes nach 6000 Jahren nicht wörtlich, aber doch ernst: „Er stellt keine genaue Rechnung an, wann dies sein wird, aber er sieht die Inkarnation des Wortes ‚in den letzten Zeiten', am Abend der Geschichte"[62]. Damit stellt er seine christliche Gegenwart in die spannende letzte Epoche zwischen Versöhnung und Erlösung, ohne sich durch das Problem der Zeitdehnung lähmen zu lassen. Zugleich situiert er seine Zeit damit nicht in der Windstille eines erreichten religionsgeschichtlichen Gipfelpunktes, sondern genau in die Drift der eschatologischen Ereignisse des anbrechenden Reiches Gottes. Dass dies für Irenäus nicht einfach mit der Kirche und dem ewigen Leben der Einzelnen identisch ist, verdeutlicht vor allem sein Festhalten am „Millenarismus": „Irenäus ... kommt nicht aus ohne eine Art Zeitalter des Geistes ..., eines tausendjährigen Reiches nach der Auferstehung".[63] Festzuhalten daran, dass noch etwas kommt mit der basileia Gottes (und nicht nur die guten Christen per kirchlicher Heilsvermittlung in diese überwechseln dürfen), dazu verpflichtet ihn „das Ernstnehmen der alttestamentlichen Verheißung einer endgültigen, vollgesicherten Landnahme, Verheißung, die einstweilen durch den Pilgerstand der Christen auf Erden ... noch nicht voll erfüllt ist." Irenäus will diese Verheißungen „nicht platonisch deuten, als ginge es bloß einer überweltlichen, rein geistigen Heimat entgegen, sondern seiner Meinung nach biblisch, als Verheißung auch eines endgültigen ‚heiligen Landes', somit im Sinne der Grundverheißungen des Alten Bundes"[64]. „Zur Unterstützung dieser Interpretation führt Irenäus viele Bibelstellen an, die das Heil als wunderbaren Frieden, Wohlstand und materielle Erneuerung verheißen …, wobei er den Versuch, diese Stellen allegorisch zu deuten, verwirft. ... Auch hier scheint es das zugrunde liegende Anliegen

[61] Ebd.
[62] Ebd.
[63] Von Balthasar, Fragment 154.
[64] Ebd.

des Irenäus zu sein, die Einbeziehung der materiellen Schöpfung in den einheitlichen Heilsplan Gottes zu verteidigen."[65]

Wir wissen, dass er mit diesem Anliegen zwar gegen den gnostischen Dammbruch, nicht aber in der weiteren Theologiegeschichte durchgedrungen ist. Die augustinische Vergeistigung und Verkirchlichung der Eschatologie ist aufs Ganze gesehen traditionsbildend geworden. Dennoch blieb der Kirchenlehrer Irenäus Kronzeuge für die Mahnung, dass „die qualitative Flussrichtung auch der neutestamentlichen Zeit ... es nicht gestatten würde, den irdisch-wörtlichen Messianismus der Juden bis heute ... ohne tiefere Reflexion von der Hand zu weisen."[66]

Es kann hier den Spuren solcher „tieferen Reflexion" in der heilsgeschichtlichen Theologie nicht weiter nachgegangen werden. Zu erinnern wäre dabei etwa für das Mittelalter an die Geschichtstheologie Joachim von Fiores, aber auch die orthodoxere Bonaventuras, welche „die Frage nach Recht und Grenzen einer theologisch erheblichen Entwicklung der Kirchenzeit" stellt.[67] Zu erinnern wäre an die weitgehend vergessene Episode des Streits um die Position Papst Johannes XXII., welcher es ablehnte, den Seelen der Verstorbenen die beseligende Anschauung Gottes zuzuschreiben, bevor Christi Wiederkunft sich ereignet.[68] Johannes XXII. berief sich ausdrücklich auf die Apokalypse und konnte sich offensichtlich mit der Reduktion der Eschatologie auf das Seelenschicksal nicht abfinden, gegenüber der alles Weitere nur noch ein blasser Anhang ist. Gegen den anders gerichteten Trend kirchlicher Eschatologie kam aber auch ein Papst nicht an.

Auch für die Neuzeit ließe sich schließlich deutlich machen, dass zwischen (Heils-)Geschichtstheologie, konkreter „kollektiver" Eschatologie und prophetischer Gegenwarts- und Kirchenkritik klare und feste Zusammenhänge bestehen: innerhalb der Eschatologie etwa „Mechanismen der Wechselbeziehung"[69] zwischen dem Ernstnehmen neutestamentlicher Apokalyptik und der Kritik christlichen Individualismus und Ekklesiozentrismus, in der Geschichtstheologie wiederum zwischen der Wiederentdeckung der Reich-Gottes-Botschaft, der Naherwartung und der Bedeutung des Judentums für die Christen.[70] In all dem zieht sich durch die Theologiegeschichte eine nicht unbedeutende „irenäische Linie", an welche die moderne Wiederentdeckung biblischer Eschatologie anknüpfen konnte.

Der zweite Aspekt bleibender christlicher Apokalypse-Bezogenheit findet sich nicht in der Theologie, sondern in der christlichen Erfahrung insgesamt, in diesem Fall in den Erfahrungen des Ungenügens an der Gegenwart, welche sich sowohl auf die Verhältnisse der Welt, auf das Verhältnis zwischen Kirche und Welt als auch

[65] Daley, Handbuch der Dogmengeschichte IV 7 a, 108.
[66] Von Balthasar, Fragment 155.
[67] Ebd. 161.
[68] Vgl. dazu Ott, Handbuch der Dogmengeschichte IV, 7b, 244-253.
[69] So Escibano-Alberca in: Handbuch der Dogmengeschichte IV, 7 d, 15, bezogen auf den angelsächsischen Protestantismus, seine Erneuerung von Naherwartung und „Milleniarismus".
[70] Vgl. dazu Kraus' Bemerkungen zur heilsgeschichtlichen Theologie im Pietismus in: Kraus, Theologie 555.

auf die kirchlichen Verhältnisse selbst beziehen. Die (post-)augustinische Ideologie eines schon gegenwärtig-kirchlichen messianischen Zustandes konnte der unmittelbaren Erfahrung ungebrochener Macht des Leides und des Bösen im Grunde nie standhalten. Hier wirkte sich die Erklärungsbedürftigkeit des Christentums aus seinen biblischen Quellen dahin aus, dass eben diese Quellen wie ein Spiegel der Gegenwart vorgehalten werden konnten. In diesem Spiegel – sei es der Propheten oder der Bergpredigt oder der apostolischen Briefe – sahen Welt und Kirche nicht eben gut aus. Und die Kraft der biblischen Sprache setzte sich immer wieder von selbst gegen ihre Allegorisierung durch, weil in Wahrheit ihre buchstäblichen Verheißungen viel wirklichkeitsnäher und umfassender wirken als deren angebliche spirituelle Überhöhung. So ist es denn die Offenbarungs-Ur-Kunde selbst, welche die Differenz zwischen Kirche und Reich Gottes offen hält und den „Widerspruch zwischen Botschaft und Kontinuität, zwischen Evangelium und der Praxis des Apparates“[71] sichtbar macht. Man könnte die (Geistes-)Geschichte des Christentums also mit dem gleichen Recht, das die auf den letzten Seiten gegebene Skizze der Eschatologie-Vergessenheit für sich hat, auch als Geschichte der widerborstigen Erinnerung an die Ursprungsverheißungen und -weisungen, als Geschichte eines Nicht-Vergessen-Könnens schildern.

Was den christlichen Blick nach „draußen“, in die Welt angeht, so ist er – aller Angst vor den apokalyptischen Reitern zum Trotz und oft sogar mit dieser Angst eng verbunden – weit mehr mit dem Seufzen nach dem „Dein Reich komme“ verbunden, als es religiösen Optimisten recht ist. Nach-aufgeklärt haben sich Christen ja eher ihrer apokalyptischen Rest-Mentalität geschämt und dann unter dem Eindruck marxistischer Kritik ebenso wie kapitalistischen Zeitgeistes das Reich Gottes lieber „gebaut“ als erwartet. Themen wie Weltende und Wiederkunft Christi meinte man um der eigenen Weltfreudigkeit willen „dem Fundamentalismus überlassen“[72] zu können. Dabei belegt die Geschichte des Christentums keineswegs einen zwingenden Zusammenhang zwischen eschatologischem Bewusstsein und Weltflucht und keinen zwingenden Gegensatz zwischen apokalyptischer Hoffnung und säkularer Tätigkeit für die Verwirklichung dem Evangelium gemäßer Verhältnisse. Der Blick auf christliche Sub- und Gegenkulturen von den Klöstern bis zu freikirchlichen Dissidenten und befreiungstheologisch beeinflussten Basisgemeinden lehrt das Gegenteil. Ist demgegenüber die als christliche Gelassenheit ausgegebene bürgerliche Beruhigung über die Dinge, die nun mal so sind, wie sie sind, im Kern nicht genau das, was sie gar nicht sein will: nämlich Realitätsverweigerung, Selbsttäuschung über die harten Fakten?

„Apokalyptisch“ ist so gesehen schlicht „die Erfahrung, dass schon die Gegenwart katastrophal ist und deshalb ihr unabänderliches Weiterlaufen die Katastrophe schlechthin wäre“, und christlich ist „der Glaube, dass gegen den von Gewalthabern bestimmten Augenschein doch Gott Herr der Geschichte ist, und die Hoffnung, dass

[71] Amery, Ende 64.

[72] So M. Welker (im Plädoyer gegen dieses Überlassen!) in: Härle/Schmidt/Welker, Das ist christlich 101.

er ihrem furchtbaren und tödlichen Weiterlaufen ein Ende setzen und heilvoll Neues schaffen wird.“[73] Dass das Christentum in allem Selbstvergessen nie ganz unter das Niveau dieser Hoffnung fallen konnte, erweist es nochmals als Gewächs auf dem Boden apokalyptischer Vernunft.

[73] K. Wengst, Apokalyptik und Christologie, in: Wort und Antwort 38/1 (1997) 9.

Kapitel 9: Globalisierte Apokalyptik. Christentum und Neuzeit

Bevor ich aus den eben gezeichneten theologiegeschichtlichen Linien Konsequenzen für die Gegenwart formulieren kann (Kapitel 10), ist noch eine Komplizierung einzutragen: Die biblische apokalyptische Vernunft hat ja keineswegs nur eine theologiegeschichtliche Wirkung gehabt, zwischen Vergessen und doch nie still gestellter Virulenz. Mit der weltgeschichtlichen Rolle des Christentums ist auch ihre Wirkungsgeschichte selbst Weltgeschichte geworden. Die konstantinische Wende des Christentums zu einer herrschenden Religion hat nicht nur zur weitgehenden Verdrängung der Apokalyptik an die häretischen Ränder geführt. Sie hat auch eine Umdeutung des Apokalyptischen in die Kategorien einer Geschichtstheologie der Macht mit sich gebracht. Die traditionell oppositionelle Rolle des Apokalyptischen wurde dadurch teilweise gebrochen, teilweise aber auch als eine Art utopisches Restelement mitbewahrt.

Die komplexen Wendungen dieser Wirkungsgeschichte können hier nicht insgesamt verfolgt werden. Es ist jedoch wichtig, einige ihrer Wegmarken wenigstens skizzenhaft anzudeuten. Ansonsten müsste die gegenwärtige Anknüpfung an die apokalyptische Vernunft sich den Vorwurf geschichtlicher Naivität zuziehen. Denn heute lässt sich an diese Vernunft in ihrer biblischen und frühchristlichen Form nicht anknüpfen, ohne die späteren Wendegestalten des Apokalyptischen bewusst mit ins Auge zu fassen. Wenn nämlich apokalyptische Vernunft – wie ich es in Kapitel 10 vertreten möchte – kritisch zur theologischen Analyse der Gegenwart herangezogen werden soll, darf nicht verschwiegen werden, dass eben diese Vernunft in ihrer Wirkungsgeschichte mit der Entstehung unserer Gegenwart, der Moderne, eng verknüpft ist. Die Vernunft, deren theologische Wiederentdeckung ich in Kapitel 8 begrüßt habe, um daran in Kapitel 10 anzuknüpfen, ist unterwegs nicht unschuldig geblieben – falls sie es je war: Denn es sind sicher Strukturelemente dieser Vernunft schon in ihrer biblischen Entstehungsgestalt, an die spätere Umdeutungen anknüpfen. Allerdings bleibt die Umdeutung eine Umdeutung oder Umwidmung oder gar „Umkehrung“, wie ich in diesem Kapitel zeigen möchte.

Streng genommen gehört zwischen die Ursprungs-Analytik apokalyptischer Vernunft und ihre theologische gegenwärtige Anwendung also eine – im kantischen Sinne – Dialektik apokalyptischer Vernunft. Sie würde zeigen, wie diese Vernunft in ihrer Wirkungsgeschichte sozusagen wider ihre eigene Vernunft angewandt wurde. So wie Kant den falschen, hypostasierenden, vergegenständlichenden Gebrauch reiner Vernunft entwirren wollte, so ginge es darum, dem falschen, der ursprünglichen Intentionalität der apokalyptischen Vernunft nicht entsprechenden, wohl aber die in ihr angelegten Gefahren ausnutzenden Gebrauch dieser Vernunft nachzugehen. Das kann hier in einem Kapitel nicht geleistet werden. Stattdessen möchte ich an einigen geschichtlichen Gelenkstellen diesen schlechten Gebrauch dingfest machen, und zwar in der Anwendung, in den Folgen.

Deshalb werde ich mich weniger mit der Theorie, der Theologie oder Philosophie und dem Nach-Wirken apokalyptischer Vernunft befassen, als vielmehr mit politischen und kirchengeschichtlichen Phänomenen, in denen die „Umkehrung" apokalyptischer Vernunft sich ablesen lässt. Ich wähle also eine Abkürzung, die zugegebenerweise sicher eine Verkürzung der eigentlich zu leistenden geschichtlichen Analyse darstellt. Es geht eben mehr um eine Anzeige als um die Ausführung der zu leistenden Dialektik.

Die geschichtlichen Gelenkstellen, die ich auswähle, zeigen die Apokalyptik beispielhaft, in Momentaufnahmen auf dem Weg ihrer „Umkehrung" in die Moderne hinein. Ich beginne deshalb im christlichen Mittelalter, springe dann an den Beginn der Neuzeit und dann weiter in die Zeit der Frühaufklärung. Jedes Mal beobachte ich Gestalten der Verzahnung von Christentums- und Weltgeschichte: die Kreuzzüge, die europäische Entdeckung der „neuen Welt", den Pietismus und dem Puritanismus. Diese nicht willkürlich, aber doch völlig unvollständig herausgegriffenen Gelenkstellen werden dann anhand der bekannten Debatte zwischen Löwith und Blumenberg über die Säkularisierung der Eschatologie bzw. die Legitimität der Neuzeit reflektiert. Ziel dieser kurzen und sprunghaften Tour durch die Geschichte ist es, die apokalyptische Vernunft – metaphorisch gesprochen – als Opfer und Täterin in der Entstehung der Moderne wahrzunehmen. Nur diese dialektische Wahrnehmung ermöglicht einen nicht anachronistischen theologischen Gebrauch dieser Vernunft.

Kreuzzüge

Im Titel dieses Kapitels ist von globalisierter Apokalyptik die Rede. Die Globalisierung – im Sinne des realpolitischen und ökonomischen Eins-Werdens der Menschheit aller Kontinente – ging von Westeuropa aus. Sie war ein imperialer, ein asymmetrischer Prozess von Aneignung und Unterwerfung. „Entdeckung", Ausbeutung, Kolonisierung, ja Vernichtung sind in diesem Prozess nicht Phasen, die sich nacheinander ereigneten, sondern von Beginn an gleichzeitig angelegte Strategien. Parallel zu ihnen ging stets auch die christliche Mission, die in unterschiedlichen, gleichgeschalteten wie kritischen Formen zu dieser Globalisierung gehört. Dieser gesamte Prozess hat an seinem Ursprung schon deshalb mit der apokalyptischen Vernunft zu tun, weil er vom christlichen Europa ausging, das sich weltanschaulich und politisch wiederum mit der „Geschichtstheologie der Macht" identifizierte, von der in Kapitel 8 im Blick auf die konstantinische Wende die Rede war. Dieser Zusammenhang kann hier nicht geschildert werden. Ich möchte jedoch mit meinen Momentaufnahmen bei einem Vorgang noch in der Vorgeschichte dieser europäischen Globalisierung einsetzen.

Die Kreuzzüge sind für das christliche Westeuropa der erste große Versuch des Ausgreifens in die nicht-christliche Welt hinein. Aus Rückzug, Abwehr oder

Grenzberührung mit dem Islam wird Angriff und Expansion. Allerdings geschieht er auf dem Territorium der antiken römischen und später christlichen Welt. Es geht um eine Region, die erst durch die arabische Expansion der östlichen christlichen Welt entrissen wurde. Und es geht um die Region der Bibel, um die Kulisse sozusagen für die Entstehung der apokalyptischen Vernunft. Es geht geografisch um genau den Raum, in dem alles sich abspielte, was die bisherigen Kapitel dieses Buches analysierten. Tatsächlich ist dieser Zusammenhang auch der historische Begründungszusammenhang für die Kreuzzüge: Die erste Expansionsbewegung Westeuropas begründet sich in der Vergangenheit, in der biblischen Geschichte. Die Kreuzzüge werden damit legitimiert, dass es zurück zu gewinnen und – etwa für christliche Pilger – zu sichern gilt, was den eigenen religiösen Ursprung bedeutet: die „heiligen Stätten".

Dass dieses Projekt von Anfang an in einem apokalyptischen Begründungszusammenhang steht, zeigt seine verdeckte Vorgeschichte. Im 7. Jahrhundert, als die islamisch gewordenen Araber große Teile des byzantinischen Reiches erobern, schreibt ein heute als Pseudo-Methodius bezeichneter Autor apokalyptische Weissagungen auf, nach denen der Antichrist erscheinen werde, wenn das byzantinische Reich untergehe.[1] Aber auch diese Apokalypse ist eine Trostbotschaft: Die Herrschaft der Muslime, will sie sagen, ist eben nicht endgültig, bedeutet keineswegs das Ende der Welt, sondern nur ein Zwischenspiel. Der Islam, biblisch mit Ismael identifiziert, dem verstoßenen Abrahamssohn, werde „die Welt zehn Jahreswochen lang beherrschen, also siebzig Jahre lang. Danach werde das Ende kommen: Der letzte (griechische) Kaiser werde Jerusalem befreien, die Araber besiegen, und seine Krone auf dem Kalvarienberg Christus überreichen."[2]

An dieser Prophezeiung ist in unserem Zusammenhang zweierlei bedeutsam: Zum einen zeigt sie die Transposition apokalyptischer Motive in der christlichen Reichsära. Biblisch rechnen die Apokalypsen durchweg mit heidnischen, also fremden weltlichen Mächten (Babylon, Alexander, Rom). Die Gläubigen sind an ihnen nicht beteiligt, und so wird die Wende zum Heil stets in der Abdankung dieser Mächte bestehen und die Herrschaft der Gläubigen nur als Bestandteil der Gottesherrschaft erwartet. Nach Konstantin dagegen gibt es eine weltliche Statthaltermacht Gottes: Rom – ob Westrom, Ostrom oder später das nach Nordwesten verlagerte „Heilige römische Reich" – ist nicht mehr die „große Hure" der geheimen Offenbarung, sondern selbst eine heilsgeschichtliche Größe. Die Apokalyptik wird damit politisiert, genauer: aus ihrer oppositionellen politischen Theologie „von unten" wird eine politische Theologie „von oben", eine theologische Legitimation politischen Herrschaftshandelns. Zum zweiten: Diese neue christliche Apokalyptik schafft neue messianische Gestalten. Damit unterläuft sie die orthodoxe großkirchliche Tendenz, die Geschichte nach Christus still zu stellen, also im Sinne des Augustinus als eine Zeit der Kirche bis zum Ende zu begreifen, in der geschichtstheologisch sozusagen nichts Neues mehr zu erwarten ist. Angesichts der islamischen

1 Vgl. dazu Jean Flori in: WUB 52 (2/2009) 56.
2 Ebd. 57.

Bedrohung revitalisiert Pseudo-Methodius messianische Erwartungen. Indem beide Aspekte, die politische Theologie von oben und der Messianismus, miteinander verbunden werden, entsteht eine neue apokalyptische Gestalt: der „Kaiser der letzten Tage", der „die christliche Herrschaft über die ganze Welt herstellen und in Jerusalem regieren"[3] wird.

Über eine lateinische Übersetzung erreicht die Prophezeiung des Pseudo-Methodius auch Westeuropa und macht hier später eine neue Transformierung durch. Nach Adson von Montier-en-Der wird der „letzte Kaiser aus dem Westen kommen und ein fränkischer König sein."[4] Diese Weissagung taucht nun die Kreuzzüge in ein apokalyptisches Licht: Sollte ein christlicher Herrscher Jerusalem erobern, könnte dies das Ende der Welt, den Anbruch der Eschata bedeuten. Dies bringt ein drittes neues Element in die Apokalyptik: Das Ende wird nicht mehr nur erwartet oder geschichtstheologisch voraus berechnet, es wird nun auch „gemacht", angestrebt, beschleunigt. Die Wiederkunft Christi wird über die zwischengeschaltete messianische Gestalt des letzten Kaisers zu einem Ziel christlicher Praxis. Die Kreuzzüge sind in diesem Licht apokalyptische Politik.

Tatsächlich gab es schon vor dem Aufbruch des offiziellen ersten Kreuzzuges eine so genannte „bewaffnete Pilgerfahrt" deutscher Fürsten im Jahr 1063, die dadurch motiviert war, dass ihre Teilnehmer das Weltende für das Jahr 1065 erwarteten.[5] Diese kriegerische Pilgerfahrt knüpfte damit an die endzeitlichen Wallfahrten an, die schon zu dem millenniaristisch aufgeladenen Jahr 1000 vermehrt ins Heilige Land aufbrachen, damals noch friedlich.[6] Als schließlich Papst Urban 1095 in Clermont zum ersten Kreuzzug aufrief, tat er dies nicht nur unter dem Einfluss des nachweislich endzeitlich gestimmten Bernhard von Clairvaux[7], sondern nach dem Bericht von Guibert von Nogent auch mit der Begründung, Jerusalem müsse zurückerobert werden, damit dort der Antichrist erscheinen und so die Endereignisse auslösen könne.[8] Der Kreuzzug erscheint als ein Krieg zur Auslösung der Wiederkunft Christi. Tatsächlich wurde denn auch der Staufer Heinrich IV. als möglicher „letzter Kaiser" angesehen.[9]

Die eschatologische Aufladung der Person Heinrich IV. bringt einen weiteren wichtigen Aspekt der Kreuzzugspolitik als Indiz für eine transformierte Apokalyptik ins Spiel. Dieser Kaiser ist bekanntlich der Gegner des Papstes im Investiturstreit. So wie den Bußgang nach Canossa braucht er dringend eine religiöse Legitimation in einem Kampf, der ihn zunächst als Gegner der Kirche dastehen lässt. Die Kreuzzüge beginnen also auch vor dem Hintergrund einer verschärften Auseinandersetzung der kirchlichen und weltlichen Herrscher Europas um ihre theologisch

3 Ebd.
4 Ebd.
5 So B.U. Hucker in: Kreuzzüge 23.
6 Vgl. dazu J. Riley-Smith in: Kreuzzüge 58.
7 Dazu G. Mentgen in: Kreuzzüge 71.
8 Vgl. Jean Flori in: WUB 52 (2/2009) 57.
9 Vgl. B.U. Hucker in: Kreuzzüge 25.

begründete Machtstellung. Es ist ausgerechnet das aus Mönchskreisen hervorgegangene Reformpapsttum mit seinem Streben nach einer gereinigten, aus der Verweltlichung befreiten Kirche, das die Kreuzzüge propagiert – und den politischen Gegnern, den Fürsten und Kaisern, in der Ausführung der Kreuzzüge eine neue Möglichkeit religiöser Selbstlegitimation eröffnet.[10] Nicht nur Urban, auch Innozenz III. knapp 100 Jahre später „teilte in der Tat die ebenso mystischen wie moralisierenden Kreuzzugsideen des Bernhard von Clairvaux."[11]

Zu diesen Ideen gehörte eine bis dahin im christlichen Europa unbekannte Heiligung des Krieges. Ursprünglich entsteht sie nicht zur Begründung der Kreuzzüge, sondern in der Auseinandersetzung des Reformpapsttums mit den weltlichen Herren. Gregor VII. ruft ihm treue Ritter dazu auf, „zur Vergebung ihrer Sünden gegen Kaiser Heinrich zu kämpfen".[12] Kriegerisches Handeln der Ritter wird hier erstmals zu einem guten Werk, ja zu einer Bußübung im Namen der Kirche. Diese neue Theorie wird nun im großen Stil auf den Krieg gegen den äußeren, den muslimischen Feind übertragen. Und den kann dann auch ein bußfertiger Kaiser Heinrich wieder unterstützen. Früher hatte man den Krieger viel nüchterner als einen Kämpfer für den eigenen Ruhm und um Beute angesehen und kirchlicherseits versucht, durch „Gottesfriedensregelungen" die Streitlust der Ritter einzudämmen. Jetzt kanalisierte man sie für seine Zwecke durch eine „christliche Ethisierung des Krieges": „Aus dem Krieger für eigene Ziele wurde ein Kämpfer für übergreifende Ziele, die ihm die Kirche vorzeichnete. Er wurde zum ‚miles Christi' oder ‚miles sancti Petri'; mit Hilfe Bernhards von Clairvaux entstand im Templerorden sogar eine ‚militia', ein stehendes und völlig religiösen Aufgaben verpflichtetes Ritterheer."[13] Nun werden bildliche Darstellungen möglich, die Christus selbst als Anführer eines Kreuzzugsheeres zeigen und in den liturgischen Büchern erscheint die „Benediktion der Waffen."[14] „Papst Innozenz II. erklärte 1139, die Taten der Templer erfüllten die Worte des Evangeliums: ‚Größere Liebe kann niemand haben, als dass er sein Leben für seine Freunde lässt."[15] Der Tod in der Schlacht gegen die Ungläubigen wird so mit dem Martyrium gleich gesetzt.

Die endzeitliche Aufladung der Kreuzzüge und die Heiligung des Krieges gehören zusammen. Denn nur durch die neue Politisierung der Apokalypse wird es möglich, den eklatanten Widerspruch zwischen dem Evangelium und dem Krieg in seinem Namen zuzuschütten. Es ist ja nicht so, als sei dieser Widerspruch wegen der zeittypischen Denkweise mittelalterlichen Menschen prinzipiell unsichtbar ge-

10 Vgl. dazu J. Riley-Smith in: Kreuzzüge 53.

11 André Vauchez in: Geschichte des Christentums 5, 766.

12 J. Riley-Smith in: Kreuzzüge 55.

13 So Michel Parisse in: Geschichte des Christentums 5, 446. Vgl. auch ebd. 449: Die „Gottesfriedensbewegung mündete in die Kreuzzugsbewegung. Die Absicht Urbans II. ..., die zur 'Untätigkeit' gezwungenen Krieger zur Befreiung der Christen in Kleinasien ... zu ermuntern, löste den Ruf zur Befreiung des Hl. Grabes in Jerusalem aus. Unter der ideellen Führung des Papsttums begann damit das Phänomen des heiligen Krieges."

14 Ebd. 447.

15 N. Heutger in: Kreuzzüge 141.

wesen. Das Gegenteil beweist nicht nur Franziskus von Assisi, der während des 3. Kreuzzuges demonstrativ unbewaffnet Sultan Saladin besuchte und in seiner Regel den Brüdern empfahl, sie sollten in der Mission unter Muslimen „weder Prozesse noch Disputationen führen", sondern „einfach bekennen, dass sie Christen sind."[16] Es beweist auch Heinrich von Segusio, Kardinalbischof von Ostia im 13. Jahrhundert, der schreibt: „Der Sohn Gottes ist nicht in die Welt gekommen und hat nicht deshalb das Kreuz auf sich genommen, damit er ein Stück Land erwerbe … und er hat sich nicht einem Küstenstreifen anverlobt"[17]. Diese Einsicht außer Kraft zu setzen, gelingt eben nur, wenn der Kampf um den Küstenstreifen in die übernatürliche, endzeitliche Schlacht der Apokalypse einbezogen wird. Und das gelingt nur, wenn man die Apokalypse, deren Schlachten biblisch alle von Engeln Gottes geschlagen werden, um die ohnmächtigen Gläubigen zu retten, nun in die Hände mächtiger Gläubiger legt. Was im Mittelalter geschieht, ist also geradezu eine Säkularisierung der Apokalypse. Sie steht nicht zufällig im Zusammenhang mit einer säkularen Identitätsfindung des christlichen Europas. „Seit dem 11. Jh. setzte sich im Abendland die Vorstellung von der lateinischen Christenheit als einer einheitlichen, übernationalen Gemeinschaft aus allen westlichen Völkern durch."[18] Der Krieg gegen den Feind im Osten hilft, diese Identität zu stiften. In diesem Sinne sind die Kreuzzüge mit ihrer politischen Apokalyptik tatsächlich eine „Vorübung" für die spätere Globalisierung dieses Abendlandes.

Die politisierte Apokalyptik des Mittelalters steht damit ebenso wie die ursprüngliche biblische Apokalyptik in einem inneren Zusammenhang zur Geschichtstheologie, d. h. sie enthält eine solche in sich. Aber so wie die Apokalyptik transformiert wird, so auch die biblische Geschichtstheologie. Auch dies lässt sich im Zusammenhang der Kreuzzüge exemplarisch beobachten.

Der wohl bekannteste und wirkungsgeschichtlich bedeutendste mittelalterliche Geschichtstheologe ist der Mönch Joachim von Fiore. Der Abt aus Kalabrien kommt zu seiner Geschichtstheologie durch Bibelauslegung, insbesondere durch die Exegese der Geheimen Offenbarung. Das Innovative seiner Sicht der Heilsgeschichte besteht in einer unerhörten innerweltlichen Zukunftsausrichtung, die es in der Tradition nur bei den (wie in Kapitel 8 geschildert) später verworfenen Millenniaristen gab. Joachim sieht die Kirche nicht wie Augustinus das letzte, sechste Weltzeitalter vor der Wiederkunft Christi völlig ausfüllen und er sieht diese Kirche auch nicht wie viele kritische Pessimisten seiner Zeit „im Lauf der Jahrhunderte vom Ideal der Urgemeinde in Jerusalem immer weiter entfernt."[19] An Stelle des statischen oder des Verfalls-Schemas der Geschichte setzt er ein theologisches Fortschrittsmodell: Auf das Zeitalter des Vaters, die Zeit Israels, folgte die kirchliche Zeit des Sohnes seit der Ankunft Christi. Aber diese wird erst vollendet werden im

[16] Vgl. dazu: Kreuzzüge 470 f. sowie André Vauchez in: Geschichte des Christentums 5, 786.
[17] Zitiert nach: Kreuzzüge 247.
[18] A.P Bagliani in: Geschichte des Christentums 5, 615.
[19] So Vauchez in: Geschichte des Christentums 5, 465.

Zeitalter des Geistes, in der die Christen keine institutionelle Kirche mehr brauchen, sondern „zu einer höheren und rein spirituellen Erkenntnis der Offenbarung vordringen."[20] Dieses Zeitalter bricht laut Joachims biblischen Berechnungen im Jahr 1260 an – also im für ihn kommenden Jahrhundert. Joachim lebt also in einer Art Naherwartung, jedoch nicht des Endes der Zeiten, sondern eines Epochenumbruchs zu einer neuen, besseren Zeit. Joachim erscheint bei aller mittelalterlicher Exegese damit wie ein Vorbote neuzeitlicher Geschichtsphilosophien und ihrer Erwartungen der vollendeten Freiheit des Geistes (Hegel), der wissenschaftlichen Aufklärung (Comte) oder der klassenlosen Gesellschaft (Marx).

Aber dieser auf die vergeistigte Christenheit wartende Theologe kann seine Geschichtstheologie auf überraschende Weise mit der Apokalyptik der Kreuzzüge verbinden. Im Jahr 1190 besucht ihn auf dem Weg zum dritten Kreuzzug der englische König Richard Löwenherz. „Joachim legte ihm die Kapitel 12 bis 14 des Buches der Offenbarung aus."[21] Der dort geschilderte Drache mit den sieben Köpfen sei der Satan, die Köpfe seien Könige, die die Christen verfolgten. Der sechste Kopf sei Sultan Saladin. Joachim prophezeit Richard, er werde Saladin besiegen. Danach bleibt als letzter Kopf nur noch der Antichrist übrig, den Christus bei seiner Wiederkunft besiegen werde.

Auch Joachim teilt also die Weissagung vom letzten König und sieht in den Kreuzzügen das Mittel, das Kommen der Endereignisse zu beschleunigen. Er hat diese bald widerlegte Prophezeiung nicht mit seiner Geschichtstheologie harmonisiert. Aber gerade darin zeigt er, dass politisierte Apokalyptik und eine neue Zukunftsausrichtung des Geschichtsdenkens offenbar zusammen passen. Mitten im in unseren Augen so ungeschichtlich denkenden Mittelalter entstehen so Elemente eines säkularisierbaren Messianismus.

In welchem Verhältnis diese neue Apokalyptik der Kreuzzüge zur alten biblischen Apokalyptik steht, lässt sich schlaglichtartig an der Situation der Juden während der Kreuzzüge beleuchten. Sie gelten den Christen ja als Zeugen eines falschen, weil in Christus längst überholten Messianismus. Nach Christus darf man keinen Messias mehr erwarten. Während die Christen gerade im Widerspruch dazu ihre Messiaserwartungen auf ihre Kaiser und Kriegsführer übertragen, geraten die Juden ins Visier der Kämpfer. Weil die Ungläubigen im fernen Heiligen Land nur schwer zu erreichen sind, wählt man die Juden in der Heimat zu Opfern des Heiligen Krieges und massakriert wehrlose jüdische Gemeinden. Die Pogrome insbesondere im Rheinland waren kein offizieller Bestandteil der päpstlichen Kreuzzugsaufrufe. Bischöfe stemmten sich mitunter gegen die Gewaltausbrüche. Ein italienischer Kleriker konvertierte unter dem Eindruck der christlichen Gewalt sogar zum Judentum und nannte sich fortan Obadjah ha-Ger.[22] Offensichtlich empfand er das Ungeheuerliche in der religiös begründeten christlichen Gewalt gegen Juden, dass dem Christentum im Grunde die eigene Legitimation entzog.

[20] Ebd. 466.
[21] Jean Flori in WUB 52 (2/2009) 57 – auch zu der folgenden Auslegung Joachims.
[22] Vgl. dazu G. Mentgen in: Kreuzzüge 67.

Das Erstaunliche in diesem Szenario ist, dass Täter wie Opfer die Vorgänge apokalyptisch deuteten. Bei den Pogromen der Kreuzfahrer spielten die Gedanken an den jetzt beginnenden Endkampf gegen alle Ungläubigen eine wichtige Rolle. Aber auch Juden deuteten die Verfolgung als Zeichen: „Besonders im byzantinischen Herrschaftsbereich deuteten Juden in Zentren wie Thessalonike und Konstantinopel den Aufbruch zahlloser Christen nach Jerusalem und die Leiden ihrer mitteleuropäischen Glaubensgenossen als Ankündigung der messianischen Zeit.“[23] Rabbi Schemaja berechnete das Erscheinen des Messias auf das Jahr 1102 und rechnete die Pogrome wie auch die Eroberung Jerusalems durch die Christen 1099 zu den Vorzeichen seines Kommens.

Vergleicht man die jüdische Deutung der Ereignisse mit der christlichen Kreuzzugs-Apokalyptik, so wird deutlich, dass auf der jüdischen Seite bestimmte Grundzüge der biblischen Apokalyptik noch intakt sind: Bedingt durch die eigene machtlose Position deuten die Juden das Zusammenprallen der christlichen und muslimischen Großmächte als Gottes paradoxen Weg, auf dem der Messias kommen wird. Das eigene Leiden ist in diese Paradoxie eingeschlossen wie seit den Tagen des ersten Exils. Apokalyptik ist hier noch der Schlüssel der Ohnmächtigen zur Deutung einer Geschichte, der man ausgeliefert ist. Im Christentum dagegen ist sie zur Begründung einer Geschichte geworden, die man selbst in die Hand nimmt.

Columbus

Das Jahr 1492 gilt wegen der ersten Fahrt des Christoph Columbus über den Atlantik in der Geschichtsschreibung als eine der Wasserscheiden zwischen Mittelalter und Neuzeit, ähnlich wie der Beginn der lutherischen Reformation 1517. In Wirklichkeit sind zwischen den Epochen keine merkbaren Schwellen verlegt. Und in der Deutung kann man solche Schwellen als Grenzmarkierungen oder auch als Verbindungsstücke sehen. Das Jahr 1492 eignet sich gerade für die letztere, verbindende Perspektive und damit für eine Betrachtung der Frage, wie die apokalyptische Vernunft in die „neue Zeit“ hinüber transferiert wurde.

Als Columbus mit seinen drei Schiffen aufbrach, befand sich Europa immer noch im Zeitalter der Kreuzzüge. „Zwischen 1190 und 1500 gab es kaum ein Jahr, in dem nicht irgendwo ein Kreuzzug geführt wurde.“[24] Die spanische Krone, die Columbus Expedition finanzierte, befand sich in ihrem ganz eigenen Kreuzzug: der Reconquista, der Wiedereroberung Spaniens von den Muslimen. Der Kampf gegen die Mauren auf der iberischen Halbinsel und der Kampf um das Heilige Land wurden so sehr als zwei Seiten einer Medaille gesehen, dass Papst „Paschalis II. den Spaniern verboten hatte, ihr Heer in den Dienst des Königreichs Jerusalems zu stellen.“[25] Inzwischen war dieses Königreich längst verloren gegangen und auch Kon-

[23] Ebd. 68 – auch zur Weissagung von Rabbi Schemaja.
[24] J. Riley-Smith in: Kreuzzüge 62.
[25] M. Parisse in: Geschichte des Christentums 5, 423.

stantinopel und damit das christliche Ostrom gefallen. Die Spanier jedoch gewannen unter dem Königspaar Ferdinand und Isabella ihren heimischen Kreuzzug. In seiner Widmung an die Herrscher zu Beginn seines Schiffstagebuches erinnert Columbus daran, dass er Augenzeuge dieses Sieges war: Er habe „am 2. Januar dieses Jahres mit eigenen Augen sehen“ können, wie „Eure Hoheiten im laufenden Jahr 1492 den Krieg wider die Mauren, die in Europa herrschten, beendet und die Kampfhandlungen in der großen Stadt Granada zum Abschluss gebracht hatten.“[26]

Columbus erwähnt seine Augenzeugenschaft der muslimischen Kapitulation in Granada nicht nebenbei. Er ist sich mit seinen Zeitgenossen der weltgeschichtlichen Bedeutung des Ereignisses bewusst. „Von Kairo bis London hat ein jeder das Gefühl, dass am 2. Januar 1492 in Granada eine der wichtigsten Seiten der Geschichte geschrieben worden ist. ... Eine neue Ordnung ist am Mittelmeer entstanden; im Osten herrscht die ottomanische Macht, im Westen die spanische Macht.“[27] Columbus ordnet sein Projekt der Seereise nach Westindien in diese Konfrontation zwischen dem christlichen Europa unter spanischer Führung und dem muslimischen Osten unter den Osmanen ein. In seiner Vorstellung segelt er ja nach Westen, um im fernen Osten, im Rücken des Islam also, an Land zu gehen. Auf dem Seeweg soll so jener Handel mit dem sagenhaft reichen Asien ermöglicht werden, den die Muslime auf dem Landweg kontrollieren. Und Columbus verfügt wiederum gegenüber dem spanischen Herrscherpaar, „dass aller Gewinn aus dieser meiner Unternehmung zur Eroberung der Heiligen Stadt Jerusalem verwendet werden soll.“[28] Außerdem möchte er den seit Marco Polo bekannten „Großen Khan“ Asiens treffen und vielleicht auch den ebenfalls dort vermuteten sagenhaften „Priesterkönig Johannes“, einen christlichen Herrscher, um beide als Verbündete gegen die Muslime zu gewinnen.[29] Columbus hofft also, durch den Gewinn aus seinen Entdeckungen und eine durch sie neu zu schaffende geopolitische Allianz die alte Kreuzzugsidee doch noch verwirklichen zu können.

Wie schon bei den mittelalterlichen Kreuzzügen, geraten angesichts der Konfrontation mit dem Islam auch die Juden in das Visier der christlichen Machthaber. Das dritte historische Ereignis in Spanien neben der Entdeckungsfahrt des Columbus und dem Fall Granadas ist die Ausweisung der spanischen Juden: Sie müssen das Land verlassen oder sich taufen lassen, ansonsten droht ihnen der Tod.[30] Auch dieser Zusammenfall der Ereignisse hat für Columbus Bedeutung. Das Herrscherpaar habe ihn mit seinen Schiffen nach Indien ausgesandt, „nachdem sie alle Juden aus ihren Reichen und Herrschaftsgebieten vertrieben hatten“[31], stellt er fest. Der Zusammenfall dieser Ereignisse ist für ihn ein sinnvoller Zusammenklang: Wie schon zur Zeit der ersten Kreuzzüge gehört zum Krieg gegen die Muslime die „Rei-

[26] Columbus, Schiffstagebuch 5.
[27] Vincent, Jahr der Wunder 26.
[28] Columbus, Schiffstagebuch 118.
[29] Vgl. dazu Gründer, Welteroberung 82.
[30] Vgl. dazu ausführlich Vincent, Jahr der Wunder 28-48.
[31] Columbus, Schiffstagebuch 6.

nigung“ des christlichen Europa von den Juden. Seine Entdeckungsfahrt ist ein Projekt in diesem christlichen Großprojekt.

Man könnte nun im Sinne des Schwellenüberschrittes vom Mittelalter zur Neuzeit meinen, dass hier die einst religiös-endzeitlich aufgeladene Kreuzzugsidee zu einem machtpolitischen und nicht zuletzt ökonomischen Kalkül einer christlichen Vormacht Europas geworden ist. Tatsächlich aber ist das alte Vokabular weit mehr als überkommene ideologische Staffage. Columbus sieht sein persönliches Projekt tatsächlich in einem apokalyptischen Begründungszusammenhang. Columbus „persönlicher Messianismus“ stützt sich auf eine alte Weissagung, nach der jemand, der von Spanien fort segele, die „Burg von Zion“ wieder aufbauen werde.[32] Diese Weissagung deutet er auf sich selbst.

Bei der Rekonstruktion von Columbus messianischen Vorstellungen kommt nun wieder Joachim von Fiore ins Spiel. Die Schriften des Geschichtstheologen lernt Columbus durch spanische Franziskaner kennen, denen er eng verbunden war. Aus den Schriften Joachims, vermittelt durch franziskanische Ausleger, entwickelt Columbus nun eine eigene theologische Geschichtskonstruktion. Danach seien es bis zum Ende der Welt „nur noch 155 Jahre“[33].Columbus erneuert also die mittelbare Naherwartung des Joachim für seine Zeit. Vor diesem Weltende muss nun noch Folgendes sich ereignen – fast möchte man sagen: erledigt werden: „Die Bekehrung der ganzen Welt zu unserem heiligen katholischen Glauben, ...die Rückeroberung Jerusalems und der Wiederaufbau der ... Heiliggrabkirche“[34]. Damit ist bei Columbus das gesamte mittelalterliche Kreuzzugsprogramm auf neue Weise zusammen gesetzt: Es gilt vor einem in Aussicht gestellten Weltende die Ereignisse der Endzeit selbst in die Hand zu nehmen. Politik, Krieg, Handel und Entdeckungsfahrten wirken bei dieser apokalyptischen Praxis zusammen. Das Jahr 1492 ist für Columbus so etwas wie der Beginn, die Eröffnung der Eschata: „Mit der Rückgabe von Granada und der Vertreibung der Juden scheint die Prophezeiung Wirklichkeit zu werden. Kolumbus bleibt es überlassen, sie zu verwirklichen.“[35] Um diesen persönlichen Anspruch zu untermauern, gibt er sich auch seinen angenommenen Namen „Cristóbal Colón“, der die Begriffe Christusträger und Kolonist zusammen bringt.

Führt Columbus noch einmal das gesamte Ensemble der mittelalterlichen Kreuzzugs-Apokalyptik zusammen, so mag man das Neuzeitliche an seiner Adaption vielleicht in dieser Prophetie auf die eigene Person hin sehen. Die wirkt ein wenig so, als habe sich Richard Löwenherz nicht von Joachim weissagen lassen, sondern sich gleich selbst zum Werkzeug der Endzeit erklärt. Mit Columbus tritt ein Individuum auf, das sich selbst mittels überkommener religiöser Vorstellungen eine weltgeschichtliche Rolle gibt und diese dann pragmatisch verfolgt wie eben eine individuelle Karriere. Darin ist er tatsächlich eine Gestalt der Schwelle. Er verkörpert damit einen weiteren Schritt der Politisierung und Säkularisierung des Apokalypti-

[32] Vincent, Jahr der Wunder 62.
[33] So Gründer, Welteroberung 84.
[34] Ebd. unter Zitat von Columbus’ „Libro de las Profecías“.
[35] Vincent, Jahr der Wunder 62.

schen. Dabei wird das Messianische nicht mehr zugeschrieben, sondern selbst in Anspruch genommen – fast möchte man sagen: in Gebrauch.

Der Rest ist Wirkungsgeschichte. Jener Treppenwitz der Geschichte, dass Amerika von den Europäern durch einen Irrtum unter dem Pseudonym Indien entdeckt wurde, der neue Westen als der alte Osten, hat vielleicht weitreichende Aussagekraft. Denn Columbus Projekt der Eroberung Jerusalems via Indien scheiterte so wie die Kreuzzüge insgesamt wohl nur vordergründig. Auf lange Sicht siegten europäischer Eroberungswille und Expansionsdrang. Historiker sind heute der Ansicht, dass die über das gesamte Mittelalter bestehende zivilisatorische, militärische und politische Überlegenheit der islamischen Welt durch die Eroberung Amerikas allmählich gebrochen wurde. Die geo-politische und ökonomische Stärkung durch die Ausbeutung Amerikas ließ das zersplitterte, sich gegenseitig bekriegende kleine Westeuropa zur dominierenden Weltmacht werden, das seine Zivilisation globalisierte. Columbus' Umweg erwies sich für Europa als Weg zur Macht.

Dem kann hier nicht weiter nachgegangen werden. Wichtig ist jedoch noch ein Hinweis darauf, dass der apokalyptische Begründungszusammenhang nach der Entdeckung der „Neuen Welt" nicht einfach abbrach. Er wurde im Zuge ihrer Eroberung allerdings neuen Transformationen unterworfen. So wie die Reconquista in Spanien als integraler Bestandteil der Kreuzzüge angesehen wurde, propagierte man die Eroberung der Neuen Welt als Fortsetzung der Wiedereroberung: Aus Reconquista wurde nahtlos Conquista. Statt gegen die Muslime zu kämpfen, ging es nun darum, Heiden zu unterwerfen und zu christianisieren. Heinrich der Seefahrer, der Portugal neben Spanien zur führenden Expansionsnation machte, sah in seinen Expeditionen nach Afrika die Fortsetzung des Kampfes gegen die Muslime in Nordafrika und übertrug deshalb ausdrücklich die Lehre vom gerechten Krieg auf seine Expeditionen in den Süden.[36] Als Spanien und Portugal in der Neuen Welt zu Konkurrenten wurden, teilte Papst Alexander VI. ihre Einflusssphären durch einen energischen Strich über den Globus durch lauter Gebiete, die noch kein Europäer kannte.[37]

Die Weltenteilung des sonst durch seine Skandale berüchtigten Borgia-Papstes hat hoch symbolische Bedeutung. Denn der Papst begründete seine Vollmacht, die unbekannten Weiten aufzuteilen, ausdrücklich mit der konstantinischen Schenkung, jener (bekanntlich gefälschten) Übergabe des weltlichen Besitzes durch den römischen Kaiser an den Papst. Indem nun die Neue Welt gewissermaßen vom Papst weiter vererbt wird – auch wenn das die kolonisierenden Staaten gar nicht so anerkannten – erscheint ideologisch die Conquista und Kolonisierung als Spätfolge der konstantinischen Wende. Historisch gesehen ist das zwar Fiktion, aber in der Konstruktion erscheint eben doch ein echter geschichtlicher Zusammenhang: Die Welteroberung durch die christlichen Nationen steht ideologisch tatsächlich in der Tradition jener Geschichtstheologie der Macht, die nach der konstantinischen Wende begann. Deshalb besteht ein innerer Zusammenhang zwischen dem (in Kapitel 8

[36] Vgl. dazu J. Guiral-Hadziiossif in: Geschichte des Christentums 6, 754 f.
[37] Vgl. dazu ebd. 755 sowie Gründer, Welteroberung 90 f.

beobachteten) weitgehenden Vergessen der apokalyptischen Vernunft in der Kirche und der Transformation der Apokalyptik zu einer politischen Ideologie im Dienst christlicher Machtpolitik.

Im Laufe der Conquista Amerikas – die hier nicht weiter verfolgt werden kann – unterliegt die Apokalyptik weiteren Transformationen. Sie entfernt sich von Columbus' mittelbarer Naherwartung und von der Verknüpfung mit dem Kreuzzugsthema. Sie erhält noch später, durch die Kolonisierung Nordamerikas durch protestantische Angelsachsen eine neue Gestalt (die ich in diesem Kapitel wenigstens noch streifen werde). An dieser Stelle ist nur der Hinweis wichtig, dass die Entdeckung der Neuen Welt mit ihrem unendlichen, fremden Horizont, mit der hier aufgestoßenen Tür zu einer ganz neuen Geschichte, doch die Endzeitgestimmtheit der europäischen Expansion und Mission nicht überdeckte. Das mag u. a. daran gelegen haben, dass gerade jene spanischen Franziskaner, die Columbus inspiriert hatten, auch mit der Christianisierung Neuspaniens betraut wurden. „In dem vom Gedanken der Erweckung und von apokalyptischen Visionen geprägten Denken der Mönche verbanden sich die Leitmotive Neue Welt und Weltuntergang harmonisch“[38]. D. h.: Für diese Missionare klang „Neue“ nach „Letzter Welt“. Das Globalisierungsbewusstsein nach dem Aufdecken von Columbus' geografischem Irrtum förderte das Bewusstsein, nun tatsächlich mit der christlichen Mission bis an die Enden der Erde gegangen zu sein. Mit der Beseitigung der letzten Heiden – sei es durch Taufe oder durch Tod – beseitigte man auch die letzten Hindernisse vor der Wiederkunft Christi. Der Ausdruck „Neue Welt“ hat dabei etwas Verräterisches, ist er doch in der biblischen Apokalypse der Neuschöpfung Gottes nach dem Ende vorbehalten. In der Kolonisierung Amerikas ist dieser Begriff aber von Anfang an mit Assoziationen beladen, die weit über die einfache Neuheit dieser Welt im Sinne des bisher Unbekannten hinaus gehen. Diese Welt ist qualitativ neu, sie ist eine Projektionsfläche für Utopien; sie gibt den Eroberern und Missionaren den Traum, Gottes „Siehe, ich mache alles neu“ selbst zu erfüllen.

Dies ist es, was die mittelalterliche und die neuzeitliche christliche Apokalyptik miteinander verbindet, in aller dynamischen Veränderung, die sich in diesem Übergangsfeld ereignet: Das Apokalyptische wird stets radikaler von etwas, das man erwartet, zu etwas, das man tut – bis modernes Handeln tatsächlich die adjektivische Bestimmung „apokalyptisch“ erhalten kann.

Ein Letztes sei – parallel zu der Betrachtung der Kreuzzüge – auch hier angefügt: Die skizzierte Entwicklung des apokalyptischen Denkens mit ihrem Gefälle zu einer sozusagen pragmatischen christlichen apokalyptischen Vernunft ist zu keiner Zeit denknotwendig gewesen. Es gibt sicher Charakteristika eines Zeitgeistes, denen sich Zeitgenossen nicht entziehen können, die also vom zeitgenössischen Denken abzuziehen ein Anachronismus wäre. So können mittelalterliche Menschen zweifellos nicht historisch-kritisch oder methodisch-naturwissenschaftlich im modernen Sinn denken. Ähnlich denknotwendig ist die apokalyptische Ideologie von

[38] Elliott, Neue Welt 32.

Reconquista und Conquista jedoch nie gewesen. Es gab im Gegenteil eine starke, wenn auch nicht mächtige Opposition gegen sie.

Berühmt geworden ist später der Kampf des Dominikaners Las Casas gegen die Entrechtung der „Indianer“. Aber eine intellektuelle Kritik des herrschenden Denkens entstand in Spanien schon im Jahr 1492, und zwar – so wie während der Kreuzzüge! – angesichts der Ausweisung der Juden. „Es verstieße gegen die Heiligen Schriften, wenn man ihnen das Existenzrecht abspräche. In der Folge bildete sich in Spanien eine Opposition heraus, die nicht nur die Vertreibungen der Juden und die Praktiken der Inquisition verurteilte, sondern die ganze Gesellschaft, die ihr Gewissen verloren hätte.“[39] Diese Opposition fand also gerade im biblischen Denken Anhalt gegen die politische Adaption der Apokalypse im Dienst der Macht. Es bleibt charakteristisch für die Geschichte des Christentums, dass es die gleichen Quellen apokalyptischer Vernunft sind, die in den Dienst der Transformation des Apokalyptischen gestellt werden und die deren Kritik dienen. Und es ist immer wieder das Verhältnis zum Judentum, an dem sich diese beiden Auslegungsweisen symptomatisch scheiden.

Pietisten und Puritaner

Wir machen einen Sprung, vom Mittelalter und vom noch ungebrochen katholischen Milieu zum Protestantismus der Neuzeit. Ich versuche auch nicht, eine direkte Kontinuität zwischen der bisherigen Betrachtung und diesem Abschnitt herzustellen. Es geht im Gegenteil um eine Stichprobe, die zeigen soll, wie sich die Transformation des Apokalyptischen in der bürgerlichen Neuzeit, in einer neuen konfessionellen Gestalt des Christentums, vollzogen hat. Es geht also darum, die Basis für die Beurteilung des „Schicksals“ apokalyptischer Vernunft in der Neuzeit zu erweitern.

Es ist bekannt, dass die Reformation Martin Luthers mit einer neuen, starken Naherwartung einher ging. Luther selbst erwartet die Endzeit in Bälde. Er erkennt dies am Zustand der Kirche, deren Abfall vom ursprünglichen Glauben, den er in seiner Auseinandersetzung mit der Kirchenhierarchie ausmacht, zu den im Neuen Testament geweissagten Vorboten des Endes gehört. „Im Papsttum glaubt er das Wort Gottes in so radikaler Weise entstellt, dass er den Papst mit dem am Ende erwarteten Antichristen identifiziert und folglich die Endzeit für gekommen hält.“[40] Luther macht aber auch weitere Zeichen der heraufziehenden Endzeit aus: Die Bauernaufstände und die so genannten Schwärmer – also jene revolutionäre, radikale Linie der Reformation, die selbst von starken apokalyptischen Erwartungen geprägt ist – und schließlich den Kampf seiner wahren Reformation selbst. Die „Naherwartung des Jüngsten Tages wird bei Luther also entscheidend von der Überzeugung

[39] J. Guiral-Hadziiossif in: Geschichte des Christentums 6, 850.
[40] Kunz in: Dogmengeschichte IV, 7c, 14.

getragen, dass sich in seiner Zeit der Kampf um die Herrschaft Gottes in dramatischer Weise zugespitzt und seinen Höhepunkt erreicht habe.“[41]

Das ist m. E. der neue, der neuzeitliche Ton des in Vielem noch recht mittelalterlich denkenden Reformators: Die Apokalyptik ist ein Phänomen des Krisenbewusstseins der eigenen Zeit. Man steht gewissermaßen nicht mehr vor den Zeichen der Endzeit, die prophezeit werden und auf die man sich in seiner Praxis, und sei es sie beschleunigend, einstellt. Man steht vielmehr in der Endzeit selbst, man erlebt sie mit. Freund und Feind treten dadurch überscharf auseinander – nicht nur auf die fernen Türken oder den schon näheren Papst bezogen, sondern auch in den Spaltungen der eigenen Bewegung. Der eigene Kampf wird zum endzeitlichen Kampf um das Reich Gottes. Natürlich ist das den besonderen, tatsächlich dramatischen, weltgeschichtlichen Umständen der Jahre der Reformation geschuldet. Die auf Luther folgende lutherische Orthodoxie hat diese apokalyptische Eschatologie theologisch wieder „einzufangen“, still zu stellen versucht – ein Vorgang, der sich nach Aufbruchsbewegungen in den Religionen auf dem Boden apokalyptischer Vernunft anscheinend immer wiederholt. Aber was in der Dogmatik gelingt, schlägt doch nicht wirklich auf das Glaubensbewusstsein durch. „Die bei Luther so ausgeprägte Naherwartung des Jüngsten Tages bleibt in den lutherischen Gemeinden lange lebendig. Noch zu Beginn des 17. Jahrhunderts rechnet man sehr intensiv mit dem baldigen Weltende.“[42] Dreißigjähriger Krieg und konfessionelle Grabenkämpfe tragen auch danach nicht gerade dazu bei, dieses Krisenbewusstsein dauerhaft abflauen zu lassen.

Später konsolidiert sich der Protestantismus nicht nur in seine verschiedenen – lutherisch oder reformiert geprägten – Orthodoxien, er bildet auch eine spezifisch neuzeitliche und bürgerliche Form der Religiosität aus: den Pietismus. Diese vielgestaltige Bewegung stellt das Subjekt des Glaubens in den Mittelpunkt, sie stellt eine erste spezifisch moderne „anthropologische Wende“ des Christentums dar. Deshalb ist der Pietismus, der bald im Schatten der beginnenden Aufklärung steht, durchaus nicht einfach deren Antipode: Oberflächlich betrachtet wird hier zwar Glaube gegen reine Vernunft gestellt, tiefer gesehen jedoch wird der Glaubensinhalt auf das ihn tragende Ich zurückgeführt und in diesem geprüft, ähnlich wie in der Aufklärung die Wissensgehalte auf das Vernunft-Subjekt und seine Urteils-Instanz. Es lässt sich deshalb im Pietismus und seinem Umfeld die neuzeitliche Transformation apokalyptischer Vernunft besser beobachten als in den kirchlichen Dogmatiken der Barockzeit. Und die erstaunliche Beobachtung dabei ist die: Ausgerechnet in dem stark auf das Individuum, das Gefühl, die Beziehung zwischen Ich und Gott ausgerichteten Pietismus erlebt der Millenniarismus eine Renaissance. Die altkirchliche, in den Großkirchen immer wieder unterdrückte Erwartung einer eschatologischen Zeit in der Geschichte, hier auf Erden, lebt erneut auf. Die Eschata werden in die Geschichte hinein geholt, und zwar nicht nur die apokalyptischen Zeichen, also doch Vorzeichen des nahenden Endes, wie bei Luther, sondern eben die Verheißun-

41 Ebd.
42 Ebd. 58.

gen, die Hoffnungs-Inhalte selbst. Nicht nur der endzeitliche Kampf wird jetzt von den Beteiligten gekämpft, sondern auch seine Früchte werden zumindest in einem Vorgeschmack für die Kämpfenden selbst erwartet. Anders gesagt: Die Religion wird utopisch.

Deutlich ist diese Wandlung des Eschatologischen schon früh, bei dem Mitbegründer des Pietismus, Philipp Jakob Spener. Er erwartet „einen Zustand …, in dem die Herrschaft Gottes über seine Feinde auch im Bereich der Geschichte klar und deutlich hervortritt ... Dadurch, dass Spener mit einem (vorläufigen) Sieg des Guten in der Geschichte selbst rechnet, gewinnt bei ihm der Geschichtsprozess eine größere Eigenwertigkeit".[43] Damit werden im Pietismus Apokalyptik und Geschichtstheologie erneut und neu miteinander verbunden. Die Betrachtung des Geschichtsverlaufes wird mit den Prophetien biblischer Apokalyptik so kurz geschlossen, dass man nicht einfach das Ende der Zeit, sondern die gute Sieges-Zeit zuvor, die Zeit einer vollendeten Christenheit auf Erden, ins Auge fassen kann. Dieser gläubige Utopismus begleitet die pietistischen Bewegungen bis ins 19. Jahrhundert hinein, in dem Johann Albrecht Bengel den Anbruch des Tausendjährigen Reiches schließlich auf den 18. Juni 1836 festlegt.[44]

Geradezu zum Allgemeingut wird der Millenniarismus im angelsächsischen Protestantismus, bei Anglikanern und Puritanern. Hier wird die apokalyptische Geschichtstheologie umgesetzt in eine geradezu „utopisch antizipierende Kirchengeschichte".[45] Die Apokalyptik verliert dadurch noch mehr ihren übernatürlichen Charakter, sie wird gewissermaßen historisiert. Im Übergang von der Gegenwart zum erwarteten Millennium ereignet sich kein Äonenwechsel mehr, sondern eher eine, wenn auch revolutionäre, Entwicklung.

Bei den Puritanern trägt zu dieser Transformation bei, dass sie viel stärker als die kontinentalen Pietisten am kollektiven Aspekt der Eschatologie interessiert sind: am Volk Gottes statt am Gläubigen und seiner kleinen Gemeinde. Der englische Protestantismus steht „vorwiegend unter dem Vorzeichen akuter parusitischer Erwartungen" und ist im Zuge des puritanischen Einflusses „millenaristisch geprägt".[46] Und wie im Pietismus erzeugt diese Kombination eine apokalyptische Geschichtstheologie. Man deutet „die Geschichte des christlichen Abendlandes, die dem Tage des Gerichtes entgegenläuft"[47], setzt diesem dunklen Horizont jedoch den eigenen protestantischen Neuaufbruch gegenüber: Man hofft, „dass in der echten Kirche, die den Chancen der Befreiung durch Konstantin in adäquater Weise entsprochen hat, Kampf, Entwicklung und Fortschritt möglich sind. Die Kirche aber, die die Privilegien Konstantins mißbraucht hat, ist der Antichrist."[48] Hier wird also ähnlich wie in meiner Analyse die Problematik einer Apokalyptik der Macht gesehen, allerdings

[43] Ebd. 76 f.
[44] Vgl. ebd. 83.
[45] So: Escribano-Alberca, Dogmengeschichte IV, 7d, 12.
[46] Ebd. 14.
[47] Ebd. 16 zu John Foxe.
[48] Ebd. 17 zu Thomas Brightman.

mit der gewagten Unterscheidung, dass die christliche politische Macht eben dann gerechtfertigt ist, wenn sie dem wahren Evangelium dient. Wo das der Fall ist, lässt sich in dieser Geschichtstheologie eindeutig identifizieren. So zögert man nicht, „auf die geliebte englische Kirche bei der Auslegung der Apokalyptik das Attribut ‚elect Nation' zu beziehen."[49]

Zwei Aspekte sind hier auffällig: Zum einen ist der Umgang mit dem Judentum wiederum ein Indikator für die Transformationsgestalt apokalyptischer Vernunft. Hier ist er eher versteckt gegeben: Die Juden werden nicht vertrieben, nicht bekämpft, sondern ersetzt, indem die Erwählung Israels direkt, geschichtstheologisch nicht nur – wie schon in der alten Kirche üblich – auf das Christentum insgesamt übergeht, sondern neu auf politische Gebilde übertragen wird, weltlich identifizierbar wie das staatliche Israel der alttestamentlichen Zeit. Aus Israel wird England. Allerdings erwarten Propheten wie John Canne im Zuge dieser Umsetzung auch direkt die Wandlung der Juden: Im Jahr 1700 werden sie sich nach seiner Voraussage zu Christus bekehren, nachdem sie zuvor die Türken besiegt haben. Dann kann das endgültige Reich Christi beginnen.[50] Hier ist in leicht veränderter Form das Inventar der Kreuzzugs-Apokalyptik wieder vorhanden.

Zum zweiten wird damit die fast schon präsentische Eschatologie des Stehens im Endkampf um das Reich Gottes politisiert. Nicht mehr die Gemeinde, wie im Pietismus, sondern der dem rechten Evangelium dienende Staat ist nun das Subjekt dieses Kampfes. So protokolliert Christopher Feake die englische Invasion Schottlands 1650 „als das eindeutige Zeichen der voranschreitenden Etablierung des Reiches."[51] Er erzählt eine Geschichtstheologie der Verwirklichung des Reiches Gottes „ausgehend vom Datum der Himmelfahrt Christi ... Die Entwicklung der Revolution in England bildet den Kern dieser Geschichte."[52] Später wird daraus eine feststehende politische Theologie. „Die in der englischen Apokalyptik fest verankerte Vorstellung von der führenden Rolle Englands bei der Durchsetzung der Reformation weitet sich ... aus zur Vorstellung einer universellen Theokratie mit England als Zentrum des politischen Gebildes."[53]

Durch die puritanisch geprägten englischen Kolonisten in Nordamerika und ihre führende Rolle bei der Entstehung der USA wird diese Geschichtstheologie in die Neue Welt transportiert. Die USA werden nun die „elect Nation" oder „Gods own Country" und die Eroberung des Westens sowie die spätere Vorherrschaft der USA werden als göttliche Bestimmung betrachtet. „Unter dem Einfluss des Puritanismus … entstand jene über Jahrhunderte überdauernde Weltsicht, in der sich die Angelsachsen als das neue auserwählte Volk betrachteten, das zur Beherrschung der Welt

[49] Ebd.
[50] Vgl. dazu ebd. 24.
[51] Ebd.
[52] Ebd. Gemeint ist die religiös aufgeladene Revolution Oliver Cromwells.
[53] Ebd. 25, hier bezogen auf Mary Cary.

bestimmt war."[54] Dabei erlebt auch die junge Kolonie in Nordamerika schon Mitte des 17. Jahrhunderts „einen heftigen Ausbruch apokalyptisch-eschatologischer Vorstellungen, in deren Gefolge man mit großem Eifer über die Bekehrung der Juden als der letzten Station vor dem Ende der Welt spekulierte."[55] Das Zusammenbinden apokalyptischer, ein plötzliches Ende voraussagender, und millenaristischer, eine utopische Heilszeit anstrebender, Geschichtstheologie bleibt in den USA typisch bis hin zu den heute politisch aktiven evangelikalen Bewegungen. Dabei haben solche „moderne millenaristische Gruppen innerhalb der Kirchen der Reformation – als theologische Subkultur – ... den Ehrgeiz, die einzige effektive Vergegenwärtigung der Eschata unter dem Christenvolk zu vertreten."[56]

Damit haben wir die protestantische Parallele zur spanischen und portugiesischen Conquista-Ideologie gefunden. Auch die angelsächsische Globalisierung bezieht ihre Legitimation ursprünglich aus einer apokalyptisch geprägten Geschichtstheologie. Kolonialismus und Welteroberung sind die daraus abgeleitete politische Pflicht zur Verwirklichung eines eschatologischen Auftrags.

In unterschiedlicher Weise ist in Pietismus und Puritanismus aus dem christlichen Messianismus ein Fortschrittsprojekt geworden. Tatsächlich entwickeln Theologen dieser Bewegungen „eine christliche Vorstellung von der Entwicklung der Menschheit auf das Ende hin".[57] Das geschieht wesentlich früher als die Verbreitung aufklärerischer Ideen von der „Entwicklung des Menschengeschlechts" a la Lessing. Zwei scheinbar unvereinbare Denkweisen von Geschichte – die apokalyptische und die evolutionäre – haben hier anscheinend eine gemeinsame Wurzel. Insbesondere die Theologen der puritanischen Revolution in England entwickeln eine eigenartige „Konfluenz von millenaristischer Gesinnung und utopischer Geisteshaltung, die über das rein Religiöse hinauswächst – im Sinne einer Vorwegnahme der pädagogischen und wissenschaftlichen Anliegen der Aufklärung des 18. Jahrhunderts".[58]

Im Banne dieser erstaunlichen Zusammenführung von Naherwartung und Fortschrittsutopie steht sogar der Heroe der neuzeitlichen Naturwissenschaft, Isaak Newton. Auch der Physiker sieht in seiner Geschichtstheologie in der konstantinischen Wende die Wegscheide zwischen Verderben und Erneuerung der wahren Kirche. Das Reich des Antichristen sieht Newton durch das katholische Mittelalter, für England durch die Invasion der Germanen, schon vergangen, und mit der ihm eigenen mathematischen Präzision erwartet er den Beginn der Heilszeit in etwa 60 Jahren.[59] In der englischen Frühaufklärung werden aus den apokalyptischen Vorzei-

[54] Gründer, Welteroberung 182. Zu den USA als „neuem Israel" vgl. auch H-U. Wehler, Die Puritaner, in: A. Christophersen/F. Voigt, Religionsstifter der Moderne, München 2009, 13-27.

[55] Ebd. 198. Dabei wurden teilweise die Indianer mit den verlorenen Stämmen Israels des Alten Testaments identifiziert.

[56] So Escribano-Alberca ebd. 113, allerdings als offene Frage gestellt.

[57] Ebd. 18, hier bezogen auf Joseph Mede.

[58] So ebd. 40. Vgl. dann ebd. 41 f. zum Einfluss dieses Denkens auf J. Comenius.

[59] Vgl. dazu ebd. 72-74.

chen des Milleniums dann endgültig Kriterien des gesellschaftlichen Fortschritts und des Erfolgs Westeuropas: Das Reich Gottes kündigt sich nun an in Buchdruck und Naturwissenschaft, Universitäten und Krankenhäusern, in der Unabhängigkeit der Schweiz und Hollands und der Zurückdrängung der Türken. Und auch jetzt erwartet man als unmittelbar bevorstehende Folge dieses Fortschritts die Bekehrung der Juden.[60]

Insgesamt sieht es ganz danach aus, dass die moderne Geschichtsphilosophie des Fortschritts zunächst religiös ausgebildet wurde und so schon vor Aufklärung und Idealismus eine theologische Gestalt besaß, die mit einer apokalyptischen Eschatologie zusammen ging, ja in ihr wurzelte. Dabei nimmt dieser protestantische Millenniarismus der apokalyptischen Naherwartung immer mehr das katastrophische Element. Statt Gericht und Umsturz erwartet man Erfolg und Sieg für die Sache des Evangeliums, welche die Sache der eigenen Politik ist. „Die Ausrichtung auf das Reich Gottes als innergeschichtlichen Vollendungszustand bringt eine neue Sicht der Geschichte und die Einführung des Entwicklungs- und Fortschrittsdenkens in die Theologie mit sich. Die Geschichte enthält in sich selbst ein Ziel, auf das sie zuläuft. Sie wird zu dem guten Zustand, den sie am Anfang hatte (Paradies, Urkirche) und von dem sie abgefallen ist, zurückkehren.“[61] In Pietismus und Puritanismus wird „vor dem Jüngsten Tag und dem Ende der Welt noch das tausendjährige Reich oder wenigstens eine tiefgreifende Verbesserung der Verhältnisse auf der Erde erwartet. ... Die pietistische Eschatologie mit ihrer Hoffnung auf eine auch durch menschliche Aktivität zu gestaltende bessere Zukunft in der Geschichte ist ein wichtiges Zwischenglied auf dem Weg zu späteren Formen säkularisierter Reichserwartungen.“[62]

Die Bewertung dieses neuzeitlichen Aggregatzustands apokalyptischer Vernunft kann sicher nur dialektisch ausfallen:

Einerseits stellt sie im Sinne der in Kapitel 8 begrüßten Wiederentdeckung apokalyptischer Vernunft in der gegenwärtigen Theologie eine Art Vorläufer dar. Jedenfalls ist sie ein kräftiges Indiz dafür, dass die kirchliche Verdrängung, Spiritualisierung und Individualisierung der Apokalyptik diese nie wirklich ruhig stellen konnte. Die hier skizzierten protestantischen Tendenzen beweisen die bleibende Virulenz apokalyptischer Vernunft. In dieser neuzeitlichen Gestalt scheint sie sich teilweise auch von ihrer nach-konstantinischen Umkehrung in eine Apokalyptik der Macht zu lösen. Sie findet zur Kritik von Herrschaft zurück und sie präsentiert sich wieder als prophetische Qualifikation der Gegenwart, als theologischer Gerichts- und Umkehrruf. Andererseits kippt genau diese Rückkehr zu den Strukturen biblischer Geschichtstheologie fast schon im Ansatz um zu erneuter politischer Instrumentalisierung. Die prophetische Kirchen- und Herrschaftskritik scheint überwiegend nur dazu zu dienen, die Träger der apokalyptischen Politik zu wechseln: Statt Papsttum und katholischer Mächte werden nun die protestantischen Staaten zu den

[60] Vgl. ebd. 78 zu William Whiston.
[61] Kunz in: Dogmengeschichte IV, 7c, 90.
[62] Ebd. 112.

Agenten der Verwirklichung christlicher Endzeit. Im weltgeschichtlichen Effekt vereinigen sich katholische und protestantische Varianten der Geschichtstheologie zu sozusagen arbeitsteilig funktionierenden Ideologien der Welteroberung durch die europäischen Mächte.

Und schließlich zeigt auch die typisch neuzeitliche Tendenz zur Säkularisierung der Verheißungs-Inhalte eine solche Ambivalenz im Vergleich zu den biblischen Kriterien unserer Analyse apokalyptischer Vernunft: Tatsächlich kann man diesen neuen Millenniarismus mit seinen utopischen Momenten als eine moderne Form der Reich-Gottes-Erwartung ansehen, insofern hier die biblische Beziehung dieses Reiches zum Diesseits, zur Umgestaltung der irdischen Verhältnisse wieder hergestellt, die Eschatologie aus ihrer reinen Verjenseitigung herausgeholt wird. Aber diese Wiederentdeckung geschieht sofort durch die Transformation der biblischen apokalyptischen Rede von der dialektischen Wende aus Gericht zum Heil, von Gottes neuem Handeln gerade in der menschlichen Katastrophe in die moderne Rede von evolutionärem Fortschritt, von einer menschlichen Praxis stetiger Weltverbesserung. Auch dadurch werden die biblischen Verheißungsinhalte kurzschlüssig identifiziert mit den Zielen europäischer ökonomischer, technischer, zivilisatorischer Wünsche.

Die Wiederentdeckung apokalyptischer Vernunft in den Christentümern der Reformation erscheint damit als ein heikles Unternehmen. Vielleicht ist „heikel" überhaupt ein richtiges Beiwort für die Aktualisierung apokalyptischer Vernunft. Sie erscheint stets als Gradwanderung zwischen Anknüpfung an deren biblischen Offenbarungskern und dessen Vereinnahmung und Verbiegung zu herangetragenen Zwecken. Aber die theologische Alternative besteht zwischen solchem notwendig heiklem Anknüpfen und einem dogmatischen Vergessen, das aus den biblischen Inhalten eine zeitenthobene Lehre macht. Die wirkt dann nur deshalb nicht heikel, weil sie den heiklen Punkt der gefährlichen Erinnerung an die apokalyptische Vernunft schon hinter sich gelassen hat.

Die Löwith-Blumenberg-Kontroverse

In der Debatte um die gegensätzlichen Thesen von Karl Löwith und Hans Blumenberg geht es darum, ob die neuzeitliche Geschichtsphilosophie des Fortschritts als Säkularisierung der christlichen Eschatologie zu verstehen ist oder als die Selbstentdeckung autonomer Vernunft und die Selbstreflexion ihrer Folgen.[63]

Löwith sieht die neue, exklusive Zukunftsorientierung der Moderne ebenso wie das Konzept einer linearen, aufsteigenden Universalgeschichte biblisch fundiert. „Das Eschaton setzt dem Verlauf der Geschichte nicht nur ein Ende, es gliedert und erfüllt ihn durch ein bestimmtes Ziel. ... Nur innerhalb dieser eschatologischen Um-

[63] Ich werde diese Debatte hier nicht in ihrer ganzen Breite aufgreifen, sondern nur in Bezug auf den Zusammenhang des neuzeitlichen Geschichtsdenkens zu dem der apokalyptischen Vernunft.

grenzung wurde die Geschichte auch ‚universal'."[64] Die christliche Antike, insbesondere Augustinus, stellt die lineare Entwicklung von der Schöpfung bis zu den letzten Dingen gegen die heidnische Vorstellung der ewigen zyklischen Welt. „Die rechte Lehre führt zu einem Ziel in der Zukunft, wohingegen ‚die Bösen sich im Kreise bewegen'."[65] Löwith betont allerdings, dass Augustinus an der weltlichen Geschichte und einem ihr inhärenten Fortschritt keineswegs interessiert ist, weil das Ziel ein rein jenseitiges ist und in der Geschichte der Menschen außerhalb der Gnade nichts besser wird. „Unsere Sorge um Fortschritt, Krise und Weltordnung wird von Augustin nicht geteilt."[66] Es führt also keine gerade Linie vom Christentum zur Moderne, sondern nur eine Uminterpretation: „Das Christentum mag letztlich ‚verantwortlich' sein für die Möglichkeit seiner eigenen Säkularisierung und ihrer geschichtlichen Konsequenzen, aber die ursprüngliche Verkündigung eines Reiches Gottes zielte nicht darauf, die Welt weltlicher zu machen, als sie es für die Heiden war."[67]

Löwiths Rede von der Verantwortlichkeit des Christentums für die Folgen der Moderne zeigt, dass es ihm nicht um eine interessenlose geistesgeschichtliche Forschung geht. In gewissem Sinne macht er dem neuzeitlichen Geschichtsdenken den Prozess: In ihm sieht er die Totalitarismen und Ideologie und damit auch die Gewalt des 20. Jahrhunderts begründet. Löwiths erstmals 1949 publizierte These sieht im eschatologischen Erbe der Neuzeit und in dessen Übertragung auf innergeschichtliche Ziele eine Überforderung der Geschichte, die zu katastrophischer und Menschen verachtender Politik wurde.

Die neuzeitliche Geschichtsobsession kann nach Löwith nicht aus Wissenschaft und Aufklärung als solcher entspringen. Vielmehr lebt der geschichtsphilosophische Impetus der Aufklärung noch aus dem Erbe christlicher Heilsgeschichte, selbst wo er sich anti-religiös positioniert. „Die fortschrittlichen und verfallsgeschichtlichen Konstruktionen der Geschichte von Voltaire und Rousseau bis zu Marx und Sorel sind das späte, aber immer noch machtvolle Ergebnis der biblischen Heils- und Verfallslehre."[68] Dass Heil und vorheriger Verfall zusammenhängen, transportiert dabei das spezifisch apokalyptische Element des Geschichtsdenkens, wie es Löwith vor allem in der Struktur des Marxismus wieder erkennt: Das kommunistische Manifest ist eine Prophetie, die Vorhersage von Revolution und kommunistischer Gesellschaft wirkt katastrophisch und messianisch zugleich.[69]

In der Säkularisierung des Eschatologischen geht für Löwith etwas verloren: Die Hoffnung auf Gott und sein übernatürliches Handeln muss ersetzt werden durch das eigene Handeln, soll aber ein ebenso absolutes Heilsziel erreichen. „Die Ge-

[64] Löwith, Weltgeschichte 26.
[65] Ebd. 152.
[66] Ebd. 158. Löwith hält diese Auffassung dem Neuen Testament gegenüber für angemessen, denn auch dessen Verkündigung des Reiches Gottes stehe „der politischen Geschichte dieser Welt im wesentlichen gleichgültig gegenüber." (Ebd. 172)
[67] Ebd. 195.
[68] Ebd. 63.
[69] Vgl. ebd. 46-48.

schichtsphilosophie der Aufklärung hat das theologische Schema der Geschichtserklärung keineswegs erweitert und bereichert, sondern es verengt und verdünnt, indem sie die göttliche Vorsehung zur menschlichen Voraussicht des Fortschritts einebnete und verweltlichte."[70] Ein typischer Endpunkt dieser Verdünnung ist für Löwith der Positivismus des Auguste Comte. Bei ihm werden aus den joachimitischen drei Zeitaltern des Vaters, Sohnes und des Geistes die der Religion, der Philosophie und der Wissenschaft. Bei einem anti-religiösen und seiner Selbstauffassung nach gänzlich empirischen, aufgeklärten Vordenker des Selbstbewusstseins der Moderne ist also „die wissenschaftliche Ära eine Endzeit, welche die Überlieferung des geschichtlichen Fortschritts der Menschheit abschließt."[71] Die säkularisierte Fortschrittsidee kämpft zwar gegen den Glauben, aber sie ist darin dennoch von dessen Geschichtskonzept abhängig. „Das Leben auf ein künftiges eschaton zu ... ist nicht nur für die charakteristisch, die, im Glauben, von Hoffnung und Erwartung leben, sondern auch für diejenigen, die vom Glauben an die Geschichte als solche zehren. ... Nur innerhalb dieses Horizonts der Zukunft, wie ihn der jüdische und christliche Glaube gegen die ‚hoffnungslose', weil zyklische Weltanschauung des klassischen Heidentums schuf, konnte die Fortschrittsidee überhaupt zum Leitgedanken des modernen Geschichtsverständnisses werden."[72]

Interessanterweise sieht auch Löwith einen frühen Wendepunkt auf dem Weg zu dieser Säkularisierung in der Geschichtstheologie des Joachim von Fiore, die uns schon bei der apokalyptischen Begründung der Kreuzzüge und der Entdeckungsfahrt des Columbus begegnete. Bei Joachim findet Löwith das Paradox einer theologischen Intention und ihrer geschichtsphilosophischen Folgen wie in einem Brennglas: Der Mönch verstand seine Bibelauslegung eigentlich als einen Bußruf gegenüber einer verweltlichten Kirche, in meiner Terminologie: als eine Erinnerung an die apokalyptische Vernunft gegen ihr Vergessen seit der konstantinischen Wende. Deshalb sollte das Reich des Geistes das der Kirche überbieten und die Kirche sich nicht in ihrer weltlichen Gestalt mit dem apokalyptischen Millennium identifizieren. Für diesen Bußruf und das Aufbrechen der ekklesiozentrischen Statik des christlich-mittelalterlichen Geschichtsbewusstseins bedient sich Joachim des apokalyptischen Bewusstseins von der eigenen Gegenwart als Umschlagsmoment zum Eschatologischen. „Die entscheidende Zeit, die ihm als Kriterium seiner Unterscheidung zwischen vergangenen und künftigen Ereignissen diente, war sein eigenes Jahrhundert als ein Jahrhundert radikalen Verfalls."[73] Damit schlägt die prophetische Qualifikation der Gegenwart jedoch um in etwas, das Löwith „theologischen Historismus" nennt.[74] Der hält sich säkularisiert durch bis zu Marx und zu Hitler: Das dritte Reich des Geistes, zunächst neuzeitlich von den deutschen Idealisten Schelling und Hegel aufgegriffen, „erschien als ‚Dritte Internationale' wieder und

70 Ebd. 98.
71 Ebd. 70.
72 Ebd. 82 f. Vgl. auch prägnant ebd. 170.
73 Ebd. 138.
74 Ebd. 145.

als ‚Drittes Reich', verkündet von einem dux oder Führer, der als Erlöser bejubelt und von Millionen mit ‚Heil' begrüßt wurde. Die Quelle dieser Versuche, die Geschichte durch Geschichte zu vollenden, ist die Erwartung ..., dass ein letzter Kampf das Heilsgeschehen zu seiner weltgeschichtlichen Erfüllung und Vollendung führen werde."[75] Revolutionen, Totalitarismen und Weltkriege des 20. Jahrhunderts sind also für Löwith Folgen säkularisierter Apokalyptik.

Hans Blumenberg sagt mit seinem programmatischen Buchtitel „Die Legitimität der Neuzeit" gleich, worum es ihm in Absetzung von Löwith geht: die Neuzeit aus ihren eigenen Intentionen heraus zu deuten, die sich nicht als säkularisierte Schwundform biblischer und christlicher Ursprünge begreifen lasse. Löwith vereinfacht den Gang der Geschichte in den Augen Blumenbergs schon durch seinen Ansatz, der durch den Fokus auf das christliche und neuzeitliche Geschichtsparadigma in seinem Gegensatz zur Kosmos-Bindung der Antike den Bruch zwischen Mittelalter und Neuzeit bagatellisiere. Löwith gehe es nur um „so etwas wie eine geschichtliche Gesamtverantwortung mit dem Fazit des Fortschritts als Verhängnis."[76] So entgehe ihm, dass nicht erst die Neuzeit, sondern schon die spätantike und mittelalterliche Kirche die christliche Eschatologie verweltlicht habe. So schafft sie für Mittelalter und Neuzeit durch die „Zurückdrängung der Eschatologie" eine „Wiederherstellung der Frist für die Geschichte."[77] Von der Spätantike an also habe sich das Interesse an Welt und Geschichte von der biblischen Eschatologie emanzipieren müssen. Das ist für Blumenberg jedoch im Mittelalter nur unzureichend geschehen – und deshalb entsteht mit der Neuzeit noch einmal ein neuer, eigenursprünglicher Schub solcher Emanzipation, der keineswegs nur den christlichen Vollendungsgedanken ohne Gott ins Diesseits transferiert.

Positiv versteht Blumenberg die Neuzeit mit Kant als ein Projekt offener Zukunftsgestaltung, das Ziele hat, aber keineswegs von einer Ideologie eschatologischer Vollendung ausgehe. Das Ziel der Geschichte ist vielmehr eine regulative Idee. Die Neuzeit will den unendlichen Fortschritt, aber dieser ist gerade unendlich, weil niemand sein Ziel angeben und herstellen kann, „der unendliche Fortschritt mediatisiert jede Gegenwart für ihre Zukunft, aber er lässt jeden absoluten Anspruch hinfällig werden."[78] Blumenberg hält die Ideologien der Moderne, die absolutistisch und totalitär ein Endziel der Geschichte zu kennen meinen und für dieses die gegenwärtige Menschheit als Zweck benutzen, für illegitime Adepten der ursprünglichen neuzeitlichen Intention, für ein Zerrbild und nicht wie Löwith für die entlarvenden Symptome ihrer Herkunft. Die Fortschrittsidee der Neuzeit ist nach Blumenberg nicht der Religion entlehnt, sondern autonom entstanden. In finalistischen Geschichtsphilosophien werde dagegen „die unabhängig entstandene Idee des Fortschritts" in ihrer „authentischen Rationalität ... überzogen"[79]. Dass es zu dieser

[75] Ebd. 147.
[76] Blumenberg, Legitimität 36.
[77] Ebd. 46. Vgl. auch 55.
[78] Ebd. 45.
[79] Ebd. 60.

ideologischen Verzerrung kommt, hat für Blumenberg gerade mit dem schwierigen Prozess der Emanzipation der Neuzeit von der mittelalterlichen Theologie zu tun. Weil die Religion ein Gesamtkonzept der Geschichte besaß, sei es „der Neuzeit offenkundig nicht möglich gewesen, die Antwort auf die Frage nach dem Ganzen der Geschichte zu verweigern. Insofern ist die Geschichtsphilosophie der Versuch, eine mittelalterliche Frage mit den nachmittelalterlich verfügbaren Mitteln zu beantworten.“[80] Die Neuzeit steht sozusagen unter dem Druck, ihre offene Behandlung der Zukunft, ihr Voranschreiten ins Unbekannte gegenüber dem noch mächtigen geschlossenen Weltbild der Vergangenheit zu rechtfertigen. Dadurch und nicht durch einen dem neuzeitlichen Aufbruch selbst inhärenten Messianismus, neige dann auch das Projekt der Moderne häufig zu Total-Antworten. „Nicht so sehr der ‚Totalitätsanspruch‘ der neuzeitlichen Vernunft als vielmehr deren Totalitätspflicht könnte als Säkularisat beschrieben werden.“[81]

Blumenberg „macht Weltlichkeit zum Kennzeichen der Neuzeit, ohne dass diese aus Verweltlichung entstanden sein müsste.“[82] Die Neuzeit will die Welt entdecken und sich deshalb Wege und Grenzen dieser Entdeckung nicht vorschreiben lassen. Neuzeit entdeckt die Autonomie der Vernunft, die für sich die Freiheit von theologischen Voraussetzungen fordern muss. „Das Konzept der Legitimität der Neuzeit wird nicht aus den Leistungen der Vernunft abgeleitet, sondern aus deren Notwendigkeit“[83], will heißen: Die Neuzeit ist nicht legitim durch das, was sie entdeckt und entwickelt, sondern ihr Anspruch, diesen Weg unvoreingenommen beschreiten zu können, muss in seiner Legitimität verteidigt werden. Die emanzipatorische Aggressivität der Neuzeit leitet sich aus dem Widerstand her, den die mittelalterliche Tradition diesem Weg lange entgegensetzte. Die Neuzeit ist „nicht der ... auf dem Nullpunkt ansetzende Monolog des absoluten Subjekts …, sondern das System der Anstrengungen, die im Mittelalter dem Menschen aufgeworfenen Fragen in einem neuen Kontext zu beantworten.“[84] Diese Fragen entspringen für Blumenberg aus dem ungeklärten Verhältnis Gottes zur Welt und zur menschlichen Vernunft.

Die mittelalterliche Theologie sieht Blumenberg entstehen aus der versuchten Überwindung der spätantiken Gnosis, also des Dualismus einer schlechten Materie, einer bösen Welt und eines guten Gottes. Schon Augustinus habe diese Gnosis bekämpft, aber letztlich auch in die Theologie hineingeholt, im Dualismus eschatologischer Erlösung oder Verdammung, in der zweiseitigen Prädestination.[85] An diesem Erbe habe sich das Mittelalter letztlich vergeblich abgearbeitet, weil nämlich „die Überwindung der Gnosis am Anfang des Mittelalters nicht nachhaltig gelungen war.“[86] Blumenberg sieht deren Dualismus in der spätmittelalterlichen

[80] Ebd. 59 f.
[81] Ebd. 76.
[82] Ebd. 86.
[83] Ebd. 109.
[84] Ebd. 442.
[85] Vgl. ebd. 148 f.
[86] Ebd. 138.

nominalistischen Theologie in gewandelter Form wieder auftauchen: nun im Gewand einer übersteigerten Absolutheit Gottes, die so weit von der Welt abgerückt gedacht wird, dass auch alle Vernunft nur als eine rabiate Verfügung Gottes erscheint. Alles könnte in der Welt auch anders sein, wenn Gott nur wollte. Gegen diesen theologischen Absolutismus musste die menschliche Vernunft aufbegehren. Deshalb ist Neuzeit an ihrem Ursprung der Versuch der Selbstbehauptung der Vernunft gegen den theologischen Dualismus. „Die Neuzeit ist Überwindung der Gnosis.“[87] „Nach dem theologischen Absolutismus des späten Mittelalters musste Selbstbehauptung die Implikation jedes philosophischen Systems werden.“[88] So sieht Blumenberg „die mechanistische Naturphilosophie als Instrumentarium der Selbstbehauptung“, denn sie reagierte auf „die Destruktion des human verlässlichen Kosmos“[89] durch den „auf Unterwerfung und Vernunftverzicht angelegten nominalistischen Absolutismus“.[90] Die Konzentration der Neuzeit auf die Rationalität der Empirie, auf die Vernünftigkeit der Naturgesetze war also eine Reaktion auf eine Theologie, für die alle Wirklichkeit nur noch kontingente Verfügung eines autonomen Gottes war. Noch der Ausgang des methodischen Zweifels Descartes bei der Annahme der Täuschung unserer Sinne durch einen bösartigen Gott spiegelt diese Ausgangslage der beginnenden Neuzeit wieder.[91]

[87] Ebd. 138.
[88] Ebd. 167.
[89] Ebd.
[90] Ebd. 219.
[91] Weil dieser Teilaspekt der Argumentation Blumenbergs später nicht mehr breiter aufgegriffen werden kann, sei er hier kurz mit einer kritischen Anmerkung versehen: Die für Blumenberg entscheidende negative Voraussetzung der Neuzeit im Spätmittelalter, die quasi zwangsläufig die Suche nach einer vernünftigen Selbstbehauptung des menschlichen Subjekts provoziert habe, erscheint historisch doch vereinfacht gezeichnet: Denn gerade die nominalistischen Spätscholastiker lassen sich auch als Vorboten, und nicht nur als provozierende Antipoden neuzeitlichen Denkens deuten. Gerade die Nominalisten sind Rationalisten. Ihr Nominalismus entsteht dadurch, dass sie alles vernünftig Denkbare nicht mehr mit dem theologisch zu Denkenden, dem im Glauben Vorgegebenen identifizieren können. Nominalismus entsteht, wo die scholastische Synthese von Glauben und Denken brüchig wird. Gott wird als autonomer Entscheider gedacht, weil das Vernunft-Notwendige und das faktisch in der göttlichen Heilsgeschichte Angeordnete nicht mehr in eins fallen und man diesen Widerspruch nicht mehr verdeckt. So führen gerade die Fingerübungen einer erwachenden autonom fragenden Vernunft zu der Konstruktion des absolutistischen Gottes, von dem Blumenberg behauptet, gegen ihn erst habe die autonome Vernunft mobil machen müssen. Das späte Mittelalter ist nicht einfach eine Konsequenz einer untergründig gnostisch-dualistisch gebliebenen Theologie, sondern es ist auch selbst Vorbote eines neuzeitlichen rationalen Skeptizismus, der die Verfügungen Gottes nicht mehr mit der Vernunft selbst identifiziert. So „läßt sich der theologische Nominalismus des Mittelalters als die erste systematische Ausformulierung einer nachantiken Metaphysikkritik bezeichnen.“ (So Jürgen Goldstein in: F.J. Wetz/H. Timm (Hg.) Die Kunst des Überlebens. Nachdenken über Hans Blumenberg, Frankfurt a.M. 1999, 215.) Der Nominalismus setzt mit der Betonung der Andersheit Gottes gegenüber der Welt auch schon deren Distanz und Weltlichkeit frei, er macht sie „empirischer“. „Für ihn ist aufgrund der Freiheit Gottes die Welt kontingent und aufgrund der Kontingenz der Welt der Mensch frei.“ (Ebd. 217) So ließe sich alternativ zu Blumenberg auch

Entscheidender als die These von der Selbstbehauptung der Vernunft gegen einen theologischen Absolutismus bleibt bei Blumenberg jedoch der positive Aspekt: Bis in den technischen Fortschritt hinein trägt die Neuzeit ein „Wille zur Erzwingung einer neuen ‚Humanität'"[92]. Die theoretische Triebfeder dieses Willens ist die empirische Neugier, die Wissbegier, die sich auch erst gegen ihre Verdächtigung als Laster durchsetzen musste.[93] Die Neuzeit erscheint so wie der Ausbruch menschlicher geistiger Triebfedern, die zuvor angestrengt zurückgebunden wurden. Neuzeit ist menschliche Selbstfindung – und die Geschichtsphilosophie ist so etwas wie der spätere Versuch zu erklären, warum diese Selbstfindung in der Geschichte, warum der „Ausgang aus der selbstverschuldeten Unmündigkeit" (Kant) eigentlich erst so spät erfolgte. Diese „Erklärung für die geschichtliche Verspätung" der Neuzeit[94] führt seit der Aufklärung zu finalistischen Geschichtskonstruktionen vom notwendigen stufenweisen Fortschritt des Menschengeschlechts.

Damit ist wieder Blumenbergs Gegenargument gegenüber Löwith erreicht: Die neuzeitliche Geschichtsphilosophie ist kein Kind säkularisierter Apokalyptik, sondern sie ist ein Versuch nachträglicher Erklärung der schwierigen Emanzipation des Menschen gegenüber seiner theologischen Bevormundung. Der in dieser Geschichtsphilosophie sich aussprechende unendliche Fortschrittsgedanke „ist nicht ‚Säkularisierung' der christlichen Eschatologie, sondern umgekehrt: Die Ermöglichung dieser Konzeption, das In-Sicht-Kommen ihrer Voraussetzungen, nahm der temporalen Transzendenz, der eschatologischen Zukunft, ihren Verheißungscharakter."[95] Will sagen: Im Konzept des Fortschritts braucht es eben gerade keine letzten Dinge. Blumenberg spricht deshalb beim Verhältnis von Eschatologie und Fortschritts-Geschichts-Philosophie statt von Säkularisierung von „Umbesetzung": Der Fortschritt ist nicht säkularisierte Eschatologie, sondern er nimmt – als etwas Neues, Anderes – die Stelle ein, an der früher eschatologische Verheißungen einsetzten: Beides sind „differente Aussagen als Antworten auf identische Fragen"[96]. Die Neuzeit macht also Erfahrungen, die geschichtlich so zum ersten Mal gemacht werden und eigenursprünglich sind. Sie macht sie in Emanzipation von den bisherigen religiösen Kategorien. Aber dieses Neue muss sich doch an alten Kategorien stets abarbeiten, sich immer noch vor dessen theologischen Fragen legitimieren. Daraus erst entsteht der Eindruck, als hinge das Neue selbst vom Alten ab.

„eine systematische Genealogie der Moderne entwerfen, die retrospektiv den Nominalismus keinesfalls nur antithetisch als eine der Konstitutionsbedingungen der Epoche deutet." (Ebd. 219 f.) Blumenbergs These von der Geburt der Neuzeit aus einer Antithese zur nominalistischen Demütigung des Menschen, der Erstehung des Autonomie-Paradigmas also aus dem Widerspruch gegen die willkürliche Tyrannei der Freiheit Gottes, haftet dagegen etwas von Hegel'scher Geschichtsnotwendigkeit an.

92 Blumenberg, Legitimität 152.

93 Vgl. ebd. 391 f.

94 So ebd. 440.

95 Ebd. 573.

96 Ebd. 541.

Was ergibt sich aus der Kontroverse für meine bisherige Schilderung des Verhältnisses der Neuzeit zur apokalyptischen Vernunft?

Im Rückblick auf die Abschnitte zu den Kreuzzügen, zu Columbus und zum Protestantismus fällt zunächst auf, dass Löwith und Blumenberg beide zu stark auf die Geistesgeschichte fixiert sind. Beide übersehen deshalb, dass die biblische apokalyptische Vernunft nicht säuberlich zwischen weltlichen und religiösen letzten Dingen, also zwischen einer geschichtlichen und einer theologischen Eschatologie unterscheidet. Und so lassen sich beide Aspekte auch in der Wirkungsgeschichte nicht sauber trennen. Das Christentum ist keineswegs so übernatürlich orientiert, wie es Löwith anhand der Kirchenväter schildert. Im Übergang vom Mittelalter zur Neuzeit entwickelt es selbst eine Apokalyptik mit weltlichen, politischen Aspekten. Die Säkularisierung, von der Löwith spricht, ist also nicht erst das Werk einer antireligiösen Neuzeit. Schon die mittelalterliche Politik, dann der frühneuzeitliche Expansionismus, schließlich die konfessionellen Theologien der Selbstbegründung ihrer eigenen kirchenpolitischen (und nationalen!) Positionen gegenüber den jeweiligen Gegnern haben das Eschatologische zum menschlichen Projekt gemacht. Die apokalyptische Vernunft trägt selbst ein Potenzial zu ihrer „Säkularisierung" in sich, weil sie durchaus nicht nur weltlose Hoffnungs-Gehalte enthält. Der Bruch zwischen genuinen biblischen Hoffnungsinhalten – ob weltlich oder übernatürlich – und ihrer säkularen ideologischen Verzweckung verläuft keineswegs eindeutig zwischen Christentum und Neuzeit, sondern er verläuft schon durch das Christentum hindurch, er verläuft zwischen einer Theologie der Hoffnung für die Hoffnungslosen und einer Theologie der Selbstlegitimierung der Mächtigen. In seiner einfachen Dichotomie von antiker Kosmos-Frömmigkeit und christlicher Geschichtserwartung kann Löwith diesen Gegensatz jedoch nicht sehen.

Andererseits ist die Neuzeit auch nicht so rein aufgeklärt-kantianisch, wie Blumenberg sie gern deuten möchte. Blumenbergs säuberliche Scheidung zwischen echt neuzeitlichem, weltlichem, offenem Denken und seiner durch christliche Überfrachtung provozierten Ideologisierung blendet m. E. den „euphorischen Hof" aus, der sich von Anfang an um die Selbstentdeckung der menschlichen Autonomie bildete. Die Neuzeit wird aus den Erkenntnissen der Naturwissenschaften ebenso geboren wie aus den Entdeckungen der Seereisenden und der Eroberer. Wie stark diese theoretischen und praktischen Entdeckungen und Eroberungen von Anfang an mit Heilserwartungen befrachtet sind, blendet Blumenberg durch seine Verteidigung des rein regulativen Fortschrittsbegriffs weitgehend aus. Hier herrscht eine Dynamik, die nicht mit Neugier, Wissbegier und Humanisierung allein beschrieben werden kann. Das Gefälle dieser Dynamik zu geschichtsphilosophischen Ideologien weltlicher Vollendung hat Löwith m. E. deutlicher gesehen.

Dabei sei jedoch Blumenberg zustimmend eines deutlich festgehalten: Die neuzeitliche Entdeckung der Vernunft-Autonomie einschließlich der sie erst vollendenden „Kritik der reinen Vernunft" ist die tragende, eigenursprüngliche Neuheit der Neuzeit. Sie ist in der Perspektive meiner Analyse auch nicht aus der apokalyptischen Vernunft herzuleiten – schon gar nicht als eine säkularisierte Verfallsform. Wir denken heute, nach-aufgeklärt, unter den Bedingungen dieser Entdeckung, die in sich tatsächlich vernünftig und insofern „legitim“ ist. Deshalb können wir heute auch apokalyptische Vernunft als Herkünftigkeit von der Erfahrung der Präsenz Gottes in der Geschichte nur im Raum reiner Vernunft darlegen, ohne das eine auf das andere zurückzuführen, ohne Offenbarung auf Vernunfteinsicht zu reduzieren, aber auch ohne Vernunfteinsicht von Offenbarungsinhalten her zu zensieren.[97]

Löwith und Blumenberg reden in ihrer Argumentation streckenweise aneinander vorbei, weil sie ein polemisches und ein apologetisches Anliegen verfolgen: Löwith polemisiert gegen die neuzeitliche Fortschrittsideologie, Blumenberg verteidigt die neuzeitliche Autonomie-Entdeckung. Blumenbergs Verteidigung der Neuzeit hat, wie eben festgestellt, Recht in ihrem positiven Kern, der die Selbstreflexion der Vernunft nicht unter den Verdacht gestellt sehen will, sie selbst sei notwendig von religiösen Heilsverheißungen ableitbar. Aber hat Löwith das sagen wollen? Blumenbergs Abwehr trifft die Einsicht Löwiths nicht, dass die Neuzeit Vorstellungen von der Geschichte entwickelt, welche die Geschichte, welche menschliches geschichtliches Handeln überfordern. Beide reden aneinander vorbei, weil das Problem der Neuzeit nicht das ihrer Weltlichkeit ist samt der Frage, ob diese aus theologischen Ursprüngen abgeleitet wurde oder sich einem eigenständigen Entdeckungszusammenhang verdankt. Das Problem der Neuzeit ist ihr Impetus im theoretischen und praktischen Umgang mit Geschichte, die dem gesamten Abendland (wahrscheinlich im Keim auch schon der für Löwith so geschichts-abstinenten abendländischen Antike) eigen ist und die sich tatsächlich durch das Geschichtsdenken aus apokalyptischer Vernunft noch dynamisiert hat.

Blumenberg ist Recht zu geben darin, dass nicht jede säkularisierte religiöse Metapher einen direkten wirkungsgeschichtlichen Zusammenhang beweist. Tatsächlich gibt es auch das, was Blumenberg Umbesetzung nennt: Die Neuzeit setzt ihre eigenen Erwartungen und Hoffnungen an die Stelle alter religiöser Inhalte. Sie will dann wirklich ersetzen, die Stelle mit neuen Inhalten besetzen. Wenn wir auf den Fortschritt und nicht mehr auf den Himmel hoffen sollen, dann bedeutet das noch nicht, dass der Fortschritt mit dem Himmel identifiziert wird. Dennoch: Neuzeitliche Geschichtshoffnungen werden nicht rein regulativ eingesetzt. Sie beanspruchen häufig eine Geltungsqualität auf der Höhe der alten theologischen Behauptungen. Ihre politischen Projekte erhalten so die Struktur und die Emphase eschatologischer Erwartungen. Es sind christlich-theologische Erwartungsansprüche an die Geschichte und ihr Ziel, die in der neuzeitlichen Geschichtsphilosophie weiter wirken. Die Neuzeit will mit ihren Zielen immer noch strukturell der Geschichte so viel abverlangen, wie das Christentum von der absoluten „Lösung“ der Geschichte durch das Handeln Gottes erwartet. Das hat Löwith scharf beobachtet. Es mag sein, dass diese Erwartung der Geschichtsphilosophie gerade vom alten theologischen Fragehorizont sekundär aufgezwungen wurde, wie Blumenberg analysiert. Und er hat Recht mit seinem Hinweis, dass kritische Geschichtsphilosophen wie insbesondere I. Kant ein offenes Geschichtsdenken praktischer Vernunft gegen diese Über-

[97] Auf die Konsequenzen der Rede von apokalyptischer Vernunft im Horizont reiner Vernunft wird das abschließende Kapitel 10 näher eingehen.

frachtung absichern wollten. Aber das Konglomerat säkularer Apokalyptik der Neuzeit wird dadurch nicht aufgelöst.

Meine Beobachtungen zum Beginn der Neuzeit belegen, dass das Christentum selbst seinen Teil zu dieser säkularen Apokalyptik beigetragen hat, ohne dass es deshalb gleich „säkularisiert" werden musste. Die Dialektik der Überfrachtung des Geschichtlichen, die Löwith im Vorgang der Säkularisierung beobachtet, ereignet sich tatsächlich schon im theologischen Umgang mit der apokalyptischen Vernunft selbst, und zwar deshalb, weil es eine kontextlose apokalyptische Vernunft nicht gibt. Die verschiedenen Christentümer der Neuzeit haben selbst unter den Bedingungen der neuen Zeit und im Rückgriff auf teilweise schon mittelalterliche Deutungsmuster des Biblischen mithalten wollen im Fortschrittskonzert und die apokalyptische Vernunft tauglich zu machen versucht für die Moderne – so wie zuvor schon das antike Christentum sein apokalyptisches Erbe durch Verdrängung und durch Umdeutung tauglich gemacht hatte für seine neue Verfassung als Reichskirche.

Meiner Analyse geht es dabei nicht um die Neuzeit als solche, sondern um die Verfassung der apokalyptischen Vernunft in dieser Epoche. Dabei kann die Analyse jedoch nicht davon absehen, dass diese Epoche, wie auch immer, an ein Ende gekommen zu sein scheint. Löwiths Verurteilung ihrer Geschichtsfixierung nach den Katastrophen des 20. Jahrhunderts und Blumenbergs retrospektive Verteidigung ihres Ursprungs sind schon Symptome dafür, dass wir inzwischen auf diese Epoche zurückblicken, ohne klar sagen zu können, was das Neue danach ausmacht, in dem wir uns befinden. Unsere Position ist zunächst einmal einfach davon gekennzeichnet, dass uns die Dialektik der Neuzeit – mit Horkheimer und Adorno: die der Aufklärung – unabweisbar bewusst geworden ist. Dialektik bedeutet aber, dass sowohl Blumenbergs Beharren auf ihrer unhintergehbaren Intuition als auch Löwiths Entlarvung ihres fatalen Gefälles ihr Recht haben. Angesichts der aktuellen ökologischen Krise wissen wir noch mehr als sie, was das bedeutet: Der Fortschritt, den die Neuzeit produziert hat, ist tatsächlich erfolgreich gewesen – so sehr, dass sich keiner von uns, von seinen Profiteuren, ein Leben ohne seine Früchte vorstellen mag. Aber dieser Fortschritt bedroht sich selbst, droht, an seinen eigenen Folgen zugrunde zu gehen. Wir sind politisch, sozial und kulturell ständig mit seinen Kosten konfrontiert und unser Handeln ist über weite Strecken vom Bezahlen dieser Kosten geprägt. In diese Dialektik ist die apokalyptische Vernunft wirkungsgeschichtlich zutiefst verstrickt. Dies sollten die kleinen Stichproben zu Mittelalter und Neuzeit wenigstens illustrieren. Die Dialektik der Neuzeit ist also auch eine Dialektik der apokalyptischen Vernunft.

Die Theologie hat diese Verstrickung in die Moderne selbst immer wieder belegt, indem sie ein eigenartiges Bäumchen-Wechsel-Dich-Spiel betrieben hat: Mal war sie stolz darauf, gerade durch die biblische Entdeckung der Geschichte zur Entstehung der Moderne beigetragen zu haben. Mal grenzte sie sich erschrocken ab und betrieb ihre Apologie, indem sie die Krisen der Neuzeit als Folgen des Abfalls vom Christlichen zeichnete.[98] Mit diesem Spiel spiegelte die Theologie allerdings nur das anders herum genauso aufgeführte Spiel ihrer Gegner: Für sie war das Christentum zunächst vor allem eine zu überwindende Vergangenheit, ein Hemmschuh der Modernisierung. Später, als der Preis der Moderne bewusst wurde, erschien das Christentum immer mehr als Urheber des Übels. Nun war das Christentum, eben noch überholter Gegner der Autonomieerklärung des neuzeitlichen Subjekts, schuld am Selbstmissverständnis des Menschen als Krone der Schöpfung, an der Hybris des europäischen Fortschrittswahns. Löwiths Analyse der Säkularisierung biblischer Eschatologie gehört auch in diese verwirrende Landschaft geistesgeschichtlicher Diagnosen. Das Ziel seiner Analyse war letztlich der Abschied von der Geschichtsorientierung sowohl der Neuzeit als auch des biblischen Glaubens. Das aber kann nicht gelingen: Selbst das Ausrufen eines „New Age“ jenseits des modernen Geschichtsprojekts und jenseits aller eschatologischen Hoffnungen wäre doch wieder ein geschichtlich bewusstes Projekt. Weil sich die Menschheit am Ende der Neuzeit in ihrem Bestand selbst verantworten muss, sich in aller Zersplitterung bewusst als eine und begrenzte, kann sie nicht in eine glückliche Ungeschichtlichkeit zurückfallen. Ein Ende der Geschichte wäre allenfalls darin zu diagnostizieren, dass dieser Zustand der globalisierten Selbstverantwortung tatsächlich ein letzter, ein nicht mehr überschreitbarer ist.

Am Ende der Neuzeit können wir weder die Entdeckung der Geschichte noch die der Vernunft rückgängig machen – etwa zugunsten eines angeblich ungefährlicheren Paradigmas der Natur. Die Aufgabe der Theologie in dieser Situation wäre es – in Anspielung an Blumenberg formuliert – eine Art „Legitimität der apokalyptischen Vernunft“ zu schreiben. Diese müsste sich deren Dialektik bewusst sein und sie mit einschließen. Diese Arbeit beginnt, so wie es auch die Blumenbergs es tat, mit der Rückbesinnung auf den Ursprung und die ursprüngliche innere Notwendigkeit der eigenen Vernunft. Dies versuche ich in diesem Buch mit dem Rückgang zur biblischen Prophetie, Geschichtsschreibung und Apokalyptik. So wie Blumenberg jenen legitimen Kern der Neuzeit herausstellte, dem es um die Freiheit der Vernunft, um die Entdeckung der Humanität und ihre Entfaltung geht, so stellt meine Analyse eine Entdeckung der Geschichte Gottes mit der Welt heraus oder genauer: eine Entdeckung der menschlichen Geschichte unter den Augen Gottes, die weit entfernt war von Absolutheitsphantasien und Fortschrittspostulaten. Am Ursprung apokalyptischer Vernunft geht es nicht um absolute theologische Politik, sondern gerade um die Kritik des Menschen und letztlich um seine Rettung aus den Folgen seines eigenen geschichtlichen Handelns.

[98] Ich habe diesen ambivalenten Umgang der neueren Theologie mit ihrem Geschichtsbezug eingehender in zwei Aufsätzen analysiert. Vgl. G. Taxacher, Fanal und Geschichte. Plädoyer für eine „Globalisierung“ der Theologie nach Auschwitz. In: Kellenbach/ Krondorfer/Reck (Hg.), Von Gott reden im Land der Täter. Theologische Stimmen der dritten Generation seit der Schoah, Darmstadt 2001, 68-94; außerdem: ders., Ausweglose Geschichte – Ausgang: Religion? Vom Trauma, das fliehen lehrt. In: EvTh 67 (3/2007) 186-200.

Kapitel 10: Apokalyptische Vernunft. Theologie und Geschichte heute

Welche Konsequenzen sollte die Theologie des 21. Jahrhunderts aus unserem Gang durch die Geschichte der apokalyptischen Vernunft, der sicher skizzenhaft geblieben ist, ziehen? Diese Frage möchte ich im Schlusskapitel beantworten, persönlich, thesenhaft. Kein akademisches, theologisches Arbeitsprogramm habe ich zu bieten, sondern einen Standpunkt und einige Linien, die sich von ihm aus postulatorisch ausziehen lassen. Nach dem überwiegend historisch-interpretatorisch orientierten Gang dieses Buches soll am Schluss „stracks nach Jerusalem" geredet werden, wie Karl Barth es von Theologen forderte.

Keine anachronistische Theologie

Dabei wird gerade dieser energische Schwenk vom Historischen zum „Systematischen" manchem problematisch erscheinen. Ist es heute, in einer als postmodern gekennzeichneten geistes- und kulturgeschichtlichen Situation, nach Aufklärung und Historismus, im Zeitalter der entfalteten pluralistischen empirischen Wissenschaftlichkeit überhaupt möglich, an die biblische apokalyptische Vernunft anzuknüpfen, aus ihrer Geschichte einen eigenen Standpunkt abzuleiten? Und wenn überhaupt, wäre das nicht erst vertretbar nach einer vorsichtigen und komplexen methodologischen und hermeneutischen Reflexion, durch deren Filter gesiebt dann in der systematischen Theologie ankommen würde, was in ihr heute noch an apokalyptischer Vernunft sinnvoll integriert und angewendet werden kann?

Dieser Zweifel richtet sich gegen die beiden Komponenten im Begriff des Apokalyptischen, die ich schon in Kapitel 1 unterschieden und aufeinander bezogen habe: Einem (nach-)modernen Denken muss sowohl die Orientierung der Vernunft an einer ihr vorgängigen göttlichen Offenbarung als auch ein es durchgängig steuerndes Gefälle zu einer erwarteten eschatologischen Vollendung, zum Ende der Geschichte hin, also ihre Selbst-Situierung in einer noch andauernden Endzeit, problematisch erscheinen. Denn durch beide Seiten dieser apokalyptischen Grundierung scheint sie aus der Kommunizierbarkeit innerhalb einer heute als universal zumindest postulierbaren gesellschaftlichen und wissenschaftlichen Vernünftigkeit herauszufallen.

Der Einwand ist ernst zu nehmen. Er lässt sich auch nicht leichthin dadurch abweisen, dass man auf den Eigenstand der Theologie insgesamt verweist, der mit der ersten Komponente im Grunde zusammen fällt: Alle – zumindest biblisch orientierte (sowohl jüdische, christliche als auch islamische) – Theologie hängt an der Annahme göttlichen Sprechens, selbst wenn sie – hermeneutisch bewusst um den Graben zwischen göttlichem und menschlichem Sprechen wissend, das im Grunde nicht in einer Kategorie des „Sprechens“ zusammen gedacht werden kann – mit einer talmudischen Geschichte die Offenbarung Gottes nur im unhörbaren Anfangshauch vor der menschlichen Auslegung, im Aleph vor dem eigenen Text andeutet. Sicher wird sich jede Theologie in diese Einsamkeit begeben müssen, wenn sie noch etwas anderes sein möchte als die Religionswissenschaft ihrer eigenen Konfession. Sie wird dann zu Recht weiter darauf hinweisen, dass auch eine autonome Vernunft jedenfalls die Möglichkeit eines Sprechens Gottes jenseits aller unserer Sprache offen halten muss, wenn sie nicht selbst dogmatisch, und somit nicht mehr autonom sein will. Ludwig Wittgensteins Satz: „Gott offenbart sich nicht in der Welt“[1] ist wahr im Sinne der eigentlich tautologischen Feststellung, dass wir in menschlicher Sprache immer nur menschliche Sprache finden werden. Als Dekret darüber, dass Offenbarung nicht sei, nicht geschehe, ist er selbst dogmatisch. Mit dieser kritischen Verständigung gegenüber dem Anspruch autonomer Vernunft kann sich die Theologie sozusagen kommunikativ den Rücken frei halten. Die Problematik, im Kommunikationsraum moderner Vernünftigkeit apokalyptische Vernunft zur Sprache zu bringen, wird sie dadurch jedoch nicht los.

Sagen wir es konkret und nehmen wir dieses Konkrete, aber uns als Zeitgenossen Umfassende nicht auf die leichte Schulter: Mit Sätzen, die sich auf Offenbarung berufen, wird in Staaten, in denen ich heute leben möchte, kein Recht begründet und gesetzt. Der ethische Norm-Diskurs unserer Gesellschaften lässt den subjektiven Verweis auf solche Sätze zu, nicht aber die Inanspruchnahme eines höheren Gewichts für sie. In der wissenschaftlichen Argumentation darf Offenbarung als Argument nicht vorkommen. Philosophen und Theologen dürfen wohl für Offenbarung argumentieren, aber gerade darin ist sie selbst kein Argument, das der Argumentation enthöbe. Politiker dürfen sich christlich nennen, sogar Parteien tun es noch – aber diese Christlichkeit erscheint, wenn sie nicht eher verschämt versteckt wird, als Motivation jenseits des Politischen, nicht als Begründung für einen den anderen überlegenen Durchsetzungsanspruch. Wo das geschähe, würde gerade die Rolle der Religion im politischen Geschehen als Gefahr für die Konstruktion demokratischen Gemeinwesens kritisiert werden. In dieser gesellschaftlichen Situation sind Theologen Zeitgenossen, die, insofern sie faktisch-praktisch, wahrscheinlich aber auch aus Überzeugung, diese Zeitgenossenschaft annehmen, gewissermaßen etwas anderes tun, als wenn sie theologisch sprechen. Was sie in diesem Sprechen unbedingt angeht und verpflichtet, hat diese Unbedingtheit in ihrer Zeitgenossenschaft nicht mehr, und das nicht nur äußerlich, im Sinne eines akzeptierten Zurücksteckens, einer übernommenen Zurückhaltung, sondern als Kennzeichen der eigenen gesellschaftlichen Identität: Wir wollen keinen christlichen Staat mehr, wir können uns eine universale christliche Wissenschaft (z. B. eine christliche Physik) auch selbst nicht mehr denken. Wir sind als Christen und Theologen Mitglieder unterschiedlicher, konkurrierender Parteien. Wir sind in unserer Lebenspraxis und

[1] Wittgenstein, Tractatus, Satz 6.432.

den konkreten, oft ungeschriebenen und unreflektierten Normen, Zeitgenossen der Moderne.

Ich verdeutliche es beispielhaft im Rückgriff auf eine wichtige Station der Entstehung apokalyptischer Vernunft: Die deuteronomistische Geschichtskritik an Israel argumentierte aus der Inspiration durch prophetische Gottesoffenbarung heraus, von der her prophetische Theologie Konsequenzen für die gesellschaftliche Verfasstheit und das politische Verhalten Israels zog. Prophetische Qualifikation der Gegenwart, kritische Geschichtstheologie und Tora, Weisung, gehören in dieser Theologie untrennbar zusammen. Ein Begründungsverweis auf eine abstrakte Offenbarungsherkünftigkeit, aus der nichts weiter folgen würde außer einer offenen Argumentationslandschaft mit Gott im Rücken, widerspricht gerade der Eigenart apokalyptischer Vernunft von ihren konstitutiven Anfängen her. Wirklich moderne Theologie funktioniert aber – ob sie es sich schon ganz eingestehen mag oder nicht – ungefähr so.

Damit sind wir schon bei der nicht zerreißbaren Einheit von Offenbarung und Eschatologie in der apokalyptischen Vernunft: Die zweite Seite des Apokalyptischen, ihr Gefälle zur endzeitlichen Bestimmung der Gegenwart, gehört hier zum Sprechen von Gottes Offenbarung her schon unbedingt dazu. Wo Gott unbedingt angeht, ist keine Zeit mehr, ist letzte Zeit. So kann man es „existenzial" auslegen. In einer ganzheitlichen apokalyptischen Vernunft, die Gottes Wille nicht individualisierend und spiritualisierend vom Politischen, Sozialen, Ökonomischen abspalten kann – weil es ein von Gott gewolltes Heil seiner Schöpfung rein individuell und spirituell schlicht nicht gibt! – wird diese existenziale Bestimmung aber sofort auch zu einer geschichts-theologischen: Wo Gottes Wille sich ausspricht, erscheint am Horizont das Ende der Geschichte, wie Menschen sie machen, und dieser Horizont ist universal. Der Widerspruch dieser Geschichte zu Gott ist nicht graduell, nicht tolerierbar, deshalb auch nicht perpetuierbar. Er ist absolut, nicht auszuhalten und deshalb der Keim zum Untergang, zum Ende der Geschichte, soll denn Gott seine Offenbarung überhaupt verifizieren.

So aber denken wir, auch wir modernen Theologen, als Zeitgenossen nicht. Schon das Zeitkonzept apokalyptischer Vernunft ist in unser modernes Wissen nicht einfach zu transformieren: Wir wissen um ein Universum, in dem Zeit und Raum relative Größen sind und nicht ausgeschlossen werden kann, dass selbst die Linearität zwischen Urknall und einem Entropie-Tod unserer Welt umkehrbar ist und in Paralleluniversen schon andauernd umgekehrt wird. Aber auch in unserer kleinen Menschheitsgeschichte wissen wir um die kulturelle Konstruiertheit unseres Konzepts von Geschichte. Und nochmals innerhalb dieses Konzepts, wie es sich als historisches Bewusstsein selbst reflektiert, sehen wir nur die Ausgeliefertheit unserer Selbst an die historische Relativität und keine ihn verifizierenden Taten Gottes – jedenfalls keine, die nicht schon am nächsten Tag durch andere Ereignisse wieder falsifiziert erscheinen. Heute, nach Auschwitz schließlich, erscheint zweifelhaft, ob überhaupt eine Tat Gottes denkbar ist, die diese Falsifikation seines sich durchsetzenden Willens auch nur relativieren, die aller Heilsverheißung beigebrachte tödliche Verwundung heilen könnte.

Ich hole so weit und so grundsätzlich aus, weil die Unmöglichkeit apokalyptischer Vernünftigkeit im 21. Jahrhundert sonst nur verharmlosend erfasst würde. Fundamentalisten aller Couleur verzweifeln an dieser Grundsätzlichkeit. In ihrer Reaktion reißen sie Apokalyptik und Vernunft auseinander. Sie erheben dann aus ihren Heiligen Schriften die apokalyptische Botschaft für die Gegenwart, so als wären diese Schriften direkt für unsere Zeit geschrieben, so als ließe sich ihre Botschaft ohne reflektierenden Umweg auswerten.

Beobachter sagen häufig, Fundamentalisten würden die Schriften „wörtlich" auslegen. Das stimmt jedoch nicht, denn bei einer wirklich wörtlichen Übernahme der biblischen Aussagen würde man sich andauernd in Widersprüche verwickeln. Die biblischen Schriften, insbesondere ihre Prophetien, sind nicht einheitlich. Fundamentalisten systematisieren und harmonisieren also. Die Gesichtspunkte, unter denen sie das tun, tragen sie von außen an die Schriften heran, nämlich von ihrer Diagnose der Gegenwart her, von ihrer sicher wiederum aus ihrem vorgängigen Glaubenswissen gespeisten Welt-Anschauung. Nur so werden die Schriften auf scheinbar direktem Wege aktuell. Die Direktheit des Weges ist eine Täuschung, die durch Verschweigen der eigenen Hermeneutik entsteht. Das Auslegungsergebnis ist eine Karikatur der biblischen Apokalyptik. Es wird weder dem historischen Sinn der Schriften gerecht, noch lässt es sich in der Moderne argumentativ vermitteln. Es ist im Gegenteil von der modernen Rationalität her leicht zu widerlegen: Seiner Schriftauslegung lassen sich lauter historische und literaturwissenschaftliche Fehlurteile nachweisen, seiner aktuellen Anwendung fehlt die logische Stringenz. Den Fundamentalisten interessiert das jedoch nicht: Er stellt im Gegenzug die gesamte moderne Vernünftigkeit unter das Verdikt der Wider-Göttlichkeit und behauptet den Offenbarungs-Charakter seines Offenbarungs-Konstrukts. Er verdrängt dabei die Einsicht, dass seine eigene Vorgehensweise spezifisch modern ist. Er denkt eben nicht apokalyptisch in einem Umfeld biblischen Zeitgeistes und Weltbildes, er spielt gewissermaßen nur die Zeitgenossenschaft mit den biblischen Autoren. In Wirklichkeit ist er sehr wohl ein Zeitgenosse der Moderne und seine unreflektierte Hermeneutik ist eine Reaktion auf den unhintergehbaren Pluralismus innerhalb des modernen Autonomie-Paradigmas der Vernunft. Sie ist eine Immunisierungs-Strategie gegen die Moderne, die diese jedoch als ihren Kontext voraussetzt.

Das fundamentalistische Interesse gerade an der Apokalyptik im engeren Sinn hat seinen Grund in deren Welt-Kritik, die ein Modell für die Verweigerung gegenüber der modernen pluralistischen Gesellschaft abgibt. Tatsächlich hat die hellenistische und römische Zivilisation ja Züge einer „antiken Moderne" an sich. Dennoch ist die Gleichsetzung der Zeiten eine optische Täuschung und produziert einen Anachronismus. Die biblischen Apokalyptiker wehrten sich gegen die kritiklose Anpassung an die heidnische Weltlichkeit der Götterkulte und entlarvten den Imperialismus der Großreiche als gegen Gottes Willen gerichteten Machtanspruch und Unterdrückungsapparat. Sicher lassen sich dazu Parallelen in der modernen Welt finden, denen gegenüber die theologische Kritik mit Rückgriff auf die biblischen Quellen legitim, ja geboten ist. Dass sich diese Parallele aber gerade in der Aufklärung als solcher, in Rationalität und Humanismus, in Demokratie und Liberalität finden ließe, ist eine ideologische, biblisch nicht begründbare Behauptung. Die geheime Offenbarung sieht das Böse in Rom und in Nero verkörpert, nicht in Sokrates und Seneca. Sie geht auf diese Ebene der Weltanschauungsdiskussion gar nicht ein, denn die ist nicht ihr Problem.

Das fundamentalistische Interesse an der Apokalyptik hat dazu geführt, dass wissenschaftliches und theologisches Interesse an der Apokalyptik in der Moderne sich umgekehrt meist auf den Fundamentalismus richtet. Studien zur Bedeutung der Apokalyptik für unsere Zeit befassen sich meist mit den Sekten und evangelikalen Bewegungen, die uns den nahen Weltuntergang ansagen, insbesondere mit den US-amerikanischen Vertretern, die mit ihrer Botschaft eine starke politische Stellungnahme gegenüber der Politik ihres Landes und dem Nahostkonflikt verbinden.[2] So interessant und beunruhigend diese Bewegungen auch sein mögen – die aufs Ganze gesehen doch gesellschaftliche Außenseiter bleiben: Durch diese Fokussierung erscheint Apokalyptik in der Moderne dem wissenschaftlichen Theologen stets als eine Sache der anderen, als befremdliche, schlechte Theologie. Seine Aufgabe besteht dann darin, die Auslegung der biblischen Schriften vor solchen unhermeneutischen Kurz-Schlüssen zu bewahren und sein Publikum dahingehend zu beruhigen, dass solche Apokalyptik die Sache einer guten Theologie und damit die Sache der Kirchen nicht sein kann.

Durch diese reflexhafte Verknüpfung von Fundamentalismus und Apokalyptik ist die Frage, was die biblische Apokalyptik uns in der Theologie und Christen heute tatsächlich zu sagen hat, weitgehend still gestellt. Meist geht es darum, was die Apokalyptik uns nicht zu sagen hat: dass sie sich eben nicht direkt auf eine moderne Zeitdiagnose übertragen lässt, dass sie keine Rechenaufgabe zur Bestimmung des Weltuntergangs darstellt, dass sie keinen Fahrplan politischer Ereignisse der Zukunft bietet. Das alles ist richtig, führt aber dazu, dass die biblische Apokalyptik mit der anachronistischen Auslegung der Fundamentalisten selbst dem Anachronismus überantwortet wird: eine Botschaft aus ferner Vergangenheit, von der heute vielleicht noch ein paar Grundlinien wichtig bleiben, wie Trost in der Bedrängnis, Hoffnung auf Gerechtigkeit als letzter Wille Gottes. Das kann man sich theologisch allerdings auch wo anders her holen.

Meine Darstellung der Wurzeln biblischer Apokalyptik ist einen anderen Weg gegangen. Ich habe von vorne herein nicht die Apokalyptik als solche zum Thema gemacht, sondern die apokalyptische Vernunft. Das war gegenüber den unbewusst modernen Weichenstellungen der Fundamentalisten eine bewusst moderne Herangehensweise.

Methodisch wurde sie dadurch bestimmt, dass ich die Entstehung und das Geschick apokalyptischer Vernunft anhand der Ergebnisse historisch-kritischer Forschung nachgezeichnet habe. Damit hat sich die Darstellung in den Kontext wissenschaftlicher Kommunikation begeben. Obwohl ich die theologische Perspektive

[2] Vgl. etwa die Beiträge von Heinz-Günther Stobbe und Hans G. Kippenberg in: Schipper/Plasger, Apokalyptik.

meiner Arbeit nicht verschwiegen habe, ließe sich die bisherige Rekonstruktion argumentativ auch ohne theologische Vorannahmen nachvollziehen, sozusagen „von außen". Denn ich habe eine Vernunft, die sich von einer angenommenen, übernommenen Offenbarung Gottes aus auf die Geschichte bezieht und diese dadurch in einer eschatologischen Belichtung kritisiert, als ein Phänomen beschrieben, das sich aus Texten herauslösen lässt. Wer dieses Phänomen interpretatorisch richtig gesehen findet, muss deshalb nicht die Offenbarungsherkunft selbst übernehmen. Dass es Prophetie und dass es den Osterglauben gibt, ist ein historisch fassbares Phänomen. Ich habe dessen apokalyptische Dimension (im weiten Sinne des Begriffs) auszuloten versucht, nicht aber den göttlichen Ursprung oder das Osterereignis selbst zu „beweisen" versucht.

Dieser Weg scheint mir der allein wirklich gangbare, um sowohl der eigenen Zeitgenossenschaft zur Moderne (und nicht etwa einer Art methodischer Rücksicht auf „die Anderen", die Nicht-Glaubenden) und zugleich dem Anspruch der Texte gerecht zu werden, also ohne ihn – in einer schlechten Dogmatik der Vernünftigkeit – allein durch den methodischen Zugriff schon für erledigt zu halten. Wenn die Texte sprechen sollen, darf ich weder mich, meine Vernünftigkeit verleugnen, noch den Anspruch der Texte gleich vor die Klammer der Interpretation setzen und als ausgeklammertes Vorzeichen später ignorieren.

Wenn ich dann als Theologe den Anspruch der Texte für heute reflektiere, habe ich also die Indirektheit des Zugangs schon zugegeben und im Rücken. Ich begegne denkend den Texten so, wie es das moderne historische Bewusstsein tut. Die theologische Herausforderung besteht dann darin, auf diesem Umweg, diesem langen Weg zu zeigen, was diese Texte nicht kurzschlüssig schein-„wörtlich", sondern in der ihr eigenen Vernunft unserer heutigen Vernünftigkeit zu sagen haben. Ich trete als Theologe also in einen Dialog mit den Heiligen Schriften, in einen durch ihren Anspruch an meine Theologie unbedingten Dialog, dessen Unbedingtheit jedoch die Reflexion nicht aufhebt und das Ergebnis deshalb nicht einfach vorwegnehmen kann. Durch meine offene Kommunikation mit den Texten und ihrem „Geist", die ich als Theologe sozusagen öffentlich vorexerziere, wird auch die Kommunikation mit allen ebenso offenen Diskursteilnehmern möglich, mögen sie die theologische Perspektive teilen oder nicht.

Der Theologe ist Vorturner denkenden Glaubens. Er hat nichts zu beweisen, was er sich selber nicht beweisen kann, was auch ihm nur Gott mit seiner eigenen Verifikation beweisen könnte. Er braucht keine Apologetik zu betreiben, mit Argumenten, die nicht die seinen sind, sondern von denen er nur meint, sie könnten die anderen, die kritischen Rationalisten, die Positivisten oder die Konstruktivisten oder wen auch immer überzeugen. Er braucht nur zu zeigen, wie er die alten Texte aufschließt, indem er sich ihnen aussetzt. Er soll darstellen, was sie ihn sehen lehren, welche Deute-Kraft, welch gefährliches kritisches Potenzial in ihnen steckt, wie er in seinem Dialog mit ihnen seine Welt-Anschauung aus dem Mainstream des Denküblichen, des „gesunden Menschenverstandes" heraus steuert, wie er sein Denken radikalisiert im wörtlichen Sinne, nämlich grundiert. Er wird, wenn es gut geht, vorturnen, dass eine am biblischen Offenbarungsanspruch orientierte Vernunft so vernünftig und frei sich entfalten kann wie eine moderne autonome Vernunft auch, einschließlich der Kritik von Schein-Autonomien, die ihre spezifische Vernünftigkeit mit den Möglichkeiten menschlicher Vernunft selbst gleichsetzen. Mögen das andere so sehen oder nicht: Er hat nur seine Sache gut zu machen, d. h. nicht unter das ihm mögliche Niveau der Reflexion zu fallen.

Um diesem Anspruch gerecht zu werden, hat meine Darstellung nicht nur eine moderne methodische, sondern eine ebenso moderne inhaltliche Weichenstellung vorgenommen: Ich habe nicht Apokalyptik analysiert, auch nicht ihre Vorgeschichte in Prophetie, Deuteronomistik oder Weisheit, sondern die sie bewegende, sich in ihnen entwickelnde apokalyptische Vernunft. Deshalb standen nicht die einzelnen Botschafts-Inhalte von Prophetenbüchern, Geschichtsdarstellungen und Apokalypsen im Fokus der Darstellung, sondern notwendigerweise etwas abstrakter das Denken vom Verhältnis Gottes zur Geschichte, das sich in diesen Texten ausdrückt und ausbildet.

Aus historischer Perspektive wissen wir, dass die Prophetien sich auf zeitgenössische Gegenwart und nahe Zukunft bezogen. Wir können verfolgen, ob sie sich (oft genug) erfüllten oder ob sie vom Zeitlauf widerlegt wurden. Wir können nachzeichnen, wie beide – die erfüllten und die zunächst widerlegten – Prophetien weiter überliefert und erneut aktualisiert, also erneut auf Gegenwart und Zukunft bezogen wurden. Wir können erkennen, wie die biblische Geschichtsschreibung sozusagen als rückwärtsgewandte Prophetie deren Ansagen in die Kritik der Vergangenheit einschreibt. Wir können analysieren, wie die Apokalyptik als späte Frucht solcher stets erneuerten Anwendung der Prophetie deren universalisierte Radikalisierung versucht, sozusagen ein letztes Wort der Prophetie nach deren schmerzvoll erlebtem Verstummen versucht. Wir können nicht leugnen, dass auch dieser Versuch letzter Worte wieder von der Geschichte überholt wurde und nun die apokalyptische Tradition selbst die Kunst der erneuten Aktualisierung ihrer selbst erlernt. Es ist, als würden die Endzeiten wechseln, während die Endzeit bleibt. Selbst das Christentum mit seinem von der Ostererfahrung her aufbrechenden Anspruch eines endgültigen Messianismus bleibt im Blick auf seine Eschatologie diesen stets erneuerten Geschichtsdeutungen und Apokalypsen nicht enthoben bzw.: Wenn es sich ihnen zu entheben versucht, dann gerät es in die Gefahr, die apokalyptische Vernunft, die Beziehung Gottes zur realen Geschichte selbst aufzugeben und in eine Art Christus-Metaphysik zu mutieren, wogegen sich sofort eine interne Opposition der Wiederentdeckung der Quellen formiert.

Nun kann man sich von diesem Schauspiel kopfschüttelnd abwenden oder aber in ihm gerade die Kraft einer theo-logisch motivierten Welt-Begegnung finden, die es sonst so in anderen Vernünftigkeiten nicht gibt. Damit dies heute möglich ist, genügt jedoch nicht die Wiederholung und Interpretation der biblischen Botschafts-Inhalte, und sei es in exegetisch sauberer Interpretation. Das wäre zu kontingent. Andererseits genügt es aber auch nicht, den biblischen Darstellungen sozusagen im Durchgang zur theologischen Systematik einmal Referenz zu erweisen, um dann aus ihnen nur theologische Grundannahmen abzulösen, die man religionsphilosophisch auch anders hätte gewinnen können. So ähnlich ist christliche Dogmatik zumindest tendenziell oft verfahren. Aber das ist wiederum zu abstrakt.

Die Rekonstruktion apokalyptischer Vernunft soll ermöglichen, sich dem zu stellen, was die biblische Botschaft bewegt. Der Weg verläuft zunächst historisch-indirekt, aber er kippt nicht in eine ablösende Abstraktheit ab. Ich bin mir bewusst, dass er eine Art lectio difficilor des Übergangs von biblischer zu systematischer Theologie darstellt: Die Theologie kann in ihr die biblische Konkretion nie in einem abgeschlossenen Vorkapitel hinter sich lassen, sie kann sie aber auch nicht einfach zitierend in Anspruch nehmen. Was sagt der Theologie heute die deuterojesajanische Verheißung der Rückkehr der Exilierten ins Gelobte Land und dessen endzeitliche neue Beschaffenheit, wenn ich diese Botschaft weder als symbolische Vorgeschichte des Christus-Ereignisses abbuche, noch sie zum Aufruf des endzeitlichen Weltkrieges für den Staat Israel missbrauche? Die Antwort lässt sich nur finden, wenn ich mich denkerisch an den Strom jener theologischen Geschichtsdeutung anschließe, die Deuterojesaja bewegte und von da aus meine Zeit reflektiere, beides konkret, aber beides dadurch gewissermaßen indirekt, vermittelt. Meine Rekonstruktion apokalyptischer Vernunft konnte darauf bisher nur vorbereiten. Eigentlich Theologie getrieben hat sie also noch nicht.

Apokalyptische Vernunft als Unterscheidung apokalyptischer Geister

Eine der apokalyptischen Vernunft verpflichtete Theologie ist kein perpetuum mobile: Aus Theologie allein, auch aus biblischer Theologie, entsteht keine aktuelle Theologie. Vielmehr muss sie stets bezogen werden auf die Gegenwart, auf die Welt, aus deren theologischer Qualifikation prophetische Theologie entsteht. Es wäre der Ursprungsanalyse apokalyptischer Vernunft also dieser zweite Flügel ihrer aktuellen Situationsanalyse erst hinzuzufügen[3], wenn man eine konkrete Theologie im 21. Jahrhundert treiben wollte.

Was im Rahmen dieses Buches noch möglich ist, sind einige skizzenhafte Prolegomena zu einer solchen Theologie. Sie benennen Leitkriterien, die aus der Analyse apokalyptischer Vernunft gewonnen werden können und die es verdienen, festgehalten zu werden, als unterscheidende Kriterien für eine Theologie, die sich in ihrem Bezug auf die Gegenwart am biblischen Geschichtsdenken orientiert. Diese Kriterien kann man im Blick auf das eben Gesagte heute auch als Unterscheidungskriterien zwischen einer schlechten und einer guten, einer fundamentalistischen und einer hermeneutisch bewussten, einer ideologischen und einer ideologie-kritischen Anwendung apokalyptischer Vernunft (oder eben Unvernunft) betrachten.

[3] Ich hoffe das tatsächlich in einer Art Fortsetzung dieses Buches tun zu können.

1. Ein erstes solches Kriterium ist die Opfer-Orientierung biblischen Geschichtsdenkens. Die prophetische Theologie ersteht, wie gezeigt (Kapitel 2), aus der Reflexion des eigenen Scheiterns und der Ohnmacht Israels unter den Großmächten. In dieser Perspektive entwickelt die Deuteronomistik eine Geschichtsschreibung „gegen sich selbst“ (Kapitel 3), eine Art Dekonstruktion der israelitischen Königsgeschichte, gegen den Strich üblicher Tatenberichte und Erfolgschroniken gebürstet. Die wahren Propheten sind Opposition in Israel, solange sie gegen die politische und religiöse Sicherheits-Ideologie das Gericht ansagen müssen, aber auch, wenn sie später gegen resignierte Einwilligung in den Status quo der Besiegten und Exilierten zu einem neuen Exodus ins verheißene Heil aufrufen. Später sind die Apokalyptiker Opponenten gegen den hellenistischen Mainstream und gegen die willfährige Anpassung an ihn. Gottes Ort ist für sie bei denen auf dem verlorenen Posten, auf dem in dieser Zeit nichts anderes bleibt als das sehnsuchtsvolle Ausschauhalten nach dem katastrophischen Ende einer von Imperien gemachten Geopolitik.

Wenn es um Gottes Gericht geht, dann bedeutet apokalyptische Vernunft die Fähigkeit, den Sinn im eigenen Opfersein zu entziffern und anzunehmen, gerade um der Verzweiflung zu entgehen. Wenn es um die theologische Reflexion der Geschichte geht, dann verhütet apokalyptische Vernunft die Verwechslung des „Weltgeistes zu Pferde“ mit dem Willen Gottes. Sie imprägniert die Vernunft gegen die leise einsickernde Versuchung, denkend stets zu den stärkeren Bataillonen überzulaufen. Ihre Theolegumena bis hin zu dem für die Entstehung des Christentums entscheidenden apokalyptischen der Auferweckung, sind Zusagen des Willens Gottes für die Hoffnungslosen – und nicht etwa Verlängerungen menschlicher Wunschspekulation und Allmachtsphantasie einer Reflexionsphilosophie wie in der „griechischen“ Unsterblichkeitslehre. Jesu Verkündigung des Reiches Gottes in Bergpredigt und Wundertaten setzt diese Verortung Gottes in der Geschichte der selig zu preisenden Opfer fort. Die christliche Kreuzestheologie, die Gott selbst als Opfer menschlicher Geschichte reflektiert, schreibt diese Perspektive in die großen Traktate der Theologie, in Gnaden- und Versöhnungslehre, strukturgebend ein.

Diese Orientierung an Gottes Solidarität mit den Opfern, auch den schuldig gewordenen Opfern der Weltgeschichte, ist ein Schibboleth zur Unterscheidung guter von schlechter Apokalyptik. Denn die Apokalyptik steckt zweifellos auch voll von Rachephantasien der Opfer und Ohnmächtigen, die ihre Umsturzhoffnungen auf Gottes erwartete Machttaten projizieren. In der Johannes-Offenbarung ist dies ganz offensichtlich, so wie in vielen Gebeten der Psalmisten ebenfalls. Die historische Kritik ermöglicht es, diese Opferperspektive aber auch in den so anstößigen, „gewaltigen“ Geschichten der Landnahme und der Kriege Israels etwa im Buch Josua zu rekonstruieren, obwohl diese Passagen biblischer Geschichtsschreibung auf den ersten Blick wie ideologische Siegergeschichten aussehen. Literarhistorisch sind es jedoch die Gegengeschichten der Eroberten, von denen sich nachweisen lässt, dass sie in der Frühzeit Israels so gerade nicht stattgefunden haben.[4] Diese Erkenntnis

[4] Vgl. dazu Miggelbrink, Der zornige Gott 28-30.

dient nicht zur „Entschuldigung" der Bibel, sondern zur Rekonstruktion ihrer Denkart. Selbst wo sie als Siegergeschichte daherkommt, ist sie von ihrem Ursprung her eine kontrafaktische Protestnote auch gegen einen Gott, der in der Gegenwart der Schreibenden die Ohnmacht seiner Kinder offenbar zulässt.

Das apokalyptische Rachethema ist legitim als Schrei der Ohnmächtigen nach Gerechtigkeit. Eine Theologie, die es aus lauter christlicher Sanftmut eliminieren möchte – im schlimmsten Fall als angeblich alttestamentliche, jüdische Altlast – wird schlicht unrealistisch, weltfern und gerade dadurch unbarmherzig. Die große Mehrheit der Menschen besteht heute wie ehedem aus Ausgebeuteten, Unterdrückten, Armen, Chancenlosen. Ihre Situation ist das Produkt menschlicher Taten, das Ergebnis geschichtlichen Handelns. Ihnen einen Appell an Gottes Macht zum Umsturz zu verbieten, so wie ihn Maria im Magnifikat (Lk 1, 46-55) besingt, zeugt nicht von einem nach-aufgeklärten, „gereinigten" Gottesbild, sondern von der zynischen Selbstzufriedenheit derer, die Theologie nicht mehr zum Überleben, sondern nur noch zur Vervollständigung ihrer bürgerlichen Sinnstiftungs-Theorie benötigen. „Die Quellen der genuin jüdisch-christlichen Religiosität verweisen auf die Bedeutung der Opposition, der Negation, der Ablehnung dessen, was ohnehin geschieht."[5]

Die Versuchung zu schlechter Apokalyptik besteht darin, die dialektisch gemeinte prophetische und apokalyptische Geschichtstheologie umzudeuten in eine Rechtfertigungs-, eine Legitimationsgeschichte für die Gerechten, die Frommen, die Glaubenden, die eigenen Leute eben. Die störrische Schwarz-Weiß-Malerei der Apokalyptik, ihr häufig kritisierter „Dualismus", laden dann ein dazu, die Welt in „Wir und die Feinde" einzuteilen. Ich will gar nicht bestreiten, dass einzelne Texte der Bibel selbst schon dieser Tendenz verfallen sind. Aber deren sie steuernde Grundstruktur, eben deren inhärente Vernunft geht nicht in diese Richtung. Das Christentum ist (wie in Kapitel 8 gezeigt) dieser Versuchung erstmals in großem Stil erlegen, als es nach Konstantin selbst von einer Oppositions- zu einer Sieger- und Macht-Religion wurde. Seither begleitet diese ihrer ursprünglichen Opfer-Perspektive entzogene Apokalyptik die Geschichte des Christentums und ist anonym auch noch in der Geschichtsphilosophie der Neuzeit anwesend (Kapitel 9). Die heutigen fundamentalistischen Apokalyptiker liefern meist nur eine schwache und schlicht dumme Karikatur dieses gefährlichen Umschlags. Für die Authentizität des Urimpulses apokalyptischer Vernunft spricht aber, dass die Opferperspektive biblischen Geschichtsdenkens sich stets als christliche Selbst-Kritik wieder zu Wort gemeldet hat.

In jüngster Zeit haben die Theologie der Befreiung mit ihrer Option für die Armen und die neue politische Theologie mit ihrer ideologiekritischen Selbstreflexion des Christentums diese Perspektive eingenommen. Sie sind damit nicht schon in Bausch und Bogen als genuine Anwendung der apokalyptischen Vernunft für die Gegenwart anzusehen – zumal es eine einheitliche Theologie der Befreiung oder politische Theologie gar nicht gibt. Sie sind nicht gefeit davor, biblische Verhei-

[5] Ebd. 40.

ßungen mit utopischen Entwürfen zu verwechseln oder den biblischen Messianismus mit bestimmten politischen Projekten zu identifizieren. Sie müssen sich also mit den Maßstäben apokalyptischer Vernunft messen lassen, wie biblisch und wie vernünftig sie eben sind. Dennoch scheint mir unübersehbar, dass in diesen modernen Theologien aus der Perspektive der Opfer heute die Musik apokalyptischer Vernunft in den Kirchen spielt und dass diese gut daran tun, sich dieser prophetischen Theologie zu stellen und nicht den eigenen System- und Traditionserhalt über das lebendige Erbe biblischen Geschichtsdenkens zu stellen, dessen Aktualisierung und Praktizierung jedes kirchliche System und jede christliche Tradition zu dienen hat, weil die Kirche von Offenbarung, vom Evangelium her ist, und nicht umgekehrt.

Hier hat eine heutige Theologie zur Zeit anzuknüpfen, nicht anachronistisch, sondern zeitgenössisch und biblisch zugleich.

2. Ein zweites Kriterium apokalyptischer Vernunft für ihre gute zeitgenössische Anwendung ist die Situations- und Kontext-Verbundenheit biblischen Geschichtsdenkens.

Historisch ließen sich die Ursprünge apokalyptischer Vernunft auffinden, indem die Analyse in der erzählten biblischen Zeit stets die Zeit der Erzähler aufsuchte. Was die biblischen Schriftsteller erzählen, hat seine Pointe in dem Gegenwartsbezug, in dem erzählt wird. Allerdings hat von da aus eine biblische Erzählung die Kraft, diese Pointe dem Leser einsichtig zu machen, auch in sich. Man muss kein historisch Bibelkundiger sein, um ihr ausgesetzt zu werden. Wenn es aber um die theologisch-hermeneutisch bewusste Auslegung und Anwendung dieser Pointe geht, dann ist ihr Entstehungskontext sehr wohl von Bedeutung. Dass die Bibel, die vom davidischen Großreich erzählt, nicht im (so wohl nie existenten) davidischen Reich entstand, sondern erst aus dem staatlichen Zusammenbruch, dem Exil und der Gründung eines Gemeinwesens des Glaubens – und nicht mehr des Königtums – bleibt als Kontextualität ihrer Gott-Rede an ihr haften, auch in ihrer Wirkungsgeschichte.

Mit wesentlich weniger historisch-kritischem Aufwand lässt sich diese Kontextualität apokalyptischer Vernunft in den Geschichts- und Prophetenbüchern, in den Evangelien und den apostolischen Briefen, auf der Textebene selbst finden. Aufwändige allegorische und symbolische Auslegungstechniken haben die Texte später diesen Kontexten zu entfremden versucht und damit die apokalyptische Vernunft in ihnen eher verfehlt. Denn biblische Verheißungen und Gebote sprechen eben nicht immer und überall und zu jedem gleich. Aus Gerichtsansagen und Heilszusagen lässt sich kein abstrakter gemeinsamer Nenner errechnen. Die Adressaten der Texte – Könige und Völker, Gruppen und Gemeinden – gehören wesentlich zu ihnen und lassen sich nicht in die scheinbar zeitenthobene „Brüder und Schwestern“-Anrede der sonntäglichen Lesung aufheben. Der Gott der Bibel ist immer gerade heute Gott, wie Dietrich Bonhoeffer formulierte.

Deshalb taugt schließlich auch die biblische Apokalyptik im engeren Sinn nicht dazu, als eine Art verschlüsselte theologische Geschichts-Mathematik gelesen zu werden. Wir wissen, wen die Apokalyptiker mit ihrer Kritik und welche Zeit sie mit ihren Zeitansagen meinten. Die Apokalypsen verstecken die Wunde ihrer eigenen Zeitgebundenheit und damit auch die der Überholtheit ihrer Weissagungen nicht. Für die Fundamentalisten mit ihrer Wörtlichkeits-Illusion müssten sie deshalb eigentlich gerade hinfällig sein. Die Jahrwochen Daniels sind abgelaufen, die Hure Babylons des Propheten auf Patmos ist mit ihrem Reich untergegangen, ohne dass das Tausendjährige Reich anbrach. Die ihren Kontext offen miterzählenden biblischen Geschichtstheologen wollen und können nicht zu einer dogmatischen Geschichtstheologie höherer Ordnung systematisiert werden, der die Zeitläufte dann nichts mehr anhaben könnten. Sie wollen in ihrer Kontextualität und in ihrer (geschichts-)theologischen Botschaft wahrgenommen werden, weil auch ihre Aktualisierung, ihre neue „Anwendung" nur in neuer konkreter Kontextualisierung der Botschaft unternommen werden kann und gewagt werden soll. Wäre dem nicht so, müsste man Gott allerdings dafür schelten, dass er seine Offenbarung nicht in einem dogmatischen Lehrbuch veröffentlichen ließ.

Der Kontext, in dem eine gegenwärtige Aktualisierung apokalyptischer Vernunft stattfindet, kann nur der eigene Kontext des Theologen sein, der die Aktualisierung unternimmt (oder der eines gläubig miteinander denkenden Kollektivs, einer Gemeinde, einer Kirchenversammlung). Apokalyptische Vernunft verkommt, wenn man sie dem überlässt, was die Subjektverbergung oder Subjektvergessenheit der Theologie genannt wurde[6] – etwa in der Illusion einer theologischen Wissenschaftlichkeit, hinter der die konkreten Subjekte, die sie treiben, bequem zurücktreten können. So wie in der biblischen Erzählung die Zeit des Erzählers sich zur Sprache bringt, so auch in der theologischen Rede der, der spricht, mit seiner Zeit und seiner „Situation".

Deshalb ist der eben gegebene Verweis auf die Befreiungstheologie selbstkritisch zu ergänzen: Man kann zwar intentional, eben in einer „Option" die Perspektive der Opfer annehmen, wenn man selbst nicht zu ihnen gehört. Man kann dies aber konkret nur, wenn man auf die konkreten Opfer hört, sich über ihre Erfahrung informiert und wenn man gleichzeitig das eigene konkrete Verhältnis zu ihnen in die Reflexion mit einbezieht. Sonst verfällt der Theologe einer billigen Selbststilisierung. Die Formel, nach der man den Stummen eine Stimme zu leihen habe, ist nur mit Vorsicht zu gebrauchen. Es bleibt die eigene Stimme, die spricht, und die Stummen selbst bleiben stumm, wenn man glaubt, die eigene Stimme könne die ihre ersetzen.

Gerade im Blick auf die Befreiungstheologie wird diese Gefahr und damit das Gebot der eigenen konkreten Kontextualisierung deutlich. Der hier eine Analyse der apokalyptischen Vernunft vorlegt, ist ein deutscher Theologe, Bürger eines westlichen Industriestaates, in diesem noch einmal dem bürgerlichen, akademischen Mittelstand angehörend. Er ist in seiner täglichen Praxis eingespannt in die problematischen Beziehungen zwischen „Nord" und „Süd", ist Erbe der Geschichte von Kolo-

[6] Vgl. dazu den Beitrag von N. Reck in: Kellenbach/Krondorfer/Reck, Von Gott reden 29-45.

nialismus und Neokolonialismus, ist geprägt von der „abendländischen“ Geistesgeschichte und der Kultur des nach-aufgeklärten Individualismus. All das wird ihn nicht hindern, ein apokalyptischer Vernunft verpflichtetes theologisches Denken zu entfalten, aber all das muss bewusst in diese Entfaltung einfließen. Sein Verhältnis zur Befreiungstheologie findet er nicht, indem er deren Optionen einfach übernimmt, sondern in dem er kritisch reflektiert, was sie für eine westeuropäische Theologie zu Beginn des 21. Jahrhunderts bedeuten. So wie man erkennt, ob ein Deuteronomist im babylonischen Exil oder im Juda unter persischer Verwaltung schreibt, so wird man erkennen, dass er eben nicht in Sao Paolo, sondern in Köln schreibt.

In diesem Sinne stilbildend und für das zu haltende Niveau der eigenen Kontextbewusstheit und deren theologischer Relevanz prägend ist in Deutschland die Theologie nach Auschwitz geworden. Nicht, dass die Shoah ein partikulär nur Deutsche angehendes Thema wäre, aber sie ist doch der unbedingt angehende Kontext deutscher christlicher Theologen in einer besonderen Weise. Was das Kriterium des Kontextbezugs konkret bedeutet, hat die Entwicklung dieser Theologie nach Auschwitz in den letzten Jahrzehnten tatsächlich vorexerziert, indem sie von der eher abstrakt gestellten Frage nach der Theodizee („Wie konnte Gott so etwas zulassen?“) über eine unscharfe Identifikation mit der Perspektive der Opfer („Wo war Gott in Auschwitz?“) zu einer Reflexion der tatsächlich eigenen Perspektive als Nachkomme der Täter (zumindest des Täter-Kollektivs) überging[7]: Wie weit ist unsere Theologie immer noch von dem vergiftet, was den Weg zur Shoah mit ermöglichte, was das Mitmachen, Wegsehen, Verharmlosen erleichterte?

Gerade für an der Bibel orientierte moderne Geschichtstheologie ist die durch die Theologie nach Auschwitz vorgenommene Kontextualisierung unhintergehbar. Auschwitz bedeutet die tiefste Verwundung für das von der Bibel herkommende heilsgeschichtliche Denken. Täter und Opfer kamen aus dem Kontext biblischer Wirkungsgeschichte. Sie waren Christen und Juden. Die Shoah ist eine monströse Tat am biblischen Gottesvolk, verübt von Menschen, die direkt oder indirekt Erben der apokalyptischen Vernunft waren. Ist die apokalyptische Vernunft selbst in dieses Verbrechen verwickelt? Ohne sich dieser Frage zu stellen, kann eine Aktualisierung apokalyptischer Vernunft gar nicht beginnen und sicher nicht gelingen.

3. Mit der Thematisierung ihres Kontextes hat die Theologie sich schon in die Diskussion der politischen, sozialen, ökonomischen Geschichte eingelassen. Sie ist, schlagwortartig gesagt, realistische Theologie. Das halte ich für das dritte wichtige Kriterium bei der Anwendung apokalyptischer Vernunft.

Die biblischen Geschichtsbücher erzählen wirkliche Geschichte, auch wenn sie nicht nach den Kriterien moderner Historiografie zu beurteilen sind. Sie benutzen die überkommenen Annalen aber nicht nur als Steinbruch für ihre theologischen Argu-

[7] Vgl. dazu außer dem eben genannten Sammelband von Kellenbach, Krondorfer und Reck auch mein Buch: Taxacher, Endzeit, sowie den von Lucia Scherzberger herausgegebenen Band: Theologie und Vergangenheitsbewältigung. Eine kritische Bestandsaufnahme im interdisziplinären Vergleich. Paderborn 2005.

mente. Sie gehen mit der Geschichte nicht um wie ein Moralprediger, der sich nur Anekdoten zur Illustration seiner Einlassungen sucht. Sondern sie (re-)konstruieren eine kritische Selbstverständigung Israels über den Gang seiner Geschichte; modern gesprochen unter der Leitfrage: Wie sind wir geworden, was wir sind?

Auch die Propheten sind keine moralistischen Kanzelredner, die ungeachtet der tatsächlichen Verhältnisse göttliche Forderungen aufstellen. Amos benennt soziales Unrecht, dem eine Veränderung der ökonomischen Verhältnisse im wirtschaftlich „aufblühenden" Nordreich zu Grunde liegt. Jesajas Warnung vor falscher Bündnispolitik und Jeremias Opposition zu den letzten Selbstbehauptungsversuchen Judas gegenüber den Babyloniern liegt eine nachvollziehbare Einschätzung der politischen und militärischen Kräfteverhältnisse zu Grunde. Gerade auch hinter den phantastischen Bildern der Apokalyptiker verbirgt sich das Studium weltgeschichtlicher Zusammenhänge. Die literarische Oberfläche gibt sich mythisch. Aber der kunstvoll gestaltete Pseudo-Mythos dient der Analyse und Kritik des geopolitischen Imperialismus der einander abwechselnden und stets übertreffenden Großreiche. Wegen dieses in Bilder gekleideten Realismus lässt sich die Zeit, in der bestimmte apokalyptische Texte, sogar Textteile und -schichten, verfasst wurden, oft so genau bestimmen, genauer als bei den meisten anderen biblischen Texten.

Ausgerechnet die moderne akademische Theologie, jedenfalls die europäische, neigt dagegen dazu, ihren Zeithintergrund nur ungefähr-illustrativ einzuspielen, um scheinbar immer gleiche Verhältnisbestimmungen zwischen Gott und der Menschheit anschaulicher zu machen. Geschichte wird dabei schnell zu einer Nacht, in der alle Katzen grau sind und nichts wirklich Neues geschieht. So entsteht die Täuschung, ausgerechnet die Theologie denke von einer höheren Warte aus, von der aus die Machenschaften dieser Welt in ihren nebligen Niederungen versinken. Nie interessiert solche Theologie dieser konkrete Krieg und diese Hungersnot, sondern höchstens, dass in ihnen die apokalyptischen Reitern wieder einmal ihre Präsenz zeigen, um die Gläubigen zu mahnen, sich nicht auf Zeitliches zu verlassen.

In neuerer Zeit hat diese Abkehr der Theologie von konkreter Geschichte aus zwei Gründen eher noch zugenommen. Der eine ist die Abgrenzung zur schon genannten fundamentalistischen Apokalyptik, die so aufgeregt wie naiv jeden neuen Krieg und jede Naturkatastrophe freudvoll aufgreift, um daran ihre Endzeitberechnungen neu zu justieren oder bestätigt zu sehen. Dazu ist das Nötige schon gesagt. Nur sollte solche Karikatur theologischen Geschichts- und Gegenwartsbezugs eben nicht dazu führen, sich selbst dieses Bezugs ganz zu enthalten. Wir treiben keine Theologie der Engel, möchte man sagen, wenn nicht gerade die Engel – apokalyptische Gestalten auch sie – biblisch gesehen sehr wohl in die Kämpfe dieser Welt verstrickt wären, um deutlich zu machen, dass Gott nicht nur im Himmel thront und lacht (Ps 2), sondern auch Stellung bezieht.

Der zweite Grund geschichtstheologischer Skepsis ist immer noch mit dem Namen Hegels verbunden. Die idealistische Geschichtsphilosophie mit ihrem Anspruch, rational den Sinn des Ganges der Menschheit zu entziffern, gilt heute meist nur noch als dunkle – weil allzu helle – Gegen-Folie für die Demonstration, dass die Geschichte eben nicht als Objekt vernünftiger Sinnstiftung taugt. Hegel wurde durch die Katastrophen des 20. Jahrhunderts sozusagen vom eigenen Reflexionsobjekt widerlegt. Marx, der ihn vom Kopf auf die Füße stellen wollte, wurde gar von seinen eigenen Anhängern in praxi ad absurdum geführt. Die dekonstruktivistische Philosophie musste nur noch die theoretische Kritik solcher Zugriffsversuche des Geistes auf die Geschichte nachliefern. Geschichte wird weder von Gott noch vom Weltgeist gemacht, sondern von uns – und zwar sowohl realiter als auch in der sinnstiftenden Nacherzählung.[8]

Nun ist jede Geschichtsphilosophie in den Spuren Hegels vom Geschichtsdenken aus apokalyptischer Vernunft deutlich zu unterscheiden. Die klassische Geschichtsphilosophie fand die Vernunft in der Geschichte, weil alles vernünftig sei, was ist. Sie musste quasi nur zuschauen, wie die Dinge laufen, um deren Sinn sich aussprechen zu sehen – und sie konnte, ja musste letztlich mit allem einverstanden sein. Rückschritte waren dialektisch gesehen ebenfalls Fortschritte und Opfer waren stets nur abzubuchende Minus-Beträge in einer Gesamtrechnung, die sicher aufgehen würde.[9] Wenn sich die Theologen von dieser Art der Geschichtsdeutung abwendeten, dann zu Recht im Schauer vor dem monströsen Gottesbild, dass sie bei einer ähnlich funktionierenden Geschichtstheologie produzieren müssten.

Das biblische Geschichtsdenken liefert aber kein Allverstehen von der denkbar höchsten Warte der Weltbetrachtung aus. Die apokalyptische Vernunft hat gerade die eigene Herkünftigkeit von Offenbarung nicht dazu missbraucht, sich zum allwissenden Zeremonienmeister des göttlichen Weltregiments aufzuschwingen. Allerdings können Propheten bestimmte Weltreiche als Werkzeuge göttlichen Gerichts oder einen persischen Großkönig als Gottes Gesalbten bezeichnen. Aber dies geschieht stets konkret, kontextuell, in einer theologischen Qualifikation der Gegenwart. Nirgendwo erweckt die Bibel den Eindruck, dass alles, was geschieht, sinnvoll und gut und irgendwie auch einsichtig sei. Sie erweckt aber auch nicht den im Grunde derselben Zuschauer-Hybris entspringenden Eindruck der melancholischen Skeptiker, dass im Grunde alles gleich-gültig sei, was geschieht. Wenn es, wie bei Kohelet, Ausflüge in diese Richtung gibt, lesen sie sich im Zusammenhang des biblischen Kanons wie eine interne Kritik apokalyptischer Vernunft, wie eine Warntafel, deren prophetisches Deuteinstrumentarium nicht als eine alles verarbeitende Maschine überzustrapazieren.

Während die Auseinandersetzung mit der zeitgenössischen Philosophie geradezu zur Entstehungsgeschichte christlicher Theologie gehört und ihr seither stets inhärent geblieben ist, hat es die moderne Theologie zusätzlich gelernt, mit den Naturwissenschaften in einen konkreten Austausch zu treten, ebenso mit den Sozialwissenschaften. Sie kann sich eine Berührungslosigkeit hier nicht mehr leisten, weil sonst zentrale theologische Aussagen unverständlich und unvermittelbar wären. So muss sich die Schöpfungstheologie auf die Evolutionsforschung, die Lehre von Freiheit und Gnade auf Gehirnforschung und Genetik, die theologische Ethik auf

8 In bester kantianischer erkenntniskritischer Tradition zeigt dies Zwenger, Geschichtsphilosophie, zu Hegel dort 86-91.

9 Vgl. dazu Heinrich, Philosophie der Opfer 79-96.

Psychologie und Sozialwissenschaft beziehen. Eine ähnliche „eingespielte“ Kommunikation mit der Geschichtswissenschaft gibt es jedoch erstaunlicherweise nicht, und das, obwohl die akademische Theologie selbst ein kirchengeschichtliches Fach betreibt und als biblische Theologie ebenso wie als Dogmengeschichte weitgehend immer auch historisch arbeitet. Wahrscheinlich liegt diese Ignoranz gerade daran, dass sich Theologen irgendwie immer auch selbst als Historiker betätigen und ihre Historik an der eigenen Fakultät zur Verfügung haben. Dadurch spielt sich jedoch ein Schmalspurdenken ein, in dem Geschichte eigentlich immer die eigene Geschichte ist: biblische Geschichte, biblische und christliche Archäologie, Kirchengeschichte – und nur in dialogischen, vergleichenden Ausflügen auch Geistes- und Religionsgeschichte. Die darüber hinaus geübte Reflexion des Verhältnisses von „Weltgeschichte und Heilsgeschichte“ bleibt grundsätzlich, abstrakt.

Tiefer als auf die Verhältnisse des akademischen Betriebs geblickt, liegt dies wohl daran, dass die traditionelle Theologie zwar die Schöpfung – und damit auch die Natur, zwar den Menschen – und damit auch die Gesellschaft, aber eigenartigerweise nicht die Geschichte als ein ihr notwendig aufgegebenes Thema begreift. Punktuell wird ihr die Geschichte wohl Fundort für eigene Fragen, aber eben nicht selbst zum Thema. Solch eine Ausblendung dürfte in der Tätigkeit apokalyptischer Vernunft aber nicht unterlaufen. Die Situation legt eher die Diagnose nahe, dass sich die Theologie im Gang ihrer Rationalität zu sehr fremdbestimmen lässt.

Apokalyptische Vernunft hat einen realistischen Charakter, viel eher als einen metaphysischen oder einen mystischen. Deshalb muss der modernen Theologie ohne eine Theologie der Geschichte etwas fehlen, so wie sie heute weiß, dass ihr ohne eine Theologie der Religionen etwas fehlt. Ich behaupte nach der Analyse ihres Ursprungs sogar, dass die Geschichte in ihrer ganzen Profanität und Wirrnis deutlich primärer das Thema apokalyptischer Vernunft darstellt als die Religionen. Ohne über die Aussichtsplattform Hegels zu verfügen, muss die Theologie deshalb hinab in dieses Wirrsal.

Wiederentdeckung des Gerichts

Nach dieser kleinen Kriteriologie der modernen Anwendung apokalyptischer Vernunft gilt es, den Ansatz zu markieren, von dem aus sich m. E. apokalyptische Vernunft heute inhaltlich anwenden lässt.

Dieser Ansatz hätte sozusagen vom Ende meiner Analyse des Ursprungs apokalyptischer Vernunft her zu beginnen, bei ihrer Verwicklung in die gegenwärtige geschichtliche Situation. Deren Kennzeichnung habe ich zu Anfang dieses Buches schon genannt: Sie besteht in unserer Fähigkeit, Geschichte zu machen und unserer Geschichte ein Ende zu machen. Sie besteht also darin, dass die Apokalypse ein menschliches Werk geworden ist. Die mythischen Bilder der antiken Apokalypsen, die für das die Geschichte beendende Handeln Gottes stehen – das allerdings auf den katastrophischen Zug menschlichen Größenwahns reagiert – sind heute zu Bildern für Folgen menschlichen Handelns geworden, im Krieg, in der Zerstörung der natürlichen Umweltbedingungen. So wurde die Apokalyptik wieder aktuell in Kunst, Literatur und Film.

Die kürzeste Kennzeichnung der globalen geschichtlichen Situation, die unsere Zeit – real seit dem 20. Jahrhundert, geahnt schon im Jahrhundert zuvor – von allen Epochen zuvor unterscheidet, besteht in der Permanenz potenzieller Endzeit. Was frühere Generationen aus religiösen Gründen präsent hatten, ist für uns zu einer von der Menschheit selbst herbeigeführten Gewissheit geworden: Unsere Geschichte kann jederzeit ein Ende finden. Diese Situation ist auch nicht mehr rückgängig zu machen: Da wir selbst die Mittel für die Apokalypse erfunden haben, können wir sie nur hinausschieben, sie stets erneut verhindern, nicht aber ihre Möglichkeit wieder unmöglich machen. Geschichtliches Handeln ist im globalen Maßstab zum andauernden Management der Apokalypse-Vermeidung geworden. Die Leitfrage dieses Managements lautet: „Wirst du es fertigbringen zu überleben?", seine Herausforderung besteht in der Alternative, dass die „Menschheitsgeschichte entweder in absehbarer Zeit aufhört … oder …als die Geschichte des zu sich selbst … findenden Menschen erst wirklich beginnt"[10], in einer Art angenommenen, verantworteten End-Zeit. Man hat das mit dieser Kennzeichnung begonnene Zeitalter deshalb auch das Anthropozän genannt.[11] Ohne eine Katastrophe, in der die Menschheit wieder alle ihre als Fortschritt erworbenen Fähigkeiten verlieren würde, wird dies die letzte Epoche der Menschheitsgeschichte bleiben. Ihr sozusagen nach vorne zu entfliehen, ist nicht möglich.

Dass diese Situation für die heutige Reflexion apokalyptischer Vernunft von höchster Bedeutung ist, liegt auf der Hand. Was bedeutet es für das biblische Geschichtsdenken in der Moderne, dass eben diese Moderne von einer realen apokalyptischen Situation bestimmt ist, zu deren Bestimmung es zunächst allerdings keiner theologischer Kategorien bedarf, die in diesem Sinne also eine „säkulare Apokalypse" ist?

Die Versuchung, auf diese Frage mit einer Art negativem theologischen Hegelianismus zu antworten, also von hoher dogmatischer Warte aus alles notwendig so kommen zu sehen und in Gottes Eschata enden zu lassen, ist tatsächlich groß. Theologen sind schon immer gern die Besserwisser in Menschheitskatastrophen gewesen. Allerdings übersieht eine solche Bausch-und-Bogen-Geschichtstheologie, dass die apokalyptische Vernunft in ihrer Wirkungsgeschichte selbst zutiefst in die Herbeiführung des Anthropozän verwickelt ist. Dieses Zeitalter ist im christlichen Europa vorbereitet und von ihm aus globalisiert worden. Diese Verwicklung zu reflektieren wäre die Aufgabe einer realistischen Geschichtstheologie.

Zuvor jedoch verhindern schon die beiden anderen genannten Kriterien – die selbstkritische Opfer-Bezogenheit und die Kontextualität –, das Anthropozän schematisch-dualistisch als die Frage aufzufassen, auf die christliche Eschatologie die Antwort bietet. Die Menschheit im Angesicht der säkularen Apokalypse ist kein

[10] So Amery, Botschaft 91.

[11] Der Ausdruck für unser Zeitalter wurde 2003 von dem niederländischen Klimaforscher und Nobelpreisträger für Chemie Paul Crutzen vorgeschlagen.

homogenes Kollektiv. Es gibt Täter und Opfer dieser Situation. Es gibt Profiteure und Leidtragende des Anthropozän – auch wenn viele beides sind und am Ende vielleicht alle nur noch Objekte des Handelns ihrer Eltern und Großeltern sein werden. Im Sinne der Kriterien apokalyptischer Vernunft muss die Theologie sich also fragen, wo ihr eigener Ort in – und nicht oberhalb – der Menschheitssituation ist. Die Antwort darauf wird aus der Perspektive eines europäischen Theologen anders ausfallen als aus der eines afrikanischen, asiatischen oder lateinamerikanischen Theologen. Weil die Christenheit – von den Menschen biblischen Glaubens gilt das erst Recht! – jedoch eine globale Gemeinschaft ist, wird sich eine christliche Theologie zur Zeit nur im Dialog dieser Perspektiven bilden. Bislang ist die Theologie noch recht weit davon entfernt, dies überhaupt als ihr wohl wichtigstes Projekt anzusehen. Es wird also zunächst darauf ankommen, jeweils am eigenen Ort einen Anfang zu machen in kritischer Rezeption der Ansätze, die es schon gibt.

Für alle Theologen biblischen Glaubens wird jedoch gelten, dass sie ihre kontextuelle Qualifikation der Gegenwart nur gewinnen, indem sie sich zurückbeziehen auf die biblische prophetische Theologie. Indem sie diese und ihre Situationsanalyse aufeinander beziehen, bilden sie ihre eigene theologische Diagnose ihrer Geschichte, ihre eigene prophetische Theologie, die keinerlei fundamentalistischen Geltungsanspruch erhebt, sondern so weit trägt, wie die kontextuellen und theologischen Argumente, wie die Kraft ihrer Wirklichkeits-Belichtung. Auf diese Weise fragt die Theologie danach, wie Gott gerade für uns heute Gott ist.

Der Ausführung dieses Programms vorgreifend lautet meine These nun, dass eine Anwendung apokalyptischer Vernunft im christlichen europäischen Kontext heute zentral auf die biblische Rede vom Gericht wird zurückgreifen müssen. Scharf formuliert: Gott wird sich ihr, ohne deshalb aufzuhören, der Gott der ganzen biblischen Botschaft, der Gott des Evangeliums zu bleiben, gerade heute als Gott des Gerichts zeigen. „Gericht“ wird die unumgängliche theologische Qualifikation unserer Gegenwart lauten.[12]

Gericht ist nicht irgendein Begriff der biblischen Rede von Gott. Meine Analyse fand ihn am Ursprung der apokalyptischen Vernunft, gewissermaßen als erstes Wort der biblischen Prophetie. Das ist kein Zufall: Gericht korrespondiert als geschichts-theologischer Zentralbegriff inhaltlich mit der formalen Eigenart biblischen Geschichtsdenkens, aus der Perspektive der Opfer selbstkritisch den eigenen Anteil an heraufziehendem Unheil zu reflektieren. Am Anfang der Prophetie steht die aktuelle Ansage göttlichen Gerichts über Israel und Juda. Am Anfang biblischer

[12] Die Rede vom Gericht scheint mir für unseren Kontext – anders vielleicht als für den der sogenannten Entwicklungsländer – zentraler und treffender zu sein als die vom zornigen Gott. Auch biblisch halte ich das Gericht für eine zentralere Kategorie apokalyptischer Vernunft. Das bestätigt indirekt auch Ralf Miggelbrinks Studie zum Zorn Gottes, wenn sie in zentralen Schichten der Bibel eine uneigentliche Rede vom Zorn ausmacht, die nicht die Metapher der Emotion Gottes ausmalt, sondern diese Metapher eher begrifflich auf die folgerichtige Reaktion Gottes gegenüber den Folgen menschlichen Handelns bezieht. Vgl. Miggelbrink, Der zornige Gott, 31 und 72 f. Sein Buch endet denn auch in einer Theologie des Gerichts. Vgl ebd. 149-156.

Geschichtsschreibung – über Einzelerzählungen und Annalen hinaus – steht die Erkenntnis, dass die Niederlage des eigenen Staates, die Zerstörung des Tempels, die Vertreibung aus dem Land Endpunkt einer langen Geschichte des Versagens, der Verweigerung gegenüber dem Willen Gottes darstellt. Gericht ist in der Apokalyptik angesichts der „globalen" politischen Situation nur noch als globales Geschehen denkbar, dass nicht mehr begrenztes, zeitweiliges Unheil bringt, sondern den Abbruch der Geschichte, der von den Unterdrückten nicht gefürchtet, sondern ersehnt wird. Dieses universale Gericht ereignet sich für die neutestamentlichen Theologen paradoxerweise in einer kleinen individuellen Geschichte am Rande des römischen Imperiums: im Kreuz Jesu. Deshalb schildern die Synoptiker die Stunde von Golgotha in apokalyptischen Farben, deshalb erwartet die neutestamentliche Eschatologie Gottes universales Gericht als nahe Vollendung dessen, was Gott in Jesus an der Welt tat.

Die christliche Theologie hat das Gericht allerdings weitgehend aus der Gegenwart verdrängt und auf Vergangenheit und Zukunft aufgeteilt. Vergangen erschienen so die von den Propheten angesagten Gerichte, ja sogar die Möglichkeit ihrer Aktualisierung, denn sie waren in der universalen Versöhnung Christi aufgehoben. Zukünftig erwartete man das individuelle Gericht nach dem Tod und das „jüngste Gericht" nach dem Ende der Welt. Nur wenn das nah schien, konnte Gerichtserwartung aktualisiert werden, oder in der individualisierten „Höllenpredigt". Gericht als ein Faktor der konkreten und dynamischen Geschichte Gottes mit den Menschen blieb in der Glaubensreflexion geschichtlicher Ereignisse allerdings immer präsent, jedoch kaum in der theologischen Lehre. So konnte diese die gläubige und häufig auch abergläubische Geschichtsdeutung auch nicht produktiv kritisch begleiten.

Eine solche Begleitung ist nun angesichts der säkularen Apokalyptik, angesichts deren fundamentalistischer Funktionalisierung und angesichts der verbreiteten Sprachlosigkeit der Kirchen dringend erforderlich. Auch hier stellt die Analyse der apokalyptischen Vernunft aus ihren Ursprüngen wieder einige leitende Kriterien bereit:

1. Prophetische Theologie hob mehrfach – in ihren Anfängen, nachexilisch, in der Apokalyptik und noch einmal in der Beziehung von Johannes dem Täufer und Jesus aufeinander – beim Gericht an, um zur Verheißung neuen Heils vorzudringen. Diese „israelische Dialektik" der Entdeckung des Heilswillens Gottes durch sein Gerichtshandeln hindurch entspringt dem inhaltlichen Vollzug eines selbstkritischen, kontextuellen und realistischen Geschichtsdenkens im Angesicht Gottes. Es erlaubt nicht, im Nachhinein diese Dialektik dogmatisch aufzuheben und sozusagen das Gericht im Rücken nur noch auf den Heilswillen Gottes als die endlich erreichte Conclusio des durchlaufenen Prozesses zu blicken. Das wäre nämlich ein triumphalistisches, kontextloses und unrealistisches Geschichtsdenken. Die christliche Gnadentheologie, die Rechtfertigungslehre und deren Abspaltung von Geschichtstheologie und Eschatologie sind einer solchen Aufhebung der Dialektik in Dogmatik auf weite Strecken erlegen. Dadurch wird die Gnadenverkündigung, wie Dietrich Bon-

hoeffer es nannte, „billig".[13] Die Wende vom Gericht zum Heil scheint dann ein feststehender Gnadenmechanismus, stets gleich gegenwärtig wie der ewige Gott. Die Dialektik wird harmlos, sicher durchlaufbar wie das Ritual der Heiligen Tage, das vom Karfreitag zur Osternacht fortschreitet. Dabei ist die entscheidende Frage stets die, an welcher Stelle dieses wirklichen, gegenwärtigen Dramas wir uns befinden, welche Seite des lebendigen Gottes wir durch unser eigenes Handeln auf uns beziehen, welche Stunde gerade geschlagen hat.

2. Weil die Theologie die Kraft dieses konkreten Fragens weitgehend eingebüßt und die Apokalyptik den Fundamentalisten überlassen hat, wird die Apokalypse, die sich als reale Möglichkeit anbahnt, von den Menschen nur noch „kupiert" wahrgenommen.[14] Apokalypse ist gleichbedeutend geworden mit ultimativer Katastrophe. Danach kommt nichts mehr. Danach kommt im utopischen Roman oder im Science Fiction höchstens noch das fürchterliche Nachleben der Überlebenden. Dass Apokalypse ursprünglich zwei Seiten hatte und auf der entscheidenden Seite Offenbarung, Trost, Hoffnung, endgültige Veränderung bedeutete, ist im modernen Wortgebrauch und allen an ihm hängenden Assoziationen verschwunden. Wenn das, was sich die Menschheit als Folge des eigenen Handels zuzieht, nicht mehr als Gericht deutbar ist, dann lässt sich in der Katastrophe auch nicht mehr nach dem verheißenen Heil fragen. Dass dies für nicht (mehr) Glaubende so ist, scheint selbstverständlich. Sie mögen die Rede vom Gericht als Zumutung empfinden. Weniger selbstverständlich ist, dass auch Kirche und Theologie angesichts der unleugbar möglichen Apokalypse nur der – richtige und wichtige – Aufruf zu „Frieden, Gerechtigkeit und Bewahrung der Schöpfung" einfällt sowie die rituell durchgehaltene Predigt einer Hoffnung, die dadurch formelhaft erscheint. J. B. Metz hat dies die Erschütterungsresistenz der Theologie genannt.[15]

Die Rede vom Gericht taucht inzwischen sogar mehr als in der Kirche dort auf, wo sie nicht zu erwarten wäre, in uneigentlicher, nicht-theologischer Sprache: bei Wissenschaftlern, Literaten, Künstlern. Sie beweisen dadurch, dass sich diese Rede einer realistischen Gegenwartsdeutung aufdrängt und dass man vom Gericht sprechen kann, ohne „mythologisch" zu werden. Sollte nicht gerade das geschichtstheologisch zu denken geben: dass die Rede vom Gericht heute anders als in biblischer Zeit global möglich ist, ohne mythologische Bilder zu benötigen?

Die Theologie muss hinein in die moderne Rede von der Apokalypse und darf sie nicht nur als Objekt der Zeitgeistanalyse ein wenig dünkelhaft aus dem Status ihres Mehr-Wissens betrachten. Nur wenn sie auch hier ihre Zeitgenossenschaft theologisch annimmt, wird sie auch zur Frage nach dem Heil angesichts der Katast-

[13] Vgl. D. Bonhoeffer, Nachfolge (München 1937) 13: „Billige Gnade" als „Schleuderware, als kirchliches Prinzip, Lehre, System oder Gottesidee".

[14] Den Ausdruck benutzt der Literaturwissenschaftler Karl Vondung. Vgl. dazu Heinz-Peter Preußers Beitrag „Endzeitszenarien in der Literatur" in: Schipper/Plasger, Apokalyptik, 229.

[15] Vgl. zuletzt Metz, Memoria Passionis 59 f.

rophe durchstoßen, die sich nicht bequem darauf verlässt, dass es schon nicht so schlimm kommen wird – als sei das die Verheißung, die in echter Apokalyptik steckt.

3. Die apokalyptische Vernunft ist, gerade weil sie von Gottes konkreter Offenbarung in der Geschichte ausgeht, religions-kritisch. Ihre Religionskritik brach wiederum zuerst in der Rede vom Gericht auf. Die prophetische Kritik der Opfer, des rituellen Gottesdienstes, des Tempelkultes entzündete sich an der Funktion von Religion, Erschütterungs-Resistenz zu vermitteln. Jeremia polemisiert frontal gegen eine Prophetie billiger Hoffnung, die sich an die Beschwörungsformel „Der Tempel ist dies" klammert (Jer 7, 4). Zuvor schon brandmarkt Amos die Diskrepanz von sozialer Realität und ihrer religiösen Verbrämung. Die Religionskritik gehört genuin zur Durchführung einer „Geschichtsschreibung gegen sich selbst". Sie erkennt gegenwärtig und rekonstruiert rückblickend, wo wir dachten, Gott zu dienen, in Wahrheit jedoch den Götzen gehuldigt haben und unsere Kinder durchs Feuer gehen ließen (Jer 32, 35).

Die dialektische Theologie insbesondere Karl Barths hat diesen religionskritischen Aspekt apokalyptischer Vernunft wieder stark gemacht. Anfangs, insbesondere in der Reflexion der Rolle von Theologie und Kirche im Ersten Weltkrieg, hatte dies eine konkrete geschichtstheologische Anbindung. Später hat Barth dies aber weiterentwickelt zu einer dogmatischen Lehre, die das Evangelium als eine Offenbarung jenseits und gegen die Religion profilierte. Dadurch erhielt die theologische Religionskritik wiederum eine apologetische Seite. Sie bescheinigte der biblischen Botschaft, hier sei etwas anderes, hier sei mehr als Religion – und entzog so die eigene Dogmatik dem Zugriff der modernen Religionskritik.

Heute, angesichts der säkularen Apokalypse, käme es darauf an, die biblische Religionskritik wiederum geschichtstheologisch zu konkretisieren. Prophetische Religionskritik bezieht sich zwar auch auf die Anderen – auf die Götzen der Völker. Aber schon dabei geht es darum, Israel selbst die ohnmächtige Bewunderung für die auszutreiben, die weltpolitisch das Sagen haben, geht es darum, die eigenen Maßstäbe nicht nach deren erdrückender äußerer Plausibilität zu bilden, weil man doch auch dabei sein möchte, ein wenig mitmischen dort, wo die Musik spielt. Im Kern aber richtet sich die prophetische Religionskritik gegen die Deformierung des eigenen Gottesdienstes, beginnend schon bei den Götzen im Tempel des weisen Salomo, und rückblickend noch viel früher: Israel baut das goldene Kalb synchron zum Empfang der Tora auf dem Sinai. Das heißt doch: Israel macht sich seine eigene Religion der Projektion genau da, als Gott mit seiner Offenbarung Israels Anfang stiftet. Überfordert von der ungreifbaren Offenbarung auf dem Berg, schmiedet sich die Gemeinde an seinem Fuß ihr eigenes Gottes-Bild.

Insofern ist dem Grundsätzlichen in Barths Religionskritik wohl zuzustimmen, doch erhält es seine Bedeutung erst, wenn es konkret geschichtlich auf die Erscheinungsformen selbstgenügsamer Religions-Produktivität im Christentum bezogen wird. Das Gericht beginnt am Hause Gottes (1 Petr. 4, 17). Nicht dass das Christentum mehr und etwas anderes ist als Religion, gilt es zur Immunisierung vor den

Blicken der Welt nachzuweisen, sondern dass uns die Offenbarung zu etwas anderem treiben will als zu unserem Klerikalismus, unseren Selbsterhaltungsstrategien eines reichen religiösen Clubs, zu unserer Anpassung an die Erwartungen des Mainstreams, zu unseren legitimierenden Segensgesten für das Tun der Mächtigen, zu unseren eifersüchtigen konfessionellen Abgrenzungsspielchen, zu unserem unter lauten Gesängen und Posaunenchören versteckten praktischen Atheismus.

4. Theologie des Gerichts ist prophetische Geschichtstheologie. Sie hat realistisch zu fragen, welchen Anteil die eigene Religion, das Christentum an der Situation säkularer Apokalypse hat. Warum stieg das Tier dieser Apokalypse im christianisierten Europa auf, um sich in Conquista, Mission und Kolonialismus die Welt zu unterwerfen? Dabei geht es nicht um ein ebenfalls billiges globales Schuldbekenntnis, sondern wirklich um genaue, schonungslose Analyse.

Welchen Mutationen haben wir die apokalyptische Vernunft unterworfen, damit dieser Weg beschritten werden konnte, ein Weg ungeheuren Fortschritts, mit enormem Befreiungspotenzial, gleichzeitig ein Weg nie dagewesener totalitärer Herrschaft über Menschen und über die Natur – ein Weg, der bis zur Gegenwart sich selbst so „alternativlos" gemacht hat (wie Politiker gerne sagen), dass ausgerechnet die autonomen Subjekte, als die sich die Europäer entdeckten, während sie alle anderen „entdeckten", sich in eine Schar immer schneller laufender Lemminge verwandelt haben? Ist gar die apokalyptische Vernunft selbst, so wie sie meine Analyse zu begreifen versuchte, ein gefährliches Erbe, eine Gabe, die solche Mutation, ja Veruntreuung schon in sich trägt – so wie es die alttestamentliche Geschichtsschreibung von den Bundesschlüssen Gottes nahelegt?

Prophetische Theologie ist modern weit mehr als ein theologisch-politischer Moralismus – auch wenn eine erneuerte, konkrete Lehre von der „himmelschreienden Sünde" ohne Zweifel zu ihr gehört. Prophetische Theologie ist heute Suche nach der Wahrheit, die dem Menschen (wie Ingeborg Bachmann sagte) zumutbar ist, die er sich meist aber nicht wirklich zumuten mag. Diese Wahrheit wird ihn am Ende frei machen, wie das Evangelium verheißt (Joh 8, 32), aber diese Befreiung gibt es nur durch das Gericht hindurch.

5. Am Ende ist die Wiederentdeckung des Gerichts ein Weg zu einer Theologie der Hoffnung. Prophetische Theologie ist nicht vergafft ins Dunkle, hat keine Lust am Schrecken. Es geht nicht darum, durch apokalyptische Töne wieder interessanter zu werden. Eine prophetische Geschichtstheologie des Gerichts wird am Ende zu einer echten, gestärkten Wiederentdeckung biblischer Eschatologie führen. Das haben mehrere theologische Entwürfe, die sich der Wiederentdeckung apokalyptischer Vernunft verschrieben haben, schon bewiesen (s. o. in Kapitel 8).

Wie dies nach der Ausführung des hier angedeuteten „Programms" aussehen könnte, vermag ich nicht vorweg zu nehmen. Ich möchte lieber – hinter Metz, Moltmann, Marquardt zurück greifend – an einen Text von Karl Barth verweisen, der das prophetische Amt der Kirche als Praxis der Hoffnung beschreibt. Barth hat mit diesem Abschnitt (§§ 72-73 der Kirchlichen Dogmatik) seine Versöhnungslehre abgeschlossen und damit auf die dann nie verfasste Eschatologie übergeleitet.[16]

Der gesamte dritte Flügel von Barths Versöhnungslehre ist dem prophetischen Amt Christi gewidmet. Und so entfaltet Barth an dessen Schluss die christliche Existenz als Teilnahme am prophetischen Amt Christi in der Welt. Wenn er dies unter dem Titel der christlichen Hoffnung tut, ist diese „Tugend" damit sogleich nicht als privater Glaubens-Optimismus verstanden, sondern als eine prophetische öffentliche Aufgabe.

Dass diese eine geschichtstheologische Dimension haben muss, hat Barth schon zuvor klar gestellt. § 73 über den „Heiligen Geist und die christliche Hoffnung" ging nämlich der viel umfangreichere § 72 über den „Heiligen Geist und die Sendung der christlichen Gemeinde" voraus. Hier definiert Barth im Leittext des Paragrafen, der „Bund zwischen Gott und Mensch" sei „der erste und letzte Sinn (der) Geschichte" und „dessen künftige Offenbarung ihre große, jetzt und hier schon wirksame und lebendige Hoffnung".[17]

Nach dieser Bestimmung wäre also die Eschatologie Lehre vom Offenbarwerden des Sinnes der Geschichte und die jetzt schon wirksame Hoffnung eine Art geschichtstheologischer Spurenlese dieser Offenbarung. So meint es Barth auch, aber wie er es meint, muss er in einem langen Abschnitt „Das Volk Gottes im Weltgeschehen" gegenüber einer gnostischen oder hegelianischen Geschichtsphilosophie abgrenzen. Christen fragen allerdings, „was da draußen in ihrer geschichtlichen Umgebung vor sich geht"[18], aber eine solche „theologische Besinnung über das Weltgeschehen als solches"[19] bedeutet kein Geheimwissen über den Sinn geschichtlicher Abläufe. Ganz wie in meiner Analyse stellt auch Barth im Blick auf das Alte Testament fest: „gerade ‚eschatologisch' heißt im eminenten Sinn: realistisch"[20], und er findet diesen Realismus in der biblischen Erkenntnis, dass „Gott selber ... den Menschen im Kleinen und Großen genau das ernten lässt, was er gesät hat."[21] Dabei macht Barth an dieser Stelle die gewagte Bemerkung, die im Blick auf meine Bestimmung des Anthropozän aufhorchen lässt: „der Mensch könnte sich und seine Welt nicht mit solcher Vehemenz einem letzten definitiven Absturz entgegenführen, wie er es dauernd tut, wenn er es nicht faktisch in der ganzen Macht der freilich pervertierten guten Schöpfung Gottes täte." Barth sieht also in dem, was ich „säkulare Apokalyptik" nenne, auf eine dialektische Weise eine Spur, eine Art negative Bestätigung des Schöpfungswillens Gottes: Wenn der Sinn der Weltgeschichte der Bund zwischen Gott und Mensch ist, dann ist das menschliche Handeln gegen die-

[16] Dazwischen geschoben hätte es nur noch den Band zur Versöhnungs-Ethik gegeben, von dem nur Fragmente veröffentlicht wurden.
[17] Barth, Kirchliche Dogmatik IV 3, 780.
[18] Ebd. 784.
[19] Ebd.
[20] Ebd. 792.
[21] Ebd. 801.

sen Bund in seiner Folge ein Angriff auf die Schöpfung selbst, eine praktische Infragestellung des Sinnes von Geschichte überhaupt.

Aber trotz oder in dieser Andeutung der letzten „Theodramatik" der Weltgeschichte sieht der Christ in seinen weltgeschichtlichen Betrachtungen doch nur den Gegensatz von göttlicher Vorsehung und menschlicher Verwirrung; und nun formuliert Barth in ausdrücklicher Anspielung auf Hegel: Er sieht dies „in den Spuren des großen Philosophen" als Thesis und Antithesis, aber er sieht gerade keine „jenen Gegensatz in sich aufnehmende ... und so ihn überwindende Synthesis"[22]. Ein solcher Umschlag in materiale Geschichtsphilosophie würde nämlich bedeuten, „Vorsehung Gottes und ... menschliche Verwirrung auf einen gemeinsamen Nenner (zu) bringen": „Es wäre dann also von einem letztlich nicht negativen, sondern positiven Willen Gottes als dem letzten Sinn nicht nur der Schöpfung, sondern auch der Sünde, der menschlichen Verwirrung der Schöpfung mit dem Nichtigen zu reden."[23] Barth verweigert der Theologie also die Übersicht über das Geschehen der Geschichte, den Schlüssel zur universalen Sinn-Deutung, weil sie keinen dritten höheren Standpunkt über dem offenbaren Willen Gottes und dem ihm in der Welt widersprechenden Nichtigen einnehmen kann. In meiner Analyse ausgedrückt: Die apokalyptische Vernunft kommt von einer Offenbarung des Willens Gottes her und leuchtet von ihm aus in das Dunkel der Geschichte hinein und benennt so schmerzhaft, prophetisch und protestierend, was ihm widerspricht. Sie kann aber diesen Widerspruch nicht vernünftig auflösen, sondern diese Auflösung nur apokalyptisch in der Nichtung des Nichtigen erhoffen. In einer angeblich christlichen Geschichtsphilosophie wäre letztlich „Christus ... ausgerechnet mit Belial in Einstimmung und Harmonie gebracht", weil „jemand in eigener Vollmacht und Wahl ... irgendeinen vermeintlich überlegenen Punkt visieren und fixieren will, um sich in kühnem Entschluss vermeintlich dorthin zu stellen und von dorther zurückblickend den Gegensatz und Widerspruch als Einheit in Blick und Griff zu nehmen."[24] „Die christliche Gemeinde war aber zu allen Zeiten besser beraten, ... wenn sie sich auf Versuche in der Richtung einer christlichen Geschichtsphilosophie ... grundsätzlich nicht einlassen wollte".[25]

Die andere Seite dieser Ablehnung christlicher Geschichtsphilosophie besteht in Barths Konzentrierung der eschatologischen Erwartung auf ein Offenbarungsereignis: Weil er in der Christozentrik seiner Dogmatik stark die schon geschehene Versöhnung betont, benennt er die noch ausstehende Erlösung stets als etwas Noetisches, als „Offenbarung und Erkenntnis dieser neuen Wirklichkeit".[26] Das ist ge-

[22] Ebd. 805.
[23] Ebd. 806. Es ließe sich m.E. zeigen, dass genau dieser Einschluss des Bösen, des Wider-Göttlichen in die in Vernunft überschaubare Gesetzmäßigkeit geschichtlicher Wirklichkeit das Ziel der Philosophie Hegels schon in seiner „Phänomenologie des Geistes" gewesen ist. Vgl. insbesondere: Hegel, Phänomenologie 342-349 und 492-494 und dann auf den Punkt 562-564.
[24] Barth, Kirchliche Dogmatik IV 3, 807.
[25] Ebd. 818.
[26] Ebd.

genüber dem, was Barth sonst über die Wirrnis und Pervertierung der Geschichte weiß, eine allzu schwache Kategorie für das noch Ausstehende – und darin besteht auch die Schwäche der (weitgehend jedoch ungeschriebenen) Eschatologie Barths. Ihre Stärke besteht dagegen darin, das prophetische Amt der Gemeinde sozusagen als praktische Geschichtstheologie zu fassen: So wie ihr eine theoretische Geschichtsphilosophie als eine Art vorweggenommener Versöhnung mit Allem unmöglich ist, so ist es ihr „nicht nur möglich, sondern notwendig ... doch auch die Weltgeschichte selbst und als solche schon jetzt anders zu sehen ... praktisch anders zu sehen, in seiner eigenen Einstellung, Haltung und Tat." Christen leben in ihrer Prophetie also eine Art praktischer Geschichtstheologie: Die Gemeinde „antizipiert ... die Erscheinung dessen, was ... noch nicht erschienen ist."[27]

Genau bei dieser antizipierenden Praxis der Gemeinde setzt nun der abschließende Paragraph zur christlichen Hoffnung wieder an. Christliche Existenz in der Hoffnung – was dasselbe ist wie christliches Leben aus dem Heiligen Geist – ist demnach eschatologische Existenz in prophetischer Praxis. Allerdings wendet sich Barth gegen „das in der Theologie der letzten Jahrzehnte in Schwung gekommene Breitwalzen des Begriffs des ‚Eschatologischen'"[28] – ein Breitwalzen, an dem sich der jüngere Barth in den Anfängen der „Dialektischen Theologie" selbst beteiligt hatte und das ihm nun vor allem in der Bultmann-Schule existenzialer Bibel-Interpretation stört. Er distanziert sich aber nicht etwa, weil er nun die Theologie ent-eschatologisieren möchte, sondern weil der Begriff quasi gleichbedeutend geworden ist mit dem Verweis auf die Unverfügbarkeit Gottes, weil er so gerade von konkreter Zukunft entleert wurde und so „tatsächlich Alles und Jedes ‚unverfügbar' und so ‚eschatologisch' wurde, ... während ein im besonderen Sinn ‚eschatologischer' Bereich der Hoffnung als der christlichen Zukunftserwartung ... gewissermaßen verdampfte und verschwand."[29] Barth wendet sich also gegen die moderne Variante der Spiritualisierung des Eschatologischen.[30] Die christliche Erwartung richtet sich vielmehr paulinisch auf „die große Veränderung", die „aller Kreatur widerfährt", und dazu gehört auch „die wesenhafte Öffentlichkeit des Geschehens".[31] Barth „geht es tatsächlich darum, dass des Christen Hoffnung sich gerade in ihrer wesenhaften und also unveräußerlichen Eindeutigkeit, Ungebrochenheit, Gradlinigkeit, gerade als schlechthin positive Zukunftserwartung, weil als Erwartung Jesu

[27] Ebd. 819.
[28] Ebd. 1046.
[29] Ebd. 1047.
[30] Wie ich sie in Kapitel 8 analysiert habe. Dazu passt denn auch die schon einmal erwähnte Kritik Barths an der christlich verbreiteten Identifizierung des Eschatologischen mit dem individuellen Tod, die ganz unbiblisch ein auch den Tod überwindendes echtes Ende der Geschichte für Lebende und Tote nicht mehr kennt. „Es ist … bedenklich, dass auch die Christenheit sich längst angewöhnt hat, ... die Moral des Totentanzes für den Normalfall, ja für die eiserne Regel hinsichtlich des Endes der menschlichen Existenz zu halten." (Ebd. 1063)
[31] Ebd. 1070.

Christi, als seine Hoffnung auf Gott und so auf sein Heil bestätige."[32] Es geht also um die Konkretheit der Eschatologie, darum, dass – bei aller Engführung auf das Noetische, das Offenbarende bei Barth – Gottes Selbst-Verifikation tatsächlich aussteht und also erhofft und nicht in einer immer schon „eschatologischen" Innerlichkeit oder auch im individuellen Himmelreich der Verstorbenen schon als anwesend gedacht sein kann.

Barth weiß jedoch auch, dass eine künstliche Restaurierung frühchristlicher Naherwartung zugleich mythologisch und abstrakt sein müsste. Er predigt also nicht eine biblizistische Re-Eschatologisierung des Christentums. Vielmehr findet er die konkrete eschatologische Existenz der Christen in ihrer Praxis, eben in der Prophetie. Deshalb schließt der Paragraph und Band seiner Dogmatik mit einem Abschnitt unter dem Titel „Leben in der Hoffnung", in dem Barth eine schon von D. Bonhoeffer in den Entwürfen zu seiner unvollendeten „Ethik" benutzte Terminologie[33] vom „Letzten" und vom „Vorletzten" aufgreift. Die christliche Existenz richtet sich danach nicht so auf das Eschatologische selbst, also auf das Letzte, dass sie es in einem buchstäblichen Sinne als nah fixiert und dadurch die reale Weltgeschichte, also das Vorletzte, entwertet. Ein solches „Unternehmen einer zwar im Blick auf das Letzte hoffenden, im Blick auf das Vorletzte aber hoffnungslosen christlichen Zukunftserwartung" ist ein „in seiner Wurzel unmögliches Unternehmen"[34], d. h. selbst wenn es in der Religion immer wieder versucht wurde, bleibt es doch nicht lebbar, es ist in meinen Worten abstrakt und mythologisch zugleich. Konkret und realistisch dagegen verwirklicht sich die eschatologische Existenz des Christen gerade in geschichtlicher Praxis: „Die Dimension der christlichen Existenz, in der der Christ in Hoffnung über seine Gegenwart hinaus in die Zukunft blickt und schreitet, zeigt ... zunächst und fürs erste auch hinein in den Bereich des Vorletzten".[35]

Dabei ist das Vorletzte eben wirklich als das Letzte vor dem Letzten gedacht, also qualitativ nicht in beliebiger Distanz zum Letzten, sondern sozusagen an es angrenzend. Barth bestimmt die geschichtliche Gegenwart des Christen ganz klar apokalyptisch: Seine Zeit ist die Zeit Christi zwischen Ostern und Parusie, und diese „Zeit selbst und als solche mit allen ihren Inhalten – mag sie immer noch nicht der Tag jener Erlösung sein – (ist) dadurch mindestens mitbestimmt, dass sie ihm als ihrem Ziel und Ende entgegengeht. Endzeit ist sie"[36]. Christliche Existenz, die in dieser Endzeit das Vorletzte gestaltet, auf es verwiesen ist, in der Gemeinde solidarisch ist mit der Welt – wie Barth schon in § 72 ausführlich dargestellt hat – betreibt deshalb so etwas wie eine praktische Geschichtstheologie, eine Verortung des kommenden Gottes im Vorletzten. Auf seine letzte Verifikation hoffend, antizipiert sie diese in Spuren seiner Gegenwart. Indem der Hoffende „an jedem Morgen

[32] Ebd. 1053.
[33] Vgl. Bonhoeffer, Ethik 128-152.
[34] Barth, Kirchliche Dogmatik IV 3, 1075.
[35] Ebd. 1076.
[36] Ebd.

und im Blick auf jede Situation, in die ihn der Tag versetzen mag, das Letzte erwartet, erwartet er auch jeden Tag und von jeder ihm da möglicherweise bevorstehenden Situation Ankündigungen des Letzten."[37] Der Christ verfügt dabei über keinen geheimen tieferen Einblick in die Geschichte und Gegenwart: „Was ihm, indem er in seine Zukunft schreitet, vor Augen steht, ist an sich nicht mehr und nichts Anderes, als was allen anderen Menschen auch vor Augen stehen mag. ... Er weiß, dass er es ... nie mit dem Weltgericht und nie mit der Welterlösung, wohl aber mit den negativen und positiven Anzeichen dieses Letzten zu tun bekommt."[38]

Darf man Barth aufgrund solcher Andeutungen einen Millenniaristen nennen? Das ist wegen der unausgeführten Eschatologie der „Kirchlichen Dogmatik" schwer zu entscheiden, und von deren Gesamtduktus her dürfte Barth sich zu diesem Thema wohl zurückhaltender geäußert haben als sein Schüler Friedrich Wilhelm Marquardt, der am Ende seiner breit angelegten Eschatologie ausdrücklich die Hoffnung auf ein „Tausendjähriges Reich" in die christliche Hoffnung zurück geholt hat.[39] Aber was Marquardt in seiner Deutung von Offb. 20 unternimmt, liegt doch auf der Linie von Barths Bedeutung einer Hoffnung auch für das Vorletzte: Denn die Suche des Christen nach Spuren des Eschatologischen schon in der Gegenwart ist eine aktive Suche, eine Praxis, die darauf setzt, dass Gottes Kommen sehr wohl antizipierbar ist, auch wenn die Erlösung nichts menschlich Machbares ist. Wie Marquardt geht es auch schon Barth darum, dass christliche Hoffnung gegenüber dem Zustand der Welt nicht gleichgültig macht, sondern dass im Gegenteil die biblische Verheißung dazu verpflichtet, ihre Inhalte vorwegzunehmen, so sehr wir nur können. Man stärkt die christliche Hoffnung nicht dadurch, dass man sich überheblich-skeptisch gibt gegenüber allen zarten Pflänzchen des schon keimenden Reiches Gottes. Der Christ verwechselt Hoffnung allerdings nicht mit Optimismus, aber erst recht nicht mit Gleichgültigkeit. „Gerade weil und in indem er auf das Ewige und Endgültige hofft, hofft er auch auf Zeitliches und Vorläufiges."[40] Das macht seine „Existenz als Christ zur prophetischen Existenz": Er sucht nicht nur nach Andeutungen des kontrafaktisch anbrechenden Reiches Gottes, sondern „dafür, dass es zu solchen Ankündigungen komme, wird er sich, indem er auf sie hofft, auch verantwortlich wissen … – nicht als Zuschauer, sondern aktiv".[41]

Theologie deuteronomistisch, apokalyptisch, weisheitlich

Die Analyse apokalyptischer Vernunft gibt uns mit Blick auf die Gegenwart formale Kriterien theologischen Denkens und eine zentrale inhaltliche Provokation mit auf den Weg. Darüber hinaus orientiert sie auch über die Art und Weise, wie sich

[37] Ebd. 1076 f.
[38] Ebd. 1077.
[39] Vgl. Marquardt, Was dürfen wir hoffen 2, 386-392.
[40] Barth, Kirchliche Dogmatik IV 3, 1077.
[41] Ebd. 1079.

solche Theologie heute darstellen kann, vielleicht kann man sagen: über grundlegende Stile der Theologie. Denn Theologie ist nicht im reinen Akt, in einer Pose, in einer These zu haben. Sie ist schlicht Rede und Text und sollte, gerade wenn sie sich als „prophetische Theologie“ versteht, bescheiden genug sein, das zu bedenken.

In der Bibel fand meine Analyse – natürlich über eine stark vereinfachende Typologie – drei Stile des Theologisierens: den deuteronomistischen, den apokalyptischen und den weisheitlichen. Diese Typen wurden anhand bestimmter Schichten bzw. Schrift-Familien des Alten Testaments gefunden, als Typen aber darüber hinaus angewendet – und deshalb auch im Neuen Testament wieder gefunden. Diese Typologie versteht sich nicht als Vorschlag für eine Gliederung biblischer Literaturgeschichte oder Theologie (nicht nur Spezialisten für die Priesterschrift würden hier Protest anmelden!). Sie ist aber erhellend, um Grundtypen der theologischen Verwirklichung apokalyptischer Vernunft, gewissermaßen Aggregatzustände biblischen Geschichtsdenkens zu charakterisieren. Ich denke auch, dass diese Typologie hilfreich ist, sich eine moderne Theologie vorzustellen, die bewusst das Erbe apokalyptischer Vernunft neu anzuwenden versucht.

Diese Theologie dürfte sich ja nicht erschöpfen in Aufsehen erregenden Essays zur Zeit. Sie liefe dann Gefahr, wie schon so mancher Ansatz als aktualisierender Beitrag am Rande akademischer, kirchlicher Theologie liegen gelassen zu werden. Wenn aber apokalyptische Vernunft das geistige „Bewegungsgesetz“ biblischen Denkens ist, muss sie die theologische Lehre insgesamt prägen. Die genannten Grundtypen biblischen Theologisierens als Stile moderner Theologie gedacht, geben vielleicht einen gewissen Vorgeschmack davon, wie die angedeutete Programmatik nicht nur Programm bleiben müsste.

1. Deuteronomistisch ist heute eine Theologie, die von Gottes Willen her bedenkt, wer Gott gerade heute für uns ist. Sie ist somit einerseits Auslegung der Tora, der Weisung Gottes, andererseits kritische Reflexion der Praxis in Vergangenheit und Gegenwart. Von apokalyptischer Vernunft in ihrer deuteronomistischen Weise leiten lassen sollten sich also vor allem die Moraltheologie oder theologische Ethik, aber auch die historische Theologie und schließlich die praktische Theologie.

In der Ethik geht es heute darum, eine Lebenspraxis individuell wie politisch zu entwickeln, die der Situation des Anthropozän gerecht wird. Leitbegriffe wie Nachhaltigkeit, Verantwortung, aber auch in einem bestimmten Sinn der einer symbolischen Praxis dürften hier wichtig werden. Denn die moderne Ethik hat vor allem mit der Diskrepanz zwischen unserem Wissen um die globalen Erfordernisse und der Ohnmacht des Einzelnen in den so genannten Sachzwängen zu ringen. Im Anthropozän scheint jeder ein potenzieller Weltenretter oder Weltenzerstörer, eine Überbeanspruchung, die der Mensch sich selbst auferlegt, sich zugezogen hat. Wie kann eine „endzeitliche Ethik“ noch lebbar sein? Gibt es ein richtiges Leben im falschen, im offensichtlich fatalen System globaler Teufelskreise (in der Ökologie und der Ökonomie)? Die Herausforderung an die Ethik heute ist tatsächlich die einer Reformulierung der Gebote Gottes in so noch nicht da gewesenem Kontext.

Da wird es nicht leicht sein, zugleich kontextuell und realistisch zu bleiben. Nicht zufällig steht am Ursprung der Deuteronomistik eine solche Neuformulierung der Tora in neuer Situation: das Buch Deuteronomium.

Die deuteronomistisch geprägte historische Theologie wird Kirchen- oder Christentums- ebenso wie Theologie- oder Dogmengeschichte nicht nur als profane Historik mit besonderem Gegenstandsfeld begreifen, wie es heute in der akademischen Praxis weitgehend gehandhabt wird, sondern als konkrete, angewandte Geschichtstheologie. Es geht hier um das Schicksal der apokalyptischen Vernunft in der Welt. Wie wurden wir, wie wir sind? Geschichtsschreibung von Menschen ist selbstverständlich kein vorweggenommenes Weltgericht und die historische Theologie wird sich hüten, den Richtergott über die Vergangenheit zu spielen. Aber im Blick auf uns muss sie doch – ohne sich ein Wissen um das Verhältnis von Menschen und Epochen „unmittelbar zu Gott" einzubilden – eine kritische Geschichtsschreibung gegen sich selbst ausüben, muss sie mit dem Maßstab des offenbaren Willen Gottes ermessen, wie die Gemeinde, die sich unter diese Offenbarung stellte, mit ihr umging, warum sie was von ihr hörte und nicht hörte, wie sie das Gehörte umformte und wie sie damit uns heute prägt. „Das Bemühen um eine gläubige Deutung der realen Geschichte mit Hilfe der interpretativen Vorgaben des biblischen Zeugnisses kann nicht von vornherein als abwegig gelten".[42]

Die praktische Theologie schließlich sollte deuteronomistisch entwerfen, was die Gemeinde in der Welt heute sein kann und soll. Blicken – typologisch gesprochen – die Ethiker zurück auf das Buch Deuteronomium und die Historiker auf die Samuel- und Königsbücher, so dürfen sich die praktischen Theologen durchaus vom zweiten Jesaja inspirieren lassen. Sie dürfen Visionen haben, ohne für krank erklärt zu werden. Sie müssen das Gericht beschreiben, in dem die Kirchen der Moderne offenbar stehen, aber sie können diese Krise als gebotene Chance zu einem neuen Aufbruch begreifen. Praktische Theologie, die nur sozialwissenschaftliche Analyse und Technik für die bestehende Pastoral liefert, denkt nicht aus apokalyptischer Vernunft. Praktische Theologie ist prophetische Zukunftswissenschaft. Darf hier das gefährliche Wort Utopie fallen? Gibt es gebotene Utopien des Willens Gottes? Schon die Tora sah es offensichtlich so – ist sich die Forschung doch sicher, dass viele der hier verzeichneten Gebote, ja dass ein ganzer Gesellschaftsentwurf für ein neues Israel nach dem Exil faktisch so nie praktiziert wurde, also kein bürgerliches Gesetzbuch war, sondern eine heraus-fordernde Orientierung. Was hieße es heute, vom Sabbatjahr, von der Entschuldung, von der Gerechtigkeit vom Herrscher bis zum Sklaven und Fremden zu sprechen, und von einer Gemeinde, die unter diesem Anspruch steht?

2. Apokalyptisch ist die moderne Theologie, einfach indem sie gegenwärtig ist. Die Situation ist apokalyptisch, selbst für Optimisten zumindest potenziell. Deshalb muss die Theologie die gefährliche Erinnerung an ihre oft verdrängten apokalypti-

[42] Koziel, Die Fundamentalismusdebatte und die Apokalyptik, in: Zeitschrift f. kath. Theol 131 (2009/3) 333.

schen Schichten aktivieren. Wann, wenn nicht jetzt? Eine Theologie, die heute nicht radikal ist, kann nicht realistisch sein. Sich bei der Wirklichkeitsauffassung der bürgerlichen Mitte zu beruhigen, ist nicht realistisch. Es ist eine Weltsicht, die nur noch durch den intensiven Gebrauch von Scheuklappen aufrecht erhalten werden kann. In der Apokalyptik „wird die gegenwärtige Bedrohung als Herausforderung angenommen. ... Der Apokalyptiker muss sich zu ihr verhalten, er kann nicht einfach weitermachen wie bisher, denn die Bedrohung entzieht ihm praktisch das Fundament seiner Identität. Infolgedessen muss er seine Identität neu ausrichten, ausloten, fundieren.“[43]

Auch die deuteronomistisch genannten Fächer der Theologie werden sich der apokalyptischen Schärfe nicht enthalten können. Besonders gefordert ist sie jedoch in der dogmatischen, systematischen Theologie – ausgerechnet in dem Fach, das zur Harmonisierung theologischer Aufgeregtheiten in so genannten ausgereiften Synthesen neigt. Aber zu allen Zeiten ist es gerade diese systematische Theologie gewesen, die um der Zeitgenossenschaft der Theologie willen die Themen gesetzt, die Fokussierung gefunden hat, in der derzeit Gott zur Sprache kommen muss. Die Zeichen der Zeit zu erkennen, zu deuten, sich kritisch mit dem Zeitgeist einzulassen, die Unterscheidung der Geister einzuüben, ist ihre Aufgabe.

Die politische Theologie, die Befreiungstheologie, die Theologie nach Auschwitz sind überwiegend von Systematikern entworfen worden. Aber letztlich ist die Fächeraufteilung nachrangig. Es geht darum, dass die Zeichen der Zeit im sich „vollendenden“ Anthropozän apokalyptische Zeichen sind und dass diese systematisch theologisch gedeutet werden müssen. Sie schreien geradezu danach. Wissenschaftler und Künstler hören diesen Schrei. Kann es die Rolle der von apokalyptischer Vernunft geprägten Theologie biblischen Glaubens sein, hinter diesem Geschrei gemächlich herzutrotten und ihre Kirchen bei Erklärungen der Art zu belassen, dass es im Blick auf Gott solchen Geschreis nicht bedürfe?

Wenn kein echter Dialog zwischen christlichen Theologen des Südens und des Nordens, der armen und der reiche Länder, der globalisierten und der kolonialisierten Kulturen zu Stande kommt, und zwar ein Dialog über ihre mitunter gegensätzlichen, aber gemeinsam apokalyptischen Perspektiven der Gegenwartsanalyse, dann wird die Theologie auch einer global organisierten Kirche wie der römisch-katholischen bald auseinanderbrechen. Dann ist sie nicht mehr systematisch sprachfähig. Aber was bedeutet es, wenn in einer globalisierten, aber gerade dadurch zutiefst gespaltenen Welt die Jünger Jesu in all ihrer Pluralität keine gemeinsame Sprache zur Zeit mehr finden?

3. Prophetische und apokalyptische Theologie steht in einer großen Gefahr: Sie überfordert ihr Rezipienten und sich selbst. Ihre konsequenten Analysen, Anklagen und Forderungen haben etwas Humorloses. Tatsächlich ist Humor auch nicht die Haltung, mit der man auf die permanente moderne Endzeit reagieren kann. Humor

[43] So S. Berndt, Apokalyptik – Versuch einer systematischen Definition, In: Theologie der Gegenwart 52 (2009) 229.

im Angesicht der Menschheitsgeschichte kann nur Zynismus sein. Und doch hat die Frage nach dem Humor ihre Berechtigung. Die wichtige Frage, welches Denken unserer Geschichte und Gegenwart gerecht wird, führt leicht zur eher komischen Pose des Atlas, der glaubt, er trüge den Himmel auf seinen Schultern. Denn die Antwort muss ja eigentlich lauten: Kein Denken kann dem Stand halten, was Menschen schon angerichtet haben und noch anrichten. Menschen können dem, was Menschen tun, nicht Stand halten.

Humorig könnte die Frage lauten: Was tun die apokalyptischen Theologen am Nachmittag? Meine Antwort lautet: Sie treiben weisheitliche Theologie. Die Weisheit ist schon biblisch die unähnliche Verwandte der Apokalyptik. Jesu Sprechweise verbindet apokalyptische und weisheitliche Elemente so eng, dass sich Forscher in allzu forschen Festlegungen streiten, ob er eher als Weisheitslehrer oder als Endzeitprophet zu verstehen sei (s. o. Kapitel 5).

Die Weisheit reflektiert Gottes gute Schöpfung und unser Leben in ihr. Sie stellt sich dann aber selbst in Frage, weil dieses gute Leben nicht aufgeht, weil in der Schöpfung ein Fehl zu sein scheint, wenn Gott in ihr wie ein Feind erscheint – so dem Hiob – oder einfach abwesend in den immer gleichen undurchschaubaren Gesetzen unter der Sonne – wie bei Kohelet. Auch die apokalyptischen Theologen leben in dieser Schöpfung und müssen reflektieren, was es heißt, im Angesicht Gottes Tag für Tag zu leben.

Auch weisheitliche Theologie hat ihre Gefahr. Sie wird leicht zu melancholischer Theologie. Wo die Deuteronomisten und Apokalyptiker das Gericht sehen, da sieht sie Tragik. Wo wäre so viel Freiheit, dass die Dinge auch anders kommen könnten, als sie kommen? Gegen solchen Fatalismus protestieren die Propheten. Aber auch ein Elia geht einmal in die Wüste und wünscht sich den Tod und findet schließlich Gott nicht in den dramatischen Naturerscheinungen, die Apokalyptiker so gern als Vorzeichen des Gerichts bemühen, sondern in einem leichten Säuseln des Winds (1 Kön 19, 4-13).

Weisheitlich muss eine spirituelle Theologie sein, die deuteronomistische und apokalyptische Reflexion begleitet. Auch und gerade die Weisheit ist selbstkritisch auf die Opfer bezogen, kontextuell und realistisch. Jesu einzig nötiges Gebet, das „Unser Vater“, ist tatsächlich zugleich ein apokalyptisches und ein weisheitliches Gebet. Es ersehnt Gottes endzeitliche Verifikation herbei. Endlich soll sein Reich anbrechen, sein Wille nicht nur den unerreichbaren Himmel, sondern die Erde bestimmen. Aber solange dies nicht ist, brauchen wir unseren täglichen Lebensunterhalt und die Vergebung. Von Nahrung und von Barmherzigkeit leben wir. Und am Ende blickt das Gebet wieder auf das Gericht der Endzeit und bittet, dass wir darin nicht an Gott verzweifeln, sondern gerettet, erlöst werden.

Deuteronomistisch oder apokalyptisch oder weisheitlich zu theologisieren, stellt keine Gegensätze dar. Die theologischen Stile brauchen einander. Gewiss wird kein einzelner Theologe alle Stile gleich stark pflegen. Deshalb müssen die in ihrer „Inspiration“ und in ihrem Kontext verschiedenen Theologen aufeinander hören, einander ergänzen. Das ist eine Binsenweisheit. Aber vielfach treten die theologischen

Stile als Konkurrenten auf, die sich gegenseitig neutralisieren. Theologie erscheint dann als ein Gemischtwarenladen, in dem alles zu haben ist und alles geht – außer Verbindlichkeit.

Verbindlichkeit lässt sich nicht äußerlich herstellen, auch nicht durch ein Lehramt. Denn wenn es nicht nur leere Machtausübung sein will, muss es ja selbst auf das verweisen können, was verbindet. Was Menschen biblischen Glaubens von Offenbarung her verbindet, über Jahrtausende, über Religions- und Konfessionsgrenzen hinweg, in unterschiedlichen Nationen und Kulturen, habe ich als „apokalyptische Vernunft" zu umschreiben versucht. Es ist m. E. auch diese gemeinsame Vernunft, die den deuteronomistischen, apokalyptischen und weisheitlichen Stil der Theologie verbindet.

Apokalyptische Vernunft ist eine eigenartige Verbindlichkeit. Es ist, als würde man sagen, dass uns Sprengstoff verbindet. Denn diese Vernunft bringt Unruhe in die Wirklichkeitsauffassung, weil sie alles unter eschatologischen Vorbehalt stellt. Der Wille Gottes im Himmel und die Wirklichkeit auf Erden stimmen nicht zusammen. Diese Vernunft denkt vom verlorenen Paradies her und auf das Reich Gottes zu. Sie ist nicht gerade ein Ruheraum für das Denken.

Die Bibel ist das Gründungs-, das Grund-Dokument dieser Vernunft. Sie ist zwischen Genesis und geheimer Offenbarung tatsächlich wie von Sprengstoff zusammen gehalten. Deuteronomistisch, apokalyptisch, weisheitlich widerspricht sie sich andauernd, fällt sich ins Wort, denkt gegen sich selbst, klagt gegen Gott. Auf der Bibel ist kaum ein System zu errichten, sie ist kein Rezeptbuch für die Theologie. Und doch ist sie ein Kanon. Wer sich denkend an diesem Kanon ausrichtet, wer sich in ihm bewegt, der kann eigentlich weder fundamentalistisch noch harmlos werden.

Als ich ihm den Plan dieses Buches referierte, fragte mich ein wichtiger theologischer Ratgeber unvermittelt: „Was für ein Gott kommt in Ihrer Analyse zur Sprache?" Ich kam bei der Antwort ins Stottern. Lag nicht auf der Hand, dass es der Rekonstruktion apokalyptischer Vernunft um den Gott geht, der die biblischen Schriftsteller und Zeugen bewegte? Aber während ich diese Antwort zu geben versuchte, wurde mir deutlich, dass sie der Direktheit der gestellten Frage nicht gerecht wurde. Sie entwindet sich mit einem Verweis auf andere. Natürlich geht es um den Gott Abrahams, Isaaks und Jakobs, der auch der Gott Jesu ist. Es geht um den Gott, der uns seinen Namen offenbart, der für uns doch unaussprechlich bleibt. Aber es geht um diesen Gott, der gerade heute Gott sein will. Es geht um die Rekonstruktion apokalyptischer Vernunft im Blick auf ihre gegenwärtige, moderne Aktualisierung. Welcher Gott, angemessener gesagt: Wie kommt Gott da zur Sprache?

Er wendet uns, der Kirche am Ende der Neuzeit, der Menschheit im prekär werdenden Anthropozän, gegenwärtig das Antlitz des Gottes des Gerichts zu, muss ich antworten: des Gottes, der uns zu der Wahrheit zwingt, dass wir ihm nicht gerecht werden. Der Gott des Gerichts ist zwangsläufig ein sich uns entziehender, ein verdunkelter Gott. Er wird erkennbar, weil wir uns erkennen, wie wir den Folgen unseres eigenen katastrophischen Handelns ausgeliefert sind. Ist hier also vom Gott die

Rede, den wir verloren haben? Von Gott nach Auschwitz, der uns nicht über die Lippen kommt, nicht, weil er es zugelassen hätte, sondern weil wir es zugelassen haben, post Christum natum?

Ich muss auch das bejahen. Kommt also Gott in der gegenwärtigen Analyse apokalyptischer Vernunft eher nicht zur Sprache, oder doch nur negativ? Ich zögere, nochmals Ja zu sagen. Der Gott, zu dem Psalm 88 ruft, rein „negativ", ist doch der Gott, von dem her alles solches Sprechen ist, und zu dem hin es geschieht. In einem theologischen Buch wird nicht gerufen, sondern bedacht. Der Gott, der hier bedacht wird, ist der Gott, der sich dem Denken unweigerlich aufgibt, nicht (nur) als transzendentaler, negativer Hinter- und Ab-Grund des Denkens, sondern konkret gefährlich, kontextuell, realistisch. Es ist der Gott, auf den auch das Denken hofft. Es ist der Gott, der eschatologisch denkbar wird.

Literatur

Hier aufgeführt werden nur häufiger zitierte Bücher. Weitere Beiträge aus Sammelbänden, Zeitschriften, Zeitungen und Lexika werden in den Fußnoten ausführlich nachgewiesen. Die hier aufgeführte Literatur erscheint in den Fußnoten mit Autorennamen und einem Kurztitel.

Agamben, Giorgio: Die Zeit, die bleibt. Ein Kommentar zum Römerbrief. Frankfurt a. M. 2006.

Amery, Carl: Das Ende der Vorsehung. Die gnadenlosen Folgen des Christentums. Reinbeck bei Hamburg 1972.

Amery, Carl: Die Botschaft des Jahrtausends. Von Leben, Tod und Würde. München 1994.

Assmann, Jan: Religion und kulturelles Gedächtnis. München 2000.

Augustinus, Aurelius: De Civitate Dei/Der Gottesstaat. Zwei Bände. München/Wien/Zürich 1979.

Baeck, Leo: Dieses Volk. Jüdische Existenz. Frankfurt 1955.

Baeck, Leo: Das Wesen des Judentums. Köln 1960.

Balthasar, Hans Urs von: Das Ganze im Fragment. Aspekte der Geschichtstheologie. Einsiedeln/Freiburg 1990.

Barth, Karl: Die Kirchliche Dogmatik.

– Bd. I 2: Die Lehre vom Wort Gottes. Prolegomena zur Kirchlichen Dogmatik. Zürich 1940.

– Bd. IV 3: Jesus Christus der wahrhaftige Zeuge. Zürich 1959.

Blumenberg, Hans: Die Legitimität der Neuzeit. Erneuerte Ausgabe. Frankfurt a.M 1999.

Bonhoeffer, Dietrich: Ethik. Zusammengestellt und herausgegeben von Eberhard Bethge. München 1981.

Bornkamm, Günther: Jesus von Nazareth. Stuttgart ^{12}1980.

Bultmann, Rudolf: Jesus. Tübingen 1951.

Childs, Brevard S.: Die Theologie der einen Bibel.

– Bd. 1: Grundstrukturen. Freiburg i.Br. 1994.

– Bd. 2: Hauptthemen. Freiburg i.Br. 1996.

Cohn, Norman: Die Erwartung der Endzeit – Vom Ursprung der Apokalypse. Frankfurt a. M./Leipzig 1997.

Eliade, Marcia: Geschichte der religiösen Ideen.

– Bd. 1: Von der Steinzeit bis zu den Mysterien von Eleusis. Freiburg i.Br. 1978.

– Bd. 2: Von Gautama Buddha bis zu den Anfängen des Christentums. Freiburg i.Br. 1979.

– Bd. 4: Quellentexte. Freiburg i.Br. 1981.

Finkelstein, Israel/Silbermann, Neil A.: Keine Posaunen vor Jericho. Die archäologische Wahrheit über die Bibel. München 2004.

Fohrer, Georg: Einleitung in das Alte Testament. Heidelberg ^{12}1979.

Frankemölle, Hubert: Frühjudentum und Urchristentum. Vorgeschichte – Verlauf – Auswirkungen. (4. Jahrhundert v. Chr. bis 4. Jahrhundert n. Chr.) Stuttgart 2006.

Frede-Wenger, Britta: Glauben und Denken im Angesicht von Auschwitz. Eine Auseinandersetzung mit dem Werk von Emil L. Fackeheim. Mainz 2005.

Die Geschichte des Christentums. Religion, Politik, Kultur. Hg. Von Jean-Marie Mayeur, Charles und Luce Pietri, André Vauchez, Marc Venard, deutsche Ausgabe von Norbert Brox, Odilo Engels, Georg Kretschmar, Kurt Meier, Heribert Smolinski.
– Bd. 1: Die Zeit des Anfangs (bis 250). Freiburg i. Br. 2003.
– Bd. 4: Bischöfe, Mönche und Kaiser (642-1054). Freiburg i. Br. 1994.
– Bd. 5: Machtfülle des Papsttums (1054-1274) . Freiburg i. Br. 1994.
– Bd. 6: Die Zeit der Zerreißproben (1274-1449) . Freiburg i. Br.1991.
– Bd. 12: Erster und Zweiter Weltkrieg. Demokratien und totalitäre Systeme (1914-1958). Freiburg i. Br.1992.
Giesen, Heinz: Die Offenbarung des Johannes. Regensburger Neues Testament. Regensburg 1997.
Guardini, Romano: Das Ende der Neuzeit. Ein Versuch zur Orientierung. Würzburg 1950.
Gründer, Horst: Welteroberung und Christentum. Ein Handbuch zur Geschichte der Neuzeit. Gütersloh 1992.
Handbuch der Dogmengeschichte IV.
– 7a: Eschatologie. In der Schrift und Patristik. Von Brian Daley unter Mitarbeit von Josef Schreiner und Horacio E. Lona. Freiburg/Basel/Wien 1986.
– 7 b: Ott, Ludwig: Eschatologie. In der Scholastik. Aus dem Nachlas bearbeitet von Erich Naab. Freiburg/Basel/Wien 1990.
– 7c (1): Kunz, Erhard: Protestantische Eschatologie. Von der Reformation bis zur Aufklärung. Freiburg/Basel/Wien 1980.
– 7d: Escribano-Alberca, Ignacio: Eschatologie. Von der Aufklärung bis zur Gegenwart. Freiburg i.Br. 1987.
Härle, Wilfried/Schmidt, Heinz/Welker, Michael (Hg.): Das ist christlich. Nachdenken über das Wesen des Christentums. Gütersloh 2000.
Hegel, Georg Wilhelm Friedrich: Phänomenologie des Geistes: Frankfurt 1970.
Heinrich, Caroline: Grundriss zu einer Philosophie der Opfer der Geschichte, Wien 2004.
Henecke, Edgar (Hg.): Apokryphe Apokalypsen. Wiesbaden 2007.
Hobsbawm, Eric: Wieviel Geschichte braucht die Zukunft? München/Wien 1998.
Kellenbach, Katharina von/Krondorfer, Björn/Reck, Norbert (Hg.): Von Gott reden im Land der Täter. Theologische Stimmen der dritten Generation seit der Shoah. Darmstadt 2001.
Kraus, Hans-Joachim: Systematische Theologie im Kontext biblischer Geschichte und Eschatologie. Neukirchen-Vluyn 1983.
Die Kreuzzüge. Kein Krieg ist heilig. Hg.: Hans-Jürgen Kotzur: Mainz 2004.
Levinson, Nathan Peter: Der Messias. Stuttgart 1994.
Löwith, Karl: Weltgeschichte und Heilsgeschehen. Die theologischen Voraussetzungen der Geschichtsphilosophie. Stuttgart ^{8}1990.
Lyotard, Jean-Francois/Gruber, Eberhard: Ein Bindestrich – Zwischen ‚Jüdischem' und ‚Christlichem'. Düsseldorf/Bonn 1995.
Marquardt, Friedrich-Wilhelm: Was dürfen wir hoffen, wenn wir hoffen dürften. Eine Eschatologie.
– Bd. 1: Dürfen wir hoffen? Gütersloh 1993.
– Bd. 2: Was kommt auf uns zu? Gütersloh 1994.
– Bd. 3: Was dürfen wir hoffen? Gütersloh 1996.
Mayer, Reinhold: War Jesus der Messias? Geschichte der Messiasse Israels in drei Jahrtausenden. Mitarbeit Inken Rühle. Tübingen 1998.

Merklein, Helmut: Jesu Botschaft von der Gottesherrschaft. Eine Skizze. (Stuttgarter Bibelstudien 111) Stuttgart 1983.
Metz, Johann Baptist: Memoria Passionis. Ein provozierendes Gedächtnis in pluralistischer Gesellschaft. In Zusammenarbeit mit Johann Reikerstorfer. Freiburg i. Br. 2006.
Müller, Karlheinz: Studien zur frühjüdischen Apokalyptik. Stuttgarter biblische Aufsatzbände 11. Stuttgart 1991.
Münz, Christoph: Der Welt ein Gedächtnis geben. Geschichtstheologisches Denken im Judentum nach Auschwitz. Gütersloh 1995.
Petzel, Paul: Christ sein im Angesicht der Juden. Zu Fragen einer Theologie nach Auschwitz. Berlin 2008.
Propyläen Weltgeschichte. Eine Universalgeschichte. Hg. Golo Mann und Alfred Heuß.
– Bd. 1: Vorgeschichte, Frühe Hochkulturen. Berlin 1960.
– Bd. 2: Hochkulturen des mittleren und östliche Asiens. Berlin 1960.
Rad, Gerhard von: Theologie des alten Testaments.
– Bd. 1: Die Theologie der geschichtlichen Überlieferungen Israels. München 1960.
– Bd. 2: Die Theologie der prophetischen Überlieferungen Israels. München ^{4}1965.
Ratzinger, Josef: Eschatologie – Tod und ewiges Leben. Kleine Katholische Dogmatik (Hg. Johann Auer/Josef Ratzinger) Bd. IX. Regensburg 1977.
Reck, Norbert: Im Angesicht der Zeugen. Eine Theologie nach Auschwitz. Mainz 1998.
Rombach, Heinrich: Strukturontologie. Eine Phänomenologie der Freiheit. Freiburg/München ^{2}1988.
Schaeffler, Richard: Einführung in die Geschichtsphilosophie. Darmstadt ^{4}1991.
Schipper, Bernd U./Plasger, Georg (Hg.): Apokalyptik und kein Ende? Göttingen 2007.
Schmid, Konrad: Literaturgeschichte des Alten Testaments. Eine Einführung. Darmstadt 2008.
Schmidt, Werner H.: Zukunftsgewissheit und Gegenwartskritik. Grundzüge prophetischer Verkündigung. Neukirchen-Vluyn 1973.
Scholem, Gershom: Über einige Grundbegriffe des Judentums. Frankfurt 1970.
Taxacher, Gregor: Nicht endende Endzeit. Nach Auschwitz Gott in der Geschichte denken. Gütersloh 1998.
Taxacher, Gregor: Christus bis ans Ende der Welt. Die Mission des Paulus. Bergisch Gladbach 2009.
Thoma, Clemens: Das Messiasprojekt. Theologie jüdisch-christlicher Begegnung. Augsburg 1994.
Vincent, Bernard: „Das Jahr der Wunder“. Spanien 1492: Die Vertreibung der Juden und Mauren und die Einführung der Grammatik. Berlin 1992.
Vorgrimler, Herbert: Hoffnung auf Vollendung. Aufriß der Eschatologie. Freiburg i. Br. 1980.
Vorgrimler, Herbert: Geschichte des Paradieses und des Himmels. München 2008.
Walzer, Michael: Exodus und Revolution. Frankfurt 1995.
Welt und Kulturgeschichte. Epochen, Fakten, Hintergründe. Bd. 2: Frühe Kulturen in Asien. Hamburg 2006.
Wittgenstein, Ludwig: Tractatus logico-philosophicus. Werkausgabe Bd. 1. Frankfurt a. M. ^{7}1990.
Wittgenstein, Ludwig: Über Gewissheit. Werkausgabe Bd. 8. Frankfurt a. M. ^{6}1994.
Witzel, Michael: Das alte Indien. München 2003.

Yerushalmi, Yosef Hayim: Ein Feld in Anatot. Versuche über jüdische Geschichte. Berlin 1993.
Yerushalmi, Yosef Hayim: Zachor: Erinnere Dich! Jüdische Geschichte und jüdisches Gedächtnis. Berlin 1988.
Zenger, Erich: Das erste Testament. Die jüdische Bibel und die Christen. Düsseldorf 1991.
Zenger, Erich u. a.: Einleitung in das alte Testament. Stuttgart [3]1998.
Zwenger, Thomas: Geschichtsphilosophie. Eine kritische Grundlegung. Darmstadt 2008.